SISTEMAS DE PRODUÇÃO

S623	Sistemas de produção : conceitos e práticas para projeto e gestão da produção enxuta / Junico Antunes ... [et al.].. – Porto Alegre : Bookman, 2008. 328 p. ; 25 cm. ISBN 978-85-7780-116-9 1. Administração. 2. Gestão da Produção. I. Antunes, Junico. CDU 658.5

Catalogação na publicação: Juliana Lagôas Coelho – CRB 10/1798

JUNICO ANTUNES

ROBERTO ALVAREZ　　**MARCELO KLIPPEL**
IVAN DE PELLEGRIN　　**PEDRO BORTOLOTTO**

SISTEMAS DE PRODUÇÃO

CONCEITOS E PRÁTICAS
PARA PROJETO E GESTÃO DA
PRODUÇÃO ENXUTA

Reimpressão

2008

© 2008, Artmed Editora S.A.

Capa:
Paola Manica

Preparação do original:
Theo Amon

Supervisão editorial:
Arysinha Jacques Affonso

Editoração eletrônica:
AGE – Assessoria Gráfica e Editorial Ltda.

Reservados todos os direitos de publicação, em língua portuguesa, à
ARTMED® EDITORA S.A. (BOOKMAN® COMPANHIA EDITORA
é uma divisão da ARTMED® EDITORA S.A.)
Av. Jerônimo de Ornelas, 670 - Santana
90040-340 Porto Alegre RS
Fone (51) 3027-7000 Fax (51) 3027-7070

É proibida a duplicação ou reprodução deste volume, no todo ou em parte,
sob quaisquer formas ou por quaisquer meios (eletrônico, mecânico, gravação,
fotocópia, distribuição na Web e outros), sem permissão expressa da Editora.

SÃO PAULO
Av. Angélica, 1091 - Higienópolis
01227-100 São Paulo SP
Fone (11) 3665-1100 Fax (11) 3667-1333

SAC 0800 703-3444

IMPRESSO NO BRASIL
PRINTED IN BRAZIL

Sobre os Autores

José Antonio Valle Antunes Júnior (Junico Antunes) – Organizador: Doutor em Administração de Empresas pela Universidade Federal do Rio Grande do Sul (Ufrgs). Mestre em Engenharia de Produção pela Universidade Federal de Santa Catarina (UFSC). Especialização em Engenharia de Manutenção Mecânica Petroquisa. Especialização em Engenharia Térmica pela UFSC. Engenheiro Mecânico pela Ufrgs. Professor do Mestrado e Doutorado em Administração da Unisinos. Professor do Mestrado em Engenharia de Produção da Unisinos. Sócio-Diretor da Produttare Consultores Associados.

Roberto dos Reis Alvarez: Engenheiro Civil pela Ufrgs. Especialista em Gestão da Qualidade e Produtividade pelo JPC-SED (Toquio/Japão), Mestre em Engenharia de Produção pelo PPGEP/Ufrgs. Doutor em Engenharia de Produção pelo COPPE/UFRJ. Gerente de projetos na Agência Brasileira de Desenvolvimento Industrial (ABDI). Previamente à ABDI, atuou na iniciativa privada em consultoria empresarial e como empreendedor na área de tecnologia da informação, além de pesquisador. Conta com 13 anos de experiência em setores como metal-mecânico, automotivo, energia elétrica, petróleo e gás, material de construção, equipamentos médicos, software, administração pública estadual e municipal, entre outros. Foi docente em cursos de graduação, extensão e especialização em instituições como UFRJ, UFPR, Ufrgs, UEM (estadual Maringá) e Univali. Desenvolve pesquisas nas áreas de Estratégia Empresarial, Economia Industrial, Gestão de Cadeias de Suprimentos, Gestão da Produção e Modelagem Empresarial.

Marcelo Klippel: Mestre em Engenharia de Produção pela Unisinos/RS. Administrador de Empresas pela Pontifícia Universidade Católica do Rio Grande do Sul (PUC-RS). Professor em disciplinas de Gestão da Produção e Planejamento, Programação e Controle da Produção e Materiais em cursos de graduação, extensão e especialização na Unisinos. Sócio-Consultor da Produttare Consultores Associados. Sócio-Gerente da Klippel Consultores Associados. Tradutor e revisor técnico para o português de diversos livros sobre Administração e Engenharia de Produção. Consultor em PPCPM – Planejamento, Programação e Controle da Produção e dos Materiais, Estratégia e Gestão da Produção, Logística.

Pedro Henrique Bortolotto Fagundes Alves: Mestrando em Engenharia de Produção pela Universidade do Vale do Rio dos Sinos (Unisinos/RS). Engenheiro de Produção pela Universidade Federal do Rio Grande do Sul (Ufrgs). Atuou na área de Qualidade e Produtividade nas empresas Forjas Taurus e Termolar. Atualmente exerce o cargo de Coordenador de Supply Chain na Eleva Alimentos.

Ivan De Pellegrin: Doutor em Engenharia de Produção pela COPPE/UFRJ. Aperfeiçoamento em Administração pela FGV-SP. Mestre em Engenharia de Produção pela UFRGS. Engenheiro Mecânico pela UFSC. Experiência profissional como Diretor Industrial e Diretor Técnico. Professor e Consultor com foco em Sistemas de Produção, Estratégia de Operações, Gestão da Inovação, PPCPM. Sócio-Diretor da Produttare Consultores Associados.

COLABORADORES

Altair Flamarion Klippel: Doutorando em Engenharia PPGEM/Ufrgs. Mestre em Engenharia de Produção PPGEP/UFRGS. Especialização em Gestão Empresarial e Especialização em Engenharia Econômica e da Produção UNESC. Graduado em Engenharia de Minas Ufrgs. Sócio Consultor da Produttare.

Anselmo Passos Júnior: Engenheiro Mecânico pela PUCRS, com especialização em Engenharia de Produção pela Ufrgs e Mestre em Administração pela Unisinos. Atualmente atua como Superintendente Industrial na Rayton Industrial S.A. em São Paulo.

Eliane Cortez: Mestre em Administração de Empresas pela PUC-RJ. Pós-graduação em Gestão da Qualidade pela Unisinos. Bacharel em Ciências Biológicas pela Unisinos. Professora da Unilasalle, Facos (Faculdade de Cenecista de Osório) e Cesuca (Centro de Ensino Superior de Cachoeirinha).

Luiz Henrique Pantaleão: Mestre em Administração de Empresas pela Unisinos/RS. Graduação em Administração de Empresas pela Ulbra/RS. Consultor associado da Produttare. Administrador Postal da ECT. Consultor das áreas de Produção, Logística e Sistemas ERP.

Waldyr Eraldo Schneider Júnior: Mestre em Administração de Empresas pela Unisinos/RS. Especialista em Gestão da Qualidade e Produtividade pela Ufrgs. Engenheiro Mecânico pela Ufrgs/RS. Executivo na área de Supply Chain Management. Já atuou na área de Qualidade, Produtividade e PCP em empresas do ramo plástico e metal mecânico.

Dedicatória

A Eduardo Schaan (*in memorian*) engenheiro de produção parceiro e companheiro essencial para a tradução dos primeiros livros sobre o Sistema Toyota de Produção pela Bookman.

A Fernando Nanni (*in memorian*) que ajudou de forma definitiva o desenvolvimento da Engenharia de Produção no Rio Grande do Sul e no Brasil.

A Roberto Guerra (*in memorian*) gestor da produção de "mão-cheia", que representa toda a criatividade e competência da Engenharia brasileira.

Ao engenheiro Paulo Regner que, acreditando na inteligência das pessoas, foi (e é) diretamente responsável pela formação de alguns dos melhores engenheiros de produção que hoje atuam no país.

A todos os amigos e familiares que, convivendo conosco, vêm contribuindo de forma significativa para o nosso desenvolvimento pessoal.

Apresentação

A indústria automobilística recém completou 100 anos e podemos dizer que, no que diz respeito à gestão, este gigante setor da economia experimentou duas eras: a fordiana e a do Sistema Toyota de Produção (STP), cada uma dominando metade do período. Na primeira fase, Taylor foi o guru. Na segunda fase, Taiichi Ohno.

A indústria automobilística brasileira iniciou-se com a importação CKD, e somente em 1957 com o programa de nacionalização acelerada de Juscelino, ela realmente nasceu. No entanto, a indústria de autopeças já tinha dado seus passos quando, durante a II Grande Guerra, houve desabastecimento de peças dos veículos importados. Com o fim da II Guerra a abertura para importação praticamente matou essa indústria, com raras exceções. A gestão seguia os métodos fordistas, proposto pelas universidades que copiavam as técnicas americanas.

No início da década de 70 vivia-se o milagre da economia brasileira e a produção explodiu até que a crise do petróleo de 1973 desse início às mudanças de perfil da economia e, em 1979, o segundo golpe da Opep deixasse clara a necessidade de carros mais econômicos. Tinha acabado a era dos carrões (*muscle car*).

Os japoneses já tinham carros econômicos e uma nova técnica de produção – o STP.

Na década perdida de 1980 teve início a adoção das técnicas japonesas no Brasil. Embora não completamente entendidas, algumas primeiras tentativas foram bem sucedidas. Os diversos planos econômicos, a alta inflação, o mercado protegido, não estimulavam a engenharia de manufatura a adotar essas novas técnicas.

Quando, em 1990, novamente se abriu o mercado (carroças do Collor) houve nova desnacionalização da indústria e grandes investimentos em capacidade foram feitos. As escolas de engenharia, ainda com mentes tradicionais, não prepararam profissionais para essas novas técnicas.

Foram surgindo escolas especializadas na formação de engenheiros automotivos e os primeiros cursos de mestrado e doutorado que ofereciam as teorias de STP e TOC, em que se insere o Dr. Prof. Eng. José Antunes Jr. (Junico), atuando na Escola de Engenharia – Pós-graduação em Engenharia de Produção e de Administração – Pós-graduação em Administração na Unisinos.

Além de teóricos que conhecem o STP e a TOC, a equipe que escreveu o livro é pragmática, estando diretamente ligada não só à produção acadêmica, com dissertações de mestrado/doutorado, e à tradução e revisão de livros técnicos, mas também à realização de trabalhos práticos nas empresas brasileiras. Nesse sentido, a presente publicação representa uma continuidade dos trabalhos desenvolvidos tanto na universidade como nas empresas.

Na sua trajetória o Prof. Junico e sua equipe têm como um dos objetivos principais a formação de engenheiros de produção e/ou especialistas nessa área no Brasil. Este livro insere-se diretamente neste contexto geral.

Os autores expõem com clareza os conceitos básicos de STP e TOC e CCR, Kaizen, IROG, TAKT Time, TPM, Poka-Yoke, concluído com dois exemplos de sucesso na aplicação das técnicas expostas.

Em um país de custo de dinheiro elevado e escasso, devemos dar ênfase a estas técnicas para melhorar o uso de ativos da empresa, reduzir os estoques e reduzir os custos pela eliminação de perdas. O sentido das mudanças é incrementar a competitividade das empresas que atuam no Brasil através da adoção dos melhores conceitos e práticas associadas à engenharia de produção. Desta forma, esta é uma obra para toda biblioteca do executivo no Brasil.

PROF. PAULO NELSON REGNER
Engenheiro e consultor de empresas

Prefácio

Este livro faz um apanhado organizado, uma síntese estruturada, dos muitos anos da atuação concreta do prof. Junico Antunes e das pessoas que com ele trabalharam e trabalham em diversas intervenções concretas em sistemas de produção espalhados pelo Brasil. A preocupação deste grupo com a criação de um sistema de produção ao mesmo tempo de ponta e brasileiro é antiga. Já se manifestava na "Apresentação à Edição Brasileira" do livro *O Sistema Toyota de Produção*, Bookman Editora, Porto Alegre, 1996, quando colocava, por exemplo, que os fatores de produção (composição e dinâmica) à época de criação do STP no Japão se apresentam de forma marcadamente diferente no nosso país hoje (discussão retomada neste livro). Ou seja, era e é necessário adaptar os ensinamentos/conhecimentos acumulados pelos construtores de modelos de produção superiores (notadamente de inspiração japonesa) à realidade brasileira. Esta não é uma tarefa simples e aponta para outro ponto digno de realce.

O Prof. Junico e seu grupo trabalham com uma premissa básica: são os gestores diretos dos sistemas de produção os atores que irão construir/implementar tais modelos nas operações concretas e cotidianas das organizações do país. Logo, cabe identificá-los, treiná-los (com métodos e técnicas adaptados para a realidade de cada organização a partir de matrizes teoricamente sólidas), acompanhá-los durante o desenvolvimento e a implementação de tais modelos, auxiliá-los no registro do aprendizado, etc. Este livro "fala" com esses atores: os gestores que irão efetivamente adaptar e implementar tais modelos. Estes atores devem ter interação com os ditos gestores estratégicos das organizações, mas não podem ser confundidos com os mesmos. Estes gestores têm que ser mestres nas "tecnologias básicas/específicas/ intrínsecas" (Capítulo 2), ou seja, devem dominar tecnicamente os sistemas de produção que são objeto de sua ação. Neste sentido não falam uma linguagem abstrata, estratégica, de segunda ordem. Sem este segmento tecnicamente competente e apto na adaptação e implementação de sistemas de produção específicos as organizações não serão capazes de competir neste mundo mais pesadamente globalizado, com suas novas normas de competição.

Outro ponto importante é a influência do contexto no qual está inserido o trabalho do Prof. Junico e seu grupo. A região Sul do país, particularmente o estado do Rio Grande do Sul, apresenta uma forte tradição industrial e, mais especificamente, uma forte indústria de base metal-mecânica. As organizações industriais desse estado são o principal "laboratório" dos autores deste livro. A sua forte componente profissional certamente é fator importante nos trabalhos refletidos neste livro.

Em termos de conteúdo, encontramos em diversos trechos do livro colocações que propõem uma mudança na forma do leitor "perceber/atuar" no mundo. Um exemplo é a relação em preço, lucro e custo, sintetizada na Tabela 1.1 do Capítulo 1. Mais do que uma inversão em uma fórmula, temos uma proposta de mudança no modelo mental dos gestores. Isso se repete na priorização relativa entre processos e operações (Capítulo 3), na relação entre tamanho do lote e tempo de *set-up* no cálculo do tempo unitário (Capítulo 8), entre outros. Em outras palavras, não teremos sistemas de produção competitivos neste país sem passar pela criação de novos modelos mentais e de novos sistemas de produção associados.

Os dois capítulos finais tratam de como construir um sistema de produção competitivo a partir do Sistema Toyota de Produção e de casos de sucesso da aplicação deste Sistema de Produção. Ao final da leitura destes capítulos e de todo o livro nos parece que temos um ferramental potente para projetar sistemas de produção fortemente ancorado na história e na teoria, mas que, de alguma forma, ainda dependente da maestria criativa de bons gerentes industriais para ser efetivamente implementado.

Este livro reflete anos de trabalho sistemático e focado dos autores e aponta para uma escola específica na engenharia industrial deste país.

PROF. HEITOR M. CAULLIRAUX
Prof. Associado, UFRJ
www.gpi.ufrj.br

Introdução

A indústria brasileira modernizou-se a partir da década de 90. A realização de investimentos em novas instalações e equipamentos é a face mais visível desse processo, mas não a mais importante. A adoção de novos conceitos, métodos e técnicas de gestão da produção – e das "operações" de forma geral, incluindo-se aí operações de serviços e logística, é o ponto para o qual gostaríamos de chamar a atenção.

Em vários setores da manufatura, tais como autopeças, móveis e bens de consumo duráveis, a indústria consolidou posições competitivas sólidas no plano internacional, baseadas na qualidade dos produtos e processos, na eficiência e na flexibilidade das operações. De fato, não são os custos dos fatores de produção capital e trabalho que explicam a competitividade da indústria brasileira. Apesar dos avanços recentes, o custo do capital é ainda elevado no Brasil. Ao mesmo tempo, embora os níveis de remuneração dos trabalhadores brasileiros sejam baixos para padrões internacionais e insuficientes para proporcionar uma vida digna a maior parte de nossa gente, o custo da mão de obra é superior ao encontrado em países do leste da Ásia, em vizinhos da América Latina e na África. A competitividade hoje alcançada por importantes setores da indústria tem base na aplicação de conhecimento para a melhoria dos processos de produção, a gestão da produção e a inovação!

Entretanto, a indústria é heterogênea e há ainda muito a fazer. Algumas empresas, de micro a grande porte, apresentam baixos padrões de desempenho. Por um lado, observamos avanços no campo social (por conseguinte, na renda e no consumo internos) e encontramos um quadro macroeconômico amplamente favorável no país, sem paralelo em tempos recentes; por outro, a pressão dos competidores internacionais exige avanços cada vez maiores na competitividade das firmas. A questão da eficiência tem que estar na agenda das empresas brasileiras.

Este livro oferece ao leitor uma visão ampla sobre conceitos, métodos e ferramentas para o projeto e a gestão de sistemas de produção competitivos contemporâneos. Mais do que uma coleção de práticas ou idéias, oferece uma estrutura lógica para a compreensão do funcionamento da manufatura e as possibilidades de aplicação de diferentes técnicas.

A gestão da produção é uma disciplina complexa. Passou por diferentes ondas desde a sua criação, ainda nos primórdios do século XX. Propomos nesta obra uma abordagem contemporânea, porque baseada na compreensão sistêmica do funcionamento dos sistemas de manufatura, 'orientada para os processos' e suficientemente prática para dar conta questões postas aos gestores e projetistas dos 'sistemas de produção'. Faz-se isso tendo como lógica:

i) a síntese teórico/prática de referenciais consagrados internacionalmente, particularmente o Sistema Toyota de Produção e a Teoria das Restrições;
ii) a realização de avanços teóricos e metodológicos em tópicos específicos;
iii) a consideração explícita da realidade econômica do Brasil, em especial dos preços dos fatores de produção.

Enfatizamos ao longo do livro, de forma sistêmica e sistemática, os aspectos conceituais que sustentam a concepção e gestão de sistemas produtivos competitivos. Essa ênfase não se dá em detrimento da prática, pelo contrário, dá força e confere nexo lógico à apresentação de ferramentas.

Oferecemos ao leitor a noção de que, atualmente, a Engenharia de Produção tem como paradigma hegemônico aquilo que denominamos de paradigma das melhorias baseadas nos processos. Os sistemas de produção atualmente competitivos são desenhados a partir desse "paradigma", orientado por uma clara visão sistêmica do funcionamento dos sistemas de produção.

A noção de paradigma possibilita que conciliemos as melhores soluções conceituais e práticas consagradas modernamente. Pensar em termos de "paradigmas" nos permite entender o que há de comum na forma como diferentes abordagens de gestão compreendem o funcionamento dos sistemas de produção. Isto é essencial para que sejam suplantadas falsas contradições entre o Sistema Toyota de Produção e a Teoria das Restrições, muitas vezes sugeridas no mercado e na mídia de negócios.

Assumindo o paradigma da melhoria dos processos, o livro tem como fio condutor o conceito de Mecanismo da Função Produção (MFP), originalmente proposto por Shingo no livro *O Sistema Toyota de Produção – Do Ponto de Vista da Engenharia de Produção*, primeira obra lançada pela Editora Bookman. O MFP é uma potente estrutura analítica para modelar e compreender o funcionamento dos sistemas produtivos, em quaisquer setores e ambientes técnicos. Constitui-se em elemento essencial para desenvolver aquilo que Shingo chama de 'melhores formas de pensar'. Com sua aplicação, desenvolvemos novas práticas operacionais; por exemplo, para a determinação analítica dos gargalos produtivos, conforme sistemática apresentada no Capítulo 6.

Porém, não há sentido em se pensar na adoção de uma "melhor solução" técnica, como se essa pudesse existir descolada da realidade econômica e social. Assumimos e propomos ao leitor que as questões técnicas e econômicas são inseparáveis e indissociáveis.

Assim, a aplicação do MFP deve ser feita de modo coerente com o contexto econômico onde os sistemas de produção são projetados/concebidos e gerenciados. Soluções eficazes para a construção de sistemas produtivos competitivos dependem da compreensão dos custos relativos dos fatores de produção (em particular, dos custos do capital e do trabalho).

Taiichi Ohno, a quem muito a construção do Sistema Toyota de Produção pode ser tributada, diferencia a Engenharia de Produção Tradicional da Engenharia de Produção estilo "Sistema Toyota" – ver a obra *O Sistema Toyota de Produção – Além da Produção em Larga Escala*, editada pela Bookman. A Engenharia de Produção lucrativa tem por foco a obtenção de resultados econômico-financeiros sólidos e sustentados ao longo do tempo. Para tanto, as soluções técnicas devem ser permanentemente mediadas por uma concepção econômica clara da firma. Isto implica em compreender em profundidade o contexto econômico e social em que ela atua. Cópias acríticas das soluções japonesas, européias ou americanas necessitam ser evitadas, pela simples e óbvia razão que essas soluções são ajustadas às realidades de mercado e sociais daqueles países, aos seus sistemas de produção e repartição de valor dentro da sociedade.

Por exemplo: seria o caso de se adotar no Brasil, sem críticas, o conceito de força minimizada de trabalho, proposta por Ohno? É evidente que não! Tal solução é particularmente eficaz e pertinente para países e indústrias onde o custo horário do trabalho é muito superior ao custo horário das máquinas. Esse não é o caso da indústria metal-mecânica brasileira, por exemplo, ambiente junto ao qual temos trabalhado há um bom tempo, e onde tivemos oportunidade de testar muitas das propostas aqui expressas.

No Brasil, é razoável assumir que muitas empresas devam focar as ações gerenciais de melhoria no aumento da utilização de seus ativos fixos, particularmente das máquinas. Isso é verdadeiro na medida em que a relação entre os custos dos fatores de produção é muito distinta da encontrada no Japão e nos EUA.

Como diz Ohno: "[...] há muito a fazer no campo da produção [...]". Melhorias e avanços se fazem necessárias tanto do prisma conceitual como do prático. Procuramos ao longo do trabalho contribuir nesses dois planos.

Na medida do possível, procuramos oferecer ao leitor um leque variado de exemplos práticos, visando elucidar os conceitos apresentados ao longo dos capítulos. De fato, acreditamos que é fundamental desenvolver um profícuo e contínuo diálogo entre os conhecimentos teóricos propostos e a sua experimentação na indústria e nos serviços. Historicamente, no desenvolvimento do conhecimento em Engenharia de Produção, nota-se que parte significativa dos melhores conceitos da área é diretamente proveniente das firmas, a exemplo do que ilustra o Sistema Toyota de Produção. Reconheçamos: a empresa é o verdadeiro "laboratório da Engenharia de Produção".

Avançar no projeto e gestão dos sistemas de produção é um desafio para grande parte das empresas brasileiras. Porém, a construção da competitividade das empresas e da nossa economia encontra um outro desafio: aumentar os níveis de inovação. Cabe então questionar: no que se relaciona a temática deste livro com a inovação?

Inovação sempre depende de conhecimento! Este é o elo que liga esta obra ao universo da inovação. A produção e aplicação de conhecimento é a única possibilidade concreta para a construção de uma economia mais competitiva e de uma sociedade mais justa. Esperamos que o conhecimento sistematizado aqui, produzido pela experiência dos autores na indústria, a pesquisa teórica e a troca de idéias com inúmeros colaboradores, seja útil para aqueles que atuam no mundo da produção.

Para além do que alcança esta obra, cumpre destacar o sucesso das estratégias baseadas em inovação de produtos, modelos e conceitos de negócios e mercado. Existem dados sólidos que sustentam esta afirmação para ao caso do Brasil. Uma agenda mais ampla de país, portanto, deve considerar as outras dimensões da inovação: produto, mercado, modelos e conceitos de negócios, etc. Uma opção desse tipo não exclui a manufatura, pelo contrário, ressalta a necessidade de se aplicar conhecimento para desenhar "soluções inteligentes" e diferenciadas para os sistemas de produção.

Finalmente, cabe destacar que esta obra não teria sido possível sem a valiosa colaboração de muitas pessoas. Dentre aqueles que contribuíram para o trabalho, encontramos colegas de escola e profissão, alunos em cursos de graduação e pós-graduação ministrados pelos autores e, principalmente, profissionais de empresas com as quais temos trabalhado ao longo dos últimos 20 anos. Neste sentido gostaríamos de fazer os seguintes agradecimentos:

- A todos os profissionais que atuam ou atuaram na Produttare Consultores Associados, empresa que serviu de base para a maior parte dos trabalhos práticos que contribuíram para a elaboração deste livro, desde a sua criação
- Agradecimento especial aos colegas da UNCC – Unidade de Negócios Consultoria e Capacitação da Produttare: André Cardoso Dupont, Ariel Peixoto Possebon, Carlos Marcelo Todeschini Hilgert, Douglas Rafael Veit, Gustavo Steffen, Jacome Barbosa da Cruz, Rafael Pieretti de Oliveira, Rafael Rovaris Jorge, Rogério Bañolas, Roberto Barnasque, Paulo Regner Boeira, Paulo Gilberto de Oliveira
- Agradecimento também especial ao pessoal do setor de apoio da Produttare: Marilaine Almeida, Aline Melo, André Soares, Marlene de Souza, Alexandre Dutra e Carlos Gustavo Bortolotto
- Aos colegas com que convivemos no Núcleo de Apoio Tecnológico do PPGEP/Ufrgs, onde as idéias originais aqui expostas foram preliminarmente desenvolvidas, na década de 80
- Agradecimento especial ao Grupo Randon que tem nos permitido desenvolver trabalhos práticos conjuntos cuja aprendizagem tem sido essencial para nosso desenvolvimento profissional
- Agradecemos ao engenheiro Fernando Fischer, um dos primeiros incentivadores para a elaboração deste livro

- Em nome de todos os gestores e colaboradores que contribuíram para a aprendizagem dos autores, agradecemos os profissionais Gelson Alfredo Dalberto, Celson Casagrande e Alberto Muxfeldt Neto
- Agradecemos as contribuições que estão mais diretamente relacionadas às nossas atividades acadêmicas, particularmente aos profissionais que atuam no PPGA/Unisinos, PPGEPS/Unisinos, graduação em Administração e Engenharia de Produção da UUnisinos Grupo de Produção Integrada da COPPE (GPI/COPPE/UFRJ)
- Aos multiplicadores da Empresa Brasileira de Correios e Telégrafos com quem efetivamos um importante trabalho visando desenvolver conhecimento a respeito da "Engenharia de Produção Postal"
- Agradecemos em especial às empresas Randon Implementos, Suspensys, Frasle, Master, Mastertech, Jost, Randon Veículos, Randon São Paulo, Tramontina (Farroupilha e Carlos Barbosa), Comil, Intecnial, Balas Peccin, Menno, Index Jeans, Agrale, pela oportunidade de desenvolver trabalhos relevantes nos cursos de Capacitação Tecnológica que envolveram um intenso processo de aprendizagem conjunto entre os profissionais envolvidos no processo.
- Da mesma forma, gostaríamos de agradecer às seguintes empresas e organizações parceiras pela oportunidade de compartilhamento de conhecimentos através de treinamentos e capacitações desenvolvidos nas empresas: AGCO, Amanco, Artestampo, Cavalleti, Colar, Construtora Viero, Daimler Chysler (Juiz de Fora), Dana, Digicon, Edelbra, Elster, FARS, Ferramentas Gedore, FIEP, Fiergs, Goldztein, GPI/UFRJ, Hyva, IGEA, Instituto Eckart, Madal Palfinger, Medabil, Móveis Cavaletti, Nortia, Petrobrás, SAUR, Terex Roadbuilding, Termolar, Trafo, URI, ZF do Brasil.
- Aos seguintes profissionais ligados a empresas que atuam no Brasil: Abraão Goldztein, Abraham Pocztaruk, Acyr Seleme, Adelir Striedel, Ademar Bassanesi, Ademir Antonio Giacometti, Ademir Hansen, Adenilton Ferreira, Adriana Dalla Rosa Menegatti, Adriano Giacomelli, Adriano Proença, Agostinho Antonio Borelli, Airton Valada, Albert Geiger, Alberto Mário Brinker, Alcindo Adriano Sparremberger, Aldires Bristot, Aldo Cini, Alessandra Delazer, Alex Pipkin, Alex Sander Wieczorex, Alexandra de Mattos Guerra, Alexandre Gazzi, Alexandre Gewehr, Alexandre Grizon, Alexandre Kursancew, Alexandre Scholl, Alfredo Flávio Gazzola, Alfredo Yarozinski, Algacyr Goron, Almaisa de Souza, Aloísio Klein, Alvadir Ferreira, Alvaro Pinto Leite, Alvaro Roth, Amarildo da Cruz Fernandes, Amélio Colombo, Ana Paola Sartori, Ana Paula Castro, Ana Zilles, André Brezolin, André Duprat Chaulet, André Fauth, André Seidel, André Soares, André Staub, André Valadares da Silva, Andreia Guarnieri, Angela Koller, Angelita Luizetto, Ângelo Castiglia, Anselmo Reynaud, Antonio Almeida, Ântonio Cezar Bornia, Antônio Lunardi, Antônio Santarém, Antônio Sartor, Aristeu C. Kautzmann Filho, Armando Clemente, Arnaldo Sima, Artêmio Giácomo Adami, Augusto Berdette, Augusto Scofano Mainieri, Áureo Chiaradia, Bruna Pontes, Bruno Carlos Wagner, Bruno Hoppe, Bruno Lam, Bruno Milanez,

Carlos Alberto Velinho, Carlos Alexandre Prado, Carlos Augusto Ferrari Filho, Carlos Cini, Carlos David Yukimura, Carlos Henkin, Carlos Henrique Ritter Beiser, Carlos Menchik, Carlos Newton, Carlos Otavio Petter, Carlos Panitz, Carlos Passos, Carlos Renato Trento, Carlos Roses, Carlos Vicente de Souza, Carlos Viero, Carmem Piccini, Celso Emílio Zenker, Celso Luis Santa Catarina, César Augusto Tomé, César Pissetti, César Telles, Cezar Ricardo Molina, Cidia Alves Quevedo, Clademir Lenhagui, Clairton Guerra, Clairton Guielcer de For, Clairton Vitorio Spido, Clarisa Trombini, Claudinei Fernando Boeira, Claudinei Luiz, Cláudio Buniatti, Cláudio Luiz da Cruz Meira, Cláudio Medeiros Rodrigues, Cláudio Muller, Claudio Theilacker, Claus Jorge Suffert, Claus Mojën, Clayton Campanhola, Cleila Pimenta, Cleófas Zucco, Clóvis Guerra, Clovis Norberto Savi, Constantino Papadopolus, Cristiano Schuch, Cristiano Valer, Cristina Klinberg, Daiana Carla Lovato, Dairto Corradi, Daniel Boniati, Daniel Ely, Daniel Mosena, Daniel Pacheco Lacerda, Daniel Pedro Puffal, Daniel Randon, Daniela Cristina da Silva Voltolini, Daniela Mazon Do Valle, Darci Antonio Troian, Darci de David, Darlan Geremia, Davi Pasa, Dávio Ferrari Tubino, Delmir Poltrich, Denilson Duarte, Deoclécio Corradi, Deomedes Marocco, Dieter Gripp, Diolinda Prado, Diones Corradi Pagliosa, Dirceu Pezzin, Domício Proença, Éder Borba Gonçalves, Eder Wisniewisck, Edésio Rampon, Edson Cardoso Dos Santos, Edson Leal, Edson Lobato, Edson Zilio, Eduardo Dalla Nora, Eduardo de Moura, Eduardo Fayet, Eduardo Jorge Oliveira, Eduardo Manenti Vargas, Eduardo Rovaris Gomes, Eduardo Smaniotto, Eduardo Valle, Edy Marocco, Egídio Caberlon, Egon Hemman, Elaine Curvelo Yamashita, Elder Lopes, Elias Maximiano da Silva, Elibel Santos, Elisa Sato, Elisabeth Beiser, Elisabeth Fonseca, Elisiane Corso Fedrizzi, Elton Fabro, Émerson Zeizer, Ênio Baungarten, Enio Bernardes, Ênio Corsetti, Enio Magalhães de Borba, Enivaldo Luiz Alves Borges, Enrique Munaretti, Erasmo Gomes, Ermilo Dal Bó, Ernesto Otto Saur, Esdânio Nilton Pereira, Esequiel Armiliato, Esequiel B. Mello, Evando Mirra, Everton Stankiewicz, Fabiano Leal, Fabiano Lima, Fabiano Pures, Fábio Araújo dos Santos, Fábio Leitão, Fabio Miguel, Fábio Rossi Tronca, Fábio Valls Corsetti, Fabio Zamberlan, Fabrício Cruz da Rosa, Fausto Citolin, Felipe Susin, Fernanda Godolfim, Fernando Guerra, Fernando Leite, Fernando Oscar Geib, Flávio Eichler, Flávio Marcon, Flávio Pizzato, Florêncio Mônego Jr., Francine Teresa Corso, Francisco Carmo, Francisco Cota, Francisco Duarte, Francisco Huller, Francisco Leopoldo, Francisco Santos, Francisco Soares Horbe, Fúlvio Petraco, Gabriel Fonseca, Geison Werner, Genia Porto, Geraldo Aparecido da Silva, Gerson Wallauer, Gian Schimaniak, Gibrail Gambirazzio, Gilberto Ceratti, Gilberto Crosa, Gilberto José Pedroni, Gilberto Pezzin, Gilmar Casagrande, Gilmar José Poletto Neves, Giovani Chies, Gisele Colombo Ely, Glauber Pezzin, Glauco Arbix, Glaudson Bastos, Gracielle Wallauer Gras, Guilherme Fabre Afonso, Guilherme Guedes Xavier, Guilherme Lopes, Gustavo Borba, Gustavo Kannenberg, Gustavo Martins, Gustavo Oliveira, Hamilton Chagas Perez, Hamilton

Romanato, Harro Burmann, Heinz Rudi Boesing Junior, Heitor Mansur Caulliraux, Heleno Silveira Zanetti, Hélio Dietrich, Hélio Henkin, Hilda Maria Locatelli, Idacir Poleto Marcolin, Idair Maschio, Idair Monegat, Idésio Perosa, Ieda Maria Onzi Perosa, Ilde Borela, Ingomar Goltz, Ingrid Saur, Iraci Stedile, Isabel Hertz, Itacir Fontana, Ivonio Pedro Rigo, Izequiel Antônio da Silva, Izidro Penatti Filho, Jaci Delazeri, Jackson de Toni, Jacynto Pontes Júnior, Jáder Hilzendeger, Jaime Evaldo Fensterseifer, Jaime Schneider, Jaime Vergani, Jairo Lipert, Janaína Macke, Jandir Cantele, Jean Pavanello, Jéferson de Bom Moraes, Jefferson Buzini, Jevandro Barros, João Alberto Rubim Sarate, João Araújo, João Batista F. Cunha, João de Negri, João Ernesto Castro, João Felipe Araújo, João Francescutti, João Furtado, João Ivanor de Oliveira, Jão Luis Mayer, Jocias Luiz Ambrosini, Joe Bortolini, Jones Debortoli, Jorge Boeira, Jorge Pyles, Joscemar Gobetti, José Abu-Jamra, José Américo Salib de Oliveira, José Bautista Vidal, José Carlos Souza, José Elias Maximiano, José Ferreira Leal, José Floriano, José Glauber Monteiro, José Ilha, José Iraçú Espíndola, José Lousada, José Michilini, José Ribamar Oliveira Jr, José Sebastião Zago, Joseana Pereira da Silva, Juan Carrau Methol, Juarez Costa, Juarez Dallagnol, Juarez Fermiano Alves, Juarez Koehler, Juarez Santos, Juliano Ilha, Júlio Abrantes, Júlio César de Oliveira, Julio Cesar Moretto, Julio Ormerod, Junia Casadei Motta, Jussara Crespi Corradi, Jussara Martinelli Picinini, Klaus Roher, Leandro Correa, Leandro Daniel Kuhn, Leandro Glufke, Leandro Mardero, Leandro Pasqualoto, Lenita Meneguzzi, Lenita Turchi, Leonardo Arantes, Leonardo Lanzini, Leonardo Libardi, Leonardo Pierozan, Leonel Wasen Dos Reis, Leopoldo Ladeira, Lia Weber Mendes, Lírio Maroco, Lorenzo Cuadros, Luciana Panzarini, Luciano Benincá, Luciano Oliveira, Luciano Zanol, Lúcio Fraga Brusch, Luis Alberto Bairros, Luis Alberto de Moura Alimena, Luis Antônio Meirelles, Luís Antônio Oselame, Luis Antonio Slongo, Luis Augusto Perocchin, Luis Bilbao, Luis Cantele, Luis Carlos Vasak, Luis Claudio Skrobot, Luis Felipe Maldaner, Luis Fernando de J. Bernardo, Luis Paulo Bresciani, Luis Paulo Hauth, Luiz Carlos da Rocha, Luiz Duarte, Luíz Edgard Ferraz do Amaral, Luiz Leandro de Oliveira, Luiz Paulo Wenzel, Luiz Ricardo Santos Garcia, Manoel L. Leão, Manoel Piragibe, Manoel Rivas, Marcelo Adriano da Silva, Marcelo Beltrand, Marcelo Cantele, Marcelo de Carvalho Lopes, Marcelo Heberle, Marcelo Juliano Merkle, Marcelo Kuver, Marcelo Luis Pillotto, Marcelo Maruju, Marcelo Seeling, Marcelo Weber, Marcia Daros, Márcia Pereira Dias, Márcio Bragagnolo, Márcio da Rosa, Márcio Leandro Schimdt, Márcio Torres, Marco Antonio Borges, Marco Antônio Camargo Vieira, Marco Antonio Fontana, Marco Antonio Martins, Marco Aurélio S. Ribeiro, Marco Perpétuo, Marco Siqueira Campos, Marcos Antonio Dos Santos, Marcos Bercht, Marcos Pretto, Maria Teresa Casagrande, Marialda Lapinski, Marilia Cardieiri, Marilva Bento, Mario Caine, Mário Cavaletti, Mário Sérgio Salermo, Martin Tsuboi, Mauricio Chacur, Mauricio Do Santos Neves, Mauro Creatini da Rocha, Mauro Martin, Mauro Mitio Yuki, Mauro Nagashima, Mércio Antonio Susin, Miguel Angelo Adami, Miguel Rossato,

Miguel Santos, Milton Bender, Milton Daitz, Moises Balestro, Murilo Nuernberg, Neiva Alberti, Nelson Antonio Sasset, Nelson Karam, Nelson Shaefer, Nelton Alano, Neri Basso, Nestor Debenetti, Nestor Giacomin, Newton Ricardo Lino, Nilo Domingos Bressan, Norberto Fabris, Odair Bachi, Olir Gallina, Oneide de Souza Monteiro, Orli Sebastião Godinho, Oscar de Azevedo, Oscar Gutierrez, Oscar Yonesake, Osmar Casagrande, Otto Walter Beiser, Paula Gonzaga, Paulo Cezar Vigolo, Paulo Ferreira, Paulo Ghinatto, Paulo Holtrup, Paulo Marchesan, Paulo Martini, Paulo Maurício Selig, Paulo Mônego, Paulo Motta, Paulo Opermannn, Paulo Regner Boeira, Paulo Roberto Cavalheiro de Souza, Paulo Roberto Cidade, Paulo Salgueiro, Paulo Sampaio, Paulo Schmalz, Paulo Schmidt, Paulo Varante, Paulo Vidor, Paulo Walter Ferreira, Peter Bent Hansen, Peter Elbling, Priscila Soares, Rafael Clemente, Rafael Fayet, Rafael Hoff Sobroza, Rafael Paim Santos, Rafael Vergani, Raimundo Tomaszewski, Ralf Peter Aman, Raquel Flexa, Regina Barnasque, Régio da Silveira Leal, Reinaldo Crantschaninov, Renato Busetto, Renato de Almeida Gomes, Renato Florido Cameira, Renato Peng, Renato Pinheiro de Souza, Renato Regazzi, Renato Rochini, Renato Samuel, Ricardo Augusto Cassel, Ricardo Karsten, Ricardo Mansilha, Ricardo Marques, Ricardo Martins Azevedo, Ricardo Miguel Adamczyk, Roberta de Almeida, Roberto Balbi Filho, Roberto Castro, Roberto Feijó, Roberto Fialho, Roberto Gras, Roberto Job, Roberto Lima Ruas, Robin Pagano, Robinson Capuchinho, Rodrigo Castilho, Rodrigo Caumo, Rodrigo de Antoni Luzardo, Rodrigo Sampaio, Rogério de Antoni, Rogério Dias Araujo, Rogério Laydner da Rosa, Rogério Luiz Ragazzon, Rogério Meneguzzo, Rogério Miranda, Rogério Monteiro, Rogério Raabe, Rogério Rodrigues, Rogério Spech, Romário Godinho, Romulo Valle Salvino, Ronaldo Melo Barreto, Ronaldo Tortorelli, Roque Babinski, Roselei Finn, Roseni Kortmann, Rudimar Antônio Pedroni, Sadao Tamura, Sadi Eloi Ortigara, Samuel Mooje de Mellos, Sandra Bado da Silva, Sandra Cantalice, Sandro Bastos Dos Santos, Sandro Jung, Sandro Trentin, Sedinei Lorenzi, Sérgio Carra, Sergio de Godoy Campos, Sérgio Dias, Sérgio Gusmão, Sergio Mecena, Sérgio Muñoz, Sérgio Vaz Dias, Setsuko Kodama de Souza, Silvana Mate Erlo, Sílvio Luiz Callegaro Jr., Sílvio Ceroni, Sílvio Omar Leal Dos Santos, Sílvio Pankowski, Sinval Oliveira Souza, Sólon Pinotti, Tatiane Rossi Viegas, Telmo Strohaecker, Tiago Dziuba, Tiane Carissime, Tito Goron, Valdeci Dutra, Valdecir Guzzo, Valdo Antonio Rodrigueiro, Valeri Antonio Pertile, Valter Lino Cousseau, Valter Vargas, Valter Zaqueu, Vanderlei Antônio Tres, Vanderlei Novello, Vanei Geremia, Vicente Golin, Vilmar Oenning, Vinícius Carvalho Cardoso, Vinícius Ferreira da Silva, Vitor Hugo Garcez, Vivian Stumpf Madeira, Viviane Dambroz, Vladimir Bortolotto, Waldyr Brogni, Walter Beiser, Walter Françosi, Washington Lemos Filho, Willian Santos, Willians Celeste, Willy Khede Cardoso, Wolmar Pilatti, Yasuhiro Tsutsumi, Zeno Vladimir Chagas, Zolmar Antonio de Almeida Oliveira.

Esperamos que a leitura seja proveitosa.

Sumário

1 A Produção Industrial no Ambiente Competitivo Globalizado 24

           Visão geral | 25
- (1.1) Introdução | 25
- (1.2) O cenário mundial – breves considerações | 26
- (1.3) A diversificação da produção | 29
- (1.4) A nova lógica de custos | 31
- (1.5) A relação preço, custo e lucro no cenário contemporâneo | 34
- (1.6) As dimensões da estratégia de produção e as alterações das normas de concorrência | 38
- (1.7) Compreendendo o mercado brasileiro | 42
- (1.8) Compreendendo o custo relativo dos fatores de produção no Brasil e nos países de Primeiro Mundo | 48
- (1.9) Compreendendo o impacto dos custos financeiros | 53
- (1.10) Sintetizando as condições do ambiente competitivo no ambiente brasileiro a partir de uma perspectiva de mundialização da economia | 54

           Atualização na internet | 55
           Dicas de leitura | 55

2 Os Paradigmas na Engenharia de Produção 56

           Resumo do capítulo | 57
- (2.1) Introdução | 57
- (2.2) O conceito de sistema | 58
- (2.3) A evolução dos sistemas de produção: uma visão histórica a partir das revoluções industriais propostas por Shigeo Shingo | 64
- (2.4) O período pré-paradigmático | 65
- (2.5) O paradigma das melhorias dos sistemas produtivos baseado nas operações | 67
- (2.6) O paradigma dos sistemas de produção voltados à melhoria nos processos | 70
- (2.7) Considerações finais: no sentido da adoção do paradigma das melhorias nos processos em sistemas empresariais | 75

           Atualização na internet | 77
           Dicas de leitura | 77

3 Os Sistemas de Produção do Ponto de Vista do Mecanismo da Função Produção 78

Resumo do capítulo | 79
(3.1) Considerações iniciais sobre os princípios de construção de sistemas produtivos | 79
(3.2) Entendendo os sistemas de produção como uma rede de processos e operações | 80
(3.3) O mecanismo da função produção: uma rede de processos e operações | 81
(3.4) O mecanismo da função produção – análise da função processo | 83
(3.5) O mecanismo da função produção – análise da função operação | 84
(3.6) A função processo e a função operação – existem prioridades em termos da gestão da estrutura produtiva das firmas? | 89
(3.7) Exemplos de melhorias nas funções processo e operação | 94
(3.8) Considerações finais: o conceito síntese do Sistema Toyota de Produção / produção enxuta – o mecanismo da função produção | 99
Atualização na internet | 101
Dicas de leitura | 101

4 Teoria das Restrições: Aprofundando a Compreensão do Mecanismo da Função Produção 102

Resumo do Capítulo | 103
(4.1) Considerações iniciais | 103
(4.2) Princípios gerais da Teoria das Restrições (TOC) | 104
(4.3) Indicadores de desempenho: a proposta de Eliyahu Goldratt | 106
(4.4) Análise sucinta dos indicadores de desempenho | 108
(4.5) Conceitos fundamentais para o entendimento profundo da função processo: os gargalos e os CCRs | 110
(4.6) Os cinco passos da TOC visando ao atingimento da meta | 112
(4.7) Os princípios básicos da manufatura sincronizada | 115
(4.8) Considerações finais: contribuições da Teoria das Restrições (TOC) para a compreensão dos sistemas produtivos a partir do mecanismo da função produção | 118
Atualização na internet | 127
Dicas de leitura | 127

5 Mecanismo da Função Produção – Auxiliando a Compreensão dos Conceitos em Engenharia da Produção 128

Resumo do Capítulo | 129
(5.1) A compreensão dos índices de eficiência nos sistemas produtivos a partir dos conceitos do mecanismo da função de produção | 129
(5.2) *Takt-time* e tempo de ciclo: conceitos e contextualização dentro do Sistema Toyota de Produção | 142
(5.3) Considerações finais: o mecanismo da função produção e os conceitos da Engenharia de Produção | 161
Atualização na internet | 164
Dicas de leitura | 165

Sumário

**6   Mecanismo da Função Produção – Potencialidades de
      Aplicações Práticas nos Sistemas Produtivos** 166

Resumo do Capítulo | 167
(6.1)   Análise da capacidade X demanda dos recursos produtivos | 167
(6.2)   Formas de melhorar continuamente a utilização das restrições
          nos sistemas produtivos | 169
(6.3)   Uma abordagem metodológica ao gerenciamento das restrições
          dos sistemas produtivos: a gestão do posto de trabalho | 176
(6.4)   Considerações finais: melhorando cientificamente a utilização
          dos recursos produtivos das empresas | 191
          Atualização na internet | 193
          Dicas de leitura | 193

7   As Perdas e o Conceito de Trabalho nos Sistemas Produtivos 194

Resumo do Capítulo | 195
(7.1)   O conceito de perdas e trabalho nos sistemas produtivos | 195
(7.2)   Operacionalizando o conceito de perdas segundo Ohno e Shingo –
          as sete perdas nos sistemas produtivos | 201
(7.3)   Considerações finais: as perdas como fio condutor da História
          da Engenharia de Produção | 221
          Atualização na internet | 227
          Dicas de leitura | 227

**8   Construindo Sistemas de Produção Competitivos a
      Partir do Sistema Toyota de Produção** 228

Resumo do Capítulo | 229
(8.1)   Princípios básicos de construção do Sistema Toyota de Produção | 229
(8.2)   Subsistemas e técnicas do Sistema Toyota de Produção | 236
(8.3)   Considerações finais: os subsistemas da produção enxuta e suas
          principais conexões estratégicas | 283
          Atualização na internet | 285
          Dicas de leitura | 285

**9   Casos de Aplicação do Sistema Toyota de
      Produção/Produção Enxuta** 286

Resumo do capítulo | 287
(9.1)   O caso da mina de fluorita | 287
(9.2)   O caso da empresa de utensílios domésticos termoplásticos | 299
(9.3)   Considerações finais: casos de aplicação do Sistema Toyota de
          Produção/produção enxuta | 315
          Atualização na internet | 317
          Dicas de leitura | 317

Referências 318

Índice 324

"A necessidade é a mãe da invenção"
(Ohno, 1997)

CAPÍTULO 1

Visão geral | 25

(1.1) Introdução | 25

(1.2) O cenário mundial – breves considerações | 26

(1.3) A diversificação da produção | 29

(1.4) A nova lógica de custos | 31

(1.5) A relação preço, custo e lucro no cenário contemporâneo | 34

(1.6) As dimensões da estratégia de produção e as alterações das normas de concorrência | 38

(1.7) Compreendendo o mercado brasileiro | 42

(1.8) Compreendendo o custo relativo dos fatores de produção no Brasil e nos países de Primeiro Mundo | 48

(1.9) Compreendendo o impacto dos custos financeiros | 53

(1.10) Sintetizando as condições do ambiente competitivo no ambiente brasileiro a partir de uma perspectiva de mundialização da economia | 54

Atualização na internet | 55

Dicas de leitura | 55

A Produção Industrial no Ambiente Competitivo Globalizado

Visão geral

Este capítulo traz ao leitor uma discussão conceitual acerca das lógicas de competição entre empresas manufatureiras no cenário econômico contemporâneo. Para isso consideram-se as diferentes dimensões competitivas sobre as quais as firmas formulam suas estratégias, com ênfase nos custos. Este debate inicial é feito à luz da evolução histórica dos mercados no âmbito mundial e nacional. No traçado deste pano de fundo, levam-se em conta os contrastes entre países em desenvolvimento (como Brasil e China, por exemplo) e aqueles ditos de Primeiro Mundo (EUA, Japão e países da Europa), particularmente no que se refere aos custos dos diferentes fatores de produção (com destaque para capital e trabalho) e os custos financeiros. Esses contrastes são ilustrados através de um exemplo didático que compara as condições para implantação de uma célula de manufatura em três países: Brasil, EUA e Japão. Por fim, discute-se o papel do desempenho na manufatura como aspecto relevante da sustentação da posição de empresas nacionais, no cenário institucional e competitivo contemporâneo.

(1.1) Introdução

Este livro trata da construção de sistemas de produção competitivos de forma geral, com ênfase na realidade brasileira. Insere-se, portanto, no escopo do que no Brasil intitula-se Engenharia de Produção. Esta, como disciplina, tem por responsabilidade "a contínua elaboração de soluções para o problema básico da combinação dos fatores de produção" (Zilbovicius, 1999, p. 35). Portanto, para a elaboração de sistemas produtivos eficazes é necessário compreender com detalhes temas como: o ambiente de inserção das firmas nos mercados globalizados e nacionais, as formas mais eficazes de combinar os fatores de produção capital, trabalho, energia etc. e as lógicas de utilização dos métodos e técnicas de gestão disponíveis ao engenheiro de produção, entre outros tópicos relevantes. O Capítulo 1 foi elaborado com o intuito de jogar luz sobre aspectos importantes da problemática enfrentada pelo engenheiro de produção, visando prover ao leitor uma compreensão genérica do ambiente competitivo ao qual se submetem as firmas nos planos nacional e internacional, e das implicações para a gestão da produção.

Inicialmente, discute-se o ambiente competitivo no qual se inserem as firmas industriais. Faz-se isso a partir das significativas modificações ocorridas nas chamadas "normas de concorrência" a partir das duas grandes crises internacionais do petróleo, nos anos de 1973 e 1979. Suas conseqüências para as dimensões competitivas são tratadas de forma sucinta e objetiva na primeira parte deste capítulo. Perceba-se que estas ponderações iniciais são claramente passíveis de generalização, na medida em que têm validade em vários mercados "globalizados".

Na segunda parte do capítulo, as reflexões enfocam especificamente a situação brasileira e sua relação com o cenário internacional. Dois aspectos específicos têm destaque na realização de análises comparadas entre o Brasil e os países centrais: as condições de concorrência e os custos dos fatores de produção capital e trabalho no mercado. Os exemplos utilizados para ilustrar as análises são majoritariamente oriundos da indústria automotiva, principal cadeia produtiva brasileira, responsável por cerca de 10% do faturamento da indústria nacional, sobre a qual há ampla disponibilidade de dados na bibliografia. Porém, é prudente que se tenha parcimônia na generalização das conclusões. Por outro lado, para fins práticos, esses exemplos revelam-se representativos de uma ampla gama de situações concretas que afetam a competitividade das firmas que mantêm operações industriais no país, sejam elas de capital brasileiro ou transnacional.

(1.2) O cenário mundial – breves considerações

A competição entre as empresas tem aumentado nos mercados internacional e nacional. Esse acirramento da competição dá origem a uma "pressão competitiva", que direciona as empresas para a busca de mais eficiência nas suas operações e nos processos de gestão. Trata-se de fenômeno observado de modo marcante em indústrias como a automotiva, a siderúrgica, a têxtil e de confecções, a eletroeletrônica, a de bens de consumo duráveis e a de transformados plásticos, entre outras.

Historicamente, foi nesses ramos industriais que se percebeu de modo mais claro a necessidade de desenvolver com regularidade novos produtos, cada vez mais complexos e com maior grau de diversificação. Em virtude dessa situação geral, que ao longo do tempo passou sistematicamente a impactar outros tipos de indústrias, as empresas foram compelidas a trabalhar simultaneamente várias dimensões da competição: custos, qualidade, tempo, flexibilidade e inovação.

É no contexto dessa nova realidade econômica que foram forjados os ditos sistemas de produção modernos. Trata-se de um quadro fundamentalmente distinto daquele que viabilizou a produção em massa fordista e, posteriormente, o crescimento industrial acelerado das décadas de 50 e 60 nos Estados Unidos e na Europa.

Os sistemas de produção modernos compreendem uma ampla variedade de modelos, conceitos e métodos de gestão. Inserem-se nesse conjunto as abordagens do Sistema Toyota de Produção (STP), da produção enxuta (*lean manufacturing*), do "modelo sueco" de produção, do controle de qualidade total (TQC), da Teoria das Restrições (TOC), da reengenharia de processos de negócios, dos sistemas integrados de gestão (MRPII, ERP, SCM etc.), entre outros. Na sua origem comum, encontra-se a necessidade das firmas de implantar, de forma contínua e sistemática, sistemas de produção cada vez mais flexíveis e integrados, visando atender às necessidades colocadas pelo mercado no ambiente competitivo contemporâneo. Essas abordagens apresentam um conjunto comum de conceitos e princípios teóricos, que serão explorados ao longo do livro.

É didático, para compreender os impactos das mudanças ocorridas nos mercados sobre a manufatura, que se faça uma rápida análise histórica das transformações econômicas que ocorreram ao longo do século XX. Nesse apanhado, destacam-se os choques do petróleo nos anos de 1973 e 1979. Naquele período histórico, ocorreram transformações substantivas:

- na relação entre capacidade e demanda agregadas. Na maioria das indústrias, a capacidade instalada passou a ser superior à demanda global, implicando na modificação das normas de concorrência;
- no peso relativo das dimensões de competição no mercado. As empresas passaram a considerar outras dimensões além dos custos (como qualidade e entregas) na modelagem de suas estratégias, e, ao mesmo tempo, foram forçadas a rever o próprio conceito de custos produtivos e sua relação com os preços praticados para os produtos.

Essas mudanças produziram um ambiente que se sofisticou ao longo do tempo. Na medida em que determinados mercados se consolidaram, tornaram-se maduros e/ou integraram-se ao contexto internacional, o peso relativo dos critérios de desempenho para os fabricantes e a importância de seus ativos se alteraram. Com isso, as estratégias das empresas também tiveram que se ajustar ao longo do tempo. Não há um único caminho estratégico para o sucesso na competição. Pelo contrário, o sucesso de uma estratégia depende do seu ajustamento ao ambiente competitivo e a suas exigências.

Os choques econômicos mundiais da década de 1970 tiveram repercussões amplas e progressivas na economia brasileira. Os impactos sofridos pelo país vão desde a alteração profunda da sua balança de pagamentos no início da década de 1970 – e do cenário macroeconômico de forma geral – até a fortíssima pressão por modernização e eficiência sentida pela indústria a partir do início dos anos 90.

A produção de efeitos recentes na economia brasileira por transformações ocorridas na economia mundial ainda nos anos 70 está associada à abertura tardia do mercado interno à competição internacional. Foi somente no início da década de 1990 que as empresas manufatureiras instaladas no país passaram a realmente enfrentar a concorrência no tipo de ambiente competitivo que já era experimentado pelas economias dos países centrais desde os anos 70. É nesse momento, portanto, que se torna necessário ajustar tanto as estratégias empresariais à realidade internacional, que passa então a ser enfrentada no mercado local, quanto os sistemas de manufatura às novas necessidades de desempenho nas operações.

O Brasil teve sucesso na incorporação de novos conceitos e métodos de gestão. Esse relativo sucesso, porém, não ocorreu a tempo e/ou não foi suficiente para garantir a permanência de muito produtores brasileiros em determinados setores da indústria. Na fabricação de autopeças, por exemplo, apesar dos ganhos em produtividade e qualidade, os principais fabricantes nacionais descontinuaram suas operações e/ou foram adquiridos por empresas transnacionais (Zilbovicius et al. 2001).

Em um ambiente cada vez mais competitivo e exposto à concorrência internacional, a busca pela diferenciação de produtos e de novas formas de operar os negócios passou a ser a tônica em muitas indústrias. Além de trazer fortes impactos sobre a manufatura, essa realidade acentua a importância da inovação. Os efeitos se fazem notar bem além da fábrica, nas áreas e atividades de marketing, pesquisa e desenvolvimento de produtos, gestão de projetos e relações com fornecedores, e, mesmo, na própria estrutura da indústria e das suas cadeias de suprimentos.

O alto desempenho na manufatura, em muitos casos, não é condição suficiente para a sustentação competitiva das firmas. Porém, é claramente um pré-requisito. Primeiro, porque num ambiente de diversificação as empresas são levadas a trabalhar com séries muito menores de produção, além de atender a novos requisitos de desempenho. Segundo, porque o aumento do lucro pela redução dos custos – lógica que discutimos de forma constante ao longo deste livro – é um caminho concreto, viável e seguido na prática por empresas de sucesso, buscando a geração de excedente econômico (recursos disponíveis para investimentos) que pode ser investido em tecnologia, novos produtos, marca, canais de marketing etc.

O caminho que seguiremos parte das transformações nos níveis de demanda e oferta e de suas implicações para a competição e a manufatura. Essas mudanças, já largamente apontadas, fornecem o pano de fundo para o surgimento dos modernos sistemas de produção. Note-se, desde já, que conceitos, técnicas e métodos de gestão da produção originados em ambientes que anteriormente enfrentaram condições recessivas de mercado, como no Japão do pós-guerra, revelaram-se muito poderosos no cenário posterior à crise do petróleo. As competências de gestão da produção desenvolvidas no período adverso da década de 1950 pelos produtores japoneses, particularmente no Sistema Toyota de Produção (STP), foram decisivas para o sucesso futuro dessas companhias. Taiichi Ohno, um dos principais artífices do STP, sentenciou: "a necessidade é a mãe da invenção" (Ohno, 1997).

[1.3] A diversificação da produção

O cenário de competição observado no mercado internacional tem como pano de fundo a necessidade de ajustamento do sistema econômico ocorrido a partir dos anos 70. Esse processo de ajuste afetou, de maneira radical, os padrões da competitividade em geral, particularmente na indústria.

Segundo Coriat (1988), nos grandes setores de produção em massa de produtos discretos (automóveis, eletrodomésticos etc.) e nos produtos intermediários (siderurgia, petroquímica etc.) as capacidades instaladas de produção eram inferiores à demanda global do mercado antes de 1973. Essa situação foi revertida pela crise econômica vivenciada pela economia mundial nos anos 70.

Com a recessão, as capacidades instaladas nesses setores da economia tornaram-se superiores à demanda total de produtos requeridos pelos consumidores. Em decorrência, acirrou-se a concorrência no âmbito de muitos complexos oligopolísticos internacionais. Em outras palavras, a crise do petróleo, ocorrida no outono de 1973, alterou enormemente e de forma definitiva as normas gerais de concorrência no mercado internacional.

Do ponto de vista comercial, o período de antes de 1973 pode ser considerado como de *product out*, quando os fabricantes tinham maior poder sobre as tendências dos produtos a serem colocados no mercado de consumo. Em outras palavras, quem ditava os padrões do consumo era a oferta. Existindo uma grande parcela de demanda não atendida, os produtos colocados no mercado pela indústria encontravam compradores.

A crise do petróleo marca uma transformação fundamental na lógica de mercado. Com a alteração da relação entre oferta e demanda, torna-se predominante uma lógica do tipo *market in*, na qual o mercado passa a definir suas exigências (Yamashina, 1988). Ou seja, quando a demanda por um determinado tipo de bens se torna menor que a oferta, os consumidores passam a ditar as regras, a escolher modelos, a manifestar preferências por fabricantes. Do ponto de vista do consumidor, a questão deixa de ser "garantir o acesso ao produto" e, portanto, comprar o que lhe for oferecido para não perder a oportunidade de conseguir o bem escasso, para tornar-se escolher a alternativa que melhor lhe agrada dentre as possibilidades oferecidas pelos fabricantes.

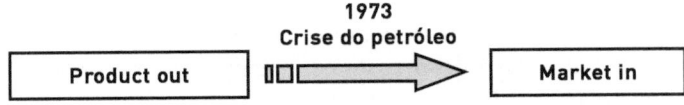

Fig. **1.1** Mudança histórica no comportamento da demanda.

Esse fenômeno teve alcance global, na medida em que as economias nacionais sofreram os impactos da alteração dos preços do petróleo e da recessão subseqüente. Também no Japão, conforme Ohno (1997), a economia entrou em um estado de crescimento zero no ano de 1974, com muitas companhias sofrendo severamente com a crise recessiva internacional.

Do ponto de vista do surgimento, criação e divulgação de novas lógicas nos sistemas produtivos, o período que se segue foi bastante rico. Tornou-se absolutamente necessário para as empresas adotar respostas práticas ao acirramento da concorrência no mercado, verificada no novo cenário econômico.

Assim, a análise dos sistemas produtivos hegemônicos a partir dos anos 70 passa necessariamente por uma compreensão bastante ampla das características das demandas de mercado (Shingo, 1996a). As conseqüências práticas para as empresas, de uma forma geral, a partir desse momento podem ser descritas da seguinte forma:

- para as empresas tornarem-se competitivas passaram a necessitar produzir lotes cada vez menores de artigos e bens cada vez mais diferenciados;
- a manutenção da competitividade neste cenário exige que as empresas garantam, simultaneamente, e para uma gama diferenciada de produtos: preços compatíveis, qualidade intrínseca (que envolve todo o ciclo de vida do produto, desde a sua concepção até a sua destinação final, após o uso) e atendimento aos prazos de entrega;
- necessidades de as fábricas responderem num tempo curto à demanda dos consumidores – *short delivery time*. Isto implica que as fábricas construam sistemas produtivos capazes de fabricar seus artigos com rapidez, respondendo, assim, às flutuações de demanda (Shingo, 1988).

Em síntese, a crise do petróleo constituiu-se em um **incidente crítico** para a história da economia mundial e, em especial, para a indústria. Com esse advento, substituiu-se definitivamente uma lógica planejada de produção em massa, simbolizada por frases como "produção em massa, consumo de massa" ou "se você produz isto, você pode vender isto", por uma outra, caracterizada pela busca incessante da diferenciação dos produtos. Embora a noção de escala tenha continuado importante, a necessidade da diferenciação tornou-se também central.

A crise da produção de grandes lotes estabeleceu-se de forma definitiva. A produção de lotes pequenos, em função da necessidade de diversificação, revelou-se um tema a ser considerado com crescente importância. De forma estilizada, pode-se dizer que, nesse momento, a "customização em massa" começou a ganhar espaço em relação à "produção em massa".

Conforme Ohno, neste novo tipo de concorrência, torna-se necessário perceber que a fonte das informações está sempre no mercado (Onho, 1997). As novas necessidades de mercado introduzem a possibilidade de novas formas de gestão da produção e do trabalho. Este processo histórico da competição intercapitalista está na base do desenvolvimento e, principalmente, da rápida difusão no Japão dos sistemas produtivos como o Sistema Toyota de Produção.

A pergunta que se colocava no período pós-crise do petróleo era "o que fazer para aumentar a produtividade, quando as quantidades não aumentam?" (Ohno, 1997). De forma mais geral: o que fazer quando as quantidades não aumentam e a diversificação de produtos torna-se crescente e sistemática no âmbito dos diferentes contextos de mercado?

A resposta a estes questionamentos passa, necessariamente, pela compreensão do impacto das modificações nas normas de concorrência sobre o contexto microeconômico dos custos de produção industrial. É o que veremos a seguir.

(1.4) A nova lógica de custos

Buscar as raízes das modificações que ocorreram nas lógicas de custeio ao longo do século XX é um tema relevante e desafiador. Uma das maneiras de se abordar essa questão é a partir da análise do desenvolvimento industrial do Japão no período pós-guerra. Recorrendo-se à obra de Stalk & Hout (1993), que discute a estratégia geral seguida pelo capitalismo japonês para o desenvolvimento de seus sistemas produtivos, encontra-se um processo que ocorre em quatro fases distintas:

- *uso intensivo do fator trabalho, devido a seus baixos custos* – Esta estratégia é característica do período logo após a Segunda Guerra Mundial. Priorizou-se, naquela época, a produção em setores que apresentavam elevado conteúdo do fator trabalho, como as indústrias têxtil, de construção de navios e siderúrgica. Esta estratégia mostrou-se débil, especialmente devido às altas taxas inflacionárias registradas no período e ao acentuado conflito de classes (enfrentamento capital × trabalho) nesse período histórico (Ichiyo, 1984);
- *ganhos de mercado baseados em economia de escala* – Ao redor dos anos 60 foram feitas consideráveis modificações na estratégia do capitalismo japonês, no sentido de aumentar os investimentos em capital com o intuito de substituir a força de trabalho. Adotou-se uma estratégia já praticada pelos países capitalistas ocidentais mais avançados. Esta estratégia, baseada na aplicação intensiva de capital em tecnologias de produção, visava a obtenção de ganhos de escala que permitissem o aumento de produtividade e a redução de custos. Por exemplo, na construção de navios passaram-se a utilizar técnicas de fabricação baseadas em processos de produção em massa, com o uso de equipamentos automáticos, de modo a tornar possível a construção modular de navios;
- *fábricas focalizadas (focused factories)* – Na metade dos anos 60 várias indústrias japonesas de ponta desenvolveram estratégias que associaram a redução da variedade de produtos à concentração dos esforços da produção em bens que apresentavam altos volumes de demanda. Ou seja, adotaram

a estratégia de focalizar a produção. Esta estratégia implica a especialização de recursos (máquinas, pessoas, instalações etc.) e apresenta limitações severas em situações de crescimento lento da demanda do mercado. Nesses casos, fica-se diante de uma escolha entre reduzir ainda mais a variedade, ou aceitar um acréscimo de custos para que se torne exeqüível uma diversificação da linha de produtos, através da agregação de novos recursos especializados (em outra "fábrica focalizada"). Foi a partir desta limitação prática, imposta pelas condições de desenvolvimento do mercado, que o capitalismo japonês partiu para uma nova fase, a quarta, embasada na lógica desenvolvida pelo STP, que deu origem aos chamados sistemas de fábricas flexíveis;

- *sistemas de fábricas flexíveis* – Tornaram-se exeqüíveis através da combinação dos sistemas de produção baseados no Sistema Toyota de Produção com a lógica incremental representada pela introdução gradativa da automação de base microeletrônica (automação das máquinas, da movimentação de materiais, dos controles e do projeto). Esta concepção de fábricas flexíveis procurou romper o *trade-off* entre a questão de uma demanda global estabilizada (ou crescendo a taxas muito pequenas) e a questão do aumento de variedades. Os sistemas de fábricas flexíveis visam, simultaneamente, permitir a produção de artigos com baixos custos e grande variedade, mostrando-se adequada a uma realidade de mercado de pequenas quantidades demandadas por modelo e crescimento lento.

Desta breve análise da trajetória da manufatura no Japão do pós-guerra, nota-se que a relação entre eficiência na produção e o tratamento da demanda do mercado está no cerne da questão da competitividade da indústria. Para entender a questão, é preciso aprofundar o olhar sobre os custos de produção.

Os custos de produção podem ser explicados a partir de dois componentes gerais: aqueles que se relacionam ao volume (ou escala de produção) e aqueles que estão associados ao grau de diversificação dos artigos fabricados. No que tange ao volume, para as fábricas funcionando de acordo com o sistema tradicional taylorista/fordista (*just-in-case* – *JIC*), pode-se dizer, com base em dados empíricos, que a cada vez que o volume global de produção é duplicado ocorre uma redução de 15 a 25% dos custos por unidade de produto. Este é o efeito chamado de escala de produção.

Quanto aos custos ligados à diversificação, pode-se afirmar que estão diretamente relacionados à complexidade da estrutura necessária para a realização da produção. Surgem aí elementos concretos, tais como: troca de ferramentas, movimentação de materiais, controle de qualidade, inventários, desenvolvimento de produtos e colocação dos novos produtos na linha etc. Quanto maior a variedade, mais complexo se torna o trabalho. Como uma referência geral, baseada em dados de situações práticas, pode-se afirmar que ocorre um acréscimo de 20 a 25% do custo por unidade produzida cada vez que a variedade de itens fabricados é duplicada.

Em função do discutido, pode-se afirmar que, em condições mercadológicas favoráveis (expansão do mercado), observa-se uma maior disposição das empresas a diversificar seus produtos, mesmo às expensas do acréscimo de custos associados à maior complexidade resultante. Isso se explica pela compensação advinda dos ganhos de escala esperados com o crescimento da demanda frente ao incremento de custos trazidos pela diversificação. Por outro lado, quando o mercado se retrai, as indústrias organizadas de forma tradicional (*JIC*) tendem a fazer cortes em suas linhas de produtos, ou seja, reduzem a diversificação, visando beneficiar-se da redução de custos daí originadas.

As modificações no ambiente econômico discutidas anteriormente tiveram profunda influência na lógica dos custos produtivos e nas decisões decorrentes. Dentre os pontos aos quais as empresas devem atentar, destaca-se que:

- os custos de produção não estão associados somente aos volumes de produção, mas também à complexidade dos sistemas produtivos. Cooper & Kaplan (1988) argumentam que muitos itens de custo importantes variam não de acordo com o volume, mas sim de acordo com mudanças ocorridas no projeto dos produtos e no composto de produção (*product mix*). A função custos deixa de ser definida por uma única variável, o volume produzido (quantidade), e passa a incorporar a variedade, como sugere a Figura 1.2;
- em um mercado tipicamente comprador (oferta global > demanda global), a relação entre custos e preço se altera. Cabe perguntar se é possível, neste cenário, formar os preços de venda a partir dos custos ou, alternativamente, se a realidade de mercado aponta para uma distinção entre os preços praticados e os custos calculados? Como veremos logo a seguir, a definição de preços encontra-se associada, muito mais, à elasticidade da demanda do que aos custos.

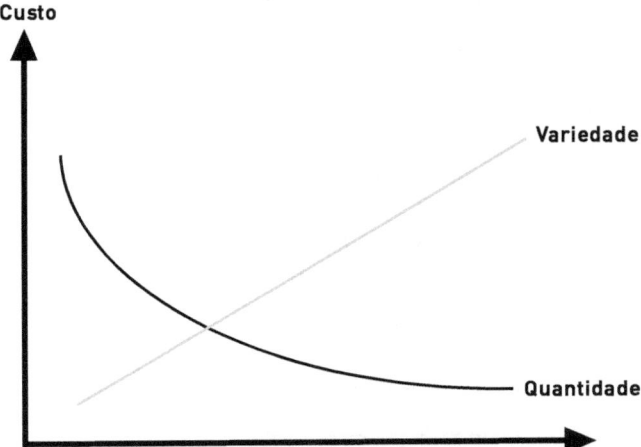

Fig. **1.2** O comportamento dos custos de produção em relação ao volume e à variedade, após a crise do petróleo.

Na seqüência, exploramos a evolução da relação entre preço de venda, custos de produção e lucro. Já está claro, neste ponto, que se processaram alterações na relação entre esses valores, as quais decorrem da alteração dos níveis agregados de oferta e demanda.

(1.5) A relação preço, custo e lucro no cenário contemporâneo

Pode-se dizer, de forma simplificada, que em situações de demanda agregada superior à oferta, a determinação dos preços de venda pode ser economicamente representada pela equação da Figura 1.3 (Shingo, 1996a; Ohno,1997). Essa expressão permaneceu válida até o momento em que as crises dos anos 1970 deslocaram profundamente os pontos de equilíbrio dos mercados para diferentes tipos de bens.

A lógica por trás dessa equação implica que, na formação dos preços de venda dos produtos, as empresas "podiam transferir, dentro de certos limites, os custos adicionais decorrentes da eventual ineficiência de seus processos de produção" (Kliemann e Antunes, 1993, p. 138) aos consumidores. Esse tipo de raciocínio valeu no Brasil até o início dos anos 90. Sendo o nível de concorrência limitado pelas barreiras alfandegárias (em muitos ramos da indústria, como o automotivo, o acesso ao mercado nacional era vedado a produtores estrangeiros), as empresas localmente instaladas podiam lentamente ajustar sua capacidade à evolução dos níveis de demanda, seguindo estratégias conservadoras de mercado. A ampliação crescente dos mercados numa situação de oferta em expansão permitia que os "custos fossem olhados como uma espécie de 'elemento dado' ou mais especificamente como um custo padrão relativamente 'estático' e aceito como representativo da realidade tecnológica da empresa".

Conforme Ohno (1997, p. 30), nesse tipo de ambiente tudo que resta às empresas é fazer os cálculos e com isto chegar ao "custo correto". Sendo assim, Ohno diz que: "quando nós aplicamos como princípio de custeio, preço de venda = lucro + custo de produção, nós tornamos o consumidor responsável por todo o custo".

Assim, na lógica taylorista/fordista (*JIC*) da produção em massa o repasse das ineficiências da produção aos consumidores ocorre através de uma espécie de "preço normal". Em outros termos, no *JIC* "[...] todas as operações necessárias (tanto produtivas como improdutivas) na formação (do preço) de um produto, de forma que tanto uma operação de furar (produtiva) como uma opera-

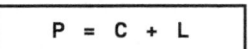

Preço de venda = Custo de produção + Lucro

Fig. **1.3** Determinação dos preços de venda até o início da década de 1970.

A Produção Industrial no Ambiente Competitivo Globalizado ■ 35

Fig. **1.4** Relação entre preço, custo e lucro na lógica da contabilidade de custos.

ção de movimentar peças de um posto de trabalho para outra (improdutiva), eram consideradas como sendo custo" (Macedo, 1992, p. 14). Este período histórico é caracterizado por um domínio da lógica da contabilidade de custos. A seqüência básica era apurar os custos e então incorporá-los aos preços praticados para os produtos (preço é resultado do cálculo), que seriam pagos pelos consumidores. Custo era informação de entrada.

Com as mudanças das "normas de concorrência", a formulação matemática (aritmética) da relação entre custo, preço e lucro passa a ter um significado econômico completamente distinto (Ohno, 1997). Simplificadamente, pode-se reordenar a equação anterior e apresentá-la como na Figura 1.5. Mais do que uma simples manipulação algébrica, essa nova forma de apresentação traz consigo um conjunto de idéias distintas da lógica tradicional da contabilidade de custos, vista anteriormente.

Nesta nova representação, existem dois importantes pressupostos que merecem ser explicitados, quais sejam: (i) no caso em que as diferenciações de produtos são pequenas, os **preços de venda são fortemente influenciados pelo mercado;**(ii) as possibilidades concretas para que seja possível praticar preços diferenciados no mercado implicam, *grosso modo*, a diferenciação de produtos, caminho esse que passa pela inovação.

Ohno (1997) explora a primeira parte da problemática afirmando que neste caso o preço de venda é determinado por um elemento externo à empresa: o consumidor. Shingo (1996a, p. 109) também postula que **"os consumidores são quem decide os preços de venda"**. Ohno (1997) observa que as pessoas envolvidas com engenharia industrial no Japão tendem a ver o problema de produção segundo a lógica econômica exposta acima, porque os custos são elementos que devem ser reduzidos, ao invés de meramente calculados.

Portanto, e esta parece ser a conclusão necessária, **o incremento ou manutenção das margens de lucro passa a depender rigorosamente da racionalização pela empresa dos custos de produção dos produtos/serviços**. Shingo afirma que "o aumento dos lucros (...) só pode ser feito pela redução de custos" (Shingo, 1996a, p. 109).

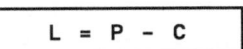

Lucro = Preço de venda + Custo de produção

Fig. **1.5** Determinação dos preços de venda (após 1973).

Neste caso, "contrariamente à lógica anterior, administra-se a eficiência e não mais se repassa a ineficiência" (Kliemann e Antunes, 1993, p. 139). Dentro do contexto das novas normas estruturais da concorrência, "os preços de venda passam em grande medida a ser determinados pelo mercado, fazendo com que as empresas que se propõem a aumentar sua participação no mercado, ou mesmo conservá-la, preocupem-se profundamente com a minimização de seus custos produtivos".

Na lógica desenvolvida por Ohno e Shingo, a idéia de custo toma um outro significado. O custo passa a ser compreendido como todo o valor realmente agregado ao produto (por exemplo, através de operações de montar, pintar, fresar etc.). Já as atividades improdutivas (por exemplo, contar itens, inspecionar, retrabalhar peças etc.), que apenas consomem recursos da empresa, são vistas como desperdício e devem ser eliminadas. Assim, surge a necessidade de uma gestão da produção e do trabalho que permita obter melhorias contínuas (*Kaizen*) dos custos. Shingo (1988) deixa esta idéia clara quando diz que "esta interpretação implica que a companhia não pode sobreviver sem um rígido (severo) esforço para cortar custos [...]".

Em vez da lógica de **contabilidade de custos**, anteriormente hegemônica, encontra-se, nesta nova realidade, um modelo de **controle de custos** (Figura 1.6). O problema central deixa de ser o "cálculo dos custos" (para posterior repasse aos preços) e passa a ser a redução dos custos, para aumento do lucro (uma vez que os preços são definidos pelo mercado).

Essa estratégia de redução constante de custos apresenta limites. O principal deles diz respeito à atuação em mercados maduros e nos quais os clientes têm uma oferta variada e sofisticada de produtos. Nesse caso, a redução de custos não é condição suficiente para a competitividade, e precisa ser acoplada a um claro componente de inovação. Trata-se, pois, de uma questão pertinente **à estratégia e ao regime** econômico no qual a empresa se insere.

As formulações anteriores foram objeto de modificações, no decorrer dos anos 80, nos mercados dos países centrais (Estados Unidos, Canadá, países da Europa Ocidental e Japão), especialmente nas indústrias de alta tecnologia, caracterizadas por ciclos de vida curtos para os produtos. Nesses ambientes, os custos passaram a ser não mais pensados em termos de controle (e redução via melhorias nos processos de manufatura), mas sim entendidos como metas ou referenciais a serem atingidos para o sucesso no mercado. Entra em cena a noção de custo-alvo (*target cost*).

Fig. **1.6** Relação entre preço, custo e lucro na lógica de controle de custos.

A partir de preços projetados pela empresa no mercado, projeta-se e negocia-se internamente o custo a ser obtido pela organização. É necessário explicitar que o custo-alvo é definido levando em conta toda a organização (marketing, canais de distribuição, desenvolvimento de produtos e processos, compras etc.), ou, em outro termos, toda a "cadeia de valor". Conforme Shingo (1988), " um custo-alvo é estabelecido pela subtração do nível de lucro necessário para preservar a estabilidade do preço de venda". Esta lógica é conhecida como **gerenciamento de custos** (Figura 1.7).

Neste quadro, a atenção se desloca para as atividades de projeto, embora não anule ou invalide a preocupação com a busca da eficiência via controle de custos. A lógica predominante deixa de ser controlar o custo na operação e passa a ser "projetar" o funcionamento da operação e, portanto, os custos que serão obtidos. Em resumo: o foco central das melhorias se desloca da operação para o projeto.

A Tabela 1.1 resume as três diferentes formas de interpretar a relação entre preço, custo e lucro. A passagem de um modelo para outro ocorre por força das mudanças no ambiente econômico e competitivo no qual se inserem as firmas. Historicamente, esse processo foi marcado por duas transições-chave, nas quais as relações entre preço, custo e lucro se alteraram:

- primeiro, encontra-se a passagem de um ambiente econômico controlado pela oferta para outro no qual os compradores passaram a ditar os preços. Quando isso ocorreu, tornou-se inviável para as empresas repassar os custos aos preços, restando como única alternativa para o aumento do lucro o controle interno dos custos, através de melhorias na organização e na gestão da produção;
- em um segundo momento, o acirramento da competição em mercados maduros e em setores tecnologicamente intensivos forçou a diferenciação e introdução acelerada de novos produtos. Esse advento desloca a atenção da operação do sistema de produção para a etapa de projeto.

Encontramo-nos, na maioria dos setores industriais, em especial aqueles que fabricam bens de consumo, em um estágio competitivo no qual a lógica de gerenciamento de custos é a necessária. Com isso, não se invalida a preocupação com a eficiência operacional. Todavia, explicita-se a necessidade de atenção a outras dimensões da competição além dos custos, como veremos a seguir.

$$C = P - L \quad \Longrightarrow \quad \boxed{\text{Lógica de gerenciamentos de custos}}$$

Fig. **1.7** Relação entre preço, custo e lucro na lógica de gerenciamento de custos.

Tabela 1.1
Relação entre preço, custo e lucro

P = C + L	lógica de contabilidade de custos
L = P − C	lógica de controle de custos
C = P − L	lógica de gerenciamento de custos

[1.6] As dimensões da estratégia de produção e as alterações das normas de concorrência

Os sistemas de produção construídos a partir das idéias de pessoas como Taylor, Ford e o casal Gilbreth mostraram-se perfeitamente adaptados a condições de mercado nas quais a preocupação fundamental devia ser a obtenção de ganhos de escala. Este era o caso da indústria automotiva americana, e de vários outros setores produtores de bens de consumo, nas décadas de ouro do pós-guerra. Como vimos, esta fase da economia capitalista foi caracterizada por uma situação do tipo *product out*.

Tanto flexibilidade como qualidade não eram preocupações para a indústria americana naquele momento. Em detrimento da dimensão flexibilidade, os sistemas de produção propostos por Taylor e Ford tinham como premissa básica a ampla integração dos postos de trabalho, idéia que encontra seu símbolo máximo na linha de montagem fordista. Com respeito à qualidade, Juran (1990) relata que, no período que se seguiu a 1945, foi possível notar uma visível deterioração da qualidade dos produtos no mercado dos Estados Unidos. Esse autor, que esteve fortemente envolvido com a disseminação de técnicas de controle da qualidade no Japão, explica que a qualidade tende a cair nos períodos de escassez, quando a capacidade de produção é inferior à demanda.

Esse quadro muda quando a demanda passa a ser inferior ao volume da oferta global. A lógica *product out* deixa de ser pertinente às condições do mercado, que agora requer uma abordagem do tipo *market in*. Com ela, vem a necessidade de as empresas considerarem, simultaneamente, diferentes dimensões na formulação de suas estratégias e configuração dos sistemas de produção. Verifica-se a necessidade de tratar de forma conjunta e simultânea o custo, a flexibilidade, a qualidade, o atendimento, o tempo de resposta e a inovação. Em decorrência, a formulação e implantação das estratégias de produção torna-se mais complexa.

A dimensão qualidade é absolutamente central para a competição no mercado. Isso ocorre tanto porque o funcionamento correto (sem falhas) dos produtos é uma pré-condição para a comercialização dos produtos, como porque a diferenciação dos produtos (por exemplo, através de "níveis de qualidade" distintos) é cada vez mais importante para conquistar e/ou manter os novos clientes. Mantidos fixos os custos, a dimensão qualidade é definitiva para ampliar ou manter a participação das empresas no mercado. A noção de qualidade é ampla, indo desde a qualidade intrínseca até o serviço oferecido ao cliente, passando pela confiabilidade.

A dimensão flexibilidade é importante na medida em que a turbulência e a dinamicidade dos mercados requerem das empresas condições de se adaptar com rapidez às mudanças. Para ajustar o funcionamento do sistema de produção às mudanças externas são necessárias modificações no *mix* de produção, nos produtos, nos volumes de produção, nos roteiros de fabricação etc. Empresas capazes de responder de forma flexível estão potencialmente mais habilitadas a manter e conquistar participação de mercado (*market share*).

As dimensões atendimento e tempo de resposta estão vinculadas a uma mesma variável: o tempo. Atendimento diz respeito ao cumprimento de datas prometidas para entrega, enquanto o tempo de resposta é uma medida da velocidade na qual o sistema de produção reage a uma demanda externa. Assim, o desempenho com referência ao tempo (atendimento e resposta) tem grande importância. Isso ocorre, primeiro, na medida em que, mantido um mesmo nível de qualidade e custos, a entrega dentro dos prazos prometidos e acordados com os clientes é uma exigência cada vez mais forte. Segundo, porque tempos de resposta mais exíguos, tanto no lançamento de produtos (do projeto até o mercado) como na produção, permitem que as empresas atendam às expectativas de disponibilidade cada vez mais imediatas dos consumidores, ganhando vendas sobre os concorrentes e mantendo níveis de atendimento competitivos com maior giro de estoques e inventários menores (o volume de estoque no ponto de venda para atender à demanda é inversamente proporcional ao tempo de resposta do sistema de produção).

A inovação está diretamente ligada à crescente necessidade da introdução de novos produtos no mercado, o que muitas vezes exige ou, de outro modo, tem origem em inovações nos processos, nos materiais utilizados nos produtos, nos mercados e nas formas de organização e gestão. Cada vez mais, as

Inovação (Schumpeter)

1) Inovação de produto

2) Inovação de processo

3) Inovação de gestão

4) Inovação de materiais/matérias-primas

5) Inovação no mercado

Fig. **1.8** Tipos de inovação segundo Schumpeter (Fonte: Schumpeter, 1961).

[Saiba mais]

O novo ambiente de competitividade das empresas no mundo pós-crises internacionais do petróleo 1973/1979

As condições estruturais observadas no mercado internacional provêm de transformações ocorridas a partir dos choques do petróleo de 1973 e 1979. O ambiente competitivo atual da manufatura é caracterizado pelos seguintes pontos:

- Parte significativa da competitividade das empresas relaciona-se às escalas de produção que podem ser obtidas nos mercados nos quais atuam.
- As alterações ocorridas no comportamento do mercado, particularmente a inversão entre demanda e oferta (a demanda tornou-se menor que a capacidade instalada em muitos setores), levaram as empresas à necessidade de ampliar a variedade de artigos fabricados. A produção em larga escala não pode mais ser confundida com a produção em grandes lotes. Sendo assim, a idéia consiste em ganhar escala concomitantemente com o aumento contínuo e sistemático da variedade de produtos e/ou modelos. Isto exige combinar, idealmente, incrementos de escala e produção em pequenos lotes.
- O conjunto de dimensões de competitividade a serem consideradas pelas empresas na formulação de suas estratégias, antes limitado ao item custos, foi ampliado. Embora a dimensão custo, central sob a ótica da produção em massa, continue importante, as exigências competitivas passam a ser múltiplas, e também ligadas às dimensões qualidade, atendimento, tempo de resposta, flexibilidade e inovação.
- Os custos de produção são função da escala e da variedade. Assim, os sistemas empresariais e produtivos eficientes no cenário contemporâneo devem satisfazer simultaneamente os requisitos de escala e de variedade.

competências no desenvolvimento de "soluções" para o mercado são essenciais para a competição entre empresas e cadeias produtivas. A Figura 1.8 apresenta os tipos de inovação conforme Schumpeter (1961).

A experiência prática nos leva a frisar que há forte correlação entre inovação na gestão e os demais aspectos relacionados ao tema: inovação de produto, processo, mercado e materiais. O desenvolvimento e aplicação de novas formas de organização tende a permitir que inovações nos produtos ocorram de forma sistêmica e de modo sistemático.

A inovação e o desempenho da indústria no Brasil

Pode-se definir inovação como a capacidade de inovar. Ou seja, de lançar novas soluções ao mercado e/ou adotar novas formas de organização e funcionamento de uma organização. As preocupações com o assunto vêm de longa data. Explícita e formalmente, remontam à publicação do livro *Teoria do Desenvolvimento Econômico*, por Joseph Schumpeter, no início do século passado.

Além de trazer novos elementos conceituais para as Ciências Econômicas, o reconhecimento do papel da inovação para o desenvolvimento tem conseqüências importantes para as empresas. Claramente, marca a importância de as empresas desenvolverem suas capacidades de criar novas soluções (produtos, serviços, tecnologias, formas de organização, e as diferentes combinações que podem decorrer) para atender ao mercado, organizar e realizar seus negócios. Essa idéia vai além da inovação tecnológica. É fundamental esclarecer: inovação não depende, necessariamente, de aplicação de conhecimento tecnológico de ponta.

Muitos países têm se preocupado com a promoção da inovação e o aumento da inovação. Mesmo em países muito bem posicionados em termos competitivos, com economias fortes, empresas inovadoras presentes em vários mercados mundiais e segmentos tecnológicos de ponta, nota-se uma preocupação evidente com o aumento da capacidade inovadora. Existem atualmente iniciativas nacionais de promoção da inovação em praticamente todos os países do hemisfério norte. Veja alguns exemplos:

- Estados Unidos: http://innovateamerica.org/index.asp
- Europa: http://www.proinno-europe.eu/
- Canadá: http://innovation.gc.ca/gol/innovation/site.nsf/en/index.html

Dito isso, cabe questionar: até que ponto os esforços inovadores das empresas se refletem no seu desempenho econômico? As empresas que inovam são mais lucrativas? E no Brasil, qual é a situação das empresas que investem em inovação?

Pesquisa recente do Instituto de Pesquisa Econômica Aplicada (IPEA) analisou o desempenho da indústria brasileira e sua relação com a inovação tecnológica. Foram utilizados dados de mais de 72.000 empresas, de todos os segmentos e regiões, representando mais de 97% da produção industrial brasileira. Os resultados são muito cla-

(*continua*)

[Saiba mais] saiba mais saiba mais saiba mais saiba mais saiba mais

(continuação)

ros: as empresas que inovam exportam mais, tem lucros maiores, geram mais e melhores empregos (salários mais altos e maior tempo de permanência dos funcionários) e crescem mais em comparação com as demais. Isto significa dizer que a inovação tem correlação positiva com todas as variáveis estudadas, para todos os setores, portes de empresa e regiões do país. Em resumo, investir em inovação traz melhores resultados para as empresas, seus empregados e o país.

Esse estudo pioneiro provê fatos e dados para que se sustentem importantes posições. Para as empresas, vale a pena entrar em trajetórias de inovação, criando produtos diferenciados no mercado, investindo em novos conceitos de negócios, novas tecnologias, produtos e formas de organização. Para o país, vale a pena apoiar e estimular as empresas inovadoras (e incentivar outras para que passem a inovar de forma regular).

Os resultados do estudo do IPEA podem ser encontrados no livro *Inovações, Padrões Tecnológicos e Desempenho das Firmas Industriais Brasileiras* (Nedri e Salerno, 2005), editado pelo Instituto. Veja informações sobre o livro e outras pesquisas sobre inovação e tecnologia no site do IPEA: www.ipea.gov.br.

Genericamente, pode-se assumir que os mercados evoluem no sentido do incremento da complexidade e da sua segmentação. Isto implica a necessidade da construção de sistemas produtivos robustos, capazes de responder ao mercado de forma efetiva e eficiente, segundo as diferentes dimensões da competição.

[1.7] Compreendendo o mercado brasileiro

A globalização da economia é um fato concreto e inquestionável. No entanto, existem diferenças consideráveis entre as condições competitivas enfrentadas pelas empresas nos diferentes países. Entre muitos outros fatores que influenciam a competitividade e diferenciam as operações em diferentes mercados/países, encontramos: condições de acesso a crédito, relações industriais, políticas de importação e exportação, sistemas nacional, regional e setorial de inovação, tamanho dos mercados, disponibilidade, qualidade e custo da infraestrutura, educação e formação técnica dos recursos humanos, custos dos fatores de produção, regulamentação pública, sistemas e políticas de propriedade intelectual etc. Todos esses fatores são externos à empresa, e estão associados ao ambiente econômico e institucional. Sua compreensão, porém, é absolutamente necessária para que as empresas configurem suas operações internamente.

Neste livro analisamos três aspectos em especial, cujas inter-relações, se bem compreendidas, são a chave para o projeto de sistemas de manufatura competitivos:

- a escala de produção do mercado interno (considerando sua proporção com o volume observado nos mercados dos países desenvolvidos);
- a diversidade de produtos;
- o custo relativo dos fatores de produção. Na análise dos custos, utilizamos como referência os países do primeiro mundo (EUA, Europa e Japão) e analisamos, ainda que de forma qualitativa, a situação brasileira frente a outros países emergentes.

As empresas estão cada vez mais preocupadas em alinhar seus processos produtivos às necessidades competitivas de seus respectivos mercados. Para isso tendem a adotar os princípios e técnicas modernas de produção. No entanto, a eficácia da utilização destes princípios e técnicas depende das características do ambiente econômico. Perceber as principais características do ambiente/mercado e, ao mesmo tempo, entender os conceitos que estão por trás das modernas técnicas de produção permite que se construam sistemas de produção e empresariais eficazes e competitivos, adaptados a cada realidade. A simples cópia de práticas e técnicas adotadas por empresas em outros países, sem que se entenda a sua lógica e a relação dessas com as condições do ambiente econômico, sugere resultados negativos e deve ser evitada.

Conforme anteriormente indicamos, os aspectos mercado, variedade e custo dos fatores de produção são analisados a seguir, nesta e na próxima seção. Para exemplificar, adotamos como referência a realidade da indústria automobilística brasileira e internacional, principal cadeia industrial brasileira em termos de faturamento, para a qual há farta variedade de dados disponível.

A indústria automobilística brasileira possui uma baixa escala de produção, se comparada aos três maiores produtores mundiais de automóveis – vide dados da Tabela 1.2. A produção automobilística brasileira, no ano de 2002, correspondia a 2,9% da produção mundial de automóveis (Anfavea 2004). O mercado brasileiro, comparado ao mercado dos Estados Unidos, apresenta uma escala de produção aproximadamente dez vezes menor. A produção chinesa de autoveículos situa-se próxima à casa dos sete milhões de unidades por ano.

A frota de veículos no Brasil era da ordem de 12,9 milhões de veículos em 1990, e atingiu a marca de 19,3 milhões de veículos em 2000, apresentando um incremento de 49%. Atualmente, a frota nacional de veículos é de pouco mais de 23 milhões de unidades, enquanto os números de 2003 relativos ao

Tabela 1.2
Produção de autoveículos: Brasil x países desenvolvidos, 1996 – 2006
(em milhões de unidades) (Fonte: Anuário Anfavea, 2004)

Ano	Brasil	EUA	Japão	Alemanha
1996	1.804	11.859	10.347	4.843
1997	2.070	12.158	10.975	5.023
1998	1.586	12.003	10.050	5.727
1999	1.357	13.025	9.895	5.688
2000	1.691	12.800	10.141	5.527
2001	1.817	11.425	9.777	5.692
2002	1.792	12.280	10.257	5.469
2003	1.828	12.115	10.286	5.507
2004	2.317	11.989	10.512	5.570
2005	2.531	11.947	10.800	5.708
2006	2.611	11.264	11.484	5.820

tamanho das frotas nacionais nos maiores países produtores são bastante superiores: 230 milhões nos EUA, 74 milhões no Japão e 49 milhões na Alemanha (Anfavea 2006). Enquanto isso, a frota chinesa atinge marca próxima aos 35 milhões de autoveículos.

Mesmo com o incremento de 49% nestes últimos nove anos, a frota brasileira ainda é inferior a 10% da frota dos EUA, e é bem menor que as frotas japonesa e alemã (Anfavea 2004). A dimensão continental do Brasil e a estabilidade econômica determinam um potencial representativo de crescimento da frota nacional. Este foi um dos aspectos que levou à instalação de novas unidades de montagem no Brasil a partir de meados dos anos 1990 e que fez que o país passasse a ser aquele com o maior número de marcas automotivas com operações industriais locais. Montadoras como Chrysler, Honda, Mercedes-Benz, Peugeot-Citröen, Renault, Toyota, Volkswagen-Audi, Mitsubishi, International e Iveco iniciaram suas operações no Brasil nessa época, somando-se às transnacionais do setor que já possuiam operações locais e a fabricantes locais (para veículos comerciais). Uma vez que algumas expectativas foram frustradas a curto prazo, seja pelas condições de mercado, seja, especialmente, por erros estratégicos das empresas no dimensionamento de suas operações e posicionamento de seus produtos, algumas dessas plantas foram fechadas e/ou ainda operam em baixa escala.

Um ponto importante a destacar, e de fácil verificação pelos números apresentados anteriormente, é que a produção brasileira de automóveis ainda é expressivamente inferior à verificada nos países centrais. As expectativas divulgadas pela mídia em meados dos anos 1990 se revelaram infundadas. A produção brasileira foi fortemente afetada pelos impactos no país da crise econômica da Ásia de 1997. Conforme dados da Anfavea (Tabela 1.3), os níveis de produção de 1997, tanto para automóveis como para o total de autoveículos, somente foram superados em 2004. É positivo notar, porém, que os anos re-

Tabela 1.3
Produção brasileira de automóveis e autoveículos, 1957 – 2005
(Fonte: Anuário Anfavea 2006)

Ano	Produção de automóveis	Produção de autoveículos
1957	1.166	30.542
1960	42.619	133.041
1970	306.915	416.089
1980	933.152	1.165.174
1990	663.084	914.466
1991	705.333	960.219
1992	815.959	1.073.861
1993	1.100.278	1.391.435
1994	1.248.773	1.581.389
1995	1.297.467	1.629.008
1996	1.458.576	1.804.328
1997	1.677.858	2.069.703
1998	1.254.016	1.586.291
1999	1.109.509	1.356.714
2000	1.361.721	1.691.240
2001	1.501.586	1.817.116
2002	1.520.285	1.791.530
2003	1.505.139	1.827.791
2004	1.862.780	2.317.227
2005	2.009.494	2.528.300

centes têm mostrado um crescimento sustentado da produção local. O incremento da renda local, fator determinante para o aumento do mercado de automóveis, aliado à estabilidade macroeconômica e às perspectivas de longo prazo para a economia, sugerem o crescimento do mercado nos anos vindouros.

Com a entrada das novas montadoras, a capacidade estimada de produção de automóveis era de 3,5 milhões de unidades em 2004 (Alvarez, 2004). Enquanto isso, a demanda no mercado interno atingiu a marca próxima a 1.260.000 veículos no mesmo ano. Foram comercializados cerca de 32.000 automóveis importados. Este quadro caracteriza o acirramento da competição entre as montadoras nesse período.

Além das questões relacionadas à escala, a entrada dos novos competidores no mercado marcou uma outra e, possivelmente, mais profunda transformação: a ampliação significativa da variedade de produtos. O número de modelos fabricados localmente expandiu-se significativamente no final da década de 1990, embora o volume agregado de produção tenha caído, inclusive. A ampliação da variedade dos itens tem fortes impactos em toda a cadeia de suprimentos.

Tabela 1.4
Faturamento da indústria de autopeças no Brasil, 1990 – 2005
(Fonte: Anuário Anfavea, 2006)

Ano	Faturamento (US$ milhões)
1990	12.244
1991	9.848
1992	10.122
1993	13.222
1994	14.376
1995	16.584
1996	16.122
1997	17.458
1998	14.853
1999	11.213
2000	13.309
2001	11.903
2002	11.309
2003	13.330
2004	18.549
2005*	24.200

* Estimativa

O faturamento em dólares da indústria de autopeças brasileira manteve os mesmos níveis entre 1990 e 2003; mais recentemente, os números aumentaram expressivamente. Em parte, esse desempenho se explica pelas variações cambiais. Por outro lado, associa-se aos volumes produzidos. No mesmo período, outro aspecto merece atenção: a explosão da variedade de itens produzidos.

Um exemplo desse grande aumento da variedade pode ser encontrado no caso de um importante fabricante de autopeças situado no primeiro nível de fornecimento da cadeia. Trata-se de fornecedor de um amplo conjunto de montadoras com operações no Brasil (Seidel, 2003), que tem passado por uma crescente diversificação dos itens produzidos – ver Figura 1.9.

Em um período de apenas sete anos (1997 – 2004), essa empresa experimentou um aumento de mais de nove vezes na variedade de produtos fabricados: de 57 itens para 510 itens. Como a empresa passou por um período de crescimento econômico lento, pode-se depreender que ocorreu uma redução significativa do tamanho dos lotes de produção. Ainda, em função da concorrência acirrada, tornou-se necessário reduzir os custos de produção – uma exigência ao longo de toda a cadeia automotiva.

Os exemplos aqui utilizados, embora limitados à cadeia automotiva, são expressivos. Cumpre dizer que a participação do Brasil no comérco internacional, embora expressivamente aumentada nos anos recentes, ainda é bastante modesta e pouco superior a 1%. O percentual da produção nacional de diferen-

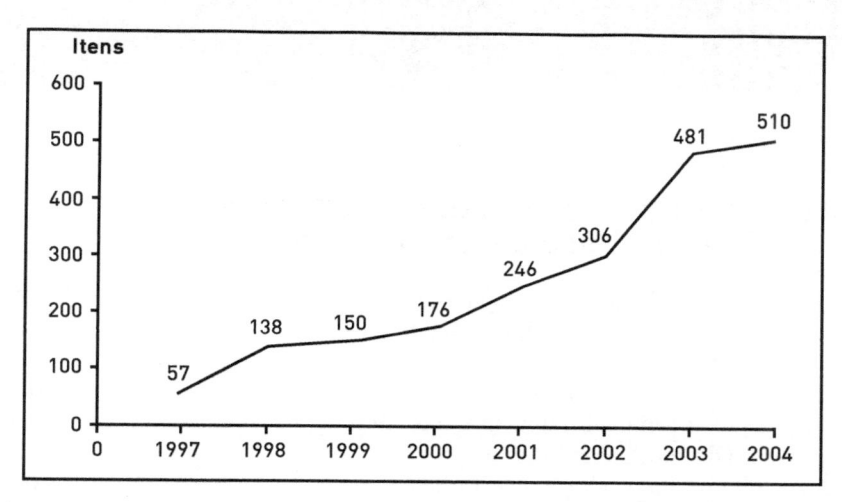

Fig. **1.9** Aumento da variedade de itens em produção em uma empresa de autopeças do Brasil (Fonte: Seidel, 2003).

tes tipos de bens manufaturados, frente ao total produzido mundialmente, gira entre 1% e 2%. Logo, é evidente que a escala das operações industriais no Brasil, caso desenhadas para atender ao mercado local, é bastante reduzida frente ao encontrado nos países centrais.

Por outro lado, o país possui uma classe média madura, com cerca de trinta milhões de integrantes, com hábitos de consumo diversificados e que demanda produtos variados. O crescimento lento para bens de consumo duráveis, com exceção de alguns eletrônicos (celulares, notadamente), impõe desafios amplos à competição na manufatura.

É necessário desenvolver e adotar nas empresas sistemas, princípios e técnicas de manufatura adaptados às condições do ambiente econômico e do mercado. Essas condições variam de acordo com o tipo de bem fabricado: produzir no Brasil para atender à demanda em outro país é uma decisão que depende do que se está fabricando, dentre outros fatores. Também devem ser respeitados os limites impostos pelas matrizes das empresas transnacionais. É natural que a decisão de aumentar a produção de um tipo de produto no Brasil, ao invés de fazê-lo em outra unidade no mundo, não é tomada pela "filial" brasileira, mas sim pela matriz da corporação. Via de regra, as operações industriais no Brasil estão estruturadas para atender o mercado nacional e/ou regional (Mercosul e América Latina).

Por um lado, esse cenário sugere a importância de se configurar sistemas de manufatura capazes de atender às condições de crescimento econômico lento e de diversificação crescente dos produtos, e à necessidade de produção em lotes cada vez menores – pequenos lotes de fabricação. Por outro, vale lembrar que esses sistemas também deverão ser competitivos em ambientes de crescimento, mercado e presença internacional maiores que os das operações locais.

[Saiba mais]

Compreendendo as normas de concorrência do mercado brasileiro de automóveis

- baixa escala de produção em comparação com os padrões dos países desenvolvidos (Estados Unidos, Alemanha e Japão);
- produção focada no atendimento do mercado local (Brasil) e Mercosul;
- boas perspectivas de crescimento a médio e longo prazo para a demanda interna, em face da relação automóvel/habitante, das condições macroeconômicas em equilíbrio e do aumento da renda das famílias;
- crescimento lento da produção brasileira de automóveis no período histórico recente, particularmente entre 1997 e 2002;
- Forte acirramento da concorrência no país com o ingresso de novos produtores no mercado a partir da metade da década de 1990;
- o acirramento da competição levou a um grande incremento da variedade de produtos no mercado;
- o aumento da variedade é uma atitude natural dos fabricantes para a busca de novos clientes e segmentos de mercado quando o mercado cresce lentamente e a demanda é inferior à capacidade;
- cadeia de suprimentos fortemente impactada pelas condições da montagem: a variedade de itens cresceu de modo significativamente mais forte que o volume de autopeças produzidas;
- tendo que produzir a mesma quantidade total de peças, mas de modelos diferentes, as empresas têm forte necessidade de flexibilizar seus sistemas de produção e de manter-se competitivas produzindo, de forma eficiente, pequenas quantidades/pequenos lotes de produção.

[1.8] Compreendendo o custo relativo dos fatores de produção no Brasil e nos países de Primeiro Mundo

Nesta seção apresentamos ao leitor a idéia de que, para a configuração dos sistemas de manufatura, é fundamental entender os custos relativos dos diferentes fatores de produção envolvidos na manufatura. Para isso utilizamos o exemplo de uma célula de manufatura.

Assumimos que a nossa célula é responsável pela fabricação de uma gama de produtos similares conforme um fluxo de produção linearizado. Ou seja, uma peça sofre uma operação, e então passa para a máquina seguinte para ser submetida à próxima operação. Partimos do pressuposto que as tecnologias de gestão e de máquinas são similares. A idéia básica consiste em realizar uma análise comparativa dos custos de produção envolvidos em três países: Brasil, EUA e Japão. Para isso, será feita uma comparação entre os custos de manufatura em cada uma dessas realidades para uma mesma célula de manufatura, considerando-se as diferenças nos preços dos fatores capital (máquina) e mão-de-obra.

A análise é feita para uma célula contendo dez máquinas com seis operadores (operários). Esta situação é usualmente encontrada em empresas do ramo metal-mecânico. e foi didaticamente estruturada a partir de um caso real, em uma empresa que mantém o mesmo tipo de operação em diferentes países. O leiaute típico de uma situação industrial desse tipo pode ser visto na ilustração a seguir (Figura 1.10). As máquinas estão identificadas conforme o tipo de processamento que realizam.

Para que realizemos a comparação proposta, necessitamos dos custos dos fatores de produção. Trata-se, basicamente, de saber quanto se paga pelo trabalho e pelas máquinas em cada um dos três ambientes analisados.

Para a obtenção dos dados sobre equipamentos, foram realizados contatos com profissionais de empresas fabricantes de equipamentos (brasileiras e transnacionais) e com profissionais que atuam no Brasil e no exterior realizando a aquisição de equipamentos para a empresa transnacional usuária das máquinas, a qual tem uma subsidiária no país. Os dados obtidos de fontes distintas levaram a resultados muito semelhantes, que estão sistematizados na Tabela 1.5.

Os custos observados para o Brasil correspondem aos valores médios levantados para a aquisição de máquinas no ano de 2004, e incluem impostos de importação. Vale lembrar que tanto EUA como Japão são grandes fabricantes de máquinas, e são auto-suficientes no fornecimento. pelo mercado interno. de bens de capital para a manufatura. Este não é o caso do Brasil, que depende da importação total ou parcial de alguns equipamentos (exemplo: mandrila-

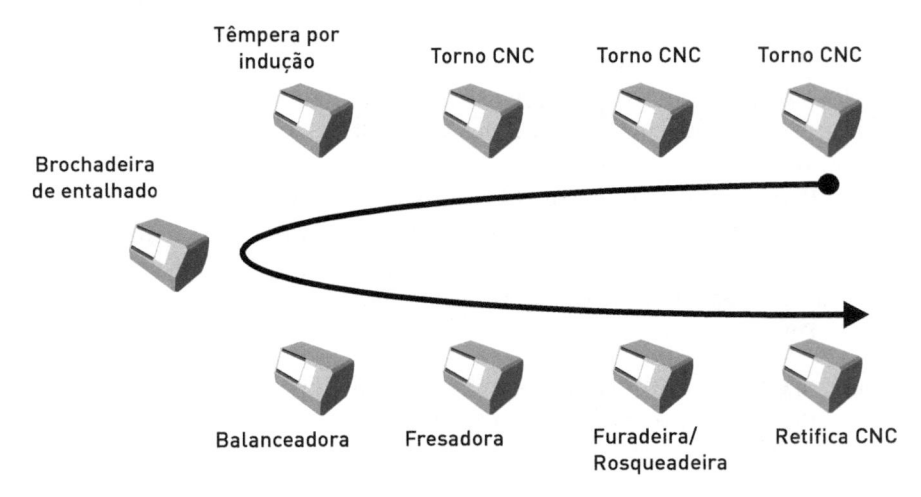

Fig. **1.10** Leiaute da célula de manufatura utilizada para exemplificações (Fonte: Passos, 2004).

Tabela 1.5
Aquisição de máquinas e equipamentos para a célula de manufatura (em US$) (Fonte: Passos, 2004)

	Brasil	EUA/Japão
Tornos CNC	100.000,00	65.000,00
Tempera Indução	350.000,00	228.000,00
Brochadeira de entalhado	500.000,00	325.000,00
Balanceadora	80.000,00	52.000,00
Fresadora	120.000,00	78.000,00
Furadeira/Rosqueadeira	60.000,00	38.000,00
Retifica CNC	450.000,00	293.000,00
Custo total	1.660.000,00	1.079.000,00

doras e brochadeiras de entalhados são adquiridos diretamente do exterior; tornos são montados no Brasil, porém boa parte dos componentes – muitas vezes mais de 50% – são adquiridos no exterior).

Os custos de mão-de-obra foram levantados a partir das seguintes fontes:

- no Brasil, os valores foram obtidos junto ao sindicato dos metalúrgicos do ABC paulista, e a partir de fontes de empresas que atuam no setor metal-mecânico de São Paulo;
- os dados internacionais foram obtidos através de pesquisas internas em empresa transnacional, com matriz nos EUA e subsidiárias em vários locais do mundo, incluindo o Japão (Passos, 2004).

Cabe ressaltar que os valores de referência considerados para o fator de produção trabalho no Brasil situam-se bem acima da média real do país. Os números apresentados a seguir foram obtidos tendo como referência a indústria paulista, mais especificamente a região do ABC paulista. Em muitas regiões, os valores pagos aos trabalhadores são significativamente menores. Portanto, em termos médios, os valores considerados neste exemplo são, seguramente, os maiores do país.

Para a seqüência de cálculos a seguir, normalizamos os valores na base mensal. Ou seja, todos os valores serão apresentados na base mês: custos mensais de pessoal e custos mensais dos equipamentos. Foi considerada a situação caracterizada pelos dados expostos na seqüência – ver o Quadro 1.1.

Para uma lotação de 6 pessoas, temos então a seguinte situação:

- Brasil = US$ 5,29/h × 6 = US$ 31,75/h;
- EUA = US$ 30,33/h × 6 = US$ 181,98/h;
- Japão = US$ 25,00/h × 6 = US$ 150,00/h.

Considerando-se 176 horas de trabalho por mês, chega-se aos seguintes valores finais por célula (com seis operadores):

Quadro 1.1
Parâmetros para o cálculo do custo do trabalho

- Valor da hora de trabalho (mão-de-obra):
  - no Brasil: US$ 5,29/h;
  - nos EUA: US$ 30,33/h;
  - no Japão: US$ 25,00/h.

- Número de trabalhadores por célula:
  - seis trabalhadores.

- Duração da jornada mensal de trabalho:
  - 176 horas.

- Número de turnos de trabalho:
  - três turnos.

- Brasil = US$ 5,29/h × 6 = US$ 31,75/h × 176 = US$ 5.587,30/mês;
- EUA = US$ 30,33/h × 6 = US$ 181,98/h × 176 = US$ 32.028,48/mês;
- Japão = US$ 25,00/h × 6 = US$ 150,00/h × 176 = US$ 26.400,00/mês.

Para uma operação de três turnos, usual na indústria tanto no caso brasileiro como nos demais países considerados, tem-se:

- Brasil = US$ 5.587,30/mês × 3 = US$ 16.761,90;
- EUA = US$ 32.028,48/mês × 3 = US$ 96.085,44;
- Japão = US$ 26.400,00/mês × 3 = US$ 79.200,00.

Feita essa análise para o fator trabalho, falta trazer para a mesma base de comparação o capital aplicado em máquinas e equipamentos. Isso é feito considerando-se os valores dos equipamentos apresentados anteriormente (ver Tabela 1.6) e um período de depreciação de dez anos para as máquinas. Como cada célula contém três tornos CNC, o valor individual para esses equipamentos é multiplicado por três para a obtenção do total investido.

No Brasil, o custo total para compra das máquinas para a célula monta a US$ 1.860.000,00. Considerando-se a depreciação em dez anos, chega-se ao valor mensal de US$ 15.500,00. Deve-se considerar ainda US$ 16.761,90 de custo mensal de mão-de-obra. Resulta que o custo total mensal da linha, incluindo máquinas e trabalhadores, fica em US$ 32.261,90.

No caso americano, o custo total para compra dos equipamentos é de US$ 1.209.000,00. Depreciando-se os ativos ao longo de dez anos, obtém-se o valor mensal de US$ 10.075,00. Considerando o custo mensal da mão–de-obra anteriormente calculado (US$ 96.085,44), resulta o total mensal de US$ 106.159,44.

Para o Japão, o custo para compra de equipamentos é igual ao encontrado nos Estados Unidos (US$ 1.209.000,00/ano e US$ 10.075,00/mês). O custo mensal estimado do fator trabalho é de US$ 79.200,00. O somatório dos custos mensais do trabalho e máquinas é de US$ 89.275,00.

Tabela 1.6
Análise comparativa dos custos da célula de manufatura exemplificada
Fonte: (Passos, 2004)

País	Brasil	EUA	Japão
Mão-de-obra/mês	US$ 16.761,90	US$ 96.085,44	US$ 79.200,00
Equipamentos/mês	US$ 15.500,00	US$ 10.075,00	US$ 10.075,00
Custo/mês	US$ 32.261,90	US$ 106.159,44	US$ 89.275,00

Resultam dos cálculos realizados, para cada um dos países, os valores apresentados na tabela acima. Percebe-se que existe uma grande diferença entre os custos totais encontrados nos países desenvolvidos (EUA e Japão) e o verificado no Brasil. A origem da diferença entre os custos, como é fácil perceber, está no fator trabalho. Lembremos, também, que não foi considerado o custo de transporte das peças na célula, o que tenderia a elevar ainda mais a diferença entre os fatores de produção capital e trabalho do mundo "em desenvolvimento" e do "mundo desenvolvido".

O trabalho é substancialmente mais barato no Brasil do que nos países desenvolvidos. Cabe recordar o leitor que o valor de referência utilizado para o cálculo dos custos no Brasil (salários pagos na região do ABC para a categoria dos metalúrgicos) encontra-se acima da média nacional, e é substancialmente superior ao praticado em muitas regiões do nosso país. Podem existir muitos entraves à competitividade da manufatura no Brasil, mas certamente o custo da mão-de-obra não é um problema! Paga-se substancialmente menos aos trabalhadores no Brasil do que nos países centrais, mesmo quando é considerada a remuneração indireta (FGTS, salário educação etc.). Essa constatação simples, embora muitas vezes mascarada por informações imprecisas e sem embasamento factual, divulgadas pela mídia, aponta para duas questões práticas de grande importância:

- para as empresas industriais com operações no país, as preocupações devem estar primeiramente focadas no aumento da utilização de seus ativos fixos. A experiência prática mostra que a utilização efetiva dos ativos fixos (máquinas e equipamentos) é baixa na indústria brasileira, especialmente nos setores da manufatura discreta, como veremos nos Capítulos 5 e 6. As preocupações com o aumento do rendimento operacional de máquinas e equipamentos devem ocorrer sem prejuízo de esforços para a qualificação dos trabalhadores, indispensáveis para o aumento da qualidade;
- para o país e sua estratégia de desenvolvimento, é necessário compreender que a competitividade passa pelo melhor aproveitamento dos recursos (o aumento da eficiência é um aspecto central), mas, principalmente, pelo aumento do valor agregado e, logo, pela diferenciação de produtos, a inserção internacional e inovação. Isto coloca no centro das preocupações a ca-

pacidade de produzir novas soluções para produtos, processos, negócios, formas de organização etc.

[1.9] Compreendendo o impacto dos custos financeiros

O entendimento da economia da empresa é uma condição básica para todas as disciplinas relacionadas ao projeto e à gestão das organizações. O projeto, a implantação e o funcionamento dos sistemas de manufatura passam pela disponibilidade de capital. Assim, o custo de capital é um elemento central para a avaliação de desempenho de alternativas de investimento, como também para a própria configuração e funcionamento dos sistemas de manufatura.

Diferentes variáveis relacionadas à configuração e ao funcionamento de uma empresa industrial influenciam as necessidades de capital. Podemos destacar as seguintes:

- estoques globais da empresa: matéria-prima, estoque em processo (*work – in process*), produtos acabados, materiais de consumo;
- ativos fixos: máquinas, ferramentas e dispositivos, equipamentos, obras civis etc.;
- tempo de atravessamento (*lead time* de atendimento): tempo transcorrido entre a entrada de um material na fábrica e entrega do produto ao cliente.

As relações dos estoques e dos ativos fixos com as necessidades de capital da empresa são evidentes. Quanto mais equipamentos/máquinas forem adquiridos para a configuração do sistema de manufatura, e quanto maior for o volume imobilizado em estoques, maior será a necessidade de capital da empresa. Para o tempo de atravessamento, deve-se considerar que, quanto maior este for, mais longo será o ciclo de caixa da empresa. Ou seja, para realizar a produção, a empresa precisa adquirir matérias-primas, que ela somente "transforma em dinheiro" quando vende os produtos aos clientes e recebe o montante pago pelos mesmos. Assim, quanto maiores os *lead times*, maiores as necessidades de capital da empresa; nesse caso, de capital de giro.

Uma breve comparação entre o custo do capital no Brasil, na Alemanha, nos EUA e no Japão deixa claro o **impacto da taxa de juros sobre a competitividade de sistemas de manufatura intensivos em necessidades de capital, especialmente no caso brasileiro.** Lembremos, ainda, que as taxas de juros reais no Brasil são substancialmente maiores que a apresentada na Tabela 1.7, atingindo marca superior a 40% quando considerados os *spreads* bancários e as taxas efetivamente praticadas pelos bancos comerciais.

A redução de estoques, a maximização do uso dos ativos fixos e a redução dos tempos de atravessamento têm resultados concretos no resultado econômico das empresas. Ao longo deste livro exploraremos esse tema, não através de proposições soltas, com valor por si, mas sim a partir da discussão sobre os conceitos de base dos sistemas de manufatura contemporâneos, e da lógica econômica que os embasa.

Tabela 1.7
Comparativo de taxas reais de juros entre países em março de 2007. (Fonte: Bank of Japan, US Bureau of Labor & Statistics, Bundesbank & Banco Central do Brasil)

PAÍS	Taxa básica de juros (mar/2007)	Inflação em 2006	Taxa efetiva de juros
BRASIL	13,25% a.a.	3,2% a.a.	9,74%
ALEMANHA	2,70% a.a.	1% a.a.	1,68%
EUA	5,25% a.a.	3,23% a.a	1,96%
JAPÃO	0,50% a.a.	-0,20% a.a	0,70%

(1.10) Sintetizando as condições do ambiente competitivo no ambiente brasileiro a partir de uma perspectiva de mundialização da economia

A mundialização da economia tem como conseqüência fundamental o acirramento da competição entre países e entre empresas. Desenvolvemos neste capítulo os argumentos necessários para que se possa compreender os elementos que influenciam a competitividade de empresas industriais. Fizemos isso destacando a situação de países em desenvolvimento, como o Brasil, em contraste com a realidade dos países desenvolvidos (EUA, Japão, Europa). Como síntese para o caso brasileiro, pode-se dizer que:

- a indústria brasileira opera com escalas de produção baixas em relação aos padrões dos países desenvolvidos (Estados Unidos, Alemanha e Japão);
- o país tem apresentado taxas de crescimento econômico lentas nos últimos dez anos;
- na maior parte dos setores industriais, a oferta agregada é superior à demanda (por exemplo, nas indústrias de automóveis, calçados, móveis), situação essa que leva ao acirramento da competição entre empresas;
- após a abertura econômica da década de 1990, ocorreu um aumento significativo da variedade de produtos nos diferentes setores da indústria de transformação, como a automotiva, por exemplo;
- em comparação com os países desenvolvidos (EUA, Japão e Europa), os custos do fator trabalho (mão-de-obra) são baixos e os custos associados ao capital são elevados;
- como lógica de gestão, os gestores devem pensar em maximizar a utilização dos recursos abundantes (o trabalho) e minimizar o uso de recursos escassos (no caso, o capital para investimentos, através da melhor utilização dos ativos fixos – máquinas e equipamentos);
- o país vem praticando nos últimos anos taxas de juros muito elevadas em relação aos padrões dos países desenvolvidos. Desse modo, deve-se aplicar políticas de gestão que visem minimizar tanto os estoques de materiais (matéria-prima, estoque em processo e de produtos acabados) como o esto-

que de capital aplicado em máquinas e equipamentos, através do aumento da taxa de utilização dos ativos;
- estratégias sustentáveis de longo prazo, tanto para o desenvolvimento do país como para a competitividade das empresas industriais, exigem a conjugação de eficiência nas operações com inovação, para a criação de valor e mudança do patamar da indústria.

A tarefa central da Engenharia de Produção consiste em desenvolver sistemas empresariais e de produção competitivos, levando em consideração não só aspectos relativos à tecnologia de produtos e processos, mas também a eficaz combinação da utilização dos diferentes fatores de produção. Para que isso seja possível, é necessária a compreensão da lógica econômica e dos conceitos técnicos por detrás das ferramentas e técnicas que servem à implementação dos sistemas de manufatura contemporâneos.

Este capítulo introdutório foi elaborado para prover um panorama geral das questões econômicas que condicionam o desempenho na manufatura. Nos seguintes, o leitor terá contato com os conceitos básicos necessários ao projeto de sistemas de manufatura competitivos no cenário globalizado.

Atualização na internet

http://www.abdi.com.br
http://www.anfavea.com.br
http://www.anpei.org.br
http://www.cgee.org.br
http://www.cnmcut.org.br
http://www.finep.gov.br
http://www.finep.gov.br/portaldpp/index.asp
http://www.ipea.gov.br
http://www.observatoriodainovacao.org.br
http://www.portalinovacao.info

Dicas de leitura

ALVAREZ, R. R. *Setor automotivo no Rio de Janeiro: uma análise da inserção dos "fabricantes locais" de autopeças na cadeia automotiva*. Rio de Janeiro, 2004. Tese (Doutorado) – Universidade Federal do Rio de Janeiro.

OHNO, T. *Sistema Toyota de Produção – além da produção em larga escala*. Porto Alegre: Bookman, 1997.

DE NEGRI, J. A.; SALERNO, M. S. (org.). *Inovações, padrões tecnológicos e desempenho das firmas industriais brasileiras*. Brasília: IPEA, 2005.

PASSOS JR., A. A. *Os circuitos da autonomação – uma abordagem técnico-econômica*. São Leopoldo: 2004. Dissertação (Mestrado). Universidade do Vale do Rio dos Sinos/

"O mais importante não é o sistema, mas a criatividade dos seres humanos que selecionam e interpretam a informação. Tais aperfeiçoamentos são feitos diariamente graças ao vasto número de sugestões recebidas de seus funcionários".

(Taiichi Ohno, 1996)

CAPÍTULO 2

Resumo do capítulo | 57

(2.1) Introdução | 57

(2.2) O conceito de sistema | 58

(2.2.1) Considerações iniciais | 58

(2.2.2) Conceitos básicos de sistemas | 59

(2.2.3) O sistema empresa de manufatura | 61

(2.2.4) Os sistemas de manufatura e de produção | 61

(2.3) A evolução dos sistemas de produção: uma visão histórica a partir das revoluções industriais propostas por Shigeo Shingo | 64

(2.4) O período pré-paradigmático | 65

(2.5) O paradigma das melhorias dos sistemas produtivos baseado nas operações | 67

(2.6) O paradigma dos sistemas de produção voltados à melhoria nos processos | 70

(2.7) Considerações finais: no sentido da adoção do paradigma das melhorias nos processos em sistemas empresariais | 75

Atualização na internet | 77

Dicas de leitura | 77

Os Paradigmas na Engenharia de Produção

Resumo do capítulo

Este capítulo trata dos paradigmas em Engenharia da Produção. São discutidos e distinguidos os conceitos de sistemas, sistemas de manufatura e sistemas de produção. A partir daí é apresentada uma breve abordagem histórica, na qual é feita a distinção entre três períodos:

- período pré-paradigmático, onde não estava ainda estabelecida a disciplina de Engenharia de Produção;
- período do paradigma dos sistemas produtivos baseados nas operações, como domínio dos princípios, métodos e técnicas originalmente propostos no âmbito do sistema americano de produção (Ford/Taylor);
- período do paradigma dos sistemas de produção voltados à melhoria nos processos, desenvolvidos a partir dos conceitos originais construídos na Toyota (Ohno/Shingo).

(2.1) Introdução

O objetivo principal deste capítulo consiste em explorar a possibilidade da utilização do conceito de paradigma no campo da Engenharia da Produção. Paradigma significa modelo ou padrão. A terminologia "paradigma" foi cunhada por Thomas S. Kuhn em seu livro *A Estrutura das Revoluções Científicas* (1995). Segundo esse autor, a noção de paradigma pode ser sintetizada em dois sentidos básicos. No primeiro, o paradigma pode ser entendido como um conjunto de crenças, valores, técnicas etc., partilhados pelos membros de uma comunidade. No segundo, como modelos ou exemplos que podem substituir regras explícitas e que servem de base para a solução de problemas nas diferentes disciplinas científicas.

Inicialmente são discutidos os conceitos de sistema, sistemas de manufatura e sistema de produção. Na seqüência, o capítulo propugna a necessidade de construir a noção de paradigma em Engenharia de Produção a partir de uma abordagem de cunho histórico. Para isso, partindo das chamadas "cinco revoluções de Shigeo Shingo", propõe-se uma conceituação específica para esclarecer a noção de paradigmas em termos da moderna Engenharia de Produção.

(2.2) **O conceito de sistema**

A seguir serão apresentados os elementos para a compreensão básica da teoria de sistemas, tendo em vista a necessidade de construir processualmente a noção dos paradigmas associados aos sistemas produtivos. Para isso será feita uma introdução ao estudo de sistemas e, na seqüência, serão discutidos os conceitos de sistemas de manufatura e de produção.

(2.2.1) **Considerações iniciais**

O desenvolvimento de uma visão das organizações a partir da óptica dos sistemas tem um marco histórico indiscutível: os trabalhos desenvolvidos pelos estudiosos do Instituto de Relações Humanas de Tavistock, na Inglaterra, representados pelas figuras de E.L. Trist e A.K. Rice (Motta, 1973). Trist identificou dois subsistemas básicos em uma dada organização: o subsistema técnico e o subsistema social. O modelo de Tavistock postulou que, para que uma determinada organização trabalhe de forma eficiente, torna-se necessário levar em conta tanto o subsistema social, e por conseqüência a sua relação com o ambiente, quanto o subsistema técnico. O **subsistema técnico** seria responsável pela **eficiência potencial** da organização, enquanto o **subsistema social** seria responsável pela **transformação da eficiência potencial**, construída no âmbito do subsistema técnico, **em uma eficiência real** da organização. A Figura 2.1 representa a divisão proposta pelo Instituto de Tavistock.

O trabalho do Instituto de Tavistock parte do pressuposto de que as organizações se constituem em um sistema aberto. O desenvolvimento amplo da teoria dos sistemas abertos foi proposta por Ludwig Von Bertalanfy em seu livro "Teoria Ge-

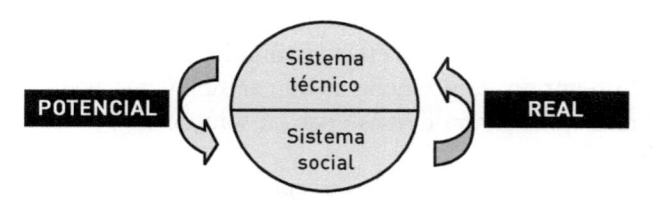

Fig. **2.1** Visão de sistema proposta pelo Instituto de Tavistock.

ral de Sistemas" (1973). Dado que a discussão sobre os chamados sistemas abertos é importante para o desenvolvimento do presente trabalho, apresentar-se-á sucintamente, a seguir, os conceitos básicos da chamada teoria de sistemas.

[2.2.2] **Conceitos básicos de sistemas**

A palavra "sistema" é geralmente utilizada para definir de forma abstrata uma situação relativamente complexa envolvendo elementos físicos, químicos e biológicos que possam ser caracterizados por intermédio de parâmetros mensuráveis. Os sistemas podem ser compreendidos como um grupo de partes que operam conjuntamente para atingir um propósito comum (Forrester, 1990).

Na mesma linha de Forrester, Senge (1990) define sistema como um **todo percebido**, a partir do qual os diversos elementos constituintes do sistema mantêm-se juntos na medida em que estes elementos afetam continuamente uns aos outros ao longo da dimensão temporal, atuando para o alcance de um propósito comum. Observa-se neste conceito a preocupação com a problemática da delimitação do sistema, ou seja, o que constitui o todo percebido. Uma definição mais abrangente é proposta por Bellinger (1996). Este diz que o sistema é uma entidade que caracteriza a sua existência a partir de **interação mútua entre as partes** que o constituem. Neste conceito, deve-se ressaltar que a fronteira do sistema pode ser instaurada de forma artificial e implica a necessidade de definir os seus objetivos ou fins. Para diferentes objetivos, provavelmente ter-se-á diferentes definições da fronteira do sistema. Outro ponto importante a ressaltar é que nesta definição desloca-se o eixo de interesse, que se transfere do estudo das partes que constituem o sistema para o **estudo das diferentes e dinâmicas interações entre as partes envolvidas**.

Os sistemas podem ser compreendidos como um grupo de componentes inter-relacionados que trabalham juntos rumo a uma meta comum recebendo insumos (entradas do sistema) e produzindo resultados (saídas do sistema), em um processo organizado de transformação.

A abordagem de sistemas foca-se na relação entre o todo de uma certa unidade em análise e as partes constituintes, deste todo tendo como pressuposto central alcançar um determinado objetivo comum. A abordagem dos sistemas postula que todas as "coisas" consistem de partes, e estas partes, por sua vez, são entendidas como subsistemas. Ao mesmo tempo em que consistem de outras partes menores, são parte (subsistema) de um sistema maior (Müller-Merbach, 1994). Em outras palavras, os sistemas são desdobrados em subsistemas e supersistemas. Os subsistemas podem, assim, ser definidos como um subgrupo das diferentes (diversas) partes que constituem um dado sistema em análise. Uma metáfora interessante, para compreender a lógica dos subsistemas, consiste em considerar um dado texto genérico. Este texto só pode ser entendido pela leitura das sentenças que o constituem. Para compreender a sentença torna-se necessário reconhecer as palavras que constituem estas sentenças. Por sua vez, só é possível compreender as palavras se a pessoa tiver familiaridade com as letras com as quais estas palavras são escritas.

Já os supersistemas podem ser entendidos como um conjunto de sistemas. Nesta lógica, todas as partes são consideradas como sistemas, os quais podem ser entendidos como subsistemas, de um sistema maior – o supersistema. Considerando a mesma metáfora descrita anteriormente, pode-se dizer que um mero texto permite uma compreensão limitada da realidade em estudo. É necessário compreender em profundidade a cultura na qual está imerso o autor do texto. Por sua vez, a compreensão da óptica do autor pode ser mais bem feita caso se conheça historicamente a época em que o autor está inserido e assim por diante. Para compreender e unificar cada vez mais os sistemas, pode-se falar em integração sintética dos sistemas (Müller-Merbach, 1994).

A partir das discussões anteriores fica claro que, para que uma utilização da lógica dos sistemas seja levada adiante, torna-se necessário definir com clareza as fronteiras do sistema estudado, a partir das quais pode-se detalhar os diversos subsistemas envolvidos (componentes menores que constituem os sistemas), bem como a inserção do sistema em análise em sistemas mais amplos, os chamados supersistemas. Por sua vez, a definição do sistema é diretamente dependente dos propósitos ou das metas a serem alcançados pelo mesmo e, portanto, devem ser propostos em função das necessidades do estudo em questão.

Do ponto de vista da operacionalização da abordagem dos sistemas, também é importante definir de forma clara os elementos (subsistemas) que o constituem, bem como o inter-relacionamento entre estes subsistemas. A definição explícita dos subsistemas e de seus relacionamentos é uma tarefa importante quando os problemas são tratados com uma visão sistêmica (Pritsker, 1990). A definição dos subsistemas não é arbitrária e deve levar em conta os seguintes pontos:

- ignorar os elementos que são considerados desprezíveis para fins da análise proposta;
- destacar, para cada subsistema, as tarefas importantes desempenhadas pelo mesmo;
- considerar as principais interações entre os diversos subsistemas;
- definir com clareza as fronteiras dos diversos subsistemas e do sistema como um todo.

Outro foco de análise consiste em perceber que os sistemas podem ser definidos como fechados ou abertos. Os sistemas fechados possuem a característica de serem considerados isolados do ambiente externo que os circundam. Os sistemas abertos possuem a característica de se comunicarem com o ambiente externo que os circundam, e parte-se do pressuposto de que estes sistemas (sistema externo) são diferenciados, e que essa diferenciação repercute diretamente no sistema estudado (Motta, 1973).

Outra tipologia importante no que diz respeito aos sistemas refere-se ao fato de as saídas terem ou não influência sobre as entradas do sistema (Forrester, 1990). No caso de as saídas não terem influência sobre as entradas do sistema, pode-se dizer que as ações do passado não irão influenciar nas ações futuras do sistema. No caso de as saídas terem influência nas entradas do sistema, pode-se dizer que trata-se de um sistema com *feedback*. Nestes casos, o comportamento do sistema é influenciado pelo seu próprio passado. Os sistemas podem ter *feedback* positivo ou negativo. O sistema é dito com *feedback* positivo quando as ações de crescimento positivo do passado influenciam um crescimento futuro do sistema. O sistema é dito com *feedback* negativo quando as respostas do mesmo se direcionam a responder as falhas do sistema na realização do objetivo traçado.

[2.2.3] O sistema empresa de manufatura

Uma determinada empresa de manufatura, quando observada desde um ponto de vista do sistema aberto, é constituída de vários subsistemas, por exemplo: finanças, produção, marketing, vendas, recursos humanos, desenvolvimento de produtos e processos, contabilidade de custos, entre outros. Por outro lado, possui uma importante relação com o (super) sistema externo, que fornece elementos de entrada para o sistema em análise, tais como materiais, informações sociais e políticas, energia, demanda do mercado etc. O supersistema também absorve elementos de saída do sistema em questão, tais como bens de consumo para atender às necessidades dos consumidores e/ou clientes, componentes, informações, dejetos industriais (ar, água e solo) e serviços aos consumidores/clientes.

O objetivo do sistema empresa de manufatura consiste em, através de uma efetiva coordenação de seus diferentes subsistemas constitutivos, alcançar os propósitos gerais da empresa (ou seja, sua meta). Como a empresa de manufatura constitui-se em um sistema aberto, necessita desenvolver uma relação permanente com o ambiente externo (sistema externo) para garantir o alcance objetivo de seus propósitos gerais.

[2.2.4] Os sistemas de manufatura e de produção

De forma geral, pode-se dizer que um sistema de manufatura recebe um conjunto de entradas (materiais, informações, energia etc.), a partir das quais os materiais serão fisicamente processados e adquirirão valor agregado pela utilização de um conjunto de elementos complexos (máquinas e pessoas), o que resultará como saída: produtos acabados, destinados diretamente aos consumidores, ou; bens semi-acabados que serão utilizados pelos clientes para fabricar outros produtos acabados (Black, 1998). Os sistemas de manufatura relacionam-se, portanto, com o processo físico de produção em si.

Objetivamente, pode-se dizer que os sistemas de manufatura respondem pela adição concreta de valor ao produto, na medida em que são responsáveis pela transformação do objeto de trabalho, de uma condição inicial de matéria-prima, ou de componente intermediário, em uma condição final de produto acabado ou componente final. É relevante frisar que os sistemas de manufatura tratam de diferentes tecnologias básicas (ou específicas) que são intrinsecamente relacionadas ao produto – neste sentido, também podendo ser denominadas de tecnologias intrínsecas.

Por exemplo, no caso da fabricação de automóveis, são utilizadas tecnologias específicas tais como: usinagem, forjamento, fundição, soldagem, pintura etc. No caso da fabricação de produtos isotérmicos são utilizadas tecnologias básicas do tipo: injeção, sopro, serigrafia etc. Da mesma forma, as indústrias moveleira, de calçados, petróleo, implementos agrícolas e rodoviários etc., necessitam de diferentes tipos de tecnologias básicas. O importante aqui é destacar que diferentes indústrias necessitam de tecnologias básicas/específicas/intrínsecas diferentes, que tendem a estar relacionadas às diversas formações em termos de Engenharia intrínseca (Engenharia Mecânica, Engenharia Elétrica, Engenharia Têxtil, Engenharia Metalúrgica, Engenharia Civil etc.).

Por outro lado, sob a perspectiva dos sistemas de produção, são efetivadas ações no sentido de operacionalização das funções de planejamento e controle do fluxo global de produção. Essas funções são críticas para o bom desempenho dos sistemas de manufatura. Entre as funções de planejamento e controle que devem ser levadas adiante nos sistemas de produção, pode-se destacar aspectos relativos a:

- gestão da qualidade, objetivando que os materiais não apresentem defeito em nenhuma parte do fluxo produtivo;
- gestão da produção, almejando a responder às perguntas "o quê", "quanto", "quando", "onde" e "como" produzir;
- controle dos estoques propriamente ditos, ou seja, definição das quantidades ideais de compra, venda e material em processo;
- manutenção, ou seja, a determinação e melhoria da confiabilidade das máquinas;
- gestão dos acidentes de trabalho, com vistas a reduzir a zero o número de acidentes de trabalho na organização;
- gestão ambiental, objetivando reduzir os resíduos industriais no que tange ao ar, solo e água;
- sincronização do fluxo produtivo;
- indicação das necessidades de melhorias em todos os pontos citados anteriormente: qualidade, gestão da produção e dos estoques, manutenção, acidentes de trabalho, gestão ambiental e sincronização.

Os Paradigmas na Engenharia de Produção ■ **63**

A partir das discussões feitas até este ponto, pode-se observar que os sistemas de produção foram construídos com o objetivo de suportar e apoiar de forma efetiva o funcionamento dos sistemas de manufatura (Black, 1998). Neste sentido, é possível afirmar que a discussão dos sistemas produtivos – objeto maior da Engenharia de Produção – tende a formar um corpo disciplinar e de raciocínio genérico que procura atender a toda a gama de indústrias (de forma distinta das tecnologias básicas/específicas/intrínsecas, que estão relacionadas de forma umbilical aos produtos específicos a serem produzidos/fabricados).

A Figura 2.2 explicita a relação entre os sistemas de manufatura e produção:

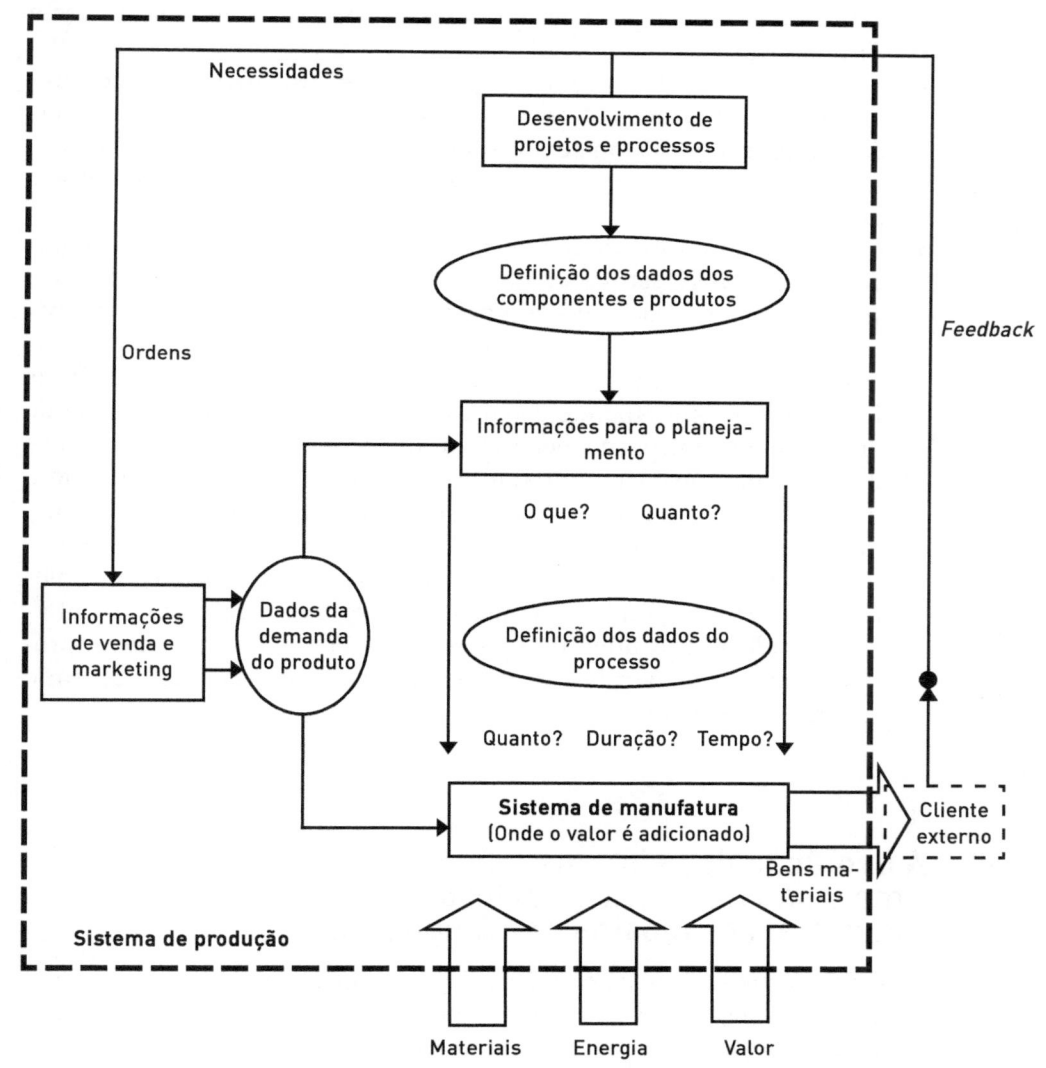

Fig. **2.2** Relação entre o sistema de manufatura e o sistema de produção, de acordo com Black (Fonte: Black, 1998).

As seguintes observações sobre os sistemas de manufatura e de produção são relevantes:

- os sistemas de manufatura e de produção encontram-se inseridos em uma ótica de sistemas abertos. Portanto, relacionam-se com o ambiente (sistema externo), de forma geral (políticas governamentais, inserção política e cultural etc.); e com os clientes externos (saídas) e fornecedores (materiais/matérias-primas, energia e valores) (entradas), de forma particular;
- os sistemas são abertos e dinâmicos, ou seja, tanto o ambiente influencia o sistema quanto o sistema influencia o ambiente. O *feedback* é uma característica essencial a ser discutida nos Sistemas de Manufatura e de Produção;
- do ponto de vista dos sistemas de produção; alguns subsistemas da empresa de manufatura são considerados subsistemas (ou sistemas interdependentes) do sistema em estudo. Este é o caso específico dos subsistemas de marketing e vendas e do desenvolvimento de produtos e processos;
- como já discutido anteriormente, para que os sistemas possam ser definidos, torna-se necessário delimitá-los. A delimitação dos sistemas produtivos proposta por Black (1998) considera marketing/vendas e desenvolvimento de produtos e processos como subsistemas dos sistemas produtivos. Uma possibilidade de ampliar esta idéia consiste em considerar as finanças e a contabilidade de custos como subsistemas do sistema de produção. Por outro lado, pode ser proposto um sistema de marketing e finanças que considere a produção como um subsistema. Neste ponto da discussão, torna-se claro que a definição/delimitação do sistema é diretamente vinculada ao objetivo do estudo. No caso em análise, o "sistema empresa de manufatura" representa claramente um sistema hierarquicamente superior aos demais. Isto não implica, porém, que alterações radicais nos diferentes subsistemas em análise (finanças, produção, marketing/vendas, recursos humanos etc.) não modifiquem o próprio sistema em análise.

[2.3] A evolução dos sistemas de produção: uma visão histórica a partir das revoluções industriais propostas por Shigeo Shingo

A história da produção tem assistido ao desenvolvimento de vários sistemas inovadores de produção. Ao longo desses diferentes sistemas de produção encontra-se um número valioso de conceitos e inovações na Administração da Produção.

Segundo Shingo (1996), o estudo e a compreensão da importância dos diferentes sistemas de produção desenvolvidos até os dias de hoje podem ser guias importantes para determinar qual direção seguir na concepção ou reestruturação dos sistemas de produção, pois suas inovações na produção servem como base para os atuais sistemas e, por isto, não podem ser ignoradas. Assim, para que a implementação de melhorias não ocorra por cega imitação, mas através da aplicação da essência dos novos sistemas às necessidades da produção de cada empresa, torna-se importante o entendimento das diferenças filosóficas entre os novos e os tradicionais sistemas de produção.

Desse modo, uma visão abrangente é crucial para que seja possível descobrir as relações entre melhorias nos diversos sistemas e como um sistema complementa o outro, através do entendimento dos aspectos da formação histórica dos sistemas de Administração da Produção. Sem a consciência de como as melhorias inserem-se no contexto sistêmico organizacional, cada sistema poderá acabar anulando as vantagens dos outros. Essa compreensão deve ser baseada na avaliação das vantagens e desvantagens dos princípios da organização da produção do passado, devendo-se desenvolver as vantagens e corrigir as desvantagens (Shingo, 1996).

Shingo (1996b) propõe que a evolução dos sistemas de produção possa ser considerada historicamente a partir de cinco revoluções industriais:

- primeira revolução: o progresso através da divisão do trabalho;
- segunda revolução: aumento da função das mãos (mecanização e motorização);
- terceira revolução: a ciência do trabalho;
- quarta revolução: respondendo às necessidades humanas – o método Hawthorne;
- quinta revolução: desenvolvimento da era de produção com estoque zero.

A divisão proposta por Shigeo Shingo é interessante do ponto de vista dos aspectos ligados a uma observação histórica do desenvolvimento da tecnologia (sistemas de manufatura) e da gestão da produção (sistemas de produção). Na abordagem proposta por este livro, uma reordenação destas "revoluções" faz-se necessária. A primeira e a segunda revolução de Shingo pertencem ao que denominaremos de **período pré-paradigmático** da Administração da Produção. A terceira e a quarta revolução correspondem ao que será denominado de **paradigma da melhoria nas operações**, e a quinta revolução industrial referem-se ao que denominar-se-á de **paradigma da melhoria nos processos**. A seguir se discutirá os pressupostos da divisão proposta.

[2.4] **O período pré-paradigmático**

No período imediatamente após a Revolução Industrial, foi dado um passo importante para a constituição da Administração da Produção/Engenharia de Produção, que consistiu no aumento da produtividade global das fábricas atra-

(Saiba mais) saiba mais saiba mais saiba mais saiba mais saiba

As macroposições do período pré-paradigmático

O final do século XIX e início do século XX é um período marcado por lutas de classes. A posição defendida pelos libertários de todas as matizes (por exemplo, anarquistas, socialistas revolucionários, comunistas etc.) envolvia teses vinculadas à autogestão nos locais de trabalho, de forma particular, e na economia como um todo, de forma geral. Experiências deste tipo vinham sendo discutidas desde a Comuna de Paris, e foram desenvolvidas de forma incipiente no início da Revolução Russa em 1917. A posição dos anarquistas sobre a autogestão nas fábricas e de toda a sociedade pode ser encontrada nas obras de Bancal (1984), Proudhon (1983), Malatesta (1984), Woodcock (1978), e nas experiências práticas da Revolução Espanhola, especialmente no início da Revolução, no ano de 1936, em Barcelona. A posição defendida pelos socialistas/ comunistas revolucionários pode ser encontrada nas obras de Panneckock *et alli* (1975), Mattick (1977), Ghillen (1970), Kollontai (1980), Nascimento (1986, 1988), Mandel (1973) e Trotsky (1980).

De forma geral, este tipo de posição propugnava que a gestão da fábrica fosse feita pelos próprios trabalhadores, sem a geração de uma estrutura hierárquica de planejamento e controle externa à execução. Tal tipo de postura evidentemente questionava diretamente a forma de produção capitalista, e irá aparecer tênue, porém persistentemente, na história do século XX, em várias situações (Revolução Espanhola – 1936, Hungria – 1954, Portugal – 1968, Polônia – 1979). Cabe destacar que no início do século XX os trabalhadores ainda dominavam, praticamente, boa parte do conhecimento de planejamento e controle necessário à produção, o que era particularmente importante em um contexto de utilização intensiva de mão-de-obra que caracterizava as empresas no final do século XIX e início do século XX.

A segunda posição, que irá gerar o primeiro paradigma em termos de administração da produção, defendia a necessidade da formação de uma camada de gestores responsáveis pela execução de todas as funções necessárias para a elaboração do planejamento e controle da produção. Assim, seria necessário não só a divisão técnica do trabalho no âmbito dos sistemas produtivos, o que já havia sido feito no início da Revolução Industrial na Inglaterra, mas também uma clara divisão entre as tarefas de planejamento/controle e execução da produção.

vés da criação da chamada "divisão do trabalho". Nos anos que se seguem, consolidaram-se de forma ampla **elementos tecnológicos** associados ao aumento da produtividade: o desenvolvimento da energia (motor a vapor, motor a gás, motor a derivados de petróleo, eletricidade etc.) e o desenvolvimento de ferramentas e máquinas (Shingo, 1996b). Porém, no que tange à discussão sobre a Administração da Produção (sistemas produtivos), **não se forma nenhum padrão hegemônico de organização e gestão do trabalho e da produção**. Portanto, do ponto de vista da Administração da Produção, pode-se dizer que se trata de um período pré-paradigmático, onde provavelmente várias concepções sobre a forma de gerir a produção, foram desenvolvidas, coexistindo lado a lado.

(2.5) O paradigma das melhorias dos sistemas produtivos baseado nas operações

Neste ponto, torna-se importante fazer uma clara distinção entre os conceitos de processo e operação propostos por Shingo (Shingo, 1996a; Shingo, 1996b, Antunes, 1994). Essa explicação facilitará o entendimento dos conceitos subjacentes à idéia de paradigmas em Engenharia de Produção que serão propostos no final deste capítulo.

Segundo Shingo, os processos constituem-se do acompanhamento do **objeto de trabalho** (materiais) no tempo e no espaço. As operações constituem-se do acompanhamento do **sujeito do trabalho** (máquinas e trabalhadores) no tempo e no espaço. Este conceito difere da visão hegemônica existente nos EUA do início do século XX, segundo a qual o processo era constituído de um "conjunto" de operações.

No conceito original, Shingo propõe que a chamada função processo relaciona-se ao fluxo de materiais no tempo e no espaço. Porém, neste livro sugere-se uma ampliação deste conceito. Em vez de fluxo do material, pode-se pensar em um fluxo mais genérico, o do objeto de trabalho no tempo e no espaço. Também, o conceito de Shingo pode perfeitamente ser generalizado, do acompanhamento dos materiais no tempo e no espaço, para o acompanhamento dos serviços e das idéias no tempo e no espaço. O importante é perceber claramente a diferença entre o objeto de trabalho, que representa a atividade-fim da empresa, e o sujeito do trabalho, que representa a atividade-meio, segundo a abordagem de uma economia capitalista.

A questão pode ser entendida a partir da divisão do trabalho. No sentido proposto por Shingo (1996b, p. 221), a divisão de trabalho proporcionou uma radical separação entre os processos e as operações, dado que antes uma só pessoa era responsável pelo processo global da produção. Evidentemente que a divisão do trabalho permitiu várias melhorias nos sistemas de produção no que tange à produtividade. Por outro lado, a divisão do trabalho promoveu um incremento na complexidade da gestão, na medida em que "os processos envolvem produtos sendo movimentados ao longo de toda a fábrica, tornando mais difícil entender sua complexidade (...)" Passou-se a raciocinar, então, que o processo era uma grande unidade de análise (macrounidade de análise) composta de um grande número de operações. Este ponto é importante na medida em que levou "à falsa suposição de que melhorar as operações automaticamente conduziria à melhoria nos processos e, em conseqüência, nos sistemas produtivos".

Assim, a administração da produção/Engenharia de Produção norte-americana do início do século XX colocou atenção e foco na melhoria radical das operações, ou seja, na racionalização do trabalho das pessoas e na melhoria das máquinas.

Criou-se uma visão sistêmica, que foi essencial para o desenvolvimento do capitalismo norte-americano na primeira parte do século XX. Esta visão sistêmica centrou-se na lógica das operações, ou seja, enfocou basicamente a melhoria do trabalho das pessoas e a melhoria dos equipamentos. É precisamente por esta razão, de origem técnica e cultural, que no presente livro postula-se que o primeiro paradigma que se desenvolveu amplamente no seio da administração da produção foi o **paradigma da melhoria dos sistemas produtivos através da melhoria radical nas operações**. Este paradigma de agora em diante será chamado de **paradigma da melhoria nas operações**.

A tarefa de desenvolvimento da chamada "ciência do trabalho" foi basicamente desenvolvida nos EUA (embora a contribuição de Fayol na França seja sempre lembrada) por pessoas como Frederick W. Taylor, o casal Gilbreth e Henry Ford. Porém, é importante perceber que se tratou de um movimento geral no sentido de desenvolver uma "ciência do trabalho e da produção", e que os autores mais famosos são apenas parte do movimento. Pode-se dizer que ocorre neste período uma passagem do "caos" (característica dos períodos pré-paradigmáticos) para uma lógica particular de "sistemas" organizados de produção (Shenhav, 1995). Em outras palavras surge o primeiro paradigma na administração da produção.

A gênese do paradigma dos sistemas na teoria das organizações e do paradigma da operação nos sistemas de produção está precisamente associada aos engenheiros mecânicos do início do século. Shenhav (1995) estudou de forma ampla e empírica (através de dados primários) o período de 1879 a 1932, baseado especialmente em três publicações: *Engineering Magazine*, *The American Machinist* e a *ASME* (American Society of Mechanical Engineers). Uma frase de um engenheiro mecânico do início do século resume a situação "o sistema deve substituir o caos".

O movimento do início do século abrangeu duas linhas inter-relacionadas e centrais: a da racionalização da produção (tecnologia mecânica, tecnologia de construção civil etc.) e o da gestão da produção (tecnologia de gestão). Na parte relativa à racionalização da produção, os aspectos vinculados à padronização são o principal foco de preocupação.

Procurou-se padronizar o projeto do produto, medidas, nomenclaturas, parafusos, roscas peças, etc. Este movimento pela padronização foi fundamental porque, entre outros benefícios, permitiu o desenvolvimento do processo de intercambiabilidade de peças, fator essencial para o desenvolvimento do fenômeno da produção em massa. A criação da "administração científica", por outro lado, implicou a criação de uma camada de gestores profissionais que teve por função central tabular e padronizar o conhecimento anteriormente disponível somente pelo coletivo de trabalhadores, ampliando assim de forma substantiva a lógica da divisão do trabalho (Taylor, 1982).

Em função do discutido anteriormente, porque não propor que a geração do paradigma em termos da Administração da Produção/Engenharia de Produção seja intitulada de "paradigma do sistema"? A resposta a este questionamento é que foi desenvolvida uma lógica de sistema, porém uma lógica de sistema muito particular: a busca do aumento da produtividade dos sistemas através da melhoria das operações que constituem o sistema.

O paradigma proposto pode ser caracterizado por uma série de elementos concretos expostos abaixo:

- a visão de Taylor, segundo a qual a óptica econômica de sustentação do paradigma pode ser sucintamente apresentada como: "alta produtividade, baixos custos e altos salários". Henry Ford deixará ainda mais explícita essa proposta através de sua concepção de produção em massa de automóveis, onde os trabalhadores são visualizados como potenciais compradores dos automóveis produzidos pela empresa. Shenhav (1995), discutindo a emergência e a consolidação da proposta do grupo profissional dos engenheiros mecânicos no período de 1879-1932, postula que, para que um determinado projeto profissional dê certo, torna-se necessário a confluência de algumas demandas concretas. Entre estas, se incluem: um clima social e ideológico que dê sentido às mudanças propostas, um importante problema político e econômico a ser resolvido, e a presença de um grupo profissional capacitado a fornecer um conjunto de soluções passíveis de serem implantados na realidade prática;
- a proposição da divisão de trabalho a partir da lógica de "um homem/um posto/uma tarefa" (Taylor), e, quando possível, executar a produção a partir do conceito de linha de montagem (Ford);
- a proposta da especialização das tarefas gerenciais (o departamento de manutenção cuida da manutenção, o departamento de produção cuida da produção, o departamento de qualidade cuida da qualidade etc.);
- o foco na melhoria contínua dos métodos de trabalho e, em conseqüência, dos tempos necessários para a execução das tarefas por toda a fábrica (Gilbreth);
- o foco na minimização do custo das operações e na utilização da lógica do lote econômico de fabricação e de compra;
- a definição de produtividade a partir de ótimos locais, ou seja, da produtividade horária ou "taylorista" definida pela divisão entre a produção física e os tempos de produção (quantidade de produção em um dado período de tempo considerado);

- admitir o uso de estoques altos de matérias-primas, material em processo e produtos acabados. Como pressuposto desta lógica está o fato que a produção é empurrada para o mercado (ou lógica *Just In Case*). Isto é coerente com as normas de concorrência que vigoravam na época em que as ofertas agregadas da indústria eram menores do que a demanda;
- o desenvolvimento da escola das relações humanas, visando aumentar a produtividade dos trabalhadores através da motivação;
- o desenvolvimento da contabilidade de custos tradicional, como os métodos do tipo custo-padrão (EUA) e centro de custos (Alemanha);
- os gerentes são avaliados com base na eficiência dos diversos postos de trabalho sob sua supervisão direta (Cook, 1994).

O paradigma da melhoria nas operações tornou-se praticamente o único paradigma vigente, em termos de administração da produção, no mundo. Por exemplo, Lênin, em 1921, declara que as técnicas desenvolvidas por Taylor sob o controle dos *soviets* levaria a União Soviética a se tornar uma grande potência. É o começo do stacknovismo ("o taylorismo à moda soviética").

Sob a égide deste paradigma, vários problemas práticos de Administração de Produção/engenharia de produção foram solucionados, contribuindo significativamente para a lógica do crescimento econômico baseado na produção em massa e consumo de massas dos EUA.

Drucker (1993 p. 37) descreve este processo como a "revolução da produtividade". Ele defende o argumento segundo o qual o grande impacto de Taylor (e de sua óptica da melhoria das operações) sobre a sociedade foi sua idéia de treinar as pessoas para a execução de tarefas muito bem definidas. Drucker chega ao ponto de dizer que a aplicação sistemática do sistema Taylor (aplicação do conhecimento científico no trabalho) "mais do que qualquer outro fator, explica como os EUA habilitaram-se para vencer tanto o Japão como a Alemanha" na Segunda Guerra Mundia. Drucker diz, ainda, que poucas figuras na história intelectual tiveram maior impacto prático do que Taylor. No entanto, Taylor teria sido muito "mal entendido". Parte porque a história teria mostrado que Taylor estava certo e os intelectuais errados. E, em um sentido mais amplo, a reputação de Taylor teria sofrido devido às questões ligadas ao estudo do trabalho e suas repercussões em termos da luta sindical.

Finalmente, cabe ressaltar que o paradigma da melhoria nas operações permaneceu hegemônico internacionalmente até os anos 70, quando, com as crises do petróleo, a situação começou a modificar-se gradativamente.

[2.6] O paradigma dos sistemas de produção voltados à melhoria nos processos

A queda do paradigma da melhoria das operações pode ser explicada a partir de uma visão de interdependência que relaciona as alterações ocorridas nas normas de concorrência no mercado e o desenvolvimento do chamado Sistema Toyota de Produção – STP.

Pode-se partir do pressuposto de que a crise econômica do mercado capitalista leva à possibilidade do surgimento de soluções alternativas àquelas construídas sob a égide do paradigma da melhoria nas operações. Isto porque a lógica hegemônica dos sistemas de produção anteriores partia de uma realidade onde as ofertas globais (capacidades instaladas) eram inferiores às demandas globais dos mercados nacionais e internacionais.

O surgimento deste novo paradigma, embora possa ser considerado dependente das mudanças nas condições econômicas do mercado globalizado para que possa se alastrar em um conjunto amplo de empresas, a partir de um raciocínio técnico-econômico estrito, foi gerado em um mercado minúsculo como o do Japão do pós-guerra, ou seja, a partir de 1945.

Segundo Coriat (1994), é necessário conhecer a essência do Sistema Toyota de Produção para entender o "espírito Toyota". Segundo Ohno (1997), a essência do Sistema Toyota de Produção consiste em conceber um sistema de produção alternativo ao fordismo que seja capaz de produzir competitivamente uma série restrita de produtos diferenciados e variados.

Compreender o processo de criação histórica do Sistema Toyota de Produção implica remontar ao início do século XX no Japão. A primeira anomalia em relação ao paradigma anterior ocorreu na década de 20, quando Toyoda Sakichi, fundador de Toyota, inventou uma máquina de tear que tinha uma característica até então não encontrada em nenhuma máquina no mundo: o tear parava sempre que a quantidade desejada (planejada) fosse produzida, e sempre que um determinado problema de qualidade fosse detectado.

Esta invenção permitiu **a separação entre o homem e a máquina**. Rompe-se o princípio proposto por Taylor de "um homem/um posto/uma tarefa", e torna-se possível que uma mesma operária seja capaz de operar mais de dez teares ao mesmo tempo. A teorização desta prática, feita por Taiichi Ohno, que permitiu sua generalização futura na Toyota, foi intitulada de autonomação ou controle autônomo de defeitos.

Esta anomalia é importante, na medida em que rompe um dos principais pressupostos do chamado sistema Taylor. Porém, ele é um rompimento que poderia perfeitamente ser recuperado dentro da lógica do paradigma da melhoria nas operações, dado que se refere a uma melhoria nas máquinas e nas pessoas e, portanto, está diretamente relacionada à função –operação, podendo não ter um impacto efetivo nas melhorias propostas a partir da função processo.

A próxima anomalia ocorre no ano de 1945 no Japão. Trata-se de uma nova conjectura proposta por Shigeo Shingo, segundo a qual os sistemas de produção não devem ser visualizados como um processo composto por um conjunto de operações. Shingo propõe, como será visto em detalhes na seqüência deste livro, visualizar a produção como uma rede de processos e operações a partir da qual se propõe um instrumento de análise de sistemas produtivos intitulado de mecanismo da função produção (MFP). Shingo começa a observar que é possível que uma dada operação seja melhorada (por exemplo, quando uma máquina automática é implantada) e os processos não melhorem (pode ocorrer de os resultados econômicos, ao invés de melhorarem, piorarem, com a aquisição da máquina automática).

Porém, no caso da tecnologia (por exemplo, engenharia/administração da produção), diferentemente da ciência (por exemplo, Física), as anomalias demoram muito tempo até gerarem uma crise. Isto porque a medição da crise se dará por meio de uma lógica diretamente relacionada aos indicadores de desempenho econômico-financeiro das empresas.

Isto implica que a aplicação das novas idéias em sistemas de produção deverá ocorrer na realidade prática das empresas, e que os resultados serão efetivamente mensurados e admitidos como superiores no âmbito da economia internacional. Obviamente, os resultados positivos nos indicadores de desempenho, decorrentes da aplicação destes novos princípios e técnicas, não aparecerão a curto prazo, dado que nas primeiras aplicações práticas as novas técnicas passarão por um período considerável de verificação/refutação, usando-se a lógica de tentativa e erro.

No caso da Toyota, esta concepção de analisar os sistemas produtivos a partir de uma noção de rede (MFP) apoiada na lógica das perdas na fábrica, desenvolvida por Ohno e Shingo, será materializada em uma série de ações concretas através da geração de princípios e técnicas que irão permitir o desenvolvimento prático das idéias planejadas, ou seja, das conjecturas. Entre estes princípios e técnicas pode-se incluir:

- o Sistema Kanban de sincronização e melhorias dos sistemas produtivos, desenvolvidos por Taiichi Ohno a partir da lógica do supermercado americano;
- a aplicação sistemática do princípio da autonomação (também chamada de controle autônomo de defeitos, automação de baixo custo, automação com toque humano ou pré-automação), desenvolvido originalmente por Toyoda Sakichi e sistematizado por Taiichi Ohno;
- a idéia de troca rápida de ferramentas – TRF –, desenvolvida originalmente por Shigeo Shingo e que rompeu com a lógica de altos tempos de preparação/lotes grandes/longos tempos de atravessamento, típica do paradigma anterior;
- o controle da qualidade zero defeitos, estratégias de inspeção na fonte e *poka-yoke*, sistematizado por Shigeo Shingo;
- a operação padrão desenvolvida, a partir da noção de tempos e métodos, por Taiichi Ohno;
- as melhorias no leiaute, e mais especificamente, na chamada produção em fluxo unitário de peças;
- a idéia ampla de melhoria contínua, com apoio de técnicas utilizadas em eventos do tipo *Kaizen*;
- a utilização de técnicas americanas que foram e são intensivamente adotadas na Toyota, como é o caso da engenharia de valor/análise de valor.

Mais relevante que todos esses princípios e técnicas é sua **articulação sistêmica**, que dá origem ao chamado STP.

Sem dúvida foi na Toyota que foram inicialmente observadas as anomalias provocadas pela quebra de vários pressupostos do paradigma da melhoria nas operações. Entre os pressupostos rompidos, pode-se citar:

- a lógica de um homem/um posto/uma tarefa;
- a necessidade de produzir em grandes lotes;
- a idéia da produtividade taylorista, que é substituída, de um ponto de vista restrito, por uma lógica de produtividade global agregada, e, de um ponto de vista amplo, por uma estruturação diferenciada de indicadores, que objetivam combinar as ações locais com o ótimo global do sistema;
- a especialização das tarefas de gestão;
- a contabilidade de custos tradicional que é substituída pela lógica do custo-alvo (*target cost*) e dos Custos Kaizen (*Kaizen Costs*). Segundo essas abordagens, o importante é reduzir custos, e não calcular custos (Monden, 1993).

A partir destas alterações provocadas na Toyota, no contexto das crises do petróleo vivenciadas nos anos 1970, pode-se observar que as anomalias do paradigma das melhorias voltadas às operações começam a se transformar em uma crise. Por quê? Exatamente porque os resultados econômicos das empresas que utilizavam o paradigma anterior não mais conseguem responder às necessidades da competição existentes nas economias capitalistas.

Mesmo tentativas desesperadas, envolvendo um elevado grau de automação, feitas por algumas empresas automobilísticas americanas no final da década de 70 e início dos anos de 1980, não respondem satisfatoriamente às necessidades da competição do mercado. Isto demonstrou que a utilização pura e simples da automação (melhoria nas operações), sem uma perspectiva voltada ao processo, não conseguiu solucionar a crise do paradigma anterior.

No final dos anos 1970 e início dos anos 1980, os "holofotes" são direcionados para observar a realidade japonesa de produção de automóveis. As explicações do tipo "a mão-de-obra custa barato no Japão" não mais são capazes de convencer sobre as verdadeiras razões do sucesso das fábricas japonesas. A revolução gradual e silenciosa em curso no Japão desde 1945 começa a ser percebida de forma mais clara em todo o mundo industrializado.

Estabelece-se, assim, um novo paradigma que pode ser intitulado de **paradigma de melhorias nos sistemas produtivos baseados na melhoria dos processos**, que de agora em diante será chamado de **paradigma das melhorias nos processos**.

Neste novo paradigma estabelece-se uma clara diferença entre os **fins,** que estão diretamente relacionados às melhorias nos processos (melhoria do fluxo do objeto de trabalho/circulação rápida do capital) e às conseqüências econômicas daí advindas, e os **meios,** que muitas vezes estão relacionados à melhoria das operações, porém sempre tendo em vista a melhoria do processo como um todo.

(Saiba mais)

A criação da linha de montagem fordista: Paradigma da melhoria das operações ou do processo?

Um exemplo que serve para demonstrar a diferença entre os paradigmas consiste em analisar criticamente o surgimento da linha de montagem fordista, porque esta talvez tenha sido a única invenção dentro do paradigma anterior que pode ser, eventualmente, considerada como uma melhoria no processo.

Sorensen (1956) descreve o nascimento da linha de montagem como uma necessidade observada na operação do chão-de-fábrica para **facilitar a movimentação de peças grandes e de difícil manejo (a operação era difícil)**. A linha de montagem, que melhorou substancialmente o fluxo de materiais nas fábricas automobilísticas, surge a partir de um problema tipicamente voltado para as operações (resolver a problemática do transporte de peças), e não para a melhoria dos processos em si (ou seja, dos fluxos de materiais). Portanto, segundo Shingo (1996b), o procedimento da linha de montagem teria começado como uma tentativa de melhorar a função operação, e não a função processo.

Assim, devido ao não-reconhecimento teórico da diferença entre a função processo e a função operação, uma experiência extremamente bem-sucedida para a melhoria dos processos, a criação da linha de montagem, **não foi generalizada** como um conceito geral de melhorias do processo nos sistemas produtivos. Ou seja, a experiência da criação da linha de montagem, embora tenha melhorado substancialmente o processo, foi gerada com uma determinada visão: a visão embasada no paradigma da melhoria nas operações. O paradigma, explícito ou não, determina o desenvolvimento das teorias e a geração dos conhecimentos teóricos e práticos no âmbito da ciência e da tecnologia. A não-generalização da experiência da linha de montagem, que será feita posteriormente – como conceito – pelos japoneses, tem o simples significado de que nenhuma generalização teórica visando melhoria dos processos foi gerada a partir desta rica experiência colocada em prática por Henry Ford.

(2.7) Considerações finais: no sentido da adoção do paradigma das melhorias nos processos em sistemas empresariais

A primeira aplicação em larga escala e com sucesso do paradigma das melhorias nos processos ocorreu no Japão, mais especificamente na Toyota. Porém, várias outras teorias, princípios e técnicas alinhadas a essa forma de compreender os fenômenos na produção surgiram nos anos 1980 e 1990. Na seqüência, introduzimos algumas dessas abordagens, como a Teoria das Restrições (TOC), a Reengenharia de Processos e Negócios (RPN), a lógica de Gestão da Qualidade Total (TQC), e seus antecedentes – isto é, as abordagens de gestão das qualidade que as conformaram, como Juran, Deming e outros.

A obra *A Meta*, de Goldratt e Cox (1986), marca o ponto de partida da Teoria das Restrições (TOC). Uma leitura atenta do texto revela sua clara aderência intelectual ao paradigma da melhoria nos processos. Um dos exemplos preferidos de Goldratt, explicitados neste livro, refere-se ao caso de Alex Rogo e da automação industrial (o caso do robô). Nesse exemplo, Goldratt demonstra claramente que as melhorias voltadas à automação (ou seja, voltadas à função operação) não melhoram os indicadores globais gerais da fábrica: lucro líquido, retorno sobre o investimento e caixa, ou seja, as melhorias não estão voltadas ao processo.

A obra de Goldratt está profundamente enraizada no paradigma da melhoria nos processos. A Teoria das Restrições parte do pressuposto que "a soma dos ótimos locais é diferente do ótimo global" do sistema. Significa dizer que a melhoria das operações pode ser feita de forma ótima desde um ponto de vista local, mas isto não implica, como já discutido anteriormente, no ótimo da função processo.

A reengenharia de processos e negócios também pode ser compreendida, desde um ponto de vista técnico e intelectual, dentro do paradigma da melhoria nos processos. Uma perspectiva histórica ajuda a perceber a relação entre a RPN e o paradigma da melhoria nos processos. Hammer (1990) lembra que os altos investimentos em tecnologia da informação (poder-se-ia acrescentar em automação) feitos pelas empresas ocidentais nos anos 1980 tiveram um resultado econômico bastante fraco. Para esse autor, a principal razão desse desempenho aquém do esperado foi que **as empresas utilizaram tecnologias avançadas para automatizar processos antigos e ultrapassados, utilizando os computadores apenas para acelerar estes processos**. Em outras palavras, privilegiou-se um foco nas melhorias das operações e não no processo.

Em uma interpretação ampla da reengenharia de processos de negócios, a tecnologia de informação (operações) deve ser compreendida como um elemento capacitador, no sentido de redesenhar os processos, ou seja, os fluxos de materiais, idéias e informações no tempo e no espaço. Desta forma, nota-se que a RPN está diretamente vinculada ao paradigma da melhoria nos processos. Como a reengenharia se preocupa não somente com o sistema de produção, mas com o negócio como um todo, é necessária uma ampliação do conceito de processo proposto por Shingo para que possamos firmar este entendimento. É preciso compreender os processos de forma ampla, **mas sempre relativamente ao fluxo do objeto do trabalho (materiais, idéias, informações etc.) no tempo e no espaço.**

Depreende-se de Hammer que o paradigma da melhoria nas operações, gerado ainda no início do século XX, comandou boa parte das automações e informatizações realizadas a partir dos anos 1980. Fica evidente na discussão desse autor que o centro da reengenharia de processos de negócios não está no mero uso de tecnologias informacionais avançadas para melhorar operações já existentes (função operação), mas sim na sua aplicação como **meio** para a obtenção de novos processos (função processo), capazes de produzir resultados econômicos melhores (Antunes e Boff, 1994). Goldsmith (1993) corrobora essa tese, afirmando que automatizar os atuais fluxos de trabalho está longe de resolver os problemas, pois pode-se estar simplesmente "automatizando as funções ineficientes".

E o gerenciamento da qualidade, insere-se no paradigma da melhoria nos processos? Os esforços de Deming, Juran e Feingenbaum foram pioneiros nos EUA, no sentido de estabelecer uma compreensão das organizações a partir do desenho de seus diferentes processos de negócios, incluindo marketing, vendas, compras, produção, finanças, recursos humanos e outras grandes funções. Tal como na reengenharia, as abordagens de gestão da qualidade desses gurus, que posteriormente deram origem à Gestão da Qualidade Total, têm foco nos negócios como um todo. Mais uma vez, aqui pode-se observar um rompimento com o paradigmas da melhoria nas operações.

Uma das conseqüências do uso intensivo das proposições de departamentalização propostas por Taylor e Fayol foi a segmentação da empresa em suas funções, rompendo a visualização dos fluxos dos diferentes objetos de trabalho. Essa racionalidade administrativa privilegiou a formação de especialistas em temas particulares dentro das organizações, em detrimento da construção de uma visão sistêmica dos negócios.

As relações do tipo cliente-fornecedor, na verdade o próprio desenho da função processo, ficaram escondidas atrás dos departamentos. No entanto, os produtos ou serviços gerados pelos processos atravessam vários departamentos de uma organização. Assim, o desenho de toda a empresa a partir de seus processos é central para o desenvolvimento dos programas de qualidade da gestão. A definição dos indicadores de desempenho depende dos processos em análise e, por sua vez, os processos críticos (os grandes "Q" de Juran) dependem destes indicadores.

Desta forma, embora tanto o gerenciamento da qualidade quanto a reengenharia de negócios possam optar por caminhos distintos com respeito à utilização dos recursos humanos, eles **partem de pressupostos técnico-econômicos similares**. Ambos estão embasados na busca de melhorias centradas nos processos. Logo, podem perfeitamente ser compreendidos e estudados a partir do paradigma da melhoria nos processos.

Até este ponto, foi-nos possível reconhecer a existência de uma mesma matriz conceitual em diferentes abordagens de gestão contemporâneas. Note o leitor: as técnicas e abordagens atuais de gestão trazem consigo uma importante ruptura com o passado, com o desenvolvimento de uma visão sistêmica, integrada das organizações. Não são as técnicas em si que se diferenciam, mas os conceitos por trás delas. Dito isso, cabe-nos aprofundar o entendimento do conceito central do paradigma baseado nas melhorias dos processos, o mecanismo da função produção. Fazemos isso no próximo capítulo, com um olhar voltado para o objeto deste livro, os sistemas de produção, e com o uso de exemplos do "mundo da produção".

Atualização na internet

http://www.des.emory.edu/mfp/Kuhnsnap.html
http://www.fordfound.org/

Dicas de leitura

ANTUNES, J. A. V. *Em direção a uma teoria geral do processo de administração da produção: uma discussão sobre a possibilidade de unificação da teoria das restrições e da teoria que sustenta a construção dos sistemas de produção com estoque zero*. Porto Alegre, 1998. Tese (Doutorado) – Universidade Federal do Rio Grande do Sul.

SHINGO, S. *Sistema de produção com estoque-zero: o sistema Shingo para melhorias contínuas*. Porto Alegre: Editora Bookman, 1996b.

"Todas as produções podem ser compreendidas como uma rede funcional de processo e operações! Naturalmente, o Sistema Toyota de Produção não é uma exceção"
(Shigeo Shingo, 1996)

CAPÍTULO 3

Resumo do capítulo | 79

(3.1) Considerações iniciais sobre os princípios de construção de sistemas produtivos | 79

(3.2) Entendendo os sistemas de produção como uma rede de processos e operações | 80

(3.3) O mecanismo da função produção: uma rede de processos e operações | 81

(3.4) O mecanismo da função produção – análise da função processo | 83

(3.5) O mecanismo da função produção – análise da função operação | 84

(3.6) A função processo e a função operação – existem prioridades em termos da gestão da estrutura produtiva das firmas? | 89

(3.7) Exemplos de melhorias nas funções processo e operação | 94

(3.8) Considerações finais: o conceito síntese do Sistema Toyota de Produção / produção enxuta – o mecanismo da função produção | 99

Atualização na internet | 101

Dicas de leitura | 101

Os Sistemas de Produção do Ponto de Vista do Mecanismo da Função Produção

Resumo do capítulo

O presente capítulo desenvolve os aspectos conceituais e práticos da ferramenta analítica central do Sistema Toyota de Produção – o mecanismo da função produção (MFP). O MFP, desenvolvido por Shigeo Shingo, ajuda os teóricos e praticantes do Sistema Toyota de Produção a compreender qualquer sistema de produção como uma rede de processos e operações. Além disso, o capítulo desenvolve as diversas categorias de análise que constituem a função processo (processamento/fabricação, inspeção, transporte e as esperas) e a função operação (preparação, operação principal, folgas não ligadas ao pessoal e folgas ligadas ao pessoal). Especial atenção é dada ao estudo das esperas, pois este é um tópico muito relevante para o desenvolvimento processual do Sistema Toyota de Produção e suas derivações. Finalmente, o capítulo apresenta exemplos visando estabelecer as prioridades e os focos de melhorias propugnados pelo mecanismo da função produção.

[3.1] Considerações iniciais sobre os princípios de construção de sistemas produtivos

Os princípios básicos de construção de sistemas de produção são:

- as normas de concorrência;
- o mecanismo da função produção;
- as perdas.

As origens históricas dos princípios básicos de construção do STP, em particular, e dos sistemas de produção, de forma geral, encontram-se enraizadas nas obras teóricas de Shigeo Shingo e Taiichi Ohno. Por sua vez, estas obras estão diretamente relacionadas com ações práticas efetivadas quando da construção do chamado Sistema Toyota de Produção (STP) que, inegavelmente, constituíram-se em um benchmark internacional dentro da "indústria que mudou o mundo" – a automobilística. O Sistema Toyota de Produção tem muitas variantes no Japão, e é mais conhecido no Ocidente, especialmente nos EUA, como *just-in-time* (uma visão parcial do STP), ou, mais recentemente, como produção enxuta/pensamento enxuto.

O método de construção do STP não está completamente formalizado nos livros, embora uma leitura atenta e crítica da Parte 1 do livro de Shingo *O Sistema Toyota de Produção – Do Ponto de Vista da Engenharia de Produção*, (Shingo, 1996a), intitulada "Uma Abordagem Fundamental para a Melhoria da Produção", permita apresentar de forma concreta e didática o método de construção do esquema proposto.

A lógica global de construção do esquema proposto parte da noção geral segundo a qual os sistemas produtivos podem ser analisados, compreendidos e construídos a partir de três etapas básicas hierarquicamente seqüenciadas:

- interpretação dos sistemas produtivos a partir de uma base analítica conceitual de construção destes sistemas;
- construção dos sistemas produtivos levando em conta as condições socioeconômicas de contorno nas quais estão inseridas as organizações em análise;
- a criação e/ou utilização de técnicas convencionais, que servirão para promover as melhorias concretas necessárias para a construção dos sistemas produtivos.

[3.2] Entendendo os sistemas de produção como uma rede de processos e operações

No final dos anos 80 intensificou-se no mundo ocidental a publicação de artigos e a realização de debates sobre o Sistema Toyota de Produção, tanto sob a ótica macro das cadeias produtivas, como do ponto de vista mais estrito da Engenharia Industrial/Engenharia de Produção. O que se percebe, porém, na maioria das vezes, é uma tendência à simplificação do Sistema Toyota de Produção. Ora ele é tratado como sinônimo de *Just-In-Time*, ora é considerado um sinônimo de *Just-In-Time*/Controle da Qualidade Total, passando a idéia de que é perfeitamente possível adaptar ao Ocidente o *JIT*, ou o "modelo japonês de gestão".

Ocorre que, em grande parte das vezes, os gerentes das firmas ocidentais experimentaram algumas características do Sistema Toyota de Produção, em particular seus princípios/pilares – por exemplo, o *JIT* – ou algumas de suas técnicas – por exemplo, o Kanban e a troca rápida de ferramentas – sem compreender em profundidade as raízes conceituais do Sistema Toyota de Produção e suas implicações em amplos campos do conhecimento industrial. Do ponto de vista deste livro, a realidade é visualizada de forma distinta.

O objetivo central deste capítulo é discutir criticamente um método de análise para a **compreensão e construção genéricas de sistemas produtivos proposto originalmente por Shigeo Shingo**, o chamado mecanismo da função produção. Importante ressaltar que o método de análise discutido a seguir apresenta um elevado grau de generalização, e não deve ser confundido com o Sistema Toyota de Produção em si.

(3.3) **O mecanismo da função produção: uma rede de processos e operações**

O ponto de partida para a apresentação do mecanismo da função produção é a diferenciação conceitual entre as funções processo e operação. Existem basicamente duas visões que permitem a observação e análise dos fenômenos que ocorrem na produção, seja ela industrial ou de serviços:

- observar o fluxo do objeto de trabalho (material, serviços e idéias) no tempo e no espaço;
- observar o fluxo do sujeito de trabalho (homens [trabalho vivo] e máquinas e equipamentos [trabalho morto]) no tempo e no espaço.

É a partir destes dois olhares, distintos e inter-relacionados, que surgem os conceitos da função processo e da função operação.

A função processo refere-se ao fluxo de materiais ou produtos, em diferentes estágios de produção, nos quais se pode observar a transformação gradativa das matérias-primas em produtos acabados. Ou ainda, os processos podem ser simplesmente definidos como sendo o fluxo de materiais para os produtos, que se modifica de acordo com o curso simultâneo do tempo e do espaço (Shingo, 1996a).

A função operação refere-se à análise dos diferentes estágios, nos quais os trabalhadores e/ou máquinas encontram-se relacionados ao longo de uma jornada de trabalho. Pode-se dizer, de forma mais genérica, que a função operação trata do fluxo do sujeito do trabalho – pessoas (trabalho vivo) e máquinas (trabalho morto) – no tempo e no espaço. Nas palavras de Shingo (1996b), a função operação representa "operadores e máquinas (que são assistentes dos homens) que se modificam de acordo com o curso simultâneo do tempo e do espaço".

Estes conceitos diferem da visão hegemônica existente nos EUA do início do século XX, segundo a qual o processo era constituído de um "conjunto" de operações.

O referencial de observação para a análise da função operação é distinto do referencial para a análise da função processo. Assim, por exemplo: um trabalhador retira um material A do almoxarifado de matéria-prima, transporta-o até uma dada máquina MM, realiza uma operação no material A com a máquina MM, e descansa por certo tempo. Depois transporta um material B até a máquina MM, realiza uma operação no material B com a máquina MM, vai ao lavatório, posteriormente leva um material C do almoxarifado até a máquina MM etc. Esta seria uma análise típica de operação com foco no trabalhador.

Os estudos originais que enfocam a lógica dos elementos que constituem a função operação não foram desenvolvidos por Shigeo Shingo. Historicamente, as primeiras noções dos elementos que constituem a função operação foram desenvolvidos por F. B. Gilbreth. Os estudos de Gilbreth foram realizados no ano de 1921 no *Journal of the American Society of the Mechanical Engineering*. Na época, propunha-se que a produção era composta por 4 fenômenos distintos e universais: processamento (fabricação), inspeção, transporte e espera.

A abordagem proposta pelo mecanismo da função produção, descoberta e proposta originalmente no ano de 1945 por Shigeo Shingo, consiste em visualizar os sistemas produtivos a partir da noção de uma rede que envolve no eixo X os processos e no eixo Y as operações, ou seja, os sistemas produtivos são visualizados a partir de uma combinação do acompanhamento dos fluxos de materiais, no tempo e no espaço, e do acompanhamento do fluxo de pessoas e equipamentos, dispositivos, etc., no tempo e no espaço.

Portanto, cada nó da rede corresponde a um encontro da função processos com a função operação. Por exemplo, em um determinado nó da rede pode-se ter uma inspeção do produto. Neste caso, em um dado tempo e espaço, encontrar-se-ão reunidos o objeto e os sujeitos da produção: materiais, pessoas e equipamentos de inspeção.

Observa-se também que em outros pontos localizados no tempo e no espaço não existirá a intersecção do objeto e dos sujeitos da produção. Por exemplo, uma análise para certo tempo e espaço específico poderá identificar que um lote de material está esperando para ser processado (análise a partir da função processo) enquanto as pessoas estão preparando uma certa máquina para o processamento deste mesmo lote (análise da função operação).

Uma síntese didática da abordagem da estrutura de produção, visualizada como uma rede entre os processos e operações, é apresentada por Shingo na Figura 3.1.

Um processo é um fluxo integrado de materiais do início ao final da produção. Em alguns pontos deste fluxo irão aparecer pessoas e máquinas (por exemplo, trabalhadores de transporte, operadores de torno mecânico, operador de inspeção). Em outros pontos a análise da função processo irá indicar, meramente, que existe um material ou um lote de material parado. Do ponto de vista da função operação, a análise recai sobre as pessoas e os equipamentos que trabalham na estrutura de produção. Sendo assim, os pontos de vista de análise são distintos e autônomos, embora inter-relacionados.

Feita a apresentação genérica da estrutura de produção – uma rede de processos e operações –, na seqüência é preciso identificar os elementos básicos de análise que constituem as funções processo e operações.

Os Sistemas de Produção do Ponto de Vista do Mecanismo da Função Produção ▪ **83**

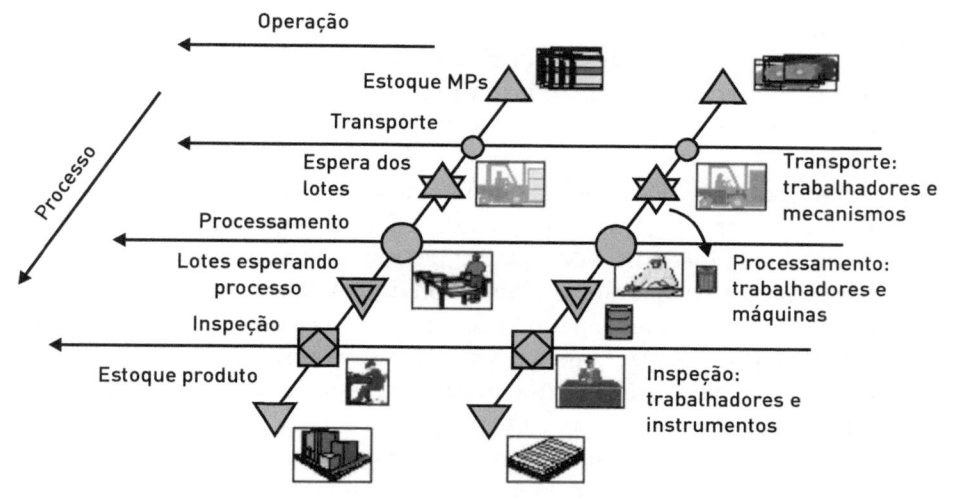

Fig. **3.1** Estrutura da produção (Fonte: Shingo, 1996a).

(3.4) O mecanismo da função produção – análise da função processo

Todos os elementos que constituem a função processo podem ser observados a partir de quatro categorias de análise, a saber:

- **processamento ou fabricação** – significa as transformações do objeto de trabalho (materiais, serviços e idéias) no tempo e no espaço, por exemplo, usinagem, pintura, mudanças de qualidade do produto, montagens;
- **inspeção** – significa basicamente a comparação do objeto de trabalho (por exemplo: no que tange a dimensões, composição química) contra determinado padrão previamente definido;
- **transporte** – implica basicamente a mudança de posição ou de localização do objeto de trabalho. Possivelmente, uma nomenclatura mais adequada para transporte seria movimentação interna (MI), na medida em que, em certas situações, o transporte pode implicar em geração de valor para a empresa – o caso dos operadores logísticos (neste caso, trata-se de um processamento). Porém, o presente texto utilizará a palavra transporte no sentido de movimentação interna.
- **estocagem ou espera** – significa basicamente os períodos de tempo onde não está ocorrendo qualquer tipo de processamento, transporte ou inspeção sobre o objeto de trabalho.

O processo de estocagem ou espera pode ser dividido em quatro subcategorias de análise qualitativamente distintas, a saber:

- as esperas entre processos (ou espera de processo);
- as esperas devido ao tamanho dos lotes (ou espera dos lotes);
- a armazenagem de matérias-primas;
- a armazenagem de produtos acabados.

A *espera de processo* implica que um lote inteiro está em situação de espera. É o que ocorre, por exemplo, quando um lote do produto A "chega" a uma determinada máquina MM, que está, naquele momento, processando o lote do produto B. Ou quando um lote do produto A "chega" a um ponto de inspeção I, que está, naquele período de tempo, inspecionando o lote B. De forma genérica, pode-se dizer que a *espera do processo* ocorre quando todo o lote está aguardando outra atividade da função processo ser realizada (processamento/fabricação, inspeção e transporte).

A *espera do lote* tem uma característica completamente diferenciada. Relaciona-se ao fato de que, enquanto uma determinada peça do lote está sendo processada, as demais peças do mesmo lote estão em condições de espera, porque, obviamente, não poderiam ser processadas simultaneamente no mesmo recurso produtivo. Mesmo em situações onde várias peças de um lote são processadas simultaneamente (por exemplo no caso de processos de injeção ou prensagem com matrizes múltiplas), ou em casos em que peças de um mesmo lote são processadas simultaneamente em recursos distintos, ocorre *espera do lote*.

As peças que estão em condições de *espera do lote* podem encontrar-se em duas situações genéricas: "peças não processadas" e "peças já processadas". Observa-se que quando se refere à função processo, assim como no caso da *espera do processo,* a *espera do lote* pode ocorrer tanto quando do processamento em si (fabricação, montagem etc.), como quando da execução dos processos de inspeção e transporte.

Tem-se ainda a armazenagem de matérias-primas e de produtos acabados. Estas duas estocagens estão relacionadas a fenômenos e fatores externos à fábrica, porém intimamente relacionados a ela. Os dois fenômenos mais importantes a serem analisados, do ponto de vista interno à fábrica, são as *esperas de processos* e as *esperas dos lotes*.

[3.5] **O mecanismo da função produção – análise da função operação**

A seguir serão apresentados detalhadamente os elementos constitutivos básicos da função operação – fluxo dos homens e máquinas no tempo e no espaço –, que podem ser reduzidos às categorias de análises descritas a seguir:

1 **Preparação, operação de ajustes depois da operação – operações ligadas ao tempo de preparação (setup)**: refere-se basicamente à mudança de ferramentas e dispositivos. Sendo assim, a idéia consiste em es-

(Saiba mais)

O estudo das esperas e dos estoques nos sistemas produtivos sob a óptica do mecanismo da função produção

O **estudo das esperas** é fundamental na lógica do STP, porque elas acarretam uma série de conseqüências problemáticas na fábrica, como, por exemplo, longos tempos de atravessamento e o aumento do nível de defeitos e retrabalhos. A discussão crítica destas esperas é importante para compreender o desenvolvimento histórico e teórico do Sistema Toyota de Produção.

O ataque sistemático às *esperas do processo* implica a adoção de técnicas geralmente associadas ao PCP – planejamento e controle da produção, de forma particular, e à lógica de sincronização da produção, de forma ampla. As melhorias das *esperas dos lotes* implicam, de forma geral, a necessidade da utilização de ferramentas que modifiquem a realidade física da fábrica, tais como: troca rápida de ferramentas e o leiaute celular.

Enquanto a trajetória de desenvolvimento dos EUA no pós-guerra privilegiou as melhorias ligadas à *espera do processo* (por exemplo, via o desenvolvimento das ferramentas computacionais do tipo MRP – planejamento das necessidades de materiais e MRPII – planejamento dos recursos de manufatura), os japoneses criaram técnicas que privilegiaram uma atuação conjunta na melhoria das *esperas do lote* (por exemplo, através do desenvolvimento do método da troca rápida de ferramentas e a adoção da noção do leiaute celular) e das *esperas do processo* (por exemplo, o Kanban).

Este fato é muito importante, porque uma vez que na Toyota as técnicas de melhoria na *espera do lote* funcionaram bem na prática (troca rápida de ferramentas), a estrutura de PCP (ou seja, o tratamento da *espera do processo*) ficou muito facilitada. Significa dizer que o caminho da eliminação sistemática da *espera do lote* implica uma racionalização ampla do fluxo físico na fábrica, o que facilita diretamente a montagem do fluxo de informações e, no futuro, pela simplificação global de toda a fábrica, o seu processo de automação global.

A existência de estoques de produtos acabados também deve ser claramente entendida. Por que existe a necessidade de estoques de produtos acabados na fábrica? A explicação relaciona-se ao estudo da relação entre o chamado ciclo de produção (tempo de atravessamento) – P – e o intervalo admissível pelo comprador, ou ciclo de entrega – E (Shingo, 1996a, 1996b). Por exemplo, supondo que o ciclo de produção de uma dada fábrica A seja de 30 dias, e o ciclo de entrega seja de dez dias, torna-se inevitável a constituição de estoques, ou não será possível atender à demanda dos

(*continua*)

(Saiba mais)

(continuação)

clientes dentro do prazo estabelecido. Se o ciclo de produção desta fábrica for reduzido drasticamente para cinco dias, não haverá a necessidade de constituição de estoques de produtos acabados. Portanto, de forma genérica pode-se dizer que:

- Se P > E existirá a necessidade de constituição de estoques de produtos acabados.
- Se P < E não existirá a necessidade de constituição de estoques de produtos acabados.

Sendo assim, duas alternativas são genericamente passíveis de serem utilizadas na prática, objetivando a eliminação dos estoques de produtos acabados: a redução do ciclo de produção – P – e o incremento do ciclo de entrega – E. Na prática atual do mercado, torna-se quase inviável (exceto no caso de empresas monopolistas) a segunda alternativa, uma vez que as dimensões competitivas de tempo de atravessamento e cumprimento (atendimento) dos prazos tornam-se cada vez mais importantes. O acirramento da competição, por outro lado, tem levado a uma situação onde os ciclos de entrega – E – têm se tornado cada vez menores. A alternativa da Toyota foi exatamente buscar muito os ciclos de entrega (tempo de atravessamento) de seus produtos.

Porém, de que dependem estes ciclos de entrega (ou tempos de atravessamento globais dos produtos)? Precisamente da existência das chamadas *esperas do lote* e das *esperas do processo*. De forma mais significativa das *esperas do lote*, dado que, com elevados tempos de preparação, torna-se necessário a produção em grandes lotes, e, por consequência, os tempos de atravessamento serão altos. Os ataques a estas esperas internas na fábrica tornam-se então essenciais para a eliminação (ou minimização) dos estoques nas empresas.

E os estoques de matérias-primas, assunto essencial para a Toyota devido a sua ampla política de desenvolvimento de fornecedores? Neste caso, o desenvolvimento do STP seguiu a mesma lógica da relação entre E e P. A Toyota adotou um firme propósito de desenvolvimento de fornecedores adotando ciclos de entrega próximos de zero (E muito pequeno), ou seja, adotando a premissa da entrega do tipo *just-in-time*.

Para os fornecedores da Toyota, duas alternativas genéricas tornaram-se possíveis: assumir o custo financeiro dos estoques de produtos acabados em suas fábricas, devido ao fato de que seus ciclos de produção – P – eram maiores do que os ciclos de entrega – E – propostos pela Toyota, ou; trabalhar internamente na fábrica com o objetivo de reduzir seus ciclos de entrega – E. A segunda alternativa levou o fornecedor a atacar suas *esperas do lote* e *do processo*. Da mesma forma, os fornecedores diretos da Toyota negociaram com seus fornecedores e, assim, o desenvolvimento da cadeia produtiva foi ocorrendo desde um ponto de vista prático.

[Saiba mais]

Sínteses das principais conseqüências da adoção da função processo

As melhorias na função processo podem ser observadas a partir de duas visões genéricas:

- A primeira refere-se à análise sistêmica do sistema produtivo – visão das sínteses necessárias quando observa-se a totalidade do sistema produtivo –, no intuito de verificar os eventuais pontos de estrangulamento que impedem o aumento das quantidades produzidas na empresa*.
- A segunda está relacionada à redução sistemática dos tempos de atravessamento, que possuem uma dependência direta da minimização das esperas do lote e do processo nos sistemas produtivos.

É essencial perceber que esses dois tipos de ação são fenômenos substancialmente distintos, embora apresentem um determinado grau de relacionamento. No caso do aumento de quantidade, é necessário que, através de uma síntese obtida através da aplicação dos conceitos de função processo, sejam determinados os pontos de estrangulamento dos fluxos produtivos – que tendem a ser poucos, ou muitas vezes, um único recurso. No caso da redução dos tempos de atravessamento, é fundamental compreender e atuar sobre um amplo conjunto de esperas que acontecem ao longo do sistema produtivo, e que, em essência, podem ter origens diversas: i) esperas do processo, por exemplo, derivadas de problemas associados a sincronização; ii) esperas do lote, por exemplo, derivadas de elevados tempos de preparação de máquinas.

---

*Um detalhamento desta abordagem será apresentado nos Capítulos 4 e 5.

tudar as atividades operativas que ocorrem, desde que a última peça boa do lote precedente é produzida, até a fabricação da primeira peça boa do lote que segue – o que usualmente é entendido como tempo de preparação/tempo de *setup*.

2 **Operação principal – atividades diretamente ligadas a fabricação/processamento em si, inspeção, transporte e espera**: a operação pode ser dividida em duas subcategorias: operações essenciais e operações auxiliares.

As *operações essenciais* constituem-se na execução dos processos de produção em si. São os pontos da rede onde as operações e os processos encontram-se num dado tempo e espaço. Nestes pontos encontram-se os homens, as máquinas e dispositivos (sujeito do trabalho), e os materiais (objeto de trabalho). Pode ser dividida em:

- *operação essencial de processamento* – constitui-se na fabricação e montagem de produtos;
- *operação essencial de inspeção* – constitui-se na observação no local de trabalho (por exemplo, no chão-de-fábrica) da qualidade dos produtos;
- *operação essencial de transporte* – constitui-se na mudança de posição dos produtos dentro do local de trabalho;
- *operação essencial de estocagem* – refere-se a estocagem de produtos em prateleira, armários, pastas, documentos, etc.

As *operações auxiliares* constituem-se na execução de atividades que se encontram imediatamente antes e imediatamente depois da realização das atividades ligadas as operações essenciais. São atividades operativas que se relacionam diretamente às operações essenciais, suportando-as, por assim dizer. Podem ser divididas em:

- *operação auxiliar de processamento* – refere-se à alimentação e desalimentação das máquinas e linha de montagem; por exemplo, fixar e retirar os produtos das máquinas;
- *operação auxiliar de inspeção* – refere-se às atividades que precedem e sucedem à operação principal de inspeção. Por exemplo, manipulação de instrumentos, equipamentos e produtos, visando a efetivação da inspeção;
- *operação auxiliar de transporte* – refere-se basicamente aos carregamentos que precedem o transporte efetivo em si, e aos descarregamentos que sucedem o transporte efetivo em si, ou seja: as operações auxiliares de transporte implicam o carregamento e descarregamento dos equipamentos de transporte;
- *operação auxiliar de estocagem* – refere-se basicamente às atividades de colocação e retirada dos produtos dos locais específicos de estocagem, tais como: preparação das prateleiras, etc.

Os Sistemas de Produção do Ponto de Vista do Mecanismo da Função Produção ■ **89**

3 **Folgas não ligadas ao pessoal**: são folgas, ou seja, tempos onde os operadores não estão realizando as atividades de produção, inspeção e movimentação. As causas destas folgas encontra-se em operações irregulares (não previstas) que ocorrem de forma inesperada na produção. Ou seja, são folgas cujas causas fundamentais não estão ligadas à ação direta das pessoas. Podem ser divididas em duas subcategorias gerais: folgas na operação e folgas entre operações.

- *Folgas na operação*: referem-se a trabalhos irregulares que ocorrem e são ligados diretamente à operação. Como exemplo destas folgas, pode-se citar: lubrificação feita por terceiros, manutenção corretiva, manutenção preventiva feita por mecânicos externos ao posto de trabalho, recolocação de ferramentas danificadas etc.
- *Folgas entre operações*: são trabalhos irregulares que ocorrem entre operações consecutivas. Como exemplo, pode-se citar: espera pelo suprimento de materiais (por exemplo, ligada a problemas do PPCPM – planejamento, programação e controle da produção e dos materiais), falta de energia para operação das máquinas ou equipamentos etc.

As folgas nas operações ligam-se às operações de processamento em si, inspeção, transporte e espera. Já as folgas entre operações tendem a estar ligadas a problemas de sincronização entre diferentes operações (processamento em si, inspeção, transporte e espera).

4 **Folgas ligadas ao pessoal**: as folgas ligadas ao pessoal caracterizam-se por trabalhos irregulares ligados diretamente às pessoas e não conectadas às máquinas e operações. As folgas ligadas ao pessoal podem ser divididas em duas subcategorias gerais: as folga por fadiga e as folgas físicas (higiênicas).

- *Folgas por fadiga*: caracterizam-se em tempo de inatividade produtiva dos operadores, relacionada à necessidade de recuperação de fadigas de origem física ou mental.
- *Folgas físicas ou higiênicas*: caracterizam-se por um tempo de inatividade produtiva, relacionada à satisfação de suas necessidades fisiológicas, tais como beber água, ir ao banheiro etc.

(3.6) **A função processo e a função operação – existem prioridades em termos da gestão da estrutura produtiva das firmas?**

Após uma análise aprofundada da estrutura da produção a partir da óptica do mecanismo da função produção, parece necessário que algumas perguntas sejam formuladas e respondidas. Quais são as melhorias mais relevantes para a

Saiba mais

A relação entre os elementos que compõem função-processo e as ferramentas do Sistema Toyota de Produção/produção enxuta

As técnicas do Sistema Toyota de Produção não foram geradas aleatoriamente, e sim a partir da necessidade de elaborar melhorias, com foco na função processo.

Na verdade, todos os elementos da função processo podem ser diretamente relacionados às técnicas e ferramentas do Sistema Toyota de Produção, como pode ser observado na Figura 3.2:

Elementos que compõem a função processo	Ferramentas STP
○ ➤ Processamento / Fabricação	Análise de valor (AV) e engenharia de valor (EV)
○ ➤ Movimentação interna de carga / Transporte	Leiaute, Leiaute Celular
◇ ➤ Inspeção	CQZD, Poka Yoke
△ ➤ Estoque de matéria-prima	PCP, Logística
▽ ➤ Estoque de produto	PCP
✡ ➤ Espera dos lotes	TRF
▽ ➤ Lotes esperando pelo processo	PCP, Kanban

Fig. **3.2** Elementos que compõe a função processo e suas ligações com as ferramentas do Sistema Toyota de Produção.

estrutura de produção: aquelas ligadas à função processo, ou aquelas associadas à função operação? Ou as melhorias propostas com foco na função processo ou na função operação são indiferentes quanto ao seu grau de importância?

Esta discussão é particularmente importante na medida em que se pretende analisar as raízes centrais da constituição histórica do mecanismo da função produção. A resposta proposta por Shigeo Shingo é pragmática e direta: as melhorias a serem priorizadas devem ter seu foco diretamente na função processo. Assim, Shingo (1986) enuncia que: "é a função processo, em verdade, que permite atingir as principais metas de produção, enquanto as operações desempenham um papel suplementar".

Shingo (1996a) atribui as diferenças básicas existentes entre os princípios de produção ocidentais e japoneses à compreensão, no nível mais básico, do que significa a estrutura de produção. O ponto de vista de Shingo é que a "produção constitui uma rede de processos e operações, fenômenos que podem ser colocados ao longo de eixos que se interseccionam. Na melhoria de produção deve ser dada alta prioridade aos fenômenos ligados ao processo."

De acordo com Shingo, sem a compreensão do significado do mecanismo da função produção, e sem a percepção da necessidade de priorizar as melhorias a partir da óptica da função processo, não seria possível compreender em profundidade o significado dos sistemas de produção, em geral, e do Sistema Toyota de Produção, em particular.

Shingo (1996a) chama a atenção dos seus leitores mais atentos para que, embora o Sistema Toyota de Produção apresente de forma pioneira este novo princípio de produção (o mecanismo da função produção), nenhuma inovação fundamental na produção pode vir meramente pela **imitação dos aspectos superficiais** do Sistema Toyota. O relevante aqui é perceber que outros modelos de produção podem ser construídos a partir do mecanismo da função produção e da lógica de priorização das melhorias na óptica da função processo. Neste sentido é importante notar que:

- o Sistema Toyota de Produção representa a primeira tentativa prática bem-sucedida, no campo internacional, de aplicação sistemática dos conceitos propostos por Shingo e Ohno;
- está aberto um amplo campo de diálogo no campo teórico e prático para juntar sinergicamente todos os princípios e técnicas que podem contribuir significativamente para colocar em prática as noções gerais propugnadas por Shigeo Shingo e Taiichi Ohno. Neste sentido, o Sistema Toyota de Produção não é o "fim da história" em termos da Engenharia de Produção. Pelo contrário, se percebido a partir de suas raízes conceituais, o Sistema Toyota de Produção é apenas o início de uma longa história de melhorias. Estas são passíveis de serem efetivadas a partir de um diálogo sistemático e contínuo com a teoria geral de produção, propugnada a partir do mecanismo da função produção, cujas raízes teóricas – como mostrado anteriormente – remontam historicamente

(Saiba mais)

Críticas de Shingo à visão hegemônica nos EUA e na Europa nos anos 80 sobre os conceitos de processo e operação

É muito importante para a compreensão do mecanismo da função produção confrontar os conceitos apresentados nos itens anteriores com os conceitos usualmente aceitos no Ocidente (EUA, Europa etc.) sobre o conceito de (função) processo e de (função) operação.

No Ocidente, em geral, os conceitos de processo e operação são imaginados como pertencentes a um mesmo eixo de análise. Dentro desta concepção linear, qual seria a diferenciação entre estes dois conceitos?

A idéia de operação estaria diretamente relacionada a estudos feitos a partir de pequenas unidades de análise. Já os processos são visualizados a partir de grandes unidades de análises. Desta forma, os processos seriam constituídos, em sua essência, de um grupo/conjunto de operações. Ou seja, o somatório de várias operações (unidades de análise menores) constituiria um dado processo (unidade de análise agregada).

Deriva-se diretamente deste tipo de raciocínio que, uma vez obtidas as melhorias nas operações (nível micro), automaticamente estão se obtendo melhorias em um dado processo do qual esse conjunto de operações faz parte. Dentro desta visão, os sistemas de produção são visualizados a partir de um raciocínio linear, onde não existe diferenciação de fundo entre os conceitos de operações e processos. Shingo (1996a) ressalta que também no Japão certos livros de Engenharia de Produção copiaram as concepções ocidentais sobre os conceitos de operação e processo.

Neste ponto, observa-se uma grande diferenciação do pensamento de Shingo relativamente às proposições originais derivadas do pensamento taylorista/fordista. Isto porque, na ótica de análise hegemônica nos EUA e Europa durante muitos anos, não é feita a necessária separação na compreensão profunda dos sistemas produtivos a partir das funções processo e operação. Na visão originalmente proposta por Shingo, estas duas análises devem ser feitas de forma independente, embora necessariamente inter-relacionadas. A razão é óbvia. Enquanto na função processo acompanha-se o objeto de trabalho (materiais, serviços, idéias) no tempo e no espaço, na função operação acompanha-se o sujeito de trabalho (homens e equipamentos) no tempo e no espaço.

No sentido proposto por Shingo, **a diferenciação entre operação e processo não apresenta nenhum relacionamento com o tamanho da unidade de análise (grandes ou pequenas unidades de análise).** Assim, é preciso observar estas diferenças caso deseje-se entender em profundidade as bases de construção do Sistema Toyota de Produção, em particular, e os sistemas de produção, de forma geral. Shingo é cate-

(continua)

Saiba mais

(*continuação*)

górico e direto quando afirma que a distinção clara entre os conceitos de função processo e função operação constitui-se no ponto chave para o desenvolvimento de novos e competitivos sistemas produtivos.

Finalmente, cabe questionar as razões pelas quais durante longo tempo deu-se prioridade à análise das operações na bibliografia de Engenharia de Produção ocidental. É possível propor as seguintes explicações gerais:

- as operações são executadas em lugares específicos e bem determinados, de tal forma que os trabalhadores, supervisores, gerentes intermediários e a alta gerência têm acesso direto e visual a elas. Já os processos envolvem a movimentação do objeto de trabalho (material, serviços e idéias) por toda a empresa, tornando difícil a avaliação direta e visual dos fluxos produtivos;
- uma razão, talvez mais importante, é a aceitação da tese segundo a qual o processo constitui-se de uma unidade de análise grande, enquanto as operações seriam constituídas de unidades pequenas de análises. Este tipo de lógica/raciocínio leva os atores envolvidos a assumir, erroneamente, que as melhorias na operação levam automaticamente à melhoria dos processos/fluxos produtivos.

às obras de Gilbreth (os elementos da função processo) e a Taylor (os elementos da função operação).

(3.7) Exemplos de melhorias nas funções processo e operação

Para melhor elucidar essa discussão, a seguir propõe-se uma série de exemplos que discutem a relação entre as melhorias na função processo e na função operação.

A partir dos exemplos ilustrativos apresentados anteriormente, torna-se claro que, uma vez que os sistemas produtivos sejam percebidos como uma rede de processos e operações, é razoável propugnar uma ênfase nas melhorias da função processo, que, sempre que necessário, devem ser complementadas por melhorias realizadas a partir da análise detalhada da função operação.

Adicionalmente, é ilustrativo levar em consideração algumas observações feitas a partir das idéias proposta por Shingo (1996a; 1996b):

- é interessante pensar que a finalidade principal da função processo é o atendimento das necessidades dos clientes. Assim, a função operação deve ser pensada como um conjunto de atividades subordinadas à função processo, visando propiciar a necessária eficácia das partes envolvidas no sistema produtivo. Esta observação sugere a necessidade de inter-relacionar de forma coordenada as ações relativas à função processo e aquelas relativas à função operação. A partir de um raciocínio dialético, típico do pensamento proposto por Shingo, a **síntese deve ser feita a partir da função processo**, porque ela tem por finalidade perseguir os objetivos principais do mecanismo da função produção, que implicam o atendimento competitivo das necessidades dos clientes e do mercado. Já as **operações devem permitir a realização das análises profundas de determinadas situações que impedem o bom funcionamento da função processo**, desempenhando um papel suplementar essencial na construção do mecanismo da função produção;
- pensando em termos de hierarquização, deve-se ter em mente que a função processo permite a compreensão do todo no sistema produtivo, enquanto a função operação permite uma análise detalhada das partes. Assim, é possível que, mesmo que as operações localizadas possam apresentar resultados excepcionais, o sistema produtivo em sua globalidade pode não estar otimizado. Por exemplo, a ativação de algumas máquinas de concepção muito moderna e eficaz, com grande capacidade produtiva, não necessariamente contribui para a melhoria do fluxo produtivo (as chamadas "máquinas monumento"). Ou seja, se houver incorreções na organização dos processos, produtos defeituosos e com custos elevados serão produzidos, não interessando o grau de perfeição com que as operações individualmente estejam sendo realizadas;

Engenharia de produção na prática

Exemplo 1 – um exemplo clássico da diferenciação entre melhorias focalizadas na função processo e na função operação – a problemática do transporte interno ou movimentação interna

Suponha a necessidade de se transportar um determinado lote entre dois centros de trabalho CT1 e CT2 que estão localizados a 100 metros de distância, sabendo que atualmente o transporte é realizado de forma manual. Pergunta-se: a melhoria no **processo** de transporte tem o mesmo significado na **operação** de transporte? Ocorreriam melhorias profundas caso um consultor propusesse a troca do transporte manual por um transporte via uma correia transportadora?

Aqui se torna fácil e didático observar a diferença entre a lógica de melhoria no processo de transporte e de melhoria na operação de transporte. Se for aceita a proposta do consultor, na verdade, irá ocorrer uma melhoria na **operação de transporte,** dado que houve uma mudança no equipamento. Porém, do ponto de vista da função processo, o essencial é melhorar o fluxo de material. Neste caso didático pode-se dizer que continua ocorrendo uma movimentação entre o CT1 e o CT2, que se encontram a 100 metros de distância. Portanto, conclui-se, de forma lógica, que não ocorreu uma melhoria no processo de transporte.

Uma radical melhoria no processo de transporte ocorreria caso não houvesse a necessidade do transporte do material entre os centros de trabalho CT1 e CT2. Isto poderia ocorrer através da aplicação de técnicas de melhoria do leiaute, permitindo que os CT1 e CT2 ficassem muito próximos, eliminando a necessidade do transporte.

Ou seja, com uso da correia transportadora observou-se uma melhoria na **operação de transporte** (os equipamentos e a utilização das pessoas foram modificados). Porém, o processo de transporte não foi significativamente alterado. Com a modificação de leiaute, seria alterado e racionalizado o fluxo de materiais na fábrica – função processo. Isto pode tornar o uso da correia transportadora desnecessária.

Como idéia geral, pode-se dizer que em uma atuação sistêmica em relação à questão do transporte interno de materiais/carga seria interessante:

- projetar, através da utilização dos mais adequados princípios e técnicas de leiaute, melhorias no processo de transporte, visando a eliminá-lo ou minimizá-lo;
- uma vez projetada e executada a melhoria no processo de transporte, otimizar as ações de transporte interno (movimentação interna), via melhorias reais nas operações de transporte restantes.

Engenharia de produção na prática

Exemplo 2 – padronização versus tempos de preparação em uma fábrica de móveis

Há uma relação de prioridade entre a padronização de produtos e o ataque sistemático visando à redução dos tempos de preparação (*setup time*)?

Com a finalidade de iniciar a discussão acerca da relação de prioridade entre a padronização de produtos e os tempos de preparação, toma-se o exemplo de uma indústria que fabrica móveis do tipo dormitório (camas, guarda-roupas, escrivaninhas).

No caso de guarda-roupas, por exemplo, produz-se móveis modulados com diferentes alturas e larguras para cada tipo de produto. Também pode-se observar que os tempos de preparação são elevados. Adicionalmente, ocorre muita necessidade de trocas de ferramentas e ajustes para a fabricação destes diferentes lotes.

O gerente de produção propõe um significativo esforço na área de redução dos tempos de preparação, para aumentar a capacidade real das máquinas gargalo e, simultaneamente, ganhar flexibilidade de respostas à demanda do mercado. Já o profissional responsável pela engenharia de produto propõe reduzir a variedade de componentes produzidos adotando uma lógica de padronização dos mesmos. Os recursos financeiros disponíveis permitem que os dois problemas sejam abordados simultaneamente. Seria lógico, do ponto de vista econômico, efetivar estes esforços simultaneamente? Novamente, as noções da função processo e função operação permitem uma abordagem apropriada do problema.

A padronização influencia diretamente no fluxo de materiais no chão-de-fábrica. Trata-se de um problema que atinge diretamente a problemática da função processo. Já a redução dos tempos de preparação relaciona-se mais diretamente a melhorias na função operação.

Observa-se que ao se efetivar a padronização (análise de processo) das alturas e larguras dos guarda-roupas, imediatamente obtém-se uma redução de variedades. Isto simplifica o fluxo de materiais na fábrica, e reduzindo o número de preparações necessárias. Sendo assim, muitas preparações que anteriormente eram necessárias, tornam-se desnecessárias.

Do ponto de vista econômico, existem vantagens competitivas passíveis de serem obtidas adotando-se prioritariamente uma redução da variedade de

(*continua*)

Engenharia de produção na prática (continuação)

componentes e produtos. Ou seja, priorizando-se uma análise da estrutura produtiva a partir da função processo, os resultados obtidos tendem a se tornar mais eficazes.

Como ressalva, pode-se dizer que projetos-piloto na área de redução de tempos de preparação podem ser executados paralelamente, porque representam uma seqüência natural de melhoria no sistema produtivo.

Caso o ataque aos tempos de preparação seja priorizado e feito massivamente, observa-se que uma parte do trabalho mostrar-se-á desnecessária quando a padronização dos produtos e componentes for levada a efeito.

Engenharia de produção na prática

Exemplo 3 – três casos típicos de análise das melhorias em sistemas produtivos

Shingo (1996a) exemplifica três casos típicos de foco equivocado ou ineficiente na melhoria da função operação em detrimento da função processo. Estas situações permitem mostrar, de forma didática, o equívoco deste tipo de abordagem:

- a lógica de agrupamento de máquinas na fábrica a partir da função operação implica em que as máquinas serão reunidas por grupos similares (leiaute funcional). Porém, pensando-se em termos da função processo, esta abordagem provavelmente acarretará: i) um aumento da necessidade de transporte; ii) elevação dos estoques em processo; iii) incremento dos tempos de atravessamento; iv) incremento dos níveis de defeitos e retrabalhos; v) maior complexidade da sincronização da produção (entre outras atividades de PCP) etc. Em outras palavras, ter-se-á provavelmente um aumento dos custos totais de produção associados;

- realizar esforços localizados, visando a operar todas as máquinas no limite de suas capacidades de produção. Este tipo de ação, respaldado pela idéia de maximização da utilização das máquinas (função operação), irá acarretar uma falta de sincronização entre as operações, ocasionando a geração de estoques em processo ao longo do processo produtivo. Por conseqüência, este aumento da espera dos materiais, ligados ao desbalanceamento das máquinas, trará uma elevação dos custos financeiros associados à produção. Ou seja, através da análise do mecanismo da função produção, chegar-se-á às mesmas conclusões propostas na teoria das restrições – TOC – por Goldratt (que serão detalhadas no Capítulo 4). Como se trata de um **sistema** produtivo, a soma dos ótimos locais (por exemplo, otimizar as capacidades individuais das máquinas) não leva à obtenção do ótimo global do sistema;

- a condução da otimização da função operação, no que concerne à produção de grandes lotes de fabricação (ou "lotes econômicos") para minimizar o tempo perdido com tempos de preparação (*setup*) excessivos, levará a um incremento global do inventário em processo da fábrica, uma vez que as esperas do lote se tornarão muito elevadas.

- é preciso modificar alguns aspectos da cultura técnica dos engenheiros e supervisores, no que concerne à postura e visualização das necessidades de priorização entre as funções processo e operação. Fica claro, a partir dos exemplos expostos anteriormente, que Shingo propõe uma precedência da função processo sobre a função operação na melhoria de qualquer sistema produtivo. Note-se que uma revisão da função processo poderá, inclusive, eliminar operações, enquanto que a recíproca não é verdadeira. No entanto, existe uma tendência a se pensar que no mundo real as atividades produtivas mais comumente observadas relacionem-se à função operação – uma vez que as máquinas e pessoas podem ser observadas a "olho nu". Já a função processo, que trata do fluxo de materiais, necessita de um nível de abstração considerável para ser percebida em sua plenitude. Assim, faz-se urgente propor uma cultura técnica de Engenharia e Administração da Produção que faça vir à tona a compreensão da importância essencial da função processo na melhoria de todo e qualquer sistema produtivo.

[3.8] Considerações finais: o conceito síntese do Sistema Toyota de Produção/produção enxuta – o mecanismo da função produção

A lógica do mecanismo da função produção (MFP) é absolutamente central para a compreensão e construção dos sistemas de produção. Mais do que uma construção teórica poderosa, o MFP é uma ferramenta concreta e prática, com base na qual os engenheiros de produção podem entender como funcionam os sistemas de produção e, mais importante, priorizar as ações de melhoria. Outro destaque: o MFP tem aplicação geral, não tendo aplicação exclusiva no ambiente da manufatura.

Em qualquer sistema de produção, seja uma fábrica (de sapatos, metal-mecânica, de móveis etc.), uma empresa prestadora de serviços (transportes, engenharia, ensino, etc.) ou outro tipo de organização (órgãos e agências de governo, associações, redes interorganizacionais etc.), estão presentes todos os elementos básicos da função processo. Isto significa que o objeto do trabalho estará alternadamente sendo transportado (mudando de posição), avaliado com relação à ocorrência de defeitos (inspeção), passando por alguma forma de processamento ou, simplesmente, estará parado (estocado).

O objeto de trabalho pode ser o couro em uma indústria de calçados, o aço em uma empresa metal-mecânica, o próprio ônibus em uma empresa de transportes, um projeto em uma empresa de engenharia ou consultoria, algum tipo de processo de lei em uma assembléia legislativa etc. Embora exista uma enorme diversificação entre os "objetos do trabalho" em cada uma dessas situações, a lógica da função processo permanecerá sempre válida.

Da mesma forma, encontramos as preparações, operações principais e secundárias, folgas não ligadas ao pessoal etc., características da função operação, em diferentes situações. Furar uma peça de aço é bastante diferente de costurar um sapato ou fazer o design de uma logomarca, mas todas essas "operações" têm sua natureza em comum: são operações principais. A exemplo da função processo, a função operação tem uma lógica geral que pode ser aplicada em diferentes tipos de "sistemas de produção".

A lógica de melhorias propostas por Shigeo Shingo, através do mecanismo da função produção, não se refere a técnicas específicas de manufatura. Questões do tipo "como fazer para curtir o couro?", "como fazer para melhorar uma usinagem?" ou "como fabricar um móvel?" dizem respeito às tecnologias de manufatura utilizadas nas operações de processamento, não ao sistema de produção. As melhorias nas técnicas de manufatura não podem ser generalizadas, são específicas para cada tipo de tecnologia de produto. Por outro lado, a lógica do MFP para a obtenção de melhorias nos sistema produtivos (fluxo físico e de informações) é passível de aplicação em qualquer ambiente.

Shigeo Shingo desenvolveu suas atividades profissionais em áreas ligadas às tecnologias de manufatura e à gestão a produção. É neste último campo que sua contribuição é mais destacada. Tendo por base o MFP, sua obra abre importantes oportunidades de investigação e trabalho para a melhoria dos sistemas de produção, tanto na indústria de transformação como na indústria de serviços.

O mecanismo da função produção dá o embasamento teórico e prático sobre o qual se pode:

- compreender a lógica de montagem específica do Sistema Toyota de Produção e suas derivações tais como: produção enxuta, construção enxuta, pensamento enxuto, *just-in-time* etc.;
- explicitar um método de análise da produção que possibilite construir outros sistemas de produção alternativos ou complementares ao Sistema Toyota, caso outras condições de contorno (econômicas, técnicas e sociais) sejam observadas;
- promover a análise sistemática de outros modelos de produção, como, por exemplo, o modelo sueco;
- realizar a crítica social, do ponto de vista dos trabalhadores, dos alicerces socioeconômicos de construção do Sistema Toyota.

Além disso, na análise de sistemas de produção é preciso deixar claro a necessidade de hierarquizar as ações de melhoria a partir da lógica da função-processo. Isto é essencial para que se possa criar uma cultura técnica de melhorias fortemente enraizada na visualização da estrutura de produção como uma rede de processos e operações.

Finalmente, é necessário destacar o fato de que o conceito mecanismo da função produção é uma "invariante" em termos da análise sistêmica e sistemática das melhorias nos sistemas produtivos. Isto porque se trata de uma análise de cunho eminentemente técnico e genérico, não levando diretamente em consideração os aspectos econômico-financeiros associados a estas melhorias. Neste sentido, a utilização do MFP para a análise de melhorias nos sistemas produtivos deve ser complementada por um referencial econômico-financeiro que balize o sentido das melhorias. No âmbito do Sistema Toyota de Produção esta orientação é provida pela lógica das perdas e o princípio do não-custo. Contemporaneamente, pode-se agregar outros elementos, como aqueles originários da Teoria das Restrições.

Atualização na internet

http://www.superfactory.com/

Dicas de leitura

ANTUNES, J. A. V. O mecanismo da função produção: a análise dos sistemas produtivos do ponto de vista de uma rede de processos e operações. *Revista Produção*. Belo Horizonte: v. 4, n.1, p.33-46, 1994..

SHINGO, S. *Sistema Toyota de Produção – do ponto de vista da engenharia de produção*. Porto Alegre: Bookman, 1996a.

"Diga como me medes e dir-te-ei o que farei."
(Goldratt, 1990)

CAPÍTULO 4

Resumo do Capítulo | 103

(4.1) Considerações iniciais | 103

(4.2) Princípios gerais da Teoria das Restrições (TOC) | 104

(4.3) Indicadores de desempenho: a proposta de Eliyahu Goldratt | 106

(4.4) Análise sucinta dos indicadores de desempenho | 108

(4.5) Conceitos fundamentais para o entendimento profundo da função processo: os gargalos e os CCRs | 110

(4.6) Os cinco passos da TOC visando o atingimento da meta | 112

(4.7) Os princípios básicos da manufatura sincronizada | 115

(4.8) Considerações finais: contribuições da Teoria das Restrições (TOC) para a compreensão dos sistemas produtivos a partir do mecanismo da função produção | 118

Atualização na internet | 127

Dicas de leitura | 127

Teoria das Restrições: Aprofundando a Compreensão do Mecanismo da Função Produção

Resumo do capítulo

Uma das questões relevantes que se coloca em termos de teoria da Engenharia de Produção é: "como mensurar se determinada atividade de melhoria realizada na empresa está alinhada à sua meta global?" No Capítulo 3, foram estabelecidas as bases analíticas que permitem encaminhar a resposta à questão formulada acima. No entanto, no âmbito do mecanismo da função produção, não existe um conjunto sistêmico de indicadores que permita avaliar explicitamente se as ações locais empreendidas estão alinhadas aos objetivos maiores da organização.

A compreensão dos conceitos básicos da Teoria das Restrições pode preencher esta lacuna conceitual e prática. Adicionalmente, a Teoria das Restrições pode fornecer uma base conceitual relevante para melhorar o entendimento da função-processo, fundamentalmente através dos conceitos de restrições aos sistemas produtivos. Assim, este capítulo trata dos conceitos básicos apresentados por Goldratt na chamada Teoria das Restrições (*Theory Of Constraints*) – TOC. Os tópicos tratados serão:

- princípios gerais da Teoria das Restrições;
- sistema de indicadores propostos pela TOC;
- conceitos de gargalo e recursos capacidade restrita (CCRs – *capacity constraints resources*);
- os cinco passos da Teoria das Restrições;
- princípios básicos da chamada manufatura sincronizada.

(4.1) ## Considerações iniciais

A idéia de apresentar os conceitos básicos da Teoria das Restrições consiste em melhorar, ampliar e principalmente aprofundar a compreensão do fenômeno produtivo. As proposições da Teoria das Restrições permitem aprimorar os conceitos expostos no Capítulo 3 a respeito do mecanismo da função produção. Neste sentido, as principais contribuições buscadas na obra de Eliyahu Goldratt são:

- a mensuração das melhorias na chamada função-processo, a partir dos sistemas de indicadores propostos pela TOC;
- a identificação, na função-processo, das principais restrições dos sistemas produtivos: os chamados recursos gargalos e os CCRs;
- a discussão de uma proposição geral, que apresenta sinergia com a proposição do mecanismo da função produção, para a implantação de melhorias nos sistemas produtivos: os cinco passos da Teoria das Restrições;
- a discussão sucinta dos princípios básicos da manufatura sincronizada que são essenciais para o gerenciamento eficaz da função-processo.

Na seqüência são apresentados os princípios gerais da Teoria das Restrições.

(4.2) Princípios gerais da Teoria das Restrições (TOC)

Conforme Mackness e Rodrigues (1994), a TOC pode ser apresentada a partir de três princípios básicos:

- a TOC enquanto um processo de pensamento;
- a TOC e sua aplicação em relação a um tópico de interesse;
- a TOC e seu embasamento nas ferramentas socráticas.

Enquanto um processo de pensamento, Goldratt desenvolveu um método de identificação, análise e solução de problemas – MIASP – baseado no método científico (relações do tipo efeito-causa-efeito). Também é utilizada a lógica dialética no desenvolvimento das técnicas inseridas no método geral, como por exemplo, sua criativa técnica intitulada de "evaporação das nuvens". De um ponto de vista amplo, o processo de pensamento da TOC pode ser visto como um conjunto de técnicas analíticas embasadas no método científico, que tem por objetivo melhorar o desempenho geral da empresa.

Os tópicos de interesse podem abranger uma ampla gama de áreas tais como: administração da produção, marketing, recursos humanos, desenvolvimento de produtos etc. A utilização do processo de pensamento da TOC tem uma aplicação abrangente, entre as quais se inclui, de forma específica, o tópico de interesse Administração da Produção. Para fins deste trabalho, o foco de interesse constitui-se unicamente da administração da produção.

As ferramentas socráticas representam a posição de Goldratt sobre o processo de aprendizagem necessário para a TOC. Goldratt propõe uma série de instrumentos práticos para a aprendizagem da TOC, o que inclui elementos tais como:

- jogos instrucionais de forma geral, por exemplo, o jogo dos dados, para demonstrar a questão da influência das variabilidades nos resultados dos sistemas de produção e a lógica dos gargalos produtivos*;
- softwares educacionais, por exemplo: o jogo OPT (*OPT game*)**, para demonstrar a relação entre os indicadores operacionais e globais do sistema e as nove regras da OPT – *optimized production technology* (uma abordagem de sincronização da produção proposta pela TOC), e o jogo PSP, Programação e Seqüenciamento da Produção para demonstrar conceitos sobre seqüenciamento de produção, sincronização, gestão de gargalos e CCRs;
- livros em forma de romance para explicar os aspectos centrais de sua teoria, por exemplo, os livros *A Meta* (1986), *Mais que Sorte... Um Processo de Raciocínio* (1994), *Corrente Crítica* (1998) e *Necessária, Sim, Mas Não Suficiente* (2000);
- uma peça teatral onde é encenado o livro *Mais que Sorte... Um processo de Raciocínio*;
- vídeos educacionais.***

Claramente, a geração da TOC, na área de interesse da administração da produção, foi concebida a partir de uma óptica dedutiva, tendo como pressuposto implícito a utilização da teoria geral de sistemas, o que é coerente com a formação profissional da personagem que a formulou, Eliyahu Goldratt, um doutor em Física.

Goldratt propõe, para a construção da TOC, um pequeno número de princípios (hipóteses) gerais, a partir dos quais tornar-se-ia possível derivar uma série de conseqüências práticas sobre diferentes situações da realidade empírica em estudo, ou seja, a partir de diferentes condições de contorno do problema a ser equacionado. Uma lógica do tipo dedutiva implica na geração de medidores que possibilitem o falseamento das hipóteses formuladas.

Partir da necessidade de formulação e explicitação de uma meta global para o sistema empresa – objeto principal em análise – é o caminho proposto pela TOC. Goldratt (1996) parte de uma lógica de sistemas, o que pode ser explicitado pela famosa frase "A soma dos ótimos locais é diferente do ótimo global do sistema". A partir de uma óptica baseada na visão de sistemas, Goldratt utiliza a lógica da indução socrática como forma de aprendizado para

---

* O jogo dos dados foi inicialmente apresentado por Goldratt (1986). O mesmo é utilizado visando demonstrar aos participantes a importância da variabilidade estatística no gerenciamento dos sistemas de produção e a influência do gargalo nos resultados gerais da produção. Para um detalhamento do jogo ver o Apêndice do livro Manufatura Sincronizada (*Synchronous Manufacturing: Principles for World Class Excelence*) escrito por Umble e Skikanth (1990).

** O *OPT Game* é um simulador industrial desenvolvido pela empresa Creative Output que, originalmente, comercializava o software OPT.

*** Foi elaborado um vídeo didático apresentando os conceitos expostos no livro *A Meta*.

chegar ao estabelecimento da meta global da empresa, meta esta à qual o subsistema de produção deve subordinar-se e apoiar estrategicamente.

Segundo Goldratt e Cox (1986), a meta da empresa consiste em "ganhar dinheiro hoje e no futuro". Porém, esta meta é inviável de ser mensurada diretamente. Torna-se necessário inter-relacionar a meta da empresa e os indicadores. Os indicadores, como a própria palavra diz, devem "indicar" se uma dada ação gerencial tomada no âmbito da empresa está ou não levando a organização ao atingimento da meta. Desta forma, torna-se necessária a criação e definição de indicadores que possam auxiliar, tanto qualitativa como quantitativamente, na esfera da tomada de decisões da empresa. Estes indicadores de desempenho serão o assunto do próximo tópico.

(4.3) Indicadores de desempenho: a proposta de Eliyahu Goldratt

Goldratt discute e sustenta suas posições sobre os indicadores de desempenho nas obras: *A Meta* (1986), *A Corrida* (1989) e *A Síndrome do Palheiro* (1996). Inicialmente, Goldratt propõe que as empresas devem definir com clareza a meta global da organização. Em sua defesa de tese inicial, Goldratt propõe que esta meta pode ser definida como "ganhar dinheiro hoje e no futuro". Posteriormente, Goldratt ampliou sua visão da meta global das empresas, adicionando dois outros tópicos (Alvarez, 1996). Eles são:

- satisfazer os empregados hoje e no futuro;
- satisfazer os clientes hoje e no futuro.

Segundo Goldratt, as idéias de "satisfazer os empregados e os clientes hoje e no futuro" são pressupostos básicos sem os quais torna-se impossível atingir a meta econômica de "ganhar dinheiro hoje e no futuro". Sendo assim, pode-se perceber que existe uma relação de causa e efeito entre os tópicos discutidos anteriormente.

Para que seja possível atingir a meta da empresa, Goldratt e Cox (1986) e Goldratt e Fox (1989) propõem três indicadores que possibilitam mensurar o alcance da meta. Estes medidores são:

- lucro líquido – LL (medidor absoluto);
- retorno sobre o investimento – RSI (medidor relativo);
- fluxo de caixa – C (medidor de sobrevivência, ou seja, uma condição necessária).

Estes medidores globais são usuais e estão fora de questionamento. No entanto, uma pergunta importante consiste em: como saber se as ações concretas do dia-a-dia na empresa podem ser ligadas conceitualmente a estes indicadores globais?

É precisamente neste sentido que Goldratt e Cox (1986) e Goldratt e Fox (1989) propõem três indicadores gerais de performance, que são:

- ganho – G;
- investimento* – I;
- despesas operacionais – DO.

Cabe ressaltar que os indicadores operacionais propostos por Goldratt não são convencionais e devem ser analisados e discutidos em profundidade.

O ganho pode ser calculado subtraindo-se as matérias-primas do preço dos produtos. Goldratt segue a lógica geral da filosofia do custeio variável, embora só considere as matérias-primas como custos variáveis. É preciso distinguir claramente os conceitos de ganho (*throughput*) e saídas (*output*) nos sistemas produtivos. Por exemplo: supondo-se que uma empresa fabrique 1000 artigos e que, da quantidade produzida, apenas 700 sejam vendidos, neste caso, embora a saída física do sistema seja de 1000 produtos, apenas 700 artigos geraram ganho, sendo que os outros 300 produtos serão considerados, enquanto não forem vendidos, como inventário ou investimento.

A definição de investimento proposta por Goldratt é a seguinte: "todo o dinheiro que o sistema investe na compra de coisas que o sistema pretende vender" (Goldratt, Fox, 1989, p. 29). Aqui torna-se necessário uma discussão detalhada, dado que este conceito difere da proposição da tradicional contabilidade de custos.

No investimento estão considerados, por exemplo as máquinas, que na contabilidade de custos tradicional têm outro tipo de tratamento. As máquinas são consideradas investimentos porque são necessárias para o sistema vender os produtos no mercado. Um produto que está armazenado no depósito de artigos acabados, quando não vendido, constitui-se em um inventário enquanto estocado, gerando ganho no momento da realização da sua venda. Assim como os produtos acabados podem ser vendidos, as máquinas também podem ser vendidas. Importante perceber que nenhum tipo de *overhead* é considerado como sendo investimento.

Por fim, Goldratt e Fox (1988, p. 29) definem despesas operacionais como "todo o dinheiro que o sistema gasta para transformar investimento em ganho". Neste sentido, todos os *overheads*, bem como todos os trabalhos diretos e indiretos, são considerados despesas operacionais.

A partir da exposição feita acima, é possível relacionar indicadores globais com indicadores operacionais, conforme segue. O lucro líquido será obtido subtraindo-se as despesas operacionais dos ganhos. O retorno sobre o investimento será obtido pela divisão do lucro pelo investimento (Goldratt e Fox, 1989, p. 31).

---

* Originalmente Goldratt chamava este indicador de desempenho de inventário. Posteriormente, resolveu chamar de investimento, como forma de apresentar uma visão mais abrangente.

(4.4) Análise sucinta dos indicadores de desempenho

A partir do desdobramento da meta desenvolve-se dois níveis de indicadores: os indicadores globais e os indicadores operacionais de alcance da meta, propostos por Goldratt. Os chamados indicadores globais são o lucro líquido – LL, o retorno sobre o investimento – RSI e o caixa – C.

Por que este conjunto de três indicadores? Note-se que o lucro líquido se constitui em um medidor absoluto. Sendo assim, ele é insuficiente para indicar performance, na medida em que duas empresas que tenham o mesmo lucro líquido, mas diferentes investimentos envolvidos, terão desempenhos econômico-financeiros distintos.

Goldratt propõe o uso conjunto do retorno sobre o investimento, que é um medidor relativo, genericamente obtido pela divisão do lucro líquido pelo investimento. Os dois indicadores acima explicitados não são suficientes por si só, na medida em que torna-se necessário garantir que as condições financeiras da empresa também estejam convenientemente equacionadas. Desta forma aparece a lógica do caixa.

Um jogo de palavras explicita bem a idéia da importância do medidor global caixa: "se o caixa está bem, o caixa não é importante; se o caixa está comprometido, então o caixa é o mais importante (indicador)". Uma empresa com problemas contínuos de caixa, embora possa estar bem posicionada a curto prazo do ponto de vista econômico, a médio e longo prazo poderá ter seus resultados comprometidos pelas condições financeiras indevidamente equacionadas a curto prazo. Em países onde as taxas de juros são altas quando comparadas aos padrões internacionais, a problemática do caixa apresentará uma importância relativamente maior.

Porém, uma questão ainda é importante. Na medida em que os indicadores globais são medidos nos níveis hierárquicos elevados da empresa, por exemplo, o nível da corporação nas grandes empresas japonesas e americanas, como ligar as decisões gerenciais do dia-a-dia da organização aos indicadores globais?

Visando responder de forma objetiva a esta questão, cabe ressaltar novamente que Goldratt e Cox (1986) propõem três indicadores operacionais que são: o ganho, os investimentos e as despesas operacionais. Neste momento, Goldratt explicita teoricamente uma clara divisão conceitual entre o "mundo dos ganhos", a partir do indicador operacional ganho, e o "mundo dos custos", a partir dos indicadores operacionais investimentos e despesas operacionais. Goldratt (1996, p. 55) propõe que a empresa deve privilegiar o "mundo dos ganhos" em detrimento do "mundo dos custos". A justificativa é que não há "qualquer limitação intrínseca" para aumentar o ganho nas empresas. Desta forma, o indicador operacional ganho é considerado "o primeiro lugar na escala de importância" da Teoria das Restrições.

Entre os dois indicadores do "mundo dos custos', Goldratt propõe que a redução dos investimentos é mais importante do que a redução das despesas operacionais. Por quê? Goldratt (1996) diz que os japoneses mostraram ao mundo a importância que a redução do investimento, em particular a redução dos inventários de produtos acabados e em processo, tem para incrementar os ganhos futuros nas empresas. As ações neste sentido são diretamente sustentadas pela redução/eliminação das esperas no âmbito da função processo.

Isto ocorre em função de uma série de impactos que a redução de inventários tem nos sistemas produtivos como um todo, tais como: melhoria da qualidade intrínseca dos produtos, entrega dos produtos no prazo negociado com os clientes (atendimento), diminuição do tempo de atravessamento na fábrica (*lead time*) com a conseqüente redução dos prazos de entrega, aumento da flexibilidade em relação à alteração no mix de produção e da entrada de novos produtos, aumento da rotatividade dos inventários, com as óbvias conseqüências financeiras daí advindas. Goldratt diz que "o inventário quase determina a futura habilidade de uma empresa em competir em seus mercados" (Goldratt, 1996, p. 56).*

Despesas operacionais seriam um indicador do "mundo dos custos", menos importante do ponto de vista relativo. Goldratt (1996) reforça que a redução dos investimentos é mais importante que a redução das despesas operacionais, na medida em que, embora o primeiro indicador só melhore diretamente o RSI e o C, e o segundo melhore o LL, o RSI e o C, a redução de investimento implica, por um lado, um incremento dos ganhos futuros, e por outro, a redução futura das despesas operacionais. Sendo assim, a conseqüência indireta da redução dos investimentos consiste em aumentar no futuro o LL, RSI e C.

A abordagem "hierárquica", em termos dos indicadores operacionais, proposta por Goldratt é completamente coerente com o conceito-síntese mecanismo da função produção. A visão dos indicadores operacionais ganho e investimentos (com exceção dos aspectos relativos aos equipamentos que, na visão da TOC, se relacionam aos investimentos) está vinculada, essencialmente, ao fluxo de materiais no tempo e no espaço. Neste sentido, estão ligados à função processo, que é priorizada no âmbito do Sistema Toyota de Produção/"produção enxuta".

Já o indicador operacional despesas operacionais está fortemente ligado às pessoas, à utilização dos equipamentos e à relação entre as pessoas e equipamentos (por exemplo, na medida em que o conceito de autonomação vai sendo utilizado nas máquinas, tende a ocorrer uma redução da necessidade total de tempos manuais, e, por conseqüência, as despesas operacionais relacionadas às pessoas tende a cair). Neste sentido, as despesas operacionais são diretamente afetadas por melhorias que possam ser realizadas a partir da noção de função operação.

---

* A idéia de fábricas com estoque minimizado ou estoque zero é importante. Embora os estoques sejam uma conseqüência de distintos desajustes existentes no sistema produtivo, constituem-se em um termômetro do estágio de desenvolvimento competitivo em que se encontra determinada fábrica.

(4.5) Conceitos fundamentais para o entendimento profundo da função processo: os gargalos e os CCRs

Um dos pontos centrais para aprofundar o entendimento do comportamento da função processo consiste em diferenciar dois tipos de recursos que restringem os fluxos de materiais nos sistema produtivos e, portanto, o desempenho econômico-financeiro da empresa de maneira global: os gargalos e os recursos com capacidade restrita (os chamados *capacity constraints resources* – CCRs).

De outra parte, no cotidiano das empresas industriais é comum ouvir dos profissionais que lá atuam que os gargalos produtivos mudam com freqüência, praticamente todos os dias. Seria esta uma afirmação correta? Para responder a esta pergunta, torna-se necessário apresentar formalmente os conceitos de gargalos e CCRs.

Os gargalos se constituem nos recursos cuja capacidade disponível é menor do que a capacidade necessária para atender às ordens demandadas pelo mercado, ou seja, são recursos cuja capacidade instalada é inferior à demanda do mercado no período de tempo, geralmente longo, considerado para análise. Caso existam vários recursos que possuem capacidade inferior à sua demanda, o gargalo principal será aquele recurso que se encontra com valores de déficit de capacidade mais negativos.

Algumas características relacionadas ao gargalo são:

- na prática, se a curto prazo não forem realizadas atividades de melhorias, os gargalos tendem a permanecer no mesmo lugar. Ou seja, o conceito de gargalo é de cunho **estrutural**. Importante ressaltar que, embora cientificamente seja necessário reavaliar os gargalos quando ocorrem variações em termos da demanda total e/ou do mix (composto) de produtos, no cotidiano das empresas existe uma tendência para que os gargalos não se modifiquem significativamente em função de aspectos relacionados ao desbalanceamento real (cotidiano) das capacidades dos postos de trabalho;
- os gargalos existentes na fábrica tendem a ser poucos e, muitas vezes, podem se reduzir a somente um por um período considerável de tempo;
- para que o gargalo seja modificado, são possíveis tanto ações que permitam aumentar a capacidade do recurso, como ações para reduzir a demanda dos produtos que passam por este recurso.

No Capítulo 6 serão tratados em detalhes os aspectos relativos ao cálculo técnico dos gargalos e os desdobramentos necessários para melhorar estruturalmente o seu desempenho.

Já os CCRs são aqueles recursos que, em média, têm capacidade superior à necessária, mas que em função das variabilidades que ocorrem nos sistemas produtivos ou devido a variações significativas da demanda, podem **conjunturalmente** apresentar restrições de capacidade.

Algumas das causas que produzem variabilidades nos sistemas produtivos e que, portanto, são CCRs, são:

- problemas associados a deficiências no processo de seqüenciamento da produção. Esta é uma das causas raízes mais freqüentes dos CCRs, em função das dificuldades objetivas que as empresas têm de realizar um seqüenciamento eficaz de seus recursos produtivos em função de fatores como: paradas não programadas; variação do mix (composto) de produtos; alterações freqüentes nas demandas do cliente e no plano mestre de produção; e a dificuldade que as ferramentas de seqüenciamento possuem em tratar este problema;
- problemas relativos a manutenção;
- questões associadas a tempos de *setup* que apresentam "anomalias", ou seja, tempos reais de preparação muito acima dos tempos hipotéticos a partir dos quais a programação foi realizada;
- tópicos relacionados a problemas de fornecimento de matérias-primas, componentes e materiais;
- problemas associados à qualidade dos produtos (por exemplo: defeitos e retrabalhos);
- variabilidade e sazonalidades da demanda, tais como compras concentradas no final do mês ou em períodos e datas específicas (feriados comemorativos, por exemplo).

As caracteríticas que definem os CCRs de modo mais direto podem ser compreendidas a partir dos seguintes pontos:

- os CCRs são conjunturais. Neste sentido, tendem a ocorrer ao lado de um conjunto significativo de recursos que, ao longo do tempo considerado, podem mudar com freqüência. Este fato, intrínseco aos CCRs, é que gera a percepção "errônea" de que os gargalos estão todo o tempo "flutuando" – ou seja, mudando de lugar – na fábrica;
- os CCRs estão diretamente relacionados às variabilidades nos sistemas produtivos e/ou grandes variações de demanda que lhes são impostas. Neste sentido, necessitam ser geridos visando à eliminação sistemática destas múltiplas fontes de variação. Isto pode ser obtido através de ações como: i) padronização das preparações; ii) melhorias e padronização das ações da manutenção, visando a aumentar a confiabilidade dos equipamentos; iii) garantia de formas eficazes de sincronização da produção; iv) aumento da confiabilidade no fornecimento de peças; v) nivelamento de capacidade e demanda, antecipando (ou postergando) a produção de peças para alguns pedidos com data de entrega no período crítico.

Uma consideração final relevante sobre o tema refere-se à necessidade (ou não) da realização de investimentos para melhorar o desempenho dos gargalos e dos CCRs. No caso do gargalo, que é um fenômeno de cunho estrutural, tende a ser necessária a realização de algum tipo de investimento em melhorias. Em um conjunto significativo de casos, estes investimentos podem ser baixos, estando associados às melhores práticas, métodos e técnicas do Sistema Toyota de Produção (por exemplo: através da utilização do método da troca rápida de ferramentas – TRF). Em outros casos, são necessários investimentos maiores, visando a aquisição de ativos fixos em forma de máquinas e equipamentos. Do mesmo modo, a criação de novos turnos de trabalho poderá ser uma solução viável (utilizando-se horários de paradas para refeições, outras paradas programadas ou mesmo acrescentando turnos-extra).

Já no caso dos recursos CCRs, é um equívoco a aquisição, por exemplo, de equipamentos/máquinas, visando equacionar os problemas conjunturais que existem nos sistema produtivos. No caso dos CCRs, a idéia básica consiste em gerir de forma cada vez mais eficiente os recursos já existentes, uma vez que os problemas existentes normalmente podem ser resolvidos sem a aquisição de novos ativos. Entretanto, é importante ressaltar que nem todos os problemas de CCRs são fáceis de resolver. Por exemplo, a questão da programação e seqüenciamento da produção em fábricas complexas é muito difícil de ser solucionada com as ferramentas usualmente existentes (MRP, Kanban etc.). Neste caso, é possível que seja necessária a aquisição de ferramentas/softwares que possam contribuir para o equacionamento dos problemas. No entanto, os investimentos nos CCRs não devem ser associados ao incremento da capacidade, na medida em que ela já está disponível na fábrica (no caso em que não existe nenhum recurso com capacidade total inferior à demanda média).

(4.6) Os cinco passos da TOC visando ao atingimento da meta

Visando atingir a meta nas empresas industriais, a TOC propõe a utilização de cinco passos globais, descritos sucintamente a seguir:

- **Passo 1** – Identificar as restrições do sistema. As restrições podem ser internas ou externas. Quando a demanda total de um dado mix de produtos é maior do que a capacidade da fábrica, diz-se que há um gargalo de produção. Trata-se de uma questão estrutural do sistema produtivo. Cabe ressaltar que, neste caso, a capacidade da fábrica é igual à capacidade dos gargalos. Quando a capacidade de produção é superior à demanda de produção, a restrição é externa ao sistema produtivo, ou seja, a restrição está relacionada ao mercado. Além disso, quando a capacidade dos fornecedores é inferior à necessidade da empresa, então a restrição é também externa.
- **Passo 2** – Utilizar da melhor forma possível as restrições do sistema. Se a restrição é interna à fábrica, ou sejam se existem gargalos, a melhor decisão consiste em maximizar o ganho nos gargalos. No caso de a restrição ser externa ao sistema em um dado tempo, não existem gargalos na fábri-

Engenharia de produção na prática

O caso da seqüência: diferença entre gargalo e CCRs

Por exemplo, suponha que um dado recurso tenha uma demanda de seis horas e uma capacidade instalada de oito horas. Obviamente, tal recurso não se constitui em um gargalo, dado que a capacidade é nitidamente superior à demanda. Porém, suponha que um dado fornecedor atrase em três horas o material necessário para viabilizar a produção neste recurso. Neste caso, este recurso passará a restringir o desempenho econômico do sistema, uma vez que, das oito horas de capacidade, somente cinco horas poderão ser utilizadas. Porém, trata-se de um aspecto tipicamente conjuntural relativo à gestão do sistema.

ca, e, portanto, o ganho estará limitado pelas restrições do mercado. Observe que neste passo trabalha-se de forma associada com as restrições físicas do sistema e a lógica dos indicadores de desempenho. Os passos um e dois estão diretamente relacionados ao chamado "mundo dos ganhos".

- **Passo 3** – Subordinar todos os demais recursos à decisão tomada no passo dois. A lógica deste passo, independentemente da restrição ser externa ou interna, consiste no interesse de reduzir ao máximo os investimentos e as despesas operacionais, e ao mesmo tempo garantir o ganho teórico máximo do sistema de produção, definido a partir da utilização do passo dois. A redução ao máximo dos investimentos e despesas operacionais depende de uma gestão eficaz dos estoques, visando a sua redução sistemática. Garantir o máximo ganho depende da redução da variabilidade do sistema, o que pode também ser conseguido pela correta gestão dos estoques. As preocupações do passo três estão baseadas no chamado "mundo dos custos", embora uma parte das preocupações, mais especificamente a redução da variabilidade dos gargalos e dos CCRs, também seja importante para suportar melhorias no "mundo dos ganhos".

- **Passo 4** – Elevar a capacidade das restrições. Se a restrição for interna (gargalo), a idéia consiste em aumentar a capacidade de produção dos gargalos ou reduzir a demanda de tempo dos produtos. Este passo pode ser levado adiante pela adoção de uma série de ações físicas sobre o sistema, como, por exemplo, aumento da eficiência do gargalo, compra de máquinas (recursos), redução dos tempos de preparação no gargalo etc. Se as restrições forem externas, são necessárias ações diretamente vinculadas ao aumento da demanda no mercado e/ou à política de preços. Isto pode implicar, por exemplo, ações de marketing visando a segmentação de mercados, alteração no preço dos produtos baseada na elasticidade de demanda, criação de novos produtos etc. Novamente, é um passo diretamente relacionado ao chamado "mundo dos ganhos".

- **Passo 5** – Voltar ao passo um, não deixando que a inércia tome conta do sistema. Ao levantar-se as capacidades das restrições de um dado sistema produtivo a um nível superior ao da demanda para aqueles recursos, é possível que novas restrições apareçam, internas ou externas. Isto implica a necessidade de analisar novamente o sistema como um todo. Os passos quatro e cinco são muito importantes, porque deixam claro o caráter de melhorias contínuas buscadas pela TOC. Na abordagem da TOC, as melhorias não devem ter fim, ou seja, a TOC visa um processo de mudanças contínuas, na busca permanente e sistemática da meta global do sistema.

É interessante compreender os cinco passos propostos por Goldratt a partir da lógica de gestão de rotinas, de melhorias e da inovação:

- a proposta da TOC para a gestão da rotina nos sistemas de produção é feita através da utilização conjunta dos passos 1, 2 e 3. A racionalidade utilizada combina: a descoberta das restrições físicas ou de mercado do sistema, pela aplicação do passo um; a melhor utilização econômica das restrições, no caso das mesmas serem internas ao sistema, através da utilização do passo 2; e a busca de um eficiente gerenciamento das variabilidades do sistema em função da utilização conveniente de estoques, ou seja, utilizar proteções ("pulmões") estrategicamente posicionados.
- A proposta da TOC para a execução da gestão das melhorias está baseada na utilização conjunta dos cinco passos. A gestão das melhorias envolve todos os passos da TOC, o que demonstra a maior complexidade gerencial envolvida neste processo. As ações relacionadas ao passo quatro podem envolver uma ampla gama de soluções, que vão desde mudanças na tecnologia dos processos de fabricação (tecnologias específicas, como este tipo de situação é denominado no Japão), passando pela possibilidade de aquisição de máquinas, chegando à utilização de técnicas tipicamente provenientes do Sistema Toyota de Produção, como, por exemplo, a troca rápida de ferramentas. Pode haver grande necessidade de simular os novos sistemas gerados a partir das técnicas utilizadas no passo quatro, no caso dos investimentos envolvidos serem vultosos, ou, pelo contrário, inexistente, caso as soluções envolvidas sejam de muito baixo custo. Evidentemente, privilegiar as ações de retorno de investimento mais rápido faz parte da lógica da TOC.
- Do ponto de vista da Administração da Produção, o envolvimento da TOC, no que tange aos aspectos diretamente envolvidos com a gestão da inovação, não é tão explícito quanto a gestão das rotinas e das melhorias, porém é relevante discutí-lo. Quando as restrições são externas, a TOC deve apoiar-se diretamente na gestão da inovação, especialmente no que tange a estratégias de mercado (por exemplo, marketing

e política de preços) e ao desenvolvimento de novos produtos. Quando as restrições são internas, e a empresa prevê necessidades estratégicas (como lançamento de novos produtos, novos processos de fabricação ou adoção de novas lógicas de segmentação do mercado), um olhar sobre o sistema à luz da TOC é importante, na medida em que ocorrerão modificações nos ganhos previstos, nos investimentos, nas despesas operacionais e nas restrições gerais do sistema (físicas, financeiras, etc.). Isto implica que, neste caso, a utilização da TOC pode ser feita de forma muito similar àquela proposta pela gestão das melhorias. Pode-se dizer que a gestão da inovação é uma forma mais radical de gestão das mudanças necessárias do que a gestão das melhorias.

(4.7) Os princípios básicos da manufatura sincronizada

Os princípios básicos da manufatura sincronizada, derivados dos cinco passos gerais preconizados pela Teoria das Restrições, serão apresentados a partir de Umble e Srikanth (1990):

- **Primeiro princípio da manufatura sincronizada: não focar o balanceamento das capacidades, focar a sincronização do fluxo.** Nas fábricas reais as capacidades individuais dos postos de trabalho não são balanceadas. Esta falta de balanceamento decorre de alguns fatos, tais como: i) a capacidade é comprada via incrementos finitos; ii) O fato de existirem em todas as empresas flutuações estatísticas e eventos dependentes leva os gestores das fábricas a tornar suas plantas desbalanceadas.* Sendo assim, os gestores são obrigados a atuar em plantas estruturalmente desbalanceadas em relação à capacidade. A idéia da manufatura sincronizada, partindo do reconhecimento de que as plantas reais são estruturalmente desbalanceadas, consiste em propor a necessidade de focar os esforços na sincronização do fluxo dos objetos de trabalho, e não no balanceamento das capacidades. Esta posição está respaldada, do ponto de vista econômico, pelos princípios dois e três da manufatura sincronizada, que serão discutidos a seguir.
- **Segundo princípio da manufatura sincronizada: o valor marginal do tempo nos recursos gargalos é igual à taxa de ganho dos produtos processados pelos gargalos.** A capacidade global da fábrica é igual à

---

* Além dos fatos expostos acima, podem-se citar outras causas para o desbalanceamento das fábricas, tais como: alteração das capacidades quando ocorre alteração no mix de produção, a existência de máquinas compradas com capacidade superior às demais, distintos níveis de eficiência operacional das máquinas, performance de qualidade e tempos de *setup* diferenciados, entre outras.

capacidade dos gargalos de produção. Desta forma, o desempenho econômico da organização está diretamente relacionado aos recursos gargalos. Sendo assim, uma hora ganha no gargalo representa uma hora ganha em todo o sistema. Isto implica que o ganho global da empresa será igual à margem (preço líquido menos custos variáveis) dos produtos que serão processados durante esta hora adicional de utilização dos gargalos. Em outras palavras, as receitas marginais derivadas da utilização de uma hora adicional dos gargaloss têm um grande valor econômico-financeiro para a empresa como um todo.

- **Terceiro princípio da manufatura sincronizada: o valor marginal do tempo em um recurso não-gargalo é negligenciável.** O tempo de qualquer recurso pode ser dividido em: tempos de processamento/fabricação, tempos de preparação e tempos ociosos. Por definição, nos recursos gargalos os tempos ociosos são iguais a zero. Desta forma, qualquer redução nos tempos de preparação será convertida em tempos de processamento, e, por conseqüência, em ganho para a empresa. Da mesma forma, melhorias nos tempos de processamento implicam ganhos econômicos para a empresa. No caso do recurso não se constituir em gargalo – recurso não-gargalo –, qualquer tempo ganho em operações de preparação ou de processamento implicam um aumento do tempo global de ociosidade. Sendo assim, os ganhos associados aos recursos não-gargalo têm valor econômico que, em muitos casos, pode ser considerado desprezível.*

- **Quarto princípio da manufatura sincronizada: o nível de utilização de um recurso não-gargalo é controlado por outras restrições dentro do sistema.** Este princípio deixa claro que, do ponto de vista da manufatura sincronizada, existem interações entre os recursos que devem ser sempre consideradas para a tomada de decisão sobre a utilização dos recursos não-gargalo. Por exemplo, suponha que um recurso não-gargalo com produtividade horária média de dez peças/hora alimente uma máquina gargalo com produtividade horária média de cinco peças/hora. Como deve ser gerido o recurso não-gargalo, levando-

---

* É necessário considerar alguns aspectos da otimização de recursos não-gargalo que podem ser positivos para a planta como um todo. Um dos aspectos refere-se ao aumento da flexibilidade dos recursos não-gargalo, o que pode levar, por exemplo, à produção de lotes menores, e, por conseqüência, a uma redução dos tempos globais de atravessamento, especialmente se este tipo de ação pode ser tomada após o gargalo. Outro aspecto refere-se à possibilidade de melhorar a qualidade dos produtos fabricados, reduzindo assim as despesas operacionais e os investimentos/ inventários e, a médio e longo prazo, aumentar o ganho futuro através da melhoria da qualidade global dos produtos e da redução do custo global da fábrica.

** Na lógica tradicional de eficiência local, existe um pressuposto que diz que quanto maior for a produção da máquina, menor serão seus custos fixos unitários. Obviamente, trata-se de uma conceituação embasada na procura dos ótimos locais do sistema.

se em conta uma manufatura sincronizada? Caso se utilize a lógica tradicional de eficiência local, pode-se pensar em produzir dez peças/hora no recurso não-gargalo.** Se esta decisão fosse tomada, o ganho máximo do sistema como um todo seria determinado pelo recurso de cinco peças/hora – capacidade do gargalo –, as despesas operacionais (os recursos envolvidos) seriam maiores do que o necessário, e os inventários (estoques acumulados antes dos gargalos) aumentariam. Qual seria, então, a lógica de utilização do recurso não-gargalo? Sincronizá-lo com o gargalo, ou seja, utilizá-lo para a produção de uma média de cinco peças/hora.

- **Quinto princípio da manufatura sincronizada: os recursos devem ser utilizados, não simplesmente ativados.** O conceito de ativação refere-se ao emprego dos recursos dos centros de trabalho para transformar materiais em produtos. O conceito de utilização refere-se à ativação de recursos que contribuem positivamente para a performance da empresa, ou seja, para gerar ganhos para esta. Desta forma, a utilização constitui-se em um subconjunto da ativação. Assim, para ser utilizado, um recurso deve ser ativado, sendo o inverso falso. No exemplo anterior, sempre que o recurso não-gargalo produzir a uma taxa média superior a cinco peças/hora, apenas cinco peças/hora serão consideradas utilização do recurso, sendo que o restante da produção horária se constituirá em uma ativação do recurso, e não numa efetiva utilização. Este princípio é importante, na medida em que caracteriza a subordinação da produtividade técnica dos recursos a uma lógica maior, de ordem econômica, diretamente relacionada aos indicadores operacionais e globais da TOC.

- **Sexto princípio da manufatura sincronizada: o lote de transferência não necessita ser, e muitas vezes não deve ser, igual ao lote de processo.** Lote de processo é a quantidade de produto processado em um recurso antes que o mesmo seja mudado para fabricar um outro produto diferenciado, ou seja, após a execução do *setup*. Lote de transferência constitui-se na quantidade de unidades que são retiradas e movimentadas ao mesmo tempo (em um lote) de um recurso para o recurso seguinte. Utilizar lotes de transferência menores do que os lotes de processo apresenta consideráveis vantagens, entre as quais pode-se incluir: i) ajuda a manter a sincronização da produção; ii) logo após o gargalo, quanto menor o lote de transferência utilizado, menor será o tempo total de atravessamento dos produtos; iii) quanto menores os lotes de transferência, mais rapidamente serão descobertos os defeitos, o que permite atuar imediatamente sobre as causas fundamentais dos mesmos. Um ponto importante a considerar consiste em discutir a questão dos gargalos de produção. Nos gargalos de produção, os lotes de transferência (e, muitas vezes, diferentes lotes de produção) deverão ser agrupados para permitir a utilização econômica dos recursos críticos. Cabe ressaltar que este lote econômico é diretamente dependente dos tempos de preparação dos gargalos. Quanto menores forem os tempos de preparação, tanto menores poderão ser os lotes de processamento utilizados.

- **Sétimo princípio da manufatura sincronizada: o lote em processo deve ser variável, tanto ao longo do roteiro de fabricação, como ao longo do tempo.** É preciso levar em consideração que os ambientes de manufatura são dinâmicos, possuem interações (inter-relações) complexas entre os recursos, e flutuações estatísticas. Sendo assim, podem-se alterar os recursos com capacidade restrita – CCRs –, os roteiros de fabricação, as demandas dos produtos, o mix de produtos etc. Para um dado produto, o lote em processo ótimo varia ao longo do tempo. Também, como as capacidades e as demandas das máquinas são distintas, é razoável supor que o lote em processo pode variar ao longo do roteiro de fabricação.

(4.8) Considerações finais: contribuições da Teoria das Restrições (TOC) para a compreensão dos sistemas produtivos a partir do mecanismo da função produção

O mecanismo da função produção postula explicitamente, a partir de uma visão de sistema, a necessidade de priorizar as melhorias nos sistemas produtivos com foco na função –processo, que trata da melhoria dos fluxos do objeto de trabalho (materiais, serviços e idéias) no tempo e no espaço. De forma genérica, a agregação de valor aos produtos segundo a abordagem do MFP depende substancialmente da melhoria contínua e sistemática dos fluxos produtivos, tendo em mente dois aspectos centrais: i) o aumento da produção a partir dos mesmos recursos produtivos; ii) o "enxugamento" do sistema produtivo, através da eliminação das perdas, objetivando a redução dos tempos de atravessamento.

Lembremos, a função processo do MFP prevê quatro estados nos quais o objeto do trabalho (os materiais, as peças, as idéias, os projetos etc.) podem estar: processamento, transporte, inspeção e estoque (esperas). Desses, unicamente o processamento agrega valor. Ou seja, somente a transformação das características dos bens, no caso da indústria, e a alteração dos projetos/idéias, no caso de atividades não-industriais, produzem valor (cabe uma exceção: para uma empresa de transportes, o estado de transporte é o que produz valor). Embora se trate de uma abordagem robusta, é evidente que os conceitos iniciais de Shingo podem ser melhorados e complementados. Por exemplo, poderíamos pensar em calcular uma taxa de valor agregado a partir da visão processo, estabelecendo então indicadores para a avaliação da manufatura. É precisamente neste sentido que as propostas da Teoria das Restrições podem contribuir de forma mais destacada.

Engenharia de produção na prática

Montagem de um sistema de indicadores de desempenho, à luz da Teoria das Restrições

O presente estudo de caso tem por objetivo apresentar uma proposta de construção de um sistema de indicadores de desempenho nas empresas industriais, ampliando-se a lógica de indicadores proposta pela Teoria das Restrições. Para o desenvolvimento do caso foi utilizada como base a abordagem proposta pela Teoria das Restrições, concomitantemente com um conjunto de indicadores propostos, visando o acompanhamento da rotina de produção, que tem por base as melhorias em Engenharia de Produção proporcionadas pelos princípios, conceitos e técnicas do Sistema Toyota de Produção. Os indicadores propostos são apresentados de maneira priorizada e hierarquizada, subdividindo-se em indicadores voltados para a função processo e indicadores voltados para a função operação. Sendo assim, os autores propõem e descrevem um método de trabalho, buscando a viabilidade da condução do trabalho de montagem do sistema de indicadores em empresas industriais.

Método de trabalho proposto para a montagem de sistemas de indicadores em empresas industriais

A seguir apresenta-se um método de trabalho baseado em etapas (passos) para a montagem de indicadores de desempenho sistêmicos. É relevante destacar que, no exemplo explicitado a seguir, o método de trabalho proposto considera simultaneamente: i) priorização e hierarquização dos indicadores propostos; ii) os mecanismos de gestão que permitem colocar em prática a priorização e a hierarquização dos indicadores propostos.

PASSO 1 – Proposição de um sistema de indicadores

Sugere-se que um grupo multidisciplinar seja constituído para discutir quais indicadores serão propostos para a gestão do sistema de produção de uma empresa montadora, constituída de unidades de manufatura que alimentam uma linha de montagem, ou da unidade de negócio em questão.

A título de sugestão, em grandes linhas, os indicadores apresentados na Tabela 4.1 podem constituir um ponto de partida para um sistema de indicadores, o qual deverá ser periodicamente acompanhado/analisado em reuniões de gestão.

(*continua*)

Engenharia de produção na prática (continuação)

Tabela 4.1
Sistema de indicadores a partir da óptica da função processo e função operação

Em ordem de hierarquia	
Indicadores da função processo	**Indicadores da função operação**
■ Indicadores de aderência ao programa – sincronização da produção ■ Índice de refugos e retrabalhos ■ Controle dos inventários globais de matérias-primas, materiais em processo e produtos acabados ■ Custos gerais de matéria-prima	■ Despesas operacionais ■ Indicadores dos tempos de preparação ■ Indicadores do índice de rendimento operacional global das máquinas críticas (IROG)

Os indicadores da Tabela 4.1 são apresentados em mais detalhes a seguir.

Indicadores associados à função processo

■ *Indicadores de aderência ao programa – sincronização da produção*: propõe-se adotar o indicador de sincronização da linha de montagem como um balizador essencial do sistema de indicadores proposto. Neste caso, a idéia consiste em mensurar a aderência da montagem ao plano de montagem estabelecido *a priori*. Todas as causas do não-atendimento da montagem podem passar, se possível, a ser analisadas diariamente. Sugere-se a construção de um gráfico de Pareto semanal e mensal das principais causas de não-aderência ao plano de montagem, que devem ter um tratamento direto e explícito na construção dos planos de ação de melhorias.

No caso dos indicadores locais de atendimento das unidades de manufatura, uma das idéias consiste em montar um indicador de aderência a partir de duas lógicas distintas e inter-relacionadas: variedade de itens atendidos e quantidade de itens atendidos. Porém, as datas consideradas devem ser compatíveis com os *buffers* (pulmão) de tempo na montagem. Por exemplo, se um produto for montado no dia 20 de janeiro, e para isso o planejamento supor que os componentes devem chegar cinco dias antes (15 de janeiro), então o indicador de aderência das unidades de manufatura de componentes deve ser calculado em relação ao dia 15 de janeiro. Este critério pode ser justificado na medida em que a perda do prazo do dia 15 de janeiro permite alertar o sistema sem que, necessariamente, isto implique que os prazos de montagem sejam perdidos.

(continua)

Engenharia de produção na prática *(continuação)*

Perceba-se que, tendo como pressuposto que o programa de produção seja bem feito, quanto maior for o resultado do indicador de aderência da execução ao programa, a tendência é de que maior será o ganho da empresa, ao mesmo tempo em que menores serão a sua despesa operacional e o seu investimento. Esse indicador está, portanto, perfeitamente alinhado aos três indicadores operacionais da Teoria das Restrições, uma vez que impacta positivamente em todos eles, simultaneamente.

- *Índice de refugos e retrabalhos*: estes são indicadores locais essenciais para a função processo. A noção básica a ser perseguida consiste em não somente analisar de forma detalhada os indicadores locais mais gerais do índice de refugos e retrabalhos, como também explicitar os pontos onde eles foram gerados. Estes dados podem, por exemplo, alimentar o banco de dados da empresa, para que as ações de melhorias objetivas possam ser planejadas e implantadas na prática.

Logicamente, quanto menor o indicador de refugos e retrabalhos, melhor. Também, quanto melhor o seu resultado, menor a despesa operacional. Caso esse indicador seja aplicado sobre um gargalo, então a sua melhoria também trará impactos positivos sobre o ganho da empresa.

- *Controle dos inventários globais de matérias-primas, materiais em processo e produtos acabados*: a redução dos custos financeiros é um dos elementos centrais sugeridos no âmbito da aplicação do Sistema Toyota de Produção e da Teoria das Restrições. Desta forma, os estoques de matérias-primas, estoques em processo e de produtos acabados necessitam ser rigorosamente mensurados e controlados.

Cabe ressaltar que, para que uma análise global e sistêmica possa ser levada adiante, torna-se necessário olhar de forma conjunta os indicadores locais propostos. Por exemplo, um nível de atendimento ótimo pode ser obtido na montagem à custa da utilização de elevados estoques em processo. Sendo assim, uma das noções básicas consiste em planejar um determinado nível máximo de estoques em processo e acabados, o qual não deve ser ultrapassado, e só então verificar o desempenho dos indicadores de sincronização da montagem.

O controle dos estoques, tanto do ponto de vista quantitativo, como do ponto de vista qualitativo (qualidade dos estoques em relação à necessidade), tem impactos positivos sobre o ganho, pois é fundamental para a

(continua)

Engenharia de produção na prática (continuação)

sincronização da produção, mantém os inventários em níveis adequados, e pode contribuir também para a redução das despesas operacionais, já que estoques acima do nível ideal podem implicar em despesas extra de armazenagem, obsolescência, controle, entre outras. Trata-se, portanto, de um indicador perfeitamente alinhado aos indicadores operacionais da Teoria das Restrições.

- *Custos gerais de matéria-prima*: o ganho do sistema produtivo está diretamente associado à chamada margem de contribuição unitária dos produtos (preço menos custos variáveis). Entre os custos variáveis, o principal deles normalmente é a matéria-prima. Sendo assim, um acompanhamento do custo das matérias-primas compradas é muito importante sob o prisma da manutenção e da melhoria do ganho total da empresa.

    A redução de custos de matérias-primas também traz impactos de redução do valor dos inventários, mesmo que não implique na sua redução quantitativa. Ainda, para empresas que trabalham com elevada necessidade de caixa (prazos de recebimento maiores que os prazos de pagamento), a redução de custos de matérias-primas poderá impactar significativamente na redução de custos financeiros (despesas operacionais da empresa).

Indicadores associados à função operação

- *Despesas operacionais*: as despesas operacionais envolvem contas como mão-de-obra/mente-de-obra direta (ou produtiva) e indireta, depreciação, horas extras, despesas energéticas, custo do ferramental etc. Neste sentido, representam o conjunto de despesas agregadas associadas à função produção. Desta maneira, o seu acompanhamento, em termos de totalização, é relevante para verificar o desempenho global da função produção na fábrica. A melhor idéia a ser desenvolvida neste caso parece ser o gerenciamento por exceção, através do conceito de custo-padrão. Ou seja, estabelece-se no início do mês um padrão total das diversas despesas (por exemplo, despesas gerais com pessoal, despesas gerais com ferramentas, energia elétrica, utilidades etc.), que serão confrontadas com os custos realmente incorridos. Desta forma, ao final de cada mês, podem ser enfocados gerencialmente os itens onde as discrepâncias entre o planejado e o executado são maiores. Também, é interessante elaborar uma "curva ABC" das despesas para que os itens A sejam controlados com o rigor necessário.

(continua)

Engenharia de produção na prática (continuação)

- *Indicadores dos tempos de preparação*: a flexibilidade é tema fundamental para as fábricas de países como o Brasil (por exemplo: nas indústrias do tipo metal-mecânica de montagem), em função basicamente das características objetivas de mercado que apontam para a necessidade de produção de volumes relativamente baixos, se comparados aos países de Primeiro Mundo, associadas a uma elevada diversidade/variedade de produtos fabricados. Sendo os tempos de preparação essenciais para a obtenção desta flexibilidade, eles devem ser cuidadosamente controlados. Neste caso, a idéia consiste em controlar os tempos médios e as freqüências de *setup* das máquinas críticas em bases semanais. A partir destes dados, devem ser feitos planos de ação para as principais causas de paradas nas máquinas críticas. A execução destes planos de ação poderá, então, ser controlada sistematicamente.

    O aumento de flexibilidade, se alcançado ao perseguirem-se indicadores que conduzam à redução dos tempos de preparação, poderá ter impactos positivos no aumento do ganho, na medida em que poderá melhorar o atendimento, assim como poderá trazer impactos positivos no sentido da redução dos inventários. Indiretamente, pela redução dos inventários, contribuirá também para a redução das despesas operacionais. Este indicador é, portanto, perfeitamente alinhado aos indicadores operacionais da Teoria das Restrições.

- *Indicadores do IROG das máquinas críticas*: é preciso incrementar a utilização dos ativos fixos da empresa. Para isso o IROG (índice do rendimento operacional global) é fundamental. Nas máquinas críticas, a idéia consiste em controlar o IROG em uma base diária. A partir deste indicador, várias ações de melhorias podem ser realizadas, tendo como pressupostos os dados e os fatos objetivos das paradas nos postos de trabalho.

    Cabe ressaltar novamente que é preciso observar todos os elementos de maneira sistêmica. Incrementos no IROG podem ser obtidos reduzindo-se o número de *setups* realizados. Caso isto venha a ocorrer, ter-se-á a formação de estoques elevados em processo – o que é contrário à idéia de melhorar a função processo – nos fluxos produtivos. Sendo assim, deve-se priorizar o indicador local que leva à redução do tempo de *setup* em relação ao aumento do IROG. Ou seja, de maneira geral, as melhorias no IROG devem ser buscadas sem a redução do número de *setups*. É interessante verificar o total de peças produzidas (média diária produzida) quando da análise dos IROGs das

(continua)

Engenharia de produção na prática (continuação)

máquinas críticas. Deve haver uma clara relação de causa e efeito entre os IROGs e a média diária produzida.

A melhoria do IROG nas máquinas críticas contribui para a redução das despesas operacionais. Tratando-se de um recurso gargalo, a melhoria do IROG também pode contribuir para o aumento do ganho, uma vez que oportuniza o aumento da taxa de saída global do sistema. Logicamente, há aí uma dependência da qualidade da programação da produção, no sentido de elaborar um seqüenciamento de produção no gargalo que não prejudique a sincronização da produção em relação ao atendimento da demanda.

Finalmente, sugere-se que nas reuniões diárias nas unidades de manufatura (fábricas focalizadas) sejam analisados os seguintes indicadores locais:

- indicadores de aderência ao programa – sincronização da produção;
- índice de refugos e retrabalhos;
- indicadores dos tempos de preparação;
- indicadores do IROG das máquinas críticas.

Outros tópicos específicos podem ser tratados nas reuniões (por exemplo: segurança industrial, gestão ambiental, recursos humanos etc.), após a análise dos indicadores locais, que dão uma visão geral do desempenho econômico-financeiro das unidades de manufatura (fábrica).

Sugere-se que seja realizada uma reunião mensal em cada unidade de manufatura (fábrica ou minifábrica) e uma reunião geral com a direção industrial. Tanto na reunião mensal das unidades de manufatura, como naquela com a direção industrial, sugere-se que sejam analisados em detalhes todos os indicadores propostos.

Cabe ressaltar que, em todos os casos, sugere-se que seja respeitada a ordem de prioridade proposta (na seqüência em que foram apresentados anteriormente), o que permite obter uma visão sistêmica das ações realizadas. Outros indicadores locais de melhorias podem ser acrescentados. Por exemplo, a melhoria dos mapas de habilidades dos colaboradores ao longo do mês é interessante de ser discutido na reunião geral das unidades de manufatura com a direção industrial.

(continua)

Engenharia de produção na prática (continuação)

PASSO 2 – Reunião com a direção industrial para avaliar as sugestões levantadas no passo um

O passo dois implica a realização de uma reunião com a direção industrial, visando estudar criticamente as proposições de indicadores feitas no passo um. Após esta reunião, pode-se gerar um documento de referência básico a ser discutido com os gerentes das diferentes unidades de manufatura (fábricas ou minifábricas) e com outros profissionais que se julgar conveniente, para que as melhorias no sistema de indicadores possam ser elaboradas.

PASSO 3 – Reunião final para a análise dos indicadores propostos

Sugere-se que seja realizada uma reunião com os profissionais envolvidos, para validar a proposição de sistemas de indicadores (indicadores globais, operacionais e especialmente locais). Esta reunião é relevante para que seja possível compartilhar as idéias globais envolvidas na montagem dos sistemas de indicadores.

PASSO 4 – Detalhamento dos indicadores

Eventualmente, será necessário um detalhamento operacional para a obtenção dos indicadores (por exemplo, os indicadores de aderência – sincronização da montagem). Neste caso, é interessante propor um plano de ação com a utilização da ferramenta 5W1H para o detalhamento e levantamento objetivo de todos os indicadores propostos.

Uma primeira contribuição significativa da Teoria das Restrições ocorre com a proposição clara de critérios para se avaliar se uma ação qualquer voltada à melhoria do desempenho de um sistema de produção incrementa o seu desempenho operacional e econômico-financeiro. Os autores que deram origem à TOC propõem que se utilizem três indicadores globais para verificar o alcance da meta sob o prisma econômico-financeiro: lucro líquido, retorno sobre o investimento e caixa. Além disso, criaram três indicadores operacionais que permitem associar ações específicas na empresa aos indicadores locais: ganho, investimentos e despesas operacionais.

É fundamental perceber que as ações mais efetivas para a melhoria da função processo relacionam-se ao ganho e, portanto, devem ser priorizadas (por exemplo: aumentando a produção no gargalo nos casos em que existe mais demanda do que capacidade na fábrica). Em segundo lugar surgem as ações voltadas à redução sistemática e contínua dos investimentos. Como uma terceira prioridade, aparece a redução das despesas operacionais.

Uma segunda contribuição fundamental da TOC é realizada com a introdução da idéia de que são as restrições nos sistemas de produção que limitam o desempenho econômico-financeiro das empresas. Quando a capacidade instalada na fábrica é menor do que a demanda, a restrição é interna ao sistema produtivo, e, neste caso, é chamada de gargalo. Ao analisarmos um sistema de produção a partir da função –processo, é essencial identificar "cientificamente'" o gargalo. Este tema é explorado em detalhes no Capítulo 5, logo a seguir.

A terceira grande contribuição da TOC a se destacar é a diferenciação entre os conceitos de gargalo (fenômeno estrutural ligado aos sistemas produtivos) e os chamados recursos com capacidade restrita – CCRs. A ocorrência destes últimos está diretamente ligada à variabilidade nos sistemas produtivos e, *grosso modo*, trata-se de um fenômeno que exige um melhor gerenciamento, e não a aquisição ou compra de novos recursos produtivos. Esta distinção é absolutamente relevante, porque esclarece, entre outros tópicos, o fato de que os gargalos tendem a não flutuar (ou seja, tendem a não se modificar) nas empresas. A origem da variabilidade que gera os CCRs pode ser encontrada em um amplo conjunto de aspectos, tais como quebra de máquinas, problemas de abastecimentos de materiais e matérias-primas, falhas e imperfeições na programação e seqüenciamento da produção etc. Assim, os CCRs podem se deslocar dentro da fábrica, aparecendo em diferentes áreas e equipamentos, conforme estas flutuações são observadas.

Encerramos este capítulo com uma análise das regras para sincronização da produção. De acordo com o que vimos sobre a função processo, trata-se um aspecto chave para que se possa minimizar/eliminar as "esperas do processo".

A TOC introduz uma visão conceitual alternativa às propostas originais do Sistema Toyota de Produção – ou produção enxuta, como o denominam muitos autores. Encontram-se na TOC elementos complementares e capazes de dar substância a propostas ensejadas pelos personagens que construíram o Sistema Toyota de Produção. As propostas da TOC estão perfeitamente alinhadas ao "espírito" teórico proposto pelo mecanismo da função produção, e, mais importante, permitem que avancemos na construção de sistemas de produção mais robustos e adaptados ao ambiente competitivo contemporâneo da manufatura.

Atualização na internet

http://www.goldratt.com/
https://toc-goldratt.com/
http://www.corbett.pro.br/

Dicas de leitura

GOLDRATT, E. M.; COX, R. E. *A Meta*. São Paulo: Editora do IMAM, 1986.

COX, J. F.; SPENCER, M. S. *Manual da Teoria das Restrições*. Porto Alegre: Bookman, 2002.

"Sem teoria não há conhecimento."
(Edward Deming)

CAPÍTULO 5

	Resumo do Capítulo	129
(5.1)	A compreensão dos índices de eficiência nos sistemas produtivos a partir dos conceitos do mecanismo da função de produção	129
(5.1.1)	O índice de rendimento operacional global dos equipamentos – IROG	130
(5.1.2)	Mensuração do índice de multifuncionalidade – uma medida do grau de autonomação das células de produção, das fábricas focalizadas e das unidades produtivas	132
(5.1.3)	Mensuração da eficiência de utilização da mão-de-obra	134
(5.2)	*Takt-time* e tempo de ciclo: conceitos e contextualização dentro do Sistema Toyota de Produção	142
(5.2.1)	Considerações iniciais	142
(5.2.2)	Compreendendo a prática dos fluxos no Sistema Toyota de Produção	143
(5.2.3)	Tempo de ciclo e *takt-time*: esclarecendo e propondo conceitos	146
(5.2.4)	*Takt-time*	147
(5.2.5)	Tempo de ciclo	149
(5.2.6)	*Takt-Time* e tempo de ciclo: o contraste dos conceitos e as lógicas de melhorias	152
(5.2.7)	Considerações sobre o funcionamento de sistemas produtivos baseados no conceito de *takt-time*	155
(5.2.8)	Limites para a aplicação do conceito de *takt-time*: uma breve discussão	159
(5.3)	Considerações finais: o mecanismo da função produção e os conceitos da Engenharia de Produção	161
	Atualização na internet	164
	Dicas de leitura	165

Mecanismo da Função Produção – Auxiliando a Compreensão dos Conceitos em Engenharia da Produção

Resumo do capítulo

Este capítulo trata da utilização do mecanismo da função produção enquanto base para suportar o desenvolvimento de conceitos relevantes em termos da Engenharia de Produção. Serão tratados os seguintes tópicos: i) o conceito de eficiência, seus desdobramentos e diferentes significados sob o prisma da gestão nos sistemas produtivos; ii) os conceitos de *takt-time*, tempo de ciclo, tempo de atravessamento (*lead time*) e as inter-relações essenciais entre estes conceitos.

(5.1) A compreensão dos índices de eficiência nos sistemas produtivos a partir dos conceitos do mecanismo da função de produção

Através do cálculo e monitoramento constante da eficiência produtiva dos recursos, torna-se possível elaborar planos de ação visando solucionar os principais motivos de ineficiência dos sistemas produtivos. Em geral, os gestores não sabem determinar e distinguir com clareza a eficiência da utilização dos materiais/equipamentos, das pessoas etc. Neste sentido, este item propõe-se a explicitar o cálculo das eficiências nos sistemas produtivos. Para uma análise consistente dos aspectos relativos à eficiência dos sistemas produtivos é relevante aplicar:

- os princípios do Sistema Toyota de Produção – em particular as noções do mecanismo da função produção (função processo e função operação);
- os conceitos da Teoria das Restrições – em especial a noção de gargalos produtivos.

Na seqüência, são apresentados os principais conceitos ligados à eficiência nos sistemas produtivos, a saber: i) índice de rendimento operacional dos equipamentos – IROG; ii) coeficiente de multifuncionalidade; iii) índice de eficiência da utilização da mão-de-obra.

[5.1.1] O índice de rendimento operacional global dos equipamentos – IROG

Em uma empresa industrial, a capacidade de um determinado equipamento (ou posto de trabalho) representa a oferta de tempo disponível para a execução da produção, encontrando-se relacionada à função operação.

Esta capacidade, em unidade de tempo, pode ser genericamente representada pela Equação 5.1:

$$C = T_t \times \mu_g \quad (5.1)$$

onde:
C = capacidade do equipamento (t)
T_t = tempo total disponível para a produção (t)
μ_g = índice de rendimento operacional global do equipamento (adimensional)

De acordo com um raciocínio similar, a demanda de tempo para a realização da produção de produtos, nesse mesmo equipamento, está intimamente relacionada à função processo, podendo ser calculada através da seguinte Equação 5.2:

$$D = \sum_{i=1}^{N} tp_i \times q_i \quad (5.2)$$

onde:
D = demanda de produtos no equipamento (unidade de tempo)
tp_i = taxa de processamento do item i no equipamento (unidade de tempo por unidade de produção)
q_i = quantidade produzida do item i no equipamento (unidade de produção)

Observação: para equipamentos que processam uma peça de cada vez, a taxa de processamento do item (tp) é igual ao tempo de processamento ou tempo de ciclo de uma peça (em minutos, por exemplo). Já para equipamentos como fornos contínuos ou de batelada, cabines de pintura contínuas, entre outros, onde várias peças ou itens estão sendo processados simultaneamente, a utilização da taxa de processamento (minutos por peça, por exemplo) é necessária.

Intuitivamente, pode-se dizer que, em um recurso crítico (gargalo), a capacidade de produção é igual à demanda por produtos no equipamento. Logo, se C = D, obtém-se a Equação 5.3:

$$T_t \times \mu_g = \sum_{i=1}^{N} tp_i \times q_i \quad (5.3)$$

Isolando-se o coeficiente de eficiência, pode-se obter a Equação 5.4, que define o índice de rendimento operacional global do equipamento (máquina):

$$\mu_g^{maq} = \frac{\sum_{i=1}^{N} tp_i \times q_i}{T_t} \qquad (5.4)$$

A partir da Equação 5.4, pode-se dizer que:

- A eficiência da máquina irá variar entre os valores de 0 e 1, podendo ser expressada em termos percentuais.
- O índice de rendimento operacional global do equipamento representa a razão entre o tempo de valor agregado, em termos de peças ou produtos (numerador), pelo tempo total para se realizar a produção no equipamento (denominador).
- O tempo total pode ser estabelecido de acordo com a necessidade de utilização do equipamento. Em outras palavras, este tempo total deve ser considerado de forma distinta em função de este recurso ser considerado um gargalo ou não.
- Se o recurso for considerado gargalo (recurso crítico no sistema produtivo), torna-se necessário considerar a chamada produtividade total efetiva do equipamento, ou na terminologia inglesa TEEP – *total effective equipment productivity* (Antunes Jr., e Klippel, 2001). Neste caso, a idéia central é que o tempo total disponível para um recurso crítico (gargalo) seja o tempo total passível de ser alocado para o equipamento. Desta forma, é possível afirmar que não deve ser excluído nenhum tipo de parada programada. Sendo assim, a situação ideal seria considerar as 24 horas diárias disponíveis, durante sete dias por semana, caso a demanda no mercado justifique. Para as máquinas críticas ou gargalos, a essência da tarefa gerencial consiste em aumentar sistematicamente o índice de eficiência global dos equipamentos ao longo do tempo. Estas melhorias irão, conceitual e praticamente, aumentar o desempenho geral do sistema produtivo, até o momento em que este recurso passar a não ser mais crítico.
- Se o recurso for considerado não-gargalo – recursos não-críticos no sistema de produção – torna-se necessário considerar a chamada eficiência global do equipamento ou, na terminologia em inglês, OEE – *overall equipment efficiency* (Antunes Jr., e Klippel, 2001). Para os equipamentos ou recursos não-críticos, o tempo total disponível é calculado subtraindo-se o tempo total das chamadas paradas programadas. Esta distinção é necessária, pois os recursos não-críticos não precisam e não devem funcionar em tempo integral. Caso contrário, isto levaria, segundo propugna e explicita a Teoria das Restrições, à constituição de estoques em excesso nos sistemas produtivos. Sob o prisma conceitual, pode-se dizer que a OEE mensura a eficácia da utilização do equipamento no tempo requisitado ou programado para a produção. Para os recursos não-críticos (não-gargalos), a idéia de melhorar a OEE pode, em certas circunstâncias, reduzir os custos globais envol-

vidos no processo (por exemplo, com o aumento da OEE, pode-se tornar possível a redução dos turnos necessários para a produção, com os benefícios econômicos daí advindos – redução das despesas operacionais). Além disso, o incremento da OEE é essencial para aumentar a capacidade da fábrica, o que permitirá: i) atender aos acréscimos da demanda sem que seja necessária a aquisição de novos equipamentos; ii) fornecer maior flexibilidade para a fábrica, na medida em que é possível aumentar o número de preparações e, conseqüentemente, reduzir o tamanho dos lotes.

No caso da análise do índice de eficiência global dos equipamentos – tanto no caso OEE como do TEEP – só faz sentido a análise dos recursos (máquinas, equipamentos e postos de trabalho) de forma individual.

Os conceitos de TEEP e OEE podem ser percebidos e entendidos a partir de um método abrangente desenvolvido no Sistema Toyota de Produção, intitulado de manutenção produtiva total (*total productivity maintenance* – TPM). É essencial observar que o método do TPM incorpora o TEEP e o OEE como elementos de mensuração de desempenho. No entanto, esse conceito é mais abrangente do que o alcance destas duas medidas de desempenho. O TPM propõe-se a qualificar as máquinas, remodelando-as, sempre que isto for necessário. Neste sentido, relaciona-se diretamente ao conceito de construção das chamadas "máquinas específicas", que são adaptadas à realidade de cada empresa.

Um detalhamento maior do IROG e de seu potencial de utilização é apresentado no item 6.3 do próximo capítulo.

[5.1.2] Mensuração do índice de multifuncionalidade – uma medida do grau de autonomação das células de produção, das fábricas focalizadas e das unidades produtivas

Outra mensuração importante refere-se ao índice de multifuncionalidade dos operadores em um dado espaço delimitado da fábrica, por exemplo, em uma célula de manufatura ou em uma fábrica focalizada da unidade produtiva. Para isso é possível aplicar a Equação 5.5:

$$\mu_g^{mult} = \frac{\sum_{m=1}^{k}\left(\sum_{i=1}^{n} tp_{i,m} \times q_{i,m}\right)}{\sum_{m=1}^{k} N_m \times J_m} \quad (5.5)$$

onde:

$tp_{i,m}$ = taxa de processamento do item i no equipamento m (unidade de tempo por unidade de produção)

$q_{i,m}$ = quantidade produzida do item i no equipamento m (unidade de produção)

N_m = número de trabalhadores no equipamento m (unidade de trabalhadores)

J_m = jornada de trabalho dos trabalhadores alocados ao equipamento m (unidade de tempo)
μ_g^{mult} = índice de multifuncionalidade (adimensional)

Analisando-se a Equação 5.5, pode-se observar que o índice de multifuncionalidade é igual à razão entre o tempo de valor agregado, em termos de peças ou produtos nas máquinas da célula (numerador), pelo total de horas pagas para as pessoas (denominador). Em outras palavras, o índice de multifuncionalidade é calculado levando-se em consideração o tempo de agregação de valor em relação ao número total de horas disponíveis dos trabalhadores.

No numerador tem-se um duplo somatório, devido à existência de n máquinas ou equipamentos na célula, ao passo que no denominador tem-se um somatório da jornada de trabalho específica para cada operador (ou grupo de operadores) na máquina ou equipamento.

O índice de multifuncionalidade mede como as pessoas estão sendo utilizadas em um determinado espaço da fábrica (por exemplo: uma célula de manufatura, uma minifábrica, a fábrica como um todo, ou qualquer outro espaço que se queira delimitar). O valor corresponde ao índice de multifuncionalidade das pessoas *deve ser idealmente superior à unidade*. Pode-se concluir que quanto maior o **grau de autonomação*** dos equipamentos, maior será o índice de multifuncionalidade. Isto porque com a elevação do grau de autonomação ocorre a separação dos tempos manuais dos tempos de máquina. Isto tende a permitir que um mesmo operador possa se responsabilizar por um número maior de equipamentos. Devido à necessidade de se levar em consideração os aspectos relacionados ao ambiente externo e local das organizações, **este índice não pode (ou não deve) ser utilizado como termo de comparação entre empresas, segmentos industriais ou países, visto que cada empresa tem a sua própria realidade no que tange aos chamados custos dos fatores de produção (por exemplo, os custos do capital e do trabalho)**. A idéia central consiste em acompanhar a evolução do índice de multifuncionalidade na própria empresa, no sentido de avaliar a evolução da multifuncionalidade de seus colaboradores.

Intuitivamente, na medida em que o índice de multifuncionalidade aumenta, é possível reduzir a quantidade de pessoas alocadas a um determinado espaço delimitado da fábrica. Nesta situação, os tempos manuais totais neces-

---

* De acordo com Taiichi Ohno (1997), o Sistema Toyota de Produção é constituído de dois princípios fundamentais: autonomação e *just-in-time*. Por autonomação entende-se a autonomia do sistema homem/máquina para parar sempre que ocorrerem problemas de qualidade ou quando forem atingidas as quantidades projetadas. Trata-se do princípio central que permite "separar" o homem da máquina, com as conseqüência daí advindas, a saber: i) multifuncionalidade; ii) minimização da utilização da força de trabalho; iii) criação de condições para a montagem de células de manufatura. De outra parte, a autonomação está ligada à melhoria da qualidade dos produtos em função da detecção autônoma de defeitos o mais próximo possível da fonte dos mesmos.

sários para a realização do conjunto de operações tendem a diminuir. Porém, conforme colocado no parágrafo anterior, a causa de um aumento neste índice em geral está relacionado a ações ligadas à **autonomação dos diferentes postos de trabalho que constituem o espaço de trabalho considerado (célula, minifábrica etc.).** Ou seja, a aplicação prática do segundo pilar do Sistema Toyota de Produção – a autonomação – é o centro nevrálgico do aumento do índice de multifuncionalidade dos trabalhadores.

Algumas considerações finais que podem ser feitas a respeito do conceito de índice de multifuncionalidade são:

- o índice de multifuncionalidade refere-se, em todos os casos, a um dado sistema produtivo constituído de produtos, máquinas e homens em um determinado espaço produtivo de trabalho (células, minifábricas, seções etc.). Sendo assim, não tem sentido considerar o conceito para máquinas de forma individual;
- sob o prisma da gestão, o essencial consiste em considerar o avanço do índice de multifuncionalidade de um dado "espaço produtivo" ao longo do tempo. De forma mais abrangente, o relevante consiste em reduzir os custos globais dos espaços de trabalho, considerando todos os custos envolvidos (máquinas, pessoas etc.), para uma mesma agregação de valor total aos produtos;
- em situações totalmente manuais, por exemplo, uma linha de montagem manual, o valor do índice de multifuncionalidade será menor do que 1. Isto porque, nestes casos, o conceito de autonomação – embora essencial de ser aplicado em relação à qualidade – não permite obter resultados objetivos quanto à multifuncionalidade dos trabalhadores.

[5.1.3] Mensuração da eficiência de utilização da mão-de-obra

Deve-se atentar para o fato de que o tempo de processamento ou tempo de ciclo de uma peça em um equipamento é composto por um tempo de máquina (operação do equipamento) e por um tempo manual (por exemplo: o abastecimento e desabastecimento do equipamento), conforme ilustrado na Figura 5.1.

Para se calcular a eficiência da mão-de-obra torna-se necessário separar o tempo manual do tempo de máquina. Para tanto, o conceito de autonomação passa a ser significativamente importante, uma vez que se pode apropriar-se do conceito de transferir "inteligência" para a máquina, a fim de determinar o quanto do tempo total de ciclo é representando pelo tempo manual do operador.

Desta maneira, a eficiência da mão-de-obra pode ser calculada a partir da Equação 5.6:

$$\mu_g^{mobra} = \frac{\sum_{m=1}^{k}\left(\sum_{i=1}^{n} tpmanual_{i,m} \times q_{,mi}\right)}{\sum_{m=1}^{k} N_m \times J_m} \qquad (5.6)$$

Ciclo de Processamento

O tempo de processamento ou tempo de ciclo (tp*i*) é igual a soma do tempo de abastecimento da máquina + o tempo operacional de máquina + o tempo de medição de peças + outros tempos + o tempo de desabastecimento da máquina.

- Tempo de abastecimento
- Tempo máquina
- Tempo medição peças
- Outros tempos*
- Tempo de abastecimento
- Início do ciclo

$tpi = t_{abast} + t_{máq} + t_{medição} + t_{outros} + t_{desabast}$

*Por exemplo, obrigar o operador a anotar tempos no diário de bordo

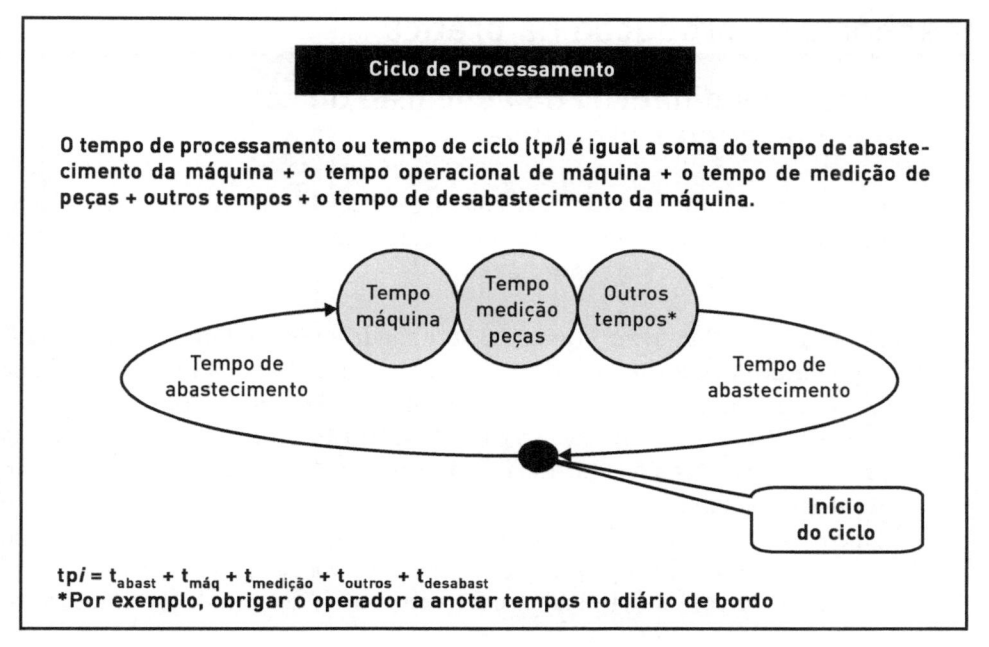

Fig. **5.1** Ciclo de processamento.

onde:

$tpmanual_{i,m}$ = taxa de processamento manual da peça i no equipamento m (unidade de tempo por unidade de produção)

$q_{i,m}$ = quantidade produzida da peça i no equipamento m (unidade de produção)

N_m = número de trabalhadores alocados ao equipamento m (unidade de trabalhadores)

J_m = jornada de trabalho dos trabalhadores alocados ao equipamento m (unidade de tempo)

μ_g^{mobra} = grau de utilização da mão-de-obra (adimensional)

Algumas considerações que podem ser feitas a respeito do conceito de grau de utilização da mão-de-obra (pessoal) são:

- a análise específica da eficiência de utilização da mão-de-obra é muito relevante para certos casos, como aqueles associados às linhas de montagem não-automatizadas (por exemplo, as linhas de montagem de fabricação de calçados);
- o resultado da utilização da mão-de-obra (pessoal) faz sentido tanto para recursos individuais (máquinas), como para "espaços de trabalho" definidos (células, seções, minifábricas etc.). Porém, é mais relevante realizar análises deste tipo para os "espaços de trabalho" previamente definidos pelos gestores;

Engenharia de produção na prática

Exemplos didáticos da aplicação do cálculo das eficiências produtivas

Apresentamos aqui três exemplos didáticos que visam esclarecer os conceitos discutidos anteriormente. Procura-se, ainda, explicitar os inter-relacionamentos entre os conceitos apresentados.

EXEMPLO 1 – Considere, em uma determinada empresa industrial, uma célula de produção de fluxo unitário de peças com um produto e quatro postos de trabalho com os seguintes tempos de processamento: **Tp1 = 2 minutos; Tp2 = 2 minutos; Tp3 = 3 minutos e Tp4 = 2 minutos,** para uma produção de **100 peças** e uma jornada de trabalho de **8 horas** com **1 operador,** que aloca **20 segundos** de seu tempo para cada posto de trabalho. Nestes caso pode-se calcular: i) a eficiência global da célula de produção, ii) o grau/coeficiente de multifuncionalidade da célula de produção. A figura abaixo apresenta a célula de produção com os quatro postos de trabalhos e seus respectivos tempos de processamento.

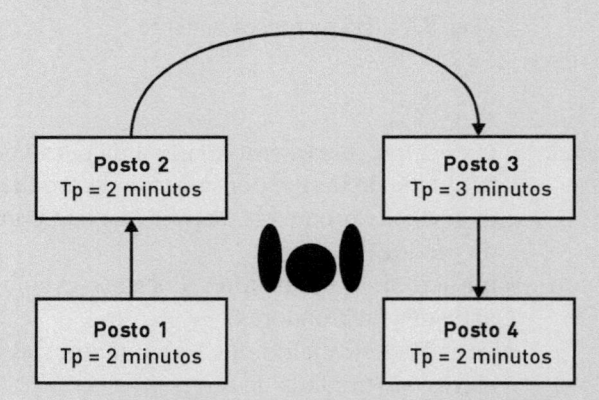

Fig. **5.2** Célula de produção – quatro postos de trabalho e um operador.

Ao se analisar a célula, pode-se observar que o gargalo de produção é o posto de trabalho 3, na medida em que o produto necessita um tempo maior para ser produzido. Aplicando-se a Equação 5.4 para se calcular a eficiência global do posto de trabalho 3, e, por conseguinte, da célula, tem-se:

$$\mu_g^{maq} = \frac{(3 \text{ min}/\text{ peça} \times 100 \text{ peças})}{480 \text{ min}} = 62,5\%$$

Na verdade, tem-se a medição do cálculo do TEEP do posto de trabalho 3, que corresponde a 62,5%. Ou seja, os postos de trabalho 1 e 2 (antes do gargalo) e

(continua)

Mecanismo da Função Produção – Auxiliando a Compreensão... ■ **137**

Engenharia de produção na prática (continuação)

4 (depois do gargalo) tendem a necessitar que seus cálculos sejam feitos a partir do OEE, por não serem gargalos produtivos*.

O próximo passo consiste em calcular o grau/coeficiente de multifuncionalidade do operador para uma eficiência de máquina de 62,5%. Aplicando-se a Equação 5.5, tem-se:

$$\mu_g^{mult} = \frac{(2\min/peça + 2\min/peça + 3\min/peça + 2\min/peça) \times 100\ peças}{1\ operador \times 480\min} = 1,88$$

Como se pode observar, o grau/coeficiente de multifuncionalidade do operador, para uma eficiência de máquina de 62,5%, é de 1,88. Conforme explicitado anteriormente, deve-se acompanhar este coeficiente ao longo do tempo, observando-se a evolução do grau/coeficiente de multifuncionalidade da célula.

EXEMPLO 2 – O que aconteceria se fosse possível operar uma célula mais complexa que a do exemplo 1, com mais um posto de trabalho (por exemplo, para produção de peças mais complexas) na célula de produção, mantendo-se apenas um operador com a mesma jornada de trabalho? A figura abaixo apresenta a situação a ser analisada.

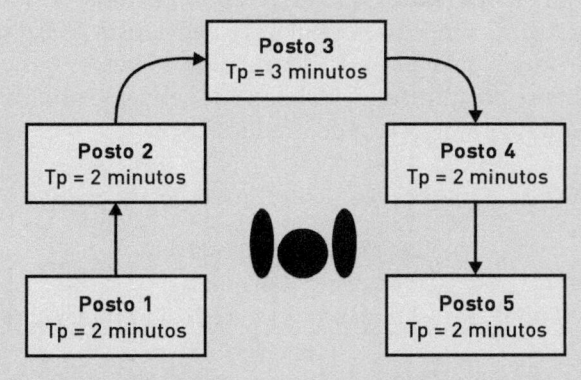

```
            ┌──────────────┐
            │   Posto 3    │
       ┌───▶│ Tp = 3 minutos│───┐
       │    └──────────────┘   │
       │                       ▼
┌──────────────┐        ┌──────────────┐
│   Posto 2    │        │   Posto 4    │
│ Tp = 2 minutos│        │ Tp = 2 minutos│
└──────────────┘        └──────────────┘
       ▲                       │
       │                       ▼
┌──────────────┐        ┌──────────────┐
│   Posto 1    │        │   Posto 5    │
│ Tp = 2 minutos│        │ Tp = 2 minutos│
└──────────────┘        └──────────────┘
```

Fig. **5.3** Célula de produção – cinco postos de trabalho e um operador.

---

* Neste exemplo didático, está considerando-se que as eficiências globais dos postos de trabalho 1, 2 e 4 são suficientemente altas para que o gargalo realmente seja o posto de trabalho 3, o qual é a operação mais lenta do sistema. Isto, no entanto, nem sempre ocorre na prática. Para um maior esclarecimento da forma científica da determinação do gargalo, consultar o item 6.1.2.

(continua)

Engenharia de produção na prática (continuação)

Calculando-se a eficiência global da célula e o coeficiente de multifuncionalidade, tem-se:

$$\mu_g^{maq} = \frac{(3 \min/\, peça \times 100\, peças)}{480 \min} = 62,5\%$$

$$\mu_g^{mult} = \frac{(2 \min/\, peça + 2 \min/\, peça + 3 \min/\, peça + 2 \min/\, peça + 2 \min/\, peça) \times 100\, peças}{1\, operador \times 480 \min} = 2,29$$

Analisando-se a situação acima, observa-se que a eficiência global das células dos exemplos 1 e 2 permanecem iguais, uma vez que a restrição de ambas continua sendo o posto de trabalho 3, ou seja, a produção global da célula será muito similar. Porém, pode-se observar que o índice de multifuncionalidade aumenta na célula do exemplo 2, na medida em que o operador passou a ser responsável por mais um posto de trabalho, aumentando desta forma, o índice de multifuncionalidade geral no espaço de trabalho considerado – no caso, a célula de produção.

EXEMPLO 3 – Considere, em uma determinada empresa industrial, uma célula de produção com quatro postos de trabalho com os seguintes tempos de processamento: **Tp1 = 1 minuto; Tp2 = 1 minuto; Tp3 = 1 minuto e Tp4 = 1 minuto**. Para uma produção de **300 peças** e uma jornada de trabalho de **8 horas** com **1 operador**, que aloca **10 segundos** de seu tempo para cada posto de trabalho, propõe-se calcular: i) a eficiência global da célula de produção – a partir de qualquer posto de trabalho, já que os tempos são os mesmos; ii) o coeficiente de multifuncionalidade da célula de produção, e; iii) a eficiência da mão-de-obra na célula de produção.

Aplicando-se as Equações 5.4, 5.5 e 5.6, respectivamente:

$$\mu_g^{maq} = \frac{1 \min/\, peça \times 300\, peças}{480 \min} = 62,5\%$$

$$\mu_g^{mult} = \frac{(1 \min/\, peça + 1 \min/\, peça + 1 \min/\, peça + 1 \min/\, peça) \times 300\, peças}{1\, operador \times 480 \min} = 2,5$$

$$\mu_g^{mobra} = \frac{\dfrac{40\, segundos/peça}{60\, segundos/\min} \times 300\, peças}{1\, operador \times 480 \min} = \frac{200}{480} = 41,67\%$$

Desta forma, a partir da aplicação das três equações acima, conclui-se que a eficiência da mão-de-obra deve ser calculada separadamente da eficiência da máquina. Evidentemente, havendo tempos manuais e de máquina na formação do tempo de processamento, a eficiência correta da mão-de-obra sempre será menor do que a eficiência de máquina, conforme o cálculo apresentado, uma vez que este não traz distinção entre o tempo manual e o tempo de máquina.

[**Saiba mais**] saiba mais saiba mais saiba mais saiba mais saiba mais

Compreendendo a relação entre os indicadores de eficiência nos sistemas produtivos

Os índices de eficiência adotados para controlar as atividades realizadas no chão-de-fábrica constituem-se em um tema polêmico e controverso para a Engenharia de Produção. Neste sentido, é importante esclarecer alguns conceitos teóricos relacionados ao tema.

Como já discutido anteriormente, o índice de rendimento operacional global do equipamento (IROG) representa a razão entre o tempo de valor agregado empregado na produção de peças e/ou produtos e o tempo total necessário para efetivar a produção no equipamento e/ou posto de trabalho considerado. Isso está na Equação 5.7:

$$\mu_g^{maq} = \frac{\sum_{i=1}^{N} tp_i \times q_i}{T_t} \qquad (5.7)$$

Um segundo índice utilizado na prática das empresas refere-se à quantidade de peças produzidas pelo número de horas trabalhadas pelos operadores em um dado período de tempo – veja a Equação 5.8.

$$\mu^{Peças/Hora.Homem} = \frac{Q}{N.J} \qquad (5.8)$$

onde:
Q = quantidade total de peças produzidas (unidades físicas de produção)
N = número de operadores utilizados
J = tempo da jornada de trabalho (t)

O terceiro índice refere-se ao índice de multifuncionalidade dos operadores que, em uma linguagem fabril, é muitas vezes percebido como a relação entre horas produzidas e horas trabalhadas – veja a Equação 5.9:

$$\mu_g^{Mult} = \frac{\sum_{i=1}^{N} tp_i \times q_i}{N \times J} \qquad (5.9)$$

Para melhor compreender o comportamento da relação entre estes índices, sugere-se o acompanhamento do exemplo didático apresentado a seguir:

Exemplo: Dois operadores trabalham oito horas (480 min) para produzirem, em momentos distintos, dois tipos de peças: uma mais simples, com tempo de ciclo TC = 1 min, e outra mais complexa, com tempo de ciclo TC = 2 min.

(*continua*)

(Saiba mais) saiba mais saiba mais saiba mais saiba mais saiba mais

(*continuação*)

Na situação onde é produzida somente a peça mais simples, com TC = 1 min, o cálculo do IROG está apresentado a seguir:

$$\mu_g^{máq} = \frac{1\,min \times 240\,peças}{480\,min} = 0{,}50\,(50\%)$$

Passando agora a produzir-se unicamente a peça mais complexa, com TC = 2 min, o resultado do IROG será de:

$$\mu_g^{máq} = \frac{2\,min \times 120\,peças}{480\,min} = 0{,}50\,(50\%)$$

Calculando-se o índice de peças/hora-homem para a produção de 240 unidades da peça mais simples, com TC = 1 min, obtém-se:

$$\mu^{Peças/Hora.Homem} = \frac{240\,peças}{2 \times 480\,min} = 0{,}25\,peças/min$$

No entanto, no caso de produzir-se somente a peça mais complexa, com TC = 2 min, o índice cairá pela metade, conforme apresentado a seguir:

$$\mu^{Peças/Hora.Homem} = \frac{120\,peças}{2 \times 480\,min} = 0{,}125\,peças/min$$

Finalmente, o índice de multifuncionalidade dos operadores a ser obtido, para o caso do TC = 1 min, é:

$$\mu_g^{Mult} = \frac{240\,peças \times 1\,min/peças}{2 \times 480\,min} = 0{,}25\,peças/min$$

De maneira análoga, para a peça complexa com TC = 2 min, o índice de multifuncionalidade dos operadores será:

$$\mu_g^{Mult} = \frac{120\,peças \times 2\,min/peças}{2 \times 480\,min} = 0{,}25\,peças/min$$

(*continua*)

(Saiba mais) saiba mais saiba mais saiba mais saiba mais saiba mais

(continuação)

Este exemplo didático nos permite traçar as seguintes conclusões:

- Em média, e não ocorrendo melhorias ao longo do tempo, o IROG tende a se manter constante em um mesmo posto de trabalho, mesmo que se trabalhe nesse posto, em diferentes momentos, com peças que possuem níveis de complexidade distintos. Ou seja, na prática, o IROG é pouco dependente do tipo de peça fabricada, encontrando-se mais fortemente relacionado às condições de operação do posto de trabalho em si e da fábrica de forma geral.
- É possível afirmar que quando a fábrica produz peças com maior complexidade, o que implica o incremento do tempo de processamento total para a fabricação das peças, o índice de peças/hora-homem irá diminuir. Assim, na medida em que aumenta a complexidade dos produtos (por exemplo, quando há necessidade de se melhorar o acabamento dos produtos), considerando-se que os IROGs das máquinas permaneçam os mesmos, ocorrerá uma redução do índice que mede a produtividade de peças por trabalhador (peças/hora-homem). No entanto, considerando que os IROGs das máquinas permaneçam iguais, o índice de multifuncionalidade dos operadores (horas produzidas/horas trabalhadas) permanecerá o mesmo. Em outras palavras, a redução do índice de peças/horas-homem derivado do aumento da complexidade não implica a alteração do índice de multifuncionalidade dos operadores.
- Nesse contexto, a melhor medida da utilização dos trabalhadores na fábrica é o índice de multifuncionalidade dos operadores, na medida em que, ao contrário do indicador que mede as peças/horas-homem, este indicador possui pouca dependência da complexidade das peças produzidas. Trata-se de um índice passível de comparação histórica, mesmo que a complexidade das peças se modifique profundamente ao longo do tempo.

- em um dado espaço de trabalho é possível realizar mensurações que possam levar em consideração tanto os trabalhadores diretos como os indiretos. Neste caso, o número de trabalhadores alocados ao equipamento (N_m) considerado deve levar em conta os trabalhadores indiretos;
- em função das condições gerais de funcionamento dos fluxos nos "espaços de trabalho", o índice de utilização de pessoal é inferior aos valores obtidos em termos do índice de eficiência global dos equipamentos.

[5.2] *Takt-time* e tempo de ciclo: conceitos e contextualização dentro do Sistema Toyota de Produção

[5.2.1] Considerações iniciais

Para que seja possível introduzir este tema, há que se reconhecer que, do ponto de vista da operação do Sistema Toyota de Produção, a linearização e o encadeamento do fluxo de materiais assumem fundamental relevância. No âmbito do STP, conforme Monden (1984), isso é realizado de duas formas gerais:

- com a utilização do sistema Kanban para conexão de células de produção;
- através da produção em fluxo unitário em linha (*one piece flow*) nas linhas de montagem e nas células de produção.

Objetivamente, no Sistema Toyota de Produção, o que ocorre é uma combinação dessas duas modalidades. A gestão pelo tempo assume papel primordial na medida em que a fábrica como um todo necessita se adaptar ao ritmo definido para a linha de montagem*.

Deve-se pontuar que a centralidade da gestão baseada em tempo, no âmbito do STP, difere da tradicional abordagem de controle de tempos até então em voga no Ocidente, embora derive dessa em grande parte, pelo menos no que tange ao ferramental de Engenharia Industrial largamente empregado na sua construção empírico-teórica. No caso do STP, o tempo é entendido como uma variável sistêmica, associada ao fluxo dos materiais, e não simplesmente referente à análise e controle local de cada operação específica na fábrica.

Do ponto de vista da operacionalização dos sistemas de produção voltados para a melhoria do processo, e mais especificamente no caso do Sistema Toyo-

---

* É necessário ressaltar que, para empresas que não têm linhas de montagem, ainda assim esses conceitos são válidos. Recorde-se aqui que cada pedido de cliente pode ser visto como uma montagem específica, sempre que demandar mais de um item em um mesmo embarque.

ta de Produção, várias questões relativas à gestão do tempo ainda carecem do devido esclarecimento.

Particularmente, as conceituações de tempo de ciclo e *takt-time*, fundamentais para o entendimento do funcionamento do STP, são controversas. Mais do que isso, vários trabalhos sobre o tema Sistema Toyota de Produção centram sua atenção somente no sistema Kanban, negligenciando a relevância do *takt-time* no esquema de gestão da produção do STP. Outros discorrem a respeito do mecanismo da operação-padrão, mas tratam a determinação dos tempos sob a perspectiva de cada célula, sem fazer as devidas amarrações processuais.

A preocupação central que move estas reflexões parte da crença de que o hiato existente entre a interpretação corrente da lógica dos tempos (tempo de ciclo, tempo padrão, *takt-time*) no âmbito do STP e a real importância desse tópico para o entendimento do sistema precisa ser superado.

O desenvolvimento das idéias segue as seguintes linhas de raciocínio:

- **primeiro**, discute-se a variável tempo a partir da estrutura conceitual provida pelo mecanismo da função de produção, vinculando-se tempo de ciclo, *takt-time*, função processo e função operação;
- **segundo**, faz-se uma discussão acerca dos conceitos de tempo de ciclo e *takt-time*, propondo-se uma conceituação consistente para os mesmos;
- **terceiro**, defende-se que o tempo tem relações com diferentes dimensões competitivas sob o ângulo da produção, destacando-se os vínculos com a flexibilidade;
- **quarto**, ressalta-se a importância do *takt-time* na gestão da produção no STP, discutindo-se suas relações com as lógicas da qualidade e da formação de recursos humanos.

Por fim, faz-se uma série de comentários acerca das possibilidades de aplicação da lógica do *takt-time* na gestão dos sistemas de produção, debatendo-se os limites do conceito.

(5.2.2) Compreendendo a prática dos fluxos no Sistema Toyota de Produção

Um passo relevante consiste na definição de mecanismos logísticos que permitam a construção de sistemas de produção, conforme a abordagem das melhorias voltadas para o processo. O sistema Kanban é o mais notório exemplo de uma solução voltada para a melhoria dos processos. Contudo, sua função é limitada no âmbito do STP.

O esquema apresentado na Figura 5.4 representa o processo de fabricação de um automóvel na Toyota. Conforme se pode observar, há uma divisão do fluxo em duas grandes fases. A primeira é a fase de fabricação dos componentes; na segunda fase ocorre a agregação desses componentes, a qual é concluída com a montagem final dos veículos.

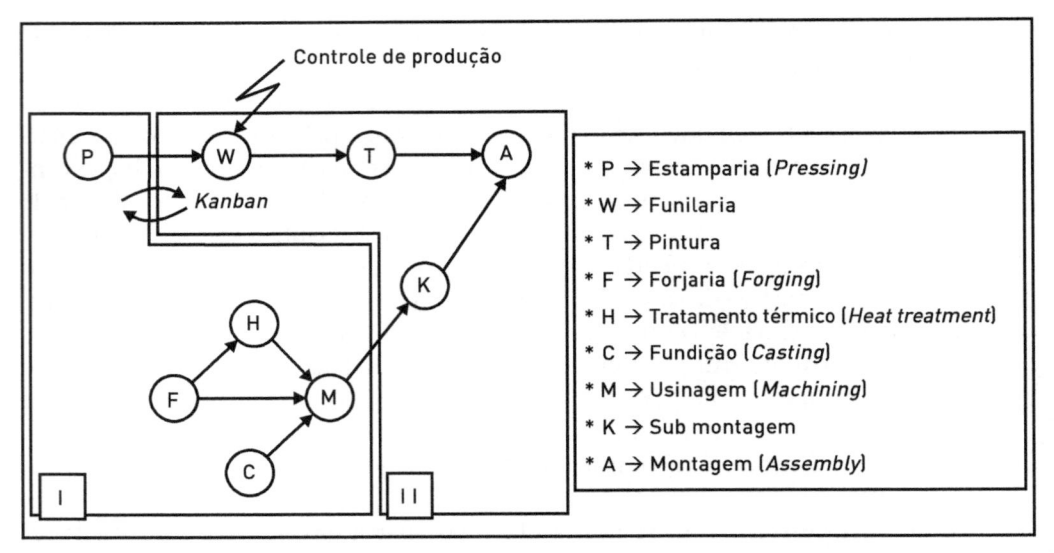

```
                  Controle de produção
    ┌──────────────↙─────────────────────┐
    │   P ──→ W ──→ T ──→ A              │   * P → Estamparia (Pressing)
    │        ↶ Kanban                    │   * W → Funilaria
    │              K                     │   * T → Pintura
    │          H                         │   * F → Forjaria (Forging)
    │      F ──→ M                       │   * H → Tratamento térmico (Heat treatment)
    │          C                         │   * C → Fundição (Casting)
    │   I           II                   │   * M → Usinagem (Machining)
    └────────────────────────────────────┘   * K → Sub montagem
                                             * A → Montagem (Assembly)
```

Fig. **5.4** Representação esquemática do processo de fabricação automobilístico (extraído de Toyota Motor Company, 1998).

O *Kanban* é utilizado para operar o sistema logístico entre as etapas da fase I e nas interfaces com a fase II. Na fase II, o sistema é programado e controlado com base no *takt-time*. A indicação de controle de produção na figura aponta que o *takt-time* é informado à etapa de funilaria (*Welding*). Daí para frente, o processo é coordenado pelo *takt-time*.

A definição do *takt-time* também é realizada, individualmente, para cada célula de produção da fase I: o *takt-time* é um dos componentes das rotinas de operação-padrão das células. O *takt-time*, portanto, faz-se presente como elemento central, em dois subsistemas da manufatura que trabalham com fluxos unitários: na montagem (agregação dos componentes) e acabamento do veículo, e internamente nas células de produção.

O funcionamento da fábrica orquestrado pelo *takt-time* depende, operacionalmente, em ambos os subsistemas, da presença de dois elementos: um sistema para comunicação e controle e um marcador para o ritmo definido pelo *takt-time*. A comunicação e controle no âmbito das células prescindem de mecanismos complexos. Nessa configuração, a comunicação direta entre os trabalhadores e o ajustamento mútuo (Mintzberg, 1993) das atividades realizadas são suficientes para garantir o andamento do trabalho. Por outro lado, na fase II, a complexidade das operações é aumentada (vários modelos montados, diferentes configurações de produtos etc.), tornando inviável a comunicação direta entre os envolvidos; nessa situação, a utilização de mecanismos mais elaborados é necessária.

No STP, uma parcela significativa do sistema de comunicação e controle é confiada aos mecanismos de gerenciamento visual. Em várias plantas industriais, o *takt-time*, o progresso na execução das operações em curso e os próximos veículos a entrarem na soldagem são visualmente indicados pelo supervisor da área em painéis, *andons*, quadros etc. Esse tipo de abordagem pode ser entendido como a inserção concreta do sistema de comunicação e controle no próprio sistema de produção. Em última instância, a lógica de gestão visual objetiva a ampliação da capacidade de tratamento de informações no chão-de-fábrica e a redução do tempo de feedback para as ações de controle dentro do sistema (o controle é aproximado ou, até mesmo, integrado à execução).

A definição do *takt-time*, por sua vez, é diferenciada quando analisadas as fases I e II e, também, os sistemas físicos em questão. No caso da linha de montagem, particularmente em linhas do tipo *transfer*, o *takt-time* é determinado com a programação da sua velocidade – recorrendo-se à terminologia cunhada por Coriat (1994). Observa-se que a lógica é um misto das idéias de "tempo imposto" e "tempo compartilhado", visto que a determinação da velocidade da linha impõe um ritmo de trabalho a ser observado pelos operários. Entretanto, por outro lado, há a possibilidade de compartilhamento de operações na linha, especialmente das operações de "interface". Outras configurações físicas são possíveis para a linha de montagem, como a definição de postos fixos de montagem e o deslocamento descontínuo do veículo a intervalos regulares.

No caso da soldagem, o fluxo é unitário. Porém, quando as operações forem executadas manualmente, o processo tende a não ser integrado fisicamente, como na linha de montagem. Nessas situações, é comum o processo ser realizado em mesas ou boxes*, com a utilização de gabaritos para cada operação e/ou conjunto de operações. O fluxo é unitário e o deslocamento se dá de modo descontínuo, com o avanço dos componentes posto a posto; via de regra, o transporte é comandado pelos próprios operadores. O ritmo, dado pelo *takt-time* estabelecido para a linha final, é mantido pela observação das rotinas de operação padrão.

No caso da produção de componentes nas células, o *takt-time* é o elemento integrante das rotinas de operação padrão, sendo a observância dessas a garantia da cadência de produção. A lógica de controle está, pois, fortemente baseada na padronização.

Verifica-se que tanto a coordenação interna dos subsistemas de produção como a amarração geral do fluxo dos materiais ao longo do tempo e do espaço na fábrica é feita com base no *takt-time*. De fato, **o *takt-time* é o principal elemento concreto de modelagem e representação para a função processo no STP nos casos da célula de manufatura e das linhas de produção.**

Uma aparente deficiência na bibliografia sobre o tema é a supervalorização do sistema *Kanban* como solução logística, enquanto a coordenação

---

* O conceito de box refere- se a um espaço físico reservado para um conjunto de operações específicas.

baseada no *takt-time* é abordada como característica local de cada célula de produção, e não como um nexo mais amplo de encadeamento da função processo.

O entendimento desse sistema e dos conceitos subjacentes que permitem seu funcionamento, especialmente das diferenças e das relações do conceito de *takt-time* com o tempo de ciclo, é necessário àqueles que voltam sua atenção ao estudo e à prática dos sistemas de manufatura.

[5.2.3] **Tempo de ciclo e *takt-time*: esclarecendo e propondo conceitos**

Há que se reconhecer que a utilização indiscriminada dos termos "tempo de ciclo" e *"takt-time"* na bibliografia e na prática industrial propicia certo nível de confusão acerca de suas definições e conduz à interpretação equivocada dos conceitos subjacentes a eles.

Como forma de introduzir a discussão específica referente à definição precisa desses conceitos, parte-se da problemática da gestão da fábrica com base no susbsistema de operação padrão, tal como verificado no STP, de onde os conceitos são trazidos à pauta. O funcionamento do Sistema Toyota de Produção está baseado na definição de rotinas de operação padrão, como aponta Monden (1984), buscando atender a três propósitos básicos:

- obtenção de alta produtividade através de trabalho dedicado – entenda-se trabalho dedicado como trabalho eficiente, sem qualquer perda de movimento;
- balanceamento da linha em todos os processos em termos do tempo de produção – neste caso, o termo "processo" utilizado por Monden (1984) se refere às interseções entre as funções processo e operação do MFP; trata-se, de fato, do processamento (transformação das características de qualidade) dos materiais;
- manutenção de uma quantidade mínima de material em processo.

Desses objetivos, pode-se inferir a presença de uma preocupação clara com a sincronização e o controle do fluxo de materiais.

A operação padrão no STP não consiste simplesmente na sistematização e descrição das seqüências de operações. Três elementos constituem a operação padrão, de acordo com Monden (1984):

- tempo de ciclo;
- rotinas de operação padrão;
- quantidade padrão de material em processo.

Existem diferenças entre a operação padrão e as rotinas de operação padrão. As rotinas de operação padrão devem ser compreendidas como os conjuntos compostos pelas seqüências de operações a serem realizadas e seus tempos-padrão. A operação padrão, portanto, tem alcance mais amplo que as rotinas de operação padrão.

O subsistema de operação padrão, a seu turno, engloba toda a lógica de estabelecimento, utilização e revisão periódica dos três elementos listados anteriormente que definem a operação padrão. As rotinas de operação padrão indicam a seqüência das operações e seus respectivos tempos; a idéia de quantidade padrão é auto-explicativa. As divergências surgem na interpretação do significado do tempo de ciclo.

Monden (1984) afirma que "o tempo de ciclo é aquele no qual uma unidade de um produto deve ser produzida"; é determinado pela razão entre o tempo efetivo de operação diária e a quantidade diária necessária de produção. Esse conceito, para Ohno (1996), é equivalente ao de *takt-time*: "o *takt-time* é obtido pela divisão do tempo diário de operação pelo número de peças requeridas por dia".

No entendimento dos autores deste livro, Monden (1984) se equivoca ao enunciar seu conceito de tempo de ciclo, o qual corresponde, de fato, ao conceito de *takt-time*, tal como definido por Ohno (1996). A falta de uma coerência conceitual na utilização desses termos, em diferentes trabalhos das mais variadas origens, tem levado à ocorrência de uma série de interpretações distorcidas com referência ao próprio funcionamento do STP e dos sistemas de produção com estoque zero de forma geral.

Reconhece-se que os vínculos entre *takt-time* e tempo de ciclo são estreitos, o que torna ainda mais saliente a necessidade de conceituação rigorosa desses dois elementos teóricos. Uma discussão objetivando a reconceituação dos termos é realizada a seguir.

[5.2.4] Takt-time

O *takt-time* é definido a partir da demanda do mercado e do tempo disponível para produção. Trata-se do ritmo de produção necessário, em um determinado período, para atender a uma demanda específica desse período. Em alemão, o termo *takt* serve para designar a batuta do maestro, ou seja, é o marcador do compasso da orquestra.

Matematicamente, define-se o *takt-time* como a razão entre o tempo disponível para a produção e o número de unidades a serem produzidas. Iwayama (1997) afirma que o *takt-time* é o tempo alocado para a produção de uma peça ou produto em uma célula ou linha. A idéia de "alocação" de um tempo para produção pressupõe, naturalmente, que "alguém" aloca, ou seja, o *takt-time* não é dado, mas sim determinado.

Pondere-se que a conceituação geral anterior tem limites. É preciso esclarecer que a empresa pode fazer opções tanto quanto aos níveis de atendimento da demanda quanto aos de utilização da capacidade, o que ali não está explicitamente contemplado.

A compreensão desses limites leva à necessidade de ampliação do conceito. Uma definição mais adequada parece ser a seguinte: *takt-time* é o ritmo de produção necessário para atender a um determinado nível considerado de demanda, dadas as restrições de capacidade da linha ou célula. Em termos concretos, o *takt-time* é o ritmo de produção alocado para a produção de uma peça ou produto em uma linha ou célula, justamente como proposto por Iwayama (1997), com uma diferença: reconhece-se nesta definição que o ritmo eventualmente necessário pode não ser comportado pelo sistema de produção.

À luz dessa formulação teórica, surgem outras questões conceituais, precisamente no que tange à compatibilização da demanda com a capacidade. Na seção seguinte, esclarece-se o conceito de tempo de ciclo, explicando-se que é exatamente este que limita o *takt-time*. A amarração entre função processo e função operação é visualizada nessa articulação e ilustrada quando debatidas as relações entre esses elementos. Da relação entre o *takt-time* e tempo de ciclo emergem os conceitos de *takt-time* calculado e *takt-time* efetivo.

A vinculação dessa questão com o planejamento e controle da produção é outra linha importante a ser explorada. O nivelamento da demanda, realizado a partir do planejamento de mais alto nível (plano agregado, plano mestre de produção etc.) é um instrumento fundamental para o bom funcionamento do sistema, de forma a evitar que esse seja sobrecarregado em momentos de pico, mesmo tendo condições globais de atender à demanda. Essa questão, por sua vez, está também relacionada ao tipo de produto produzido e à configuração do sistema de produção em si, com evidente conotação estratégica.

Feitas essas diferentes considerações, **o *takt-time* pode ser legitimamente entendido como o tempo que rege o fluxo dos materiais em uma linha ou célula**; metaforicamente, é a "batuta do maestro" na "sinfonia" da produção. Logo, é fundamental salientar que o conceito de *takt-time* está diretamente relacionado à função processo, já que trata do fluxo dos materiais ao longo do tempo e espaço.

Um lembrete importante, sob uma perspectiva operacional, é que o tempo disponível para produção não é necessariamente igual à duração do expediente. Em situações reais, é necessário descontar os tempos de paradas programadas, tais como manutenção preventiva dos equipamentos, paradas por razões ergonômicas etc. Sendo assim, pode-se afirmar que:

Tempo disponível para produção = período de trabalho − paradas programadas

Em uma linha de produção, a cada intervalo *takt*, uma unidade deve ser terminada. Por exemplo, para uma linha de montagem de automóveis com demanda diária de 300 unidades e tempo disponível (programado) para produção de dez horas (600 minutos), o *takt-time* será de dois minutos. Ou seja, a cada dois minutos deve sair um carro pronto no final da linha de manufatura.

A compreensão desse importante conceito só é de fato possível quando contrastado com o conceito de tempo de ciclo.

(5.2.5) **Tempo de ciclo**

A duração de um ciclo é dada pelo período transcorrido entre a repetição de um mesmo evento que caracteriza o início ou fim desse ciclo. Em um sistema de produção, o tempo de ciclo é determinado pelas condições operativas da célula ou linha. Considerando-se uma célula ou linha de produção com n postos de trabalho, o tempo de ciclo é definido em função de dois elementos:

- tempos unitários de processamento em cada máquina/posto (tempo padrão);
- número de trabalhadores na célula ou linha.

Parte-se aqui da análise de equipamentos individuais, para depois derivar o conceito para o caso geral de uma linha ou célula.

Genericamente, para uma máquina ou equipamento, o tempo de ciclo é o tempo necessário para a execução do trabalho em uma peça; é o tempo transcorrido entre o início da produção de duas peças sucessivas de um mesmo modelo em condições de abastecimento constante. Algumas operações, como tratamento térmico, queima de cerâmica, tratamento químico, pintura, etc., em função de suas características, requerem que o mesmo seja definido como o tempo para o processamento de um lote ou batelada.

Cada máquina ou equipamento possui um tempo de ciclo característico para cada operação (processamento) executada. Em alguns casos, como em tornos automáticos e CNCs, pode ser fisicamente identificado com relativa facilidade (por exemplo, retorno das ferramentas de corte a uma mesma posição); em outras, nem tanto, como no caso de operações manuais.

Sob o prisma do mecanismo da função de produção, o tempo de ciclo está associado à função operação. É uma característica de cada operação da rede de processos e operações. Quando é analisada uma operação isolada, o tempo de ciclo é igual ao tempo padrão. É o tempo que consta nos roteiros de produção dos sistemas de PCP – programação e controle da produção. Por exemplo, para o caso de uma máquina dedicada, com um tempo padrão de 2,5 minutos, o tempo de ciclo também será de 2,5 minutos; isto é, a cada 2,5 minutos pode ser produzida uma peça, repetindo-se um ciclo*.

Ampliando-se a unidade de análise dos sistemas de produção (células, linhas ou mesmo a fábrica inteira), a discussão muda de perspectiva. Nesse caso, deixa-se de ter uma única máquina, a partir da qual se pode, com facilidade, definir o tempo de ciclo. Torna-se necessário contemplar as relações sistêmicas de dependência entre os equipamentos e operações. É possível, inclu-

---

* Alerta-se aqui que não é raro encontrar empresas nas quais os tempos disponíveis nos roteiros de produção não são os tempos de ciclo propriamente ditos, mas uma variação destes, inflacionada com rateios de tempos de preparação (*setups*) e, não raro, com fatores que refletem perdas de produtividade devidas a fadiga dos operadores, entre outros.

Engenharia de produção na prática

Para ilustrar os conceitos, considere-se o exemplo apresentado na Figura 5.5, no qual um produto qualquer tem que passar por quatro operações subseqüentes, realizadas, respectivamente, em quatro postos ou máquinas diferentes (A, B, C e D), até ter seu processamento finalizado.

Tempo disponível para produção = 8 horas

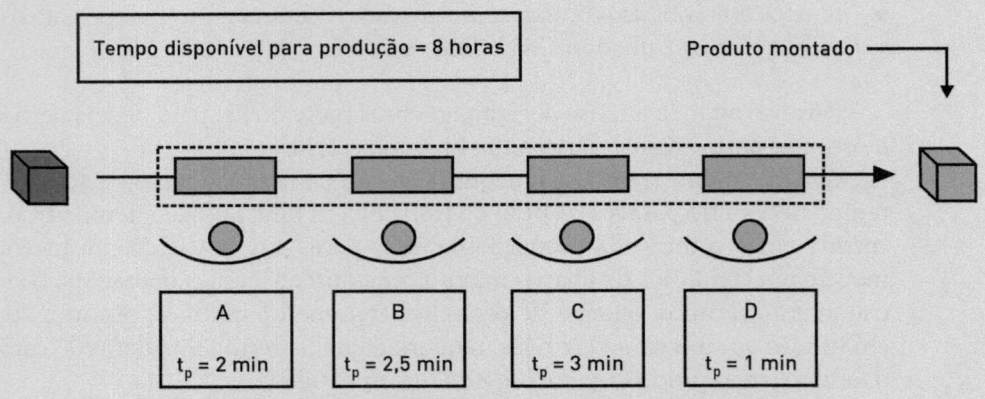

Produto montado

A	B	C	D
t_p = 2 min	t_p = 2,5 min	t_p = 3 min	t_p = 1 min

Fig. **5.5** Tempo do ciclo para uma linha ou célula de produção.

Na linha ilustrada na Figura 5.5, observa-se que cada máquina/posto de trabalho tem um tempo de processamento unitário. Entretanto, a linha não pode ter mais de um tempo de ciclo para uma única configuração; a cada configuração cabe um tempo de ciclo único.

Para os materiais a idéia de ciclo não tem sentido. Uma mesma peça não passa mais de uma vez pelo processamento; não há um ciclo, portanto. A noção de ciclo só tem sentido para os sujeitos do trabalho, e não para os objetos do trabalho (materiais), posto que é o trabalho realizado por homens e máquinas que se repete regularmente.

O ciclo não está vinculado ao início ou término do processamento de um produto ou componente na linha. Se esse fosse o caso, o tempo de ciclo seria igual ao somatório dos tempos das operações executadas em A, B, C e D – desconsiderando-se, neste exemplo, os tempos de paradas e transporte. Para uma situação onde a cada posto há um operador, as operações podem ser realizadas em paralelo; obviamente, em peças diferentes.

Imaginemos que os quatro postos/máquinas iniciem as operações no instante zero; em que momento termina o ciclo da linha? Naturalmente, o ciclo da

(*continua*)

Mecanismo da Função Produção – Auxiliando a Compreensão... ■ **151**

Engenharia de produção na prática (continuação)

linha termina quando todas as operações tiverem sido realizadas e for possível o início do processamento de uma nova unidade em cada uma das quatro máquinas/postos (A, B, C e D).

Observando-se a Figura 5.6 é possível notar que o ciclo da linha é de três minutos, isto é, somente três minutos após o começo das operações (primeiro ciclo) é possível iniciar o processamento de uma nova peça em todas as máquinas (novo ciclo).

O tempo de ciclo da linha ou célula é o tempo de execução da operação, ou das operações, na máquina ou posto mais lento; em outras palavras, é o **ritmo máximo possível, mantidas as condições atuais**. O tempo de ciclo da linha ou célula é definido pela configuração física e pelas características de operação da linha ou célula.

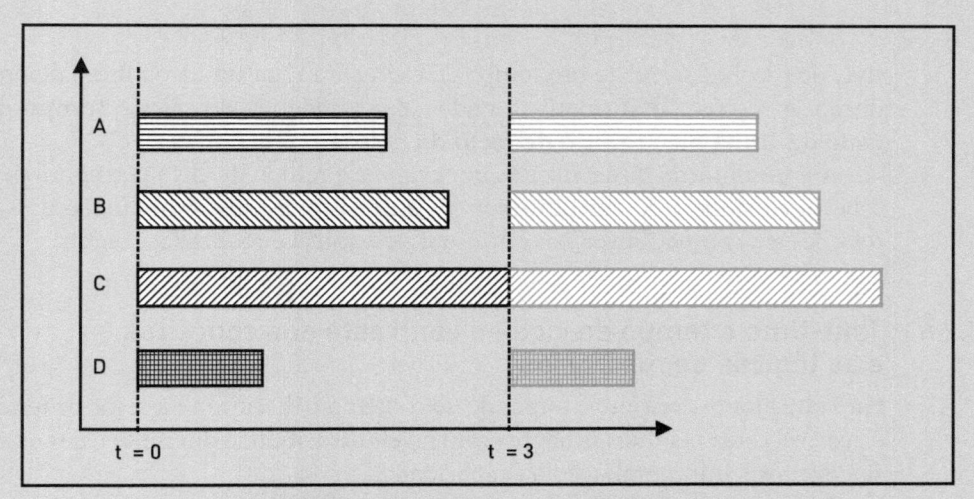

Fig. **5.6** Tempo de ciclo para o exemplo anterior.

No exemplo, considerando-se um operário alocado a cada máquina/posto, não é possível produzir mais que 20 peças por hora nessa linha. O que ocorre quando o número de operários é reduzido? Certamente, o tempo de ciclo é alterado.

Caso somente um operador tivesse que realizar todas as operações e não fosse possível separar os tempos de máquina dos manuais, o tempo de ciclo seria igual ao somatório de todas as operações: 8,5 minutos. Em outra situação, com dois operários, sendo um encarregado das máquinas/postos A e B,

(continua)

Engenharia de produção na prática (continuação)

e o outro responsável por C e D, o tempo de ciclo seria de 4,5 minutos (soma dos tempos em A e B; a soma dos tempos em C e D é de 4 minutos). Outros tempos de ciclo existiriam em alocações alternativas de operários à linha.

É evidente, portanto, que o tempo de ciclo é também função do número de trabalhadores na célula ou linha. Essa questão remete à discussão da separação entre os tempos de processamento manual e os tempos de máquina. Esse artifício é largamente empregado no STP e, de modo geral, nos modernos sistemas de produção, baseando-se na incorporação de dispositivos de controle aos equipamentos, de modo que os trabalhadores sejam liberados da função de monitoração do funcionamento dos mesmos e possam, então, afastar-se das máquinas enquanto elas executam o processamento.

---

sive, questionar se existe um tempo de ciclo para uma célula ou linha de produção. A resposta é afirmativa, tendo-se, dependendo do caso, o **tempo de ciclo da linha** ou o **tempo de ciclo da célula**.

A apresentação dos conceitos de *takt-time* e tempo de ciclo permitem perceber a existência de vínculos teóricos entre os mesmos. A discussão dessas relações e a compatibilização conceitual necessária é realizada a seguir.

(5.2.6) Takt-time e tempo de ciclo: o contraste dos conceitos e as lógicas de melhorias

Para elucidar os conceitos, tomando-se o exemplo discutido na seção anterior, é possível conceber duas situações com níveis de demanda diferentes, nas quais se deve respeitar a limitação da capacidade.

Em um primeiro caso, considere-se uma demanda de 120 unidades por dia; o *takt-time* calculado seria de 4 minutos – supondo-se que o tempo disponível para produção seja de 8 horas a cada dia. Uma vez que esse ritmo é maior que o permitido pela linha (tempo de ciclo da linha é 3 minutos), o ***takt-time* efetivo seria de 4 minutos**. Ou seja, esse seria o ritmo de produção efetivamente praticado na linha.

Em uma segunda situação, a uma demanda de 240 unidades por dia corresponderia um *takt-time* calculado de 2 minutos. Como 2 minutos é menor que o tempo de ciclo teórico, o *takt-time* efetivo seria então de 3 minutos (ritmo de produção real da linha). Note-se que a capacidade de produção disponível não permite o atendimento da demanda; o ritmo necessário para atender a demanda, indicado pelo ***takt-time* calculado de 2 minutos, não pode ser atingido**, em função do limite de capacidade da linha ou célula.

Se o tempo de ciclo de uma célula ou linha representa o ritmo máximo possível, mantidas as condições atuais, é óbvia a conclusão de que o tempo de ciclo é um limitante do *takt-time*, isto é, da cadência de produção, da velocidade do fluxo.

Na verdade, o ritmo da linha é sempre limitado, seja pela capacidade (representada pelo tempo de ciclo teórico), seja pela demanda (representada pelo *takt-time*). O ***takt-time* efetivo**, tal como definido aqui, **será igual ao *takt-time* calculado caso a capacidade for maior ou igual à demanda, e igual ao tempo de ciclo quando a capacidade for inferior à demanda**.

A apresentação destes conceitos adicionais deve ser acompanhada da ponderação de que o que se denomina aqui de *takt-time* calculado corresponde à primeira formulação apresentada relativa ao conceito. Essa, visivelmente, considera como infinita a capacidade do sistema. O *takt-time* efetivo, a seu tempo, é definido com base na capacidade real do sistema, dada pela configuração física da linha ou célula e suas características de operação.

A discussão sobre capacidade não pode ser, de modo algum, apartada do planejamento e controle da produção, por motivos já explicados. Similarmente, deve-se considerar que o tempo de ciclo certamente não é imutável, e ações podem ser realizadas para reduzi-lo. A realocação de pessoal na fábrica é um dos expedientes mais empregados para absorver as variações na demanda. Assim, em momentos de pico mais acentuado, a contratação de novos funcionários, ou a realocação das pessoas na fábrica, pode ser necessária. Internamente, essa solução tem limites. As possibilidades de redução do tempo de ciclo com esse expediente se esgotam quando são alocados operadores a todos os postos de trabalho de uma célula ou linha.

Outro caminho para reduzir o tempo de ciclo é a realização de melhorias nas operações – tanto nas operações principais como nas auxiliares (Shingo, 1996). Essa possibilidade vale para os casos onde o acréscimo do número de operários não for suficiente, desejado, ou mesmo possível. A solução adotada no STP segue essa linha de melhorias nas condições de fabricação, articulada com os mecanismos de realocação de pessoal e variação dos quadros temporários.

Iwayama (1997) aponta uma série de prerrogativas da gestão do fluxo de materiais com base no *takt-time*. Conforme esse autor, um dos objetivos da utilização do *takt-time* é que ele permite clarear as prioridades para melhorias na fábrica. A imposição de um ritmo mais acelerado, com a diminuição do *takt-time*, serve para destacar na fábrica as operações e os equipamentos que restringem a capacidade de produção. Essa tensão é, pois, elemento motor para estabelecer uma lógica de melhorias, devidamente focalizadas em alguns pontos-chave da fábrica – é possível estabelecer um vínculo teórico com a Teoria das Restrições.

Em outros termos, caso a capacidade de uma linha ou célula não seja suficiente, identifica-se a operação que define o tempo de ciclo e concentra-se a atenção na sua melhoria. Essa será a operação para a qual deverão ser canalizadas as atenções de engenheiros, supervisores e dos grupos *Kaizen*. Nesse caso, a focalização em melhorias na operação leva as melhorias no processo – são possíveis diferentes tipos de melhorias, desde as mais simples alterações nos equipamentos, até a reconcepção dos métodos de fabricação (por exemplo, divisão de uma operação de usinagem em duas, a serem realizadas por dois equipamentos). Assim, a lógica de melhorias localizadas, puxada pela gestão baseada no tempo, pode ser concretamente direcionada à função processo.

Aumentos drásticos e temporalmente consistentes na demanda podem ainda desencadear ações do tipo compra de equipamentos, expansão de fábrica ou construção de nova planta.

Transparece dessa discussão que o *takt-time* tem inserção mais ampla no sistema de gestão da produção do que se poderia supor com uma interpretação desenvolvida somente no plano da logística interna na fábrica. Além de se associar a gestão com base no *takt-time* a um ciclo de rotina – operação padrão –, tem-se, forçosamente, que reconhecer sua vinculação a um ciclo de melhorias. Uma representação dessa lógica geral é oferecida na Figura 5.7.

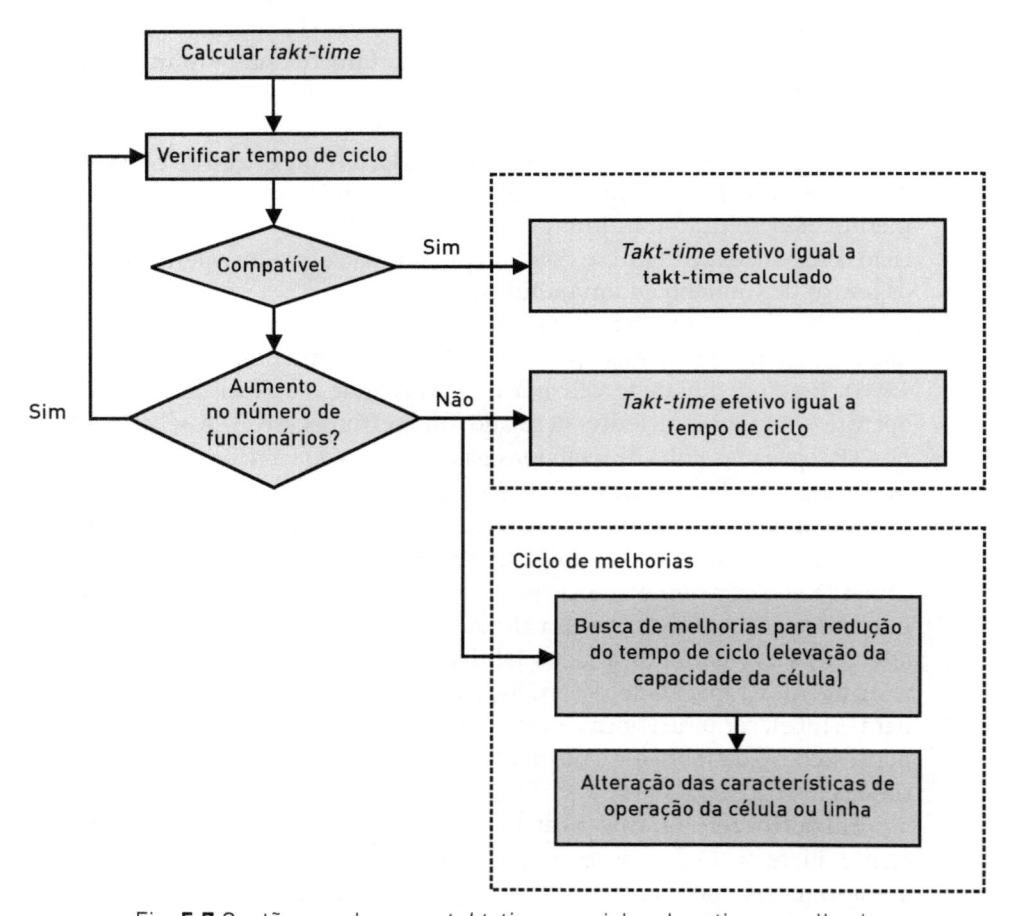

Fig. **5.7** Gestão com base no *takt-time*: os ciclos de rotina e melhorias.

Tipicamente, em uma linha programada com base no *takt-time*, devem ser utilizados *andons* e dispositivos sonoros que indicam o progresso do trabalho. Quando um posto ultrapassa o limite de tempo estipulado para a operação na rotina de operação padrão, são acionados alarmes visuais e sonoros, e medidas corretivas são tomadas em seguida, de modo que o atraso seja recuperado.

Ao longo da linha existem pontos de verificação do avanço da produção. Por exemplo, a montagem do veículo pode ser metaforicamente comparada a um rali. O controle da produção é feito pela checagem e comparação, em pontos pré-determinados, do estágio no qual se encontra a produção versus o projetado. Desvios para mais ou para menos indicam problemas, e são apontados pelo sistema de controle, podendo requerer a intervenção do responsável pela área. O controle da produção é, portanto, realizado online e de forma descentralizada. Nesse contexto, o *takt-time* tende a proporcionar visibilidade ao fluxo dos materiais e aos problemas ocorridos.

A aplicação das idéias expostas tem uma vasta gama de implicações para os diferentes subsistemas de gestão da produção, tanto no que se refere à operação do sistema de produção, como às questões estratégicas associadas. Algumas dessas são sucintamente exploradas a seguir, em particular. Destacam-se as conseqüências e demandas associadas às dimensões qualidade e flexibilidade e aos requisitos de formação de recursos humanos multifuncionais.

(5.2.7) Considerações sobre o funcionamento de sistemas produtivos baseados no conceito de *takt-time*

O funcionamento de um sistema baseado no *takt-time* está apoiado na verificação de algumas condições. Especialmente, a garantia da qualidade e a formação de recursos humanos voltada para a cristalização de um corpo de trabalhadores multifuncionais devem ser destacadas.

A adoção de uma sistemática de gestão da produção baseada na coordenação do fluxo através do *takt-time* tem reflexos no nível estratégico. Em especial, interessa entender como a flexibilidade dos sistemas de produção é afetada em função da sua introdução, e quais são as implicações decorrentes. Ademais, existem relações entre flexibilidade e as decisões relativas à formação de recursos humanos, entre outras áreas de decisão.

(5.2.7.1) Considerações quanto aos aspectos estratégicos

Do ponto de vista estratégico, a gestão baseada em tempo possibilita a obtenção de vantagens competitivas a partir da redução do tempo de resposta às demandas externas. Notadamente, a redução do tempo de atravessamento (*lead time*) e das paradas entre as operações, através do encadeamento da função processo, leva a ganhos nas seguintes dimensões competitivas:

- custos: através da redução de perdas e aumento da taxa de valor agregado;
- qualidade: através da redução do tempo decorrido entre o surgimento e a detecção de defeitos, e, especialmente, da exigência de qualidade assegurada;
- tempo de entrega: através da redução do tempo desde o início da produção até a entrega;
- confiabilidade como fornecedor: a capacidade de cumprir prazos pode se aprimorar, na medida em que o *lead time* é reduzido comparativamente ao tempo esperado para entrega – ver Shingo (1996).

É na flexibilidade e na vinculação dessa dimensão competitiva às já mencionadas, entretanto, que se deve deter a atenção. É possível afirmar que a flexibilidade de um sistema de produção é a capacidade que ele tem de se adaptar a variações no ambiente e nas condições internas de operação da empresa.

Existem diferentes tipologias para a flexibilidade. Slack (1997) define quatro tipos de flexibilidade: de produto, de mix, de volume e de entrega. No que concerne ao tema em questão, a habilidade de alterar a variedade e a proporção entre as quantidades dos produtos em produção (flexibilidade de mix) e a habilidade de variar os volumes agregados de saída do sistema de produção (flexibilidade de volume) são os mais relevantes.

Slack (1997) sobrepõe duas dimensões da flexibilidade a essa matriz conceitual: faixa e resposta. A flexibilidade de faixa diz respeito aos limites máximos e mínimos de variação que o sistema pode suportar; a flexibilidade de resposta está associada ao tempo de que o sistema necessita para se adaptar a essas variações.

Lançando-se mão dos conceitos apresentados, vê-se que a alteração do *takt-time* de um sistema de produção não é trivial, repercutindo na fábrica como um todo. Isso ocorre na medida em que a adoção dessa sistemática de gestão altera as relações de dependência na fábrica, acentuando as relações do tipo dependência mútua entre os diferentes agentes do trabalho intervenientes no processo. De outro modo, é justo afirmar que, em termos práticos, a coordenação do fluxo dos materiais com base no *takt-time* tem implicações para a flexibilidade dos sistemas de produção.

Esse fenômeno é observado na medida em que a alteração do mix de produção ou do volume de saída de uma linha, por exemplo, pode demandar a completa redistribuição das cargas de trabalho. Para que essas mudanças sejam possíveis é necessário que um conjunto de demandas relacionadas à formação de recursos humanos e à padronização do trabalho sejam atendidas.

Em síntese, os sistemas de produção geridos com base na amarração processual do fluxo dos materiais através da modelagem baseada no *takt-time* têm condições de responder de forma mais rápida ao mercado, desde que a demanda siga um padrão sem alterações bruscas. Visto que esse mecanismo de coordenação vincula sistemicamente as operações, qualquer perturbação repercute na fábrica como um todo. Se isso ocorrer, os ganhos obtidos nas outras dimensões serão perdidos ou, mesmo, serão negativos (por exemplo, aumento de custos de estocagem).

A problemática da garantia da qualidade é outro aspecto a ser considerado; retorna-se à questão da flexibilidade logo a seguir.

[5.2.7.2] **As relações com a qualidade**

No Sistema Toyota de Produção, a resolução de problemas de qualidade (defeitos) é uma exceção e deve ser tratado como tal. As rotinas de operação padrão são montadas de maneira que o avanço da produção de acordo com o *takt-time* seja garantido. Qualquer ruptura, como o surgimento de defeitos, deve ser prontamente solucionada, de modo a não comprometer o fluxo dos materiais.

Em consonância com o conceito de autonomação, no caso da linha de montagem, quando encontrado algum problema de qualidade, o operário tem autonomia para paralisar o sistema. No caso de montadoras, uma vez parada a linha, o supervisor decide se o veículo pode ser consertado no local ou terá que ser retirado. Essa decisão é baseada no tempo necessário para o conserto. Se o conserto não puder ser realizado dentro do intervalo *takt*, o veículo é retirado da linha. O supervisor então comunicará a ocorrência aos supervisores das demais áreas e ao PCP, para que a programação seja revista e outras partes do veículo retiradas da linha – esses problemas se amplificam à medida que aumenta a variedade de produtos finais.

A freqüência dessas rupturas deve ser limitada e paulatinamente reduzida com a realização de melhorias, porque existem restrições físicas para a estocagem em processo de veículos (os projetos das fábricas da Toyota prevêem espaços limitados paras as áreas de retoques e consertos de veículos), uma vez que a homogeneidade do fluxo depende da garantia de um elevado nível de qualidade. Similarmente, para redução dos tempos de atravessamento ao longo da cadeia produtiva, um dos tópicos mais importantes se refere à resolução dos problemas de qualidade verificados ao longo do processo de produção.

Com a ocorrência de rupturas freqüentes no ritmo estabelecido para a produção, em decorrência de problemas de qualidade, o próprio sistema pode entrar em colapso, pois sua adaptação à variabilidade é limitada. Paradoxalmente, a construção do STP passou pela interrupção sucessiva do funcionamento da fábrica. Ohno (1996) explica que a paralisação seguida da linha de montagem foi necessária para que as causas dos problemas fossem encontradas e solucionadas: a linha nunca deveria parar mais de uma vez pelo mesmo motivo.

A compreensão de que tempo e qualidade têm relações muito fortes é condição necessária para a apreensão das características que marcam as relações entre os subsistemas de produção do STP e que surgem na sua modelagem teórica.

A garantia da qualidade é uma necessidade para a operação do sistema em si. De outro modo, a multifuncionalidade da mão-de-obra é um requisito para o sistema se adaptar às variações; percebe-se que um sistema rígido pode ser um sistema inoperante. Os aspectos ligados à flexibilidade e à formação de recursos humanos são discutidos a seguir.

(5.2.7.3) **Variação do número de trabalhadores, multifuncionalidade e formação de recursos humanos**

Sendo o tempo de ciclo dependente do número de funcionários alocados, a operação de células e linhas fica diretamente vinculada ao número de operários considerados na definição do *takt-time* efetivo. Particularmente, no caso da linha de montagem, a falta ou atraso de um funcionário causa sérios problemas, pois implica na redistribuição da carga de trabalho em uma série de postos consecutivos e na eventual alteração do *takt*.

De modo a lidar com esses percalços, uma empresa que programe a produção com base no *takt-time* certamente necessitará de um grupo de montadores e/ou operadores multifuncionais, capazes de cobrir as faltas em diferentes pontos da linha e das células, sem que seja necessário alterar as rotinas de operação e o *takt*. Esses "coringas" têm papel fundamental na estabilização das condições operacionais da fábrica.

Deve-se notar que quando todos os funcionários estiverem presentes sobrarão pessoas na linha ou nas células. Dentro do STP, aqueles que não forem alocados aos postos de trabalho dedicar-se-ão a atividades de melhoria ou ao auxílio dos funcionários que efetivamente estão ocupando os postos, substituindo-os por períodos curtos de tempo ou realizando algumas tarefas previstas nas suas operações padrões que os mesmos não estão conseguindo cumprir.

A demanda por recursos humanos capazes de desempenhar diferentes tarefas também é sentida em função da necessidade de adaptação do sistema às flutuações na demanda. A alteração do ritmo de produção requer a redefinição do *takt-time* e o redesenho das folhas de operação padrão. Se a demanda aumenta, o *takt* diminui, e é provável que cada operário passe a executar menos operações; quando a demanda cai, ocorre o inverso.

As adaptações às flutuações de demanda requerem a redistribuição da carga de trabalho. Em períodos de demanda elevada, a fábrica opera com tempos de ciclo e *takt-times* menores que os observados nos períodos de depressão nas vendas. A redução dos tempos significa, via de regra, uma redivisão do trabalho entre um número maior de operários; quando a demanda diminui, operações antes separadas em blocos individualmente alocados podem ser reagrupadas e realizadas por um conjunto menor de funcionários.

Resulta dessas duas possibilidades que a flexibilidade operacional dos recursos humanos é peça fundamental para o adequado funcionamento do sistema. A ampliação gradual das habilidades dos operários é o caminho a ser trilhado. A construção de uma posição robusta no quadro de pessoal implica a necessidade de um programa continuado de treinamento, de modo que os operários se tornem aptos a realizar diferentes operações ao longo do tempo. Esse é um ponto especialmente crítico para o caso das linhas de montagem, pois nessas os tempos de operação tendem a ser fundamentalmente manuais, com reduzidas possibilidades de mecanização das tarefas. Por conseguinte, a operacionalização da sistemática se encontra umbilicalmente ligada a uma lógica consistente de treinamento e formação de recursos humanos.

Embora relativamente simples no entendimento geral de sua lógica, a operação padrão e a gestão com base no *takt-time* não são expedientes corriqueiros em boa parte das empresas industriais brasileiras, mesmo naquelas que adotaram sistemas de manufatura celular, especialmente em se tratando de empresas de pequeno e médio porte.

A verdade é que a construção de sistemas de produção baseados no STP depende de sólidos conhecimentos de Engenharia Industrial e de esforços continuados e consistentes de formação de recursos humanos. Os estudos de tempo e movimentos se constituem na base metodológica para o estabelecimento da operação padrão e da gestão da produção com base no *takt-time*. Entretanto, a aplicação dessas técnicas em larga medida no âmbito do STP é realizada de modo particular, sempre considerando uma visão global do sistema de produção. A rarefeita tradição de Engenharia Industrial em países como o Brasil, aliada às deficiências da formação na área, faz com que o grosso das suas empresas não domine nem mesmo esses tópicos básicos que fundam a disciplina.

A essa possível deficiência técnica, que envolve também o entendimento superficial dos conceitos associados ao tema, devem ser acrescidos limitantes de natureza cultural e política, que muitas vezes impedem a realização de investimentos de maior monta na formação dos trabalhadores e, especialmente, a delegação de poder no âmbito da fábrica. No entendimento dos autores, em se tratando do Brasil, especificamente, essas são barreiras a serem superadas na jornada rumo à construção de sistemas de produção competitivos no país.

[5.2.8] Limites para a aplicação do conceito de takt-time: uma breve discussão

Existe uma vinculação entre *takt-time* e flexibilidade. Observa-se que as possibilidades de adoção ampla dessa abordagem de gestão em diferentes sistemas de produção são singularmente restringidas pelas conseqüências que tal medida teria para a flexibilidade desses sistemas. O emprego da lógica da operação padrão e do *takt-time* como fio condutor do fluxo de produção limita a capacidade da empresa de se adaptar a alterações nas condições de produção. Em termos estratégicos, o sistema de produção fica caracterizado por uma baixa flexibilidade de resposta às variações na demanda, tanto em termos de volume como de mix de produção.

As dificuldades operacionais para variação do *takt-time* introduzem um componente inercial na fábrica ("atrito interno"). Mesmo que a demanda varie, a gerência da planta pode optar por manter constantes os níveis de produção por um determinado período de tempo. A importância da vinculação das diferentes políticas possíveis a um PCP adequado, capaz de atenuar essas variações, é muito grande. Se a demanda cair, a manutenção do volume de produção acarretará o acúmulo de estoques de produtos acabados. Essa, na verdade, é uma prática observada no próprio STP – isto é, nas fábricas da Toyota –, resultando daí a ocorrência de perdas por estoque e superprodução (Ohno, 1996).

O sistema, ao adotar um determinado mecanismo (no caso o *takt-time*) acaba por gerar perdas. Essa aparente contradição interna tem explicação no fato de que a realização de mudanças constantes no *takt-time*, com a decorrente redefinição das rotinas de operação, seria complexa e geraria transtornos significativos, os quais viriam a causar uma série de outras perdas.

Os limites da flexibilidade do sistema são expostos nesse caso. Mesmo com os esforços historicamente realizados no STP, a manutenção de estoques de produtos acabados pode ser desejável à variação no *takt-time*, pois o esforço demandado para a alteração desse ("energia dissipada por fricção") é de tal magnitude que a estabilidade do sistema pode ser abalada por mudanças repetidas.

Em virtude dessas dificuldades, é de se esperar que as variações nas taxa de saída dos sistemas de produção operados com base no *takt-time* não sejam contínuas, mas apresentem comportamentos em escada, com variações dos níveis agregados de produção em saltos descontínuos. De fato, a definição dos domínios dessas variáveis depende também do grau de discretização das operações de montagem constantes das rotinas de operação padrão.

Conclui-se, pois, que a aplicação do *takt-time*, como elemento que encadeia e representa a taxa de avanço do fluxo dos materiais ao longo do tempo e do espaço, é restrito a um conjunto de situações nas quais é possível estabelecer uma demanda relativamente homogênea por um determinado período de tempo mínimo. Variar continuamente o volume ou o mix de produção não se constituem em alternativas viáveis do ponto de vista prático.

A adoção desse mecanismo de programação não faz com que a empresa prescinda de um sistema de planejamento da produção de nível mais alto. Pelo contrário, a alocação à fábrica de uma demanda constante (nivelamento da demanda, ou *heijunka*) por um determinado período de tempo dependerá da capacidade de desenvolver planos de produção mensais e semanais, que absorvam as variações diárias sem que essas sejam transferidas ao sistema de produção.

Resumindo-se as considerações feitas, podem ser relacionados os seguintes requisitos para a gestão com base no *takt-time*, e, de forma ampla, para a adoção da sistemática de operação padrão:

- estabelecimento de uma abordagem multinível de PCP, de tal forma que seja factível, através da adequada gestão da demanda e de estoques, amortecer eventuais variações a curto prazo no carregamento da fábrica. Essa lógica pressupõe, naturalmente, uma forte interação com as estruturas de mercado e vendas, e penaliza empresas que trabalham com necessidades de caixa maiores em países com taxas de juros elevadas, como é o caso do Brasil.
- Realização de esforços continuados para o treinamento e formação de operários multifuncionais. Esse tópico permite uma série de considerações a respeito das práticas associadas às relações de trabalho no país onde a empresa estiver instalada, as quais fogem do escopo deste livro, mas que devem ser discutidas visando a construção de relações democráticas entre capital e trabalho e o desenvolvimento de sistemas de produção mais competitivos.

- Entendimento conceitual e aplicação prática de um dos pilares do Sistema Toyota de Produção: a autonomação. Ações nesse sentido irão demandar conhecimentos próprios de mecânica, elétrica e eletrônica, sistemas de controle etc., fato esse que deve ser considerado na formação de quadros aptos à realização de melhorias.
- Compreensão adequada dos conceitos de *takt-time*, tempo de ciclo e tempo de ciclo da célula ou linha.

Se a variação do mix e do volume de produção resultam em dificuldades claras para a gestão da produção através do Kanban e do *takt-time* em sistemas produtivos de base repetitiva, como é o ramo automobilístico, é possível imaginar que as conseqüências serão ainda mais onerosas para aqueles que apresentam uma grande variabilidade em suas entradas e saídas.

As características da operação com base no *takt-time* permitem, portanto, afirmar que a aplicação dessa sistemática só é adequada a sistemas com elevado grau de repetitividade na produção, nos quais se possa configurar fluxos unitários de peças, e, mais além, manter a estabilidade nos padrões de demanda, do ponto de vista da fábrica.

(5.3) Considerações finais: o mecanismo da função produção e os conceitos da engenharia de produção

O mecanismo da função produção (MFP) contribui decisivamente para a compreensão, aprofundamento e desenvolvimento dos principais conceitos da Engenharia de Produção. Sem esgotar as grandes potencialidades de utilização do MFP para compreender o fenômeno produtivo, o presente capítulo tratou basicamente de tentar elucidar: i) os distintos e diferenciados conceitos de eficiência nos sistemas produtivos; ii) a importante distinção entre os conceitos de *takt-time* e tempo de ciclo, e; iii) as implicações de adotar a noção de *takt-time* no âmbito da produção enxuta.

O primeiro tema tratado visa precisar conceitualmente a noção da eficiência nos sistemas produtivos. Isto porque, de forma geral, os profissionais que atuam na fábrica tem dificuldade de estabelecer as diferenças entre: i) índice de rendimento operacional global – IROG – dos equipamentos; ii) coeficiente de multifuncionalidade dos operadores; iii) índice de eficiência da utilização da mão-de-obra; iv) índice que mede a relação peças produzidas/horas-homem.

No que tange à utilização dos ativos na empresa, particularmente das máquinas, o conceito relevante é o índice de rendimento operacional global – IROG – dos equipamentos. O IROG objetiva medir, fundamentalmente, o valor agregado que cada máquina produz em um dado período de tempo considerado. Dialeticamente, permite observar com clareza as perdas associadas à operação de cada máquina/posto de trabalho. Para o cálculo e gestão sistemática do desempenho do IROG nos sistemas produtivos, é importante considerar dois tipos diferenciados de recursos: i) o recurso gargalo; ii) os recursos não-gargalo.

No caso do recurso gargalo, a idéia consiste em calcular a produtividade total efetiva do equipamento (TEEP – *total effective equipment productivity*). Neste caso, considera-se para o cálculo do IROG o máximo tempo disponível para o recurso crítico (gargalo). Melhorias sistemáticas na eficiência do gargalo são centrais, na medida em que afetam diretamente o desempenho econômico-financeiro da empresa. No caso dos recursos não-gargalo, ou seja, os recursos não críticos nos sistemas produtivos, o objetivo é calcular a eficiência global do equipamento (OEE – *overall equipment efficiency*).

Neste caso, o cálculo do IROG é feito considerando que o tempo total disponível é obtido subtraindo-se o tempo total das paradas programadas. Assim, o OEE mede a eficácia da utilização do equipamento no período de tempo programado para a produção. A idéia de melhorar o OEE é justificada pelas seguintes razões: i) minimizar os custos globais da empresa, em função da melhor utilização de um amplo conjunto de ativos existentes na empresa; ii) atender aos acréscimos das demandas futuras, sem que seja necessária a aquisição de novos equipamentos; iii) compreender da forma mais eficaz possível as perdas nos diferentes postos de trabalho; iv) fornecer maior flexibilidade para a fábrica buscando a redução dos tempos de preparação e, simultaneamente, o aumento do OEE.

De outro lado, o índice de multifuncionalidade dos operadores, muitas vezes medido pela relação entre as horas trabalhadas (produtos) e as horas pagas (pessoas), é relevante para verificar os avanços, do ponto de vista da utilização do princípio da autonomação nos sistemas produtivos. Para um dado espaço de trabalho (por exemplo: célula de manufatura, unidade de manufatura focalizada, fábrica como um todo), o objetivo consiste em projetar e melhorar os sistemas produtivos, no sentido de aumentar ao longo do tempo o índice de multifuncionalidade dos operadores. É importante salientar que o acréscimo sistemático deste índice depende de um amplo conjunto de fatores, entre os quais é possível incluir: i) transformar o leiaute da fábrica, no sentido do leiaute celular; ii) projetar e modificar as máquinas utilizando o princípio da autonomação, que permite reduzir a relação tempo de ciclo manual/tempo de ciclo total das peças; iii) racionalizar o leiaute geral da fábrica, ao aproximar as máquinas, permitindo aumentar a multifuncionalidade dos operadores; iv) treinamento dos operadores, para torná-los multifuncionais.

Já o índice de eficiência da utilização da mão-de-obra, que tende a ser pouco utilizado nas empresas, mede se a eficiência projetada de utilização das pessoas está sendo obtida na prática. Finalmente, é preciso tecer uma crítica ao índice peças produzidas/horas-homem, usado em muitas empresas, pois ele não permite observar as mudanças que ocorrem em termos do aumento da complexidade nos sistemas produtivos. Assim, seu acompanhamento ao longo do tempo não é passível de comparação histórica – com a exceção dos casos onde a complexidade dos produtos e do sistema produtivo permanece inalterada. Com a finalidade de acompanhar historicamente o uso racional das pessoas no contexto da melhoria do projeto dos sistemas produtivos, sugere-se utilizar o índice de multifuncionalidade dos operadores, em vez do índice peças produzidas/horas-homem.

O segundo tópico refere-se ao conceito de *takt*-time, que, no contexto da aplicação prática do Sistema Toyota de Produção, é tão relevante quanto o conceito do Kanban. O sentido dessa afirmação é que ambos estão diretamente relacionados ao gerenciamento dos sistemas produtivos, tendo como eixo central a óptica da função processo – acompanhamento dos materiais no tempo e no espaço – tanto no que tange ao ciclo de rotinas como ao ciclo de melhorias contínuas.

Enquanto o *Kanban* é particularmente importante quando se está tratando da produção de lotes de fabricação, o *takt-time* é um conceito essencial a ser aplicado quando a produção se dá em estruturas caracterizadas pelo fluxo unitário de peças, como é o caso das linhas de montagem e internamente nas chamadas células de fabricação. Em termos gerais, coordena o encadeamento global do fluxo na fábrica.

Outro ponto a realçar é a relação direta do *takt-time* com as variações da demanda do mercado, o que pode ser tratado, desde um ponto de vista prático, através do nivelamento da demanda. Artifícios desse tipo pressupõem a existência de uma estrutura de PCP de alto nível e uma forte articulação com as estruturas de vendas e mercado.

Cabe ressaltar que os conceitos de *takt-time*, tempo de ciclo e tempo de ciclo das células de fabricação ou das linhas de montagem são bastante distintos, muito embora relacionados. Ao contrário do *takt-time* – ligado diretamente à função processo, portanto ao fluxo de materiais –, o conceito de tempo de ciclo está diretamente relacionado à função operação, ou seja, a cada máquina em particular. O tempo de ciclo, como o próprio nome o diz, é o tempo transcorrido entre a repetição de um mesmo evento que caracteriza o início ou o fim deste ciclo.

No caso das células de fabricação e das linhas de montagem, a situação é distinta, na medida em que as máquinas ou postos de trabalho que a constituem devem ser observados a partir de uma lógica de sistema, e, portanto, a partir das relações de dependência entre os elementos que o constituem. Sendo assim, torna-se necessária a proposição de um conjunto de conceitos que permitam a clara compreensão do fenômeno, quando se está tratando de células de fabricação ou linhas de montagem. Propõe-se que o tempo de ciclo da célula ou da linha seja definido como o tempo de execução da operação mais lenta, o que implica dizer que esse é o ritmo máximo de produção que pode ser obtido, se conservadas as condições atuais.

Sugere-se a introdução da definição de *takt-time* efetivo, que será igual ao *takt-time* calculado nos casos em que a capacidade da célula ou linha for superior ou igual à demanda, mas que coincidirá com o tempo de ciclo quando a capacidade for inferior à demanda prevista. Em outras palavras, o tempo de ciclo da célula ou da linha é um fator limitante para a obtenção do *takt-time* calculado sempre que a demanda for maior do que a capacidade instalada. Para que seja possível atingir o *takt-time* calculado, torna-se necessária a realocação de funcionários na fábrica e, mais amplamente, a busca de melhorias voltadas à redução do tempo ciclo da célula ou da linha. Em síntese, torna-se necessária a elevação da sua capacidade real.

Pode-se dizer que, no caso das células de fabricação e da linha de montagem, o conceito de *takt-time* é central, no sentido de direcionar concretamente as melhorias voltadas ao processo, tendo paralelo direto no conceito de Kanban. A qualidade assegurada é um dos elementos necessários ao bom funcionamento do sistema, pois o mesmo não funciona com a ocorrência de interrupções constantes.

Outro tópico relevante é a relação entre a gestão dos recursos humanos nas células de fabricação e linhas de montagem, e o conceito de *takt-time*. A formação de operários multifuncionais é condição necessária à robustez do sistema e ao desenvolvimento da capacidade de adaptação às variações nas condições externas (por exemplo, variações da demanda no mercado) e internas (por exemplo, a necessidade de responder as variabilidade objetivas que ocorrem no sistema produtivo: manutenção, qualidade, tempos de preparação etc.).

O emprego do *takt-time* tende a reduzir a flexibilidade de resposta dos sistemas de produção em relação às flutuações de volume e mix. Esse aspecto acentua a necessidade já indicada da existência de sistemas de PCP capazes de antecipar e dissipar as flutuações a curto prazo na demanda. Mesmo assim, não se pode deixar de considerar que pode se manifestar nos planos gerencial e operacional uma certa tendência inercial de manutenção dos níveis de produção, derivada das políticas e dos pressupostos gerais de gestão.

Tendo como base uma análise crítica dos pontos discutidos neste capítulo, vê-se que as possibilidades de aplicação do *takt-time* são limitadas no âmbito dos sistemas produtivos. Conclui-se que sua aplicação é restrita a sistemas de produção que trabalham com fluxos unitários de peças e com elevadas razões entre unidades produzidas e modelos em linha. Além disso, depende fortemente da existência de sistemas de PCP que permitam sistematizar práticas de nivelamento da demanda.

Atualização na internet

http://www.imam.com.br

http://www.lean.org.br

http://www.unisinos.br/ppg/eng_producao

http://www.unisinos.br/ppg/administracao

http://www.produttare.com.br

Dicas de leitura

ANTUNES JR., J.A. V.; ALVAREZ, R. R.. Takt-time: conceitos e contextualização dentro do Sistema Toyota de Produção. *Gestão de Produção*. São Carlos,: v. 8, n. 1, p.1-18, 2001.

ANTUNES JR., J. A. V.; KLIPPEL, M.. Uma abordagem metodológica para o gerenciamento das restrições dos sistemas produtivos: a gestão sistêmica, unificada/integrada e voltada aos resultados do posto de trabalho. *Anais do XXI Encontro Nacional de Engenharia de Produção*. Salvador: 2001.

KLIPPEL, M.; KLIPPEL, A. F.; ANTUNES JR., J.A. V.; JORGE, R. R.; CASSEL, R. O desdobramento do índice do rendimento operacional global (IROG) como pilar de sustentação para a abordagem da gestão dos postos de trabalho (GPT) para sistemas produtivos. *Anais do Simpósio sobre Excelência em Gestão e Tecnologia*. Resende: 2004.

KLIPPEL, A. F.; ANTUNES JR., J. A. V.; KLIPPEL, M.; JORGE, R. R.. Estratégia de gestão dos postos de trabalho – um estudo de caso na indústria de alimentos. *Anais do XXIII Encontro Nacional de Engenharia de Produção*. Ouro Preto: 2003.

"O conhecimento do mundo só é adquirido no mundo, e não em um armário".

(Lord Chesterfield em carta ao seu filho, 1746)

CAPÍTULO 6

Resumo do Capítulo | 167

(6.1) Análise da capacidade X demanda dos recursos produtivos | 167

(6.1.1) Considerações iniciais | 167

(6.1.2) Modelo teórico para análise da capacidade x demanda em sistemas produtivos | 168

(6.2) Formas de melhorar continuamente a utilização das restrições nos sistemas produtivos | 169

(6.3) Uma abordagem metodológica ao gerenciamento das restrições dos sistemas produtivos: a gestão do posto de trabalho | 176

(6.4) Considerações finais: melhorando cientificamente a utilização dos recursos produtivos das empresas | 191

Atualização na internet | 193

Dicas de leitura | 193

Mecanismo da Função Produção – Potencialidades de Aplicações Práticas nos Sistemas Produtivos

Resumo do capítulo

Este capítulo trata, basicamente, de alguns dos desdobramentos práticos possíveis de serem obtidos a partir do conceito do mecanismo da função produção. É utilizada uma abordagem de cunho sistêmico, na medida em que os conceitos apresentados estão inter-relacionados. Os tópicos tratados estão apresentados a seguir: i) análise de capacidade x demanda dos recursos produtivos; ii) apresentação de uma abordagem metodológica visando a gestão sistêmica, integrada e voltada aos resultados dos postos de trabalho: a gestão do posto de trabalho – GPT.

(6.1) Análise da capacidade × demanda dos recursos produtivos

(6.1.1) Considerações iniciais

Uma das questões essenciais da Engenharia da Produção refere-se à determinação, com a máxima precisão possível, da capacidade grosseira de produção. Em geral, as lógicas adotadas para a determinação da capacidade nas empresas têm pouco rigor científico, na medida em que, na maior parte das vezes, não consideram as reais eficiências dos equipamentos. Outro problema daí derivado está relacionado à determinação dos chamados gargalos produtivos e dos recursos com capacidade restritiva – os CCRs. Neste caso, torna-se necessário ir além de visões simplistas, segundo as quais os gargalos seriam: i) a operação com maior dificuldade; ii) a operação mais lenta; iii) a operação que possui o maior estoque antes da mesma. Neste capítulo será apresentado um modelo conceitual teórico para a análise macro da relação capacidade x demanda e para a determinação de gargalos reais e potenciais. Além disso, serão tecidas considerações práticas, visando trabalhar no sentido do passo quatro da Teoria das Restrições, ou seja, como elevar a capacidade das restrições ou reduzir a sua demanda das mesmas.

(6.1.2) Modelo teórico para análise da capacidade × demanda em sistemas produtivos

De acordo com a discussão teórica feita no Capítulo 5, a capacidade grosseira de um recurso é obtida pela multiplicação de sua capacidade nominal (medida em tempo – t) pelo índice de eficiência global calculado para este recurso. Através da construção da planilha apresentada na Figura 6.1, as capacidades reais dos recursos dos processos produtivos podem ser determinadas em *unidade de tempo*, levando-se em consideração a eficiência global de cada recurso. Já as demandas dos produtos nos recursos produtivos podem ser calculadas através da multiplicação das taxas de processamento unitárias (tempos de ciclo, para os recursos que produzem peça a peça) pelas quantidades obtidas a partir das informações provenientes das previsões da vendas e/ou dos pedidos efetuados pelos clientes – geralmente chamados de "pedidos firmes".

A utilização da planilha mostrada na Figura 6.1 possibilita identificar os recursos que não poderão atender às demandas previstas.

Produtos	Programação mensal	Tempo de ciclo por equipamento				Demanda mensal por equipamento			
		Equipe 1	Equipe 2	Equipe 3	Equipe 4	Equipe 1	Equipe 2	Equipe 3	Equipe 4
A	PMa	t1a	t2a	t3a	t4a	t1a × PMa	t1a × PMa	t1a × PMa	t1a × PMa
B	PMb	t1b	t2b	t3b	t4b	t1b × PMb	t1b × PMb	t1b × PMb	t1b × PMb
C	PMc	t1c	t2c	t3c	t4c	t1c × PMc	t1c × PMc	t1c × PMc	t1c × PMc
D	PMd	t1d	t2d	t3d	t4d	t1d × PMd	t1d × PMd	t1d × PMd	t1d × PMd
Demanda total por equipamento (D) =						D11	D21	D31	D41
Índice de rendimento operacional global (IROG) =						µg1	µg2	µg3	µg4
Capacidade nominal de equipamento: (C) =						C1	C2	C3	C4
Capacidade real de equipamento: (C × IROG) =						C1 × µg1	C2 × µg2	C3 × µg3	C4 × µg4
Diferença temporal em unidade de tempo ((C × IROG) – (D) =						(C1 × mg1) – D11	(C2 × mg2) – D21	(C3 × mg3) – D31	(C4 × mg4) – D41

Fig. **6.1** Análise da relação entre a capacidade grosseira e a demanda de produção.

onde:

t1a	= taxa de processamento (ou tempo de ciclo) no recurso 1 para fabricar o produto A;
PMa	= programação mensal de fabricação do produto A;
t1a × PMa	= demanda mensal do recurso 1 para fabricação do produto A;
D11	= demanda total do recurso 1 para o mês 1;
μ_{g1}	= índice de rendimento operacional Global – IROG – do recurso 1;
C1	= capacidade nominal de produção do recurso 1;
C1 × μ_{g1}	= capacidade real de produção do recurso 1;
(C1 × μ_{g1}) – D11	= diferença em unidade de tempo entre a capacidade real de produção e a demanda prevista do recurso 1 para o mês 1.

Na planilha apresentada anteriormente, analisando-se o equipamento 1, verifica-se que os produtos A, B, C e D passam por ele, sendo as taxas de processamento unitárias (por exemplo em minutos por peça) neste equipamento, respectivamente, t1a, t1b, t1c e t1d, e a programação mensal, PMa, PMb, PMc e PMd unidades.

Para a programação mensal prevista para o mês 1, a demanda do equipamento 1, para os produtos A, B, C e D será, em unidade de tempo, respectivamente, t1a x PMa, t1b x PMb, t1c x PMc e t1d x PMd, totalizando uma demanda mensal D11 (demanda do equipamento 1 no mês 1), em unidades de tempo. Considerando que o índice de rendimento operacional global – IROG – calculado do equipamento 1 seja μ_{g1}, e que a capacidade nominal deste equipamento, em unidade de tempo, seja C1, a capacidade real do mesmo será μ_{g1} x C1, em unidades de tempo.

Caso a demanda mensal D11 seja maior do que a capacidade real μ_{g1} x C1, o equipamento 1 será um recurso restritivo por não ter capacidade temporal de atender a demanda prevista. Caso contrário, o mesmo deverá ter capacidade ociosa. Nos demais equipamentos a mesma análise é feita, podendo-se agregar, para efeito de análise, mais ou menos a demanda (por exemplo, em trimestral, semestral ou anual) e ainda podendo-se analisar diferentes períodos (mês 1, mês 2 etc.).

Sendo assim, podemos ter três situações possíveis no que tange a alocação da demanda e ocupação dos recursos produtivos. A primeira situação apresenta uma relação onde a capacidade produtiva do recurso é superior à demanda dos produtos, logo temos um **Recurso com Capacidade**. A segunda situação possível é quando a relação entre capacidade e demanda é igual ou muito próxima. Neste caso, os recursos são considerados **CCRs**, pois qualquer problema imprevisto pode acarretar em falta de capacidade.

Por fim, quando a relação se apresenta de modo a indicar que o recurso possui menos capacidade do que demanda, temos os **Recursos sem Capacidade**, chamamos de **gargalos**.

[6.2] Formas de melhorar continuamente a utilização das restrições nos sistemas produtivos

Considerando-se o aumento da oferta, ou seja, do aumento da capacidade, dois tipos de ações gerais podem ser realizados: i) aumento do tempo total – TT; ii) aumento do índice de rendimento operacional global – TEEP, no caso dos gargalos.

Alguns exemplos de aumento do tempo total são:

- comprar capacidade adicional através de ações como: i) compra de novas máquinas; ii) contratação de novos trabalhadores para o gargalo; iii) utilização de horas extras dos trabalhadores no gargalo; iv) adição de turnos de trabalhos;
- uso de equipamentos alternativos já existentes na planta para produzir peças processadas no gargalo, lógica esta que pode ser utilizada sempre

Engenharia de produção na prática

Na figura a seguir está apresentado um exemplo didático de utilização da planilha de capacidade x demanda. Nesta fábrica hipotética são produzidos três artigos: arruela, parafuso e porca. Para a sua fabricação são utilizados quatro recursos produtivos (1, 2, 3 e 4). Cada produto possui seu roteiro específico de fabricação, com os respectivos tempos de ciclo ou processamento associados, sendo que cada recurso produz uma peça por vez, de tal sorte que as taxas de processamento unitárias têm o mesmo valor dos tempos de ciclo ou processamento (em minutos por peça, por exemplo). É suposta uma programação mensal para o mês de julho de 2007 para cada um dos três produtos considerados. Constituem-se, ainda, como dado de entrada: i) as eficiências globais (IROG) dos quatro recursos em cena; ii) o tempo disponível (capacidade nominal) de cada um dos recursos, obtido pela multiplicação dos minutos disponíveis diários pelos dias que serão utilizados para a produção no mês de julho.

Capacidade de Produção × Demanda

Produtos	Programação Mensal	Tempo de ciclo por equipamento				Demanda mensal por equipamento			
		1	2	3	4	1	2	3	4
Arruela A1	2.000	1,25		1,50		2.500	0	3.000	0
Parafuso P1	1.000	1,50	4,50		1,50	1.500	4.500	0	1.500
Porca PQ1	1.500	1,00		1,00	0,50	1.500	0	1.500	750
						0	0	0	0
						0	0	0	0
						0	0	0	0
						0	0	0	0
						0	0	0	0
Demanda total por equipamento						5.500	4.500	4.500	2.250
Capacidade Nominal do equipamento						10.560	7.920	10.560	10.560
Índice de rendimento operacional global (IROG)						53%	60%	42%	70%
Capacidade real do equipamento						5.597	4.752	4.435	7.392
Diferença temporal						97	252	-65	5.142

Demanda × capacidade julho 2007

Programação total: **4.500**

Equipamento	Tempo disponível	
	Minutos	Dias
1	528	20
2	528	15
3	528	20
4	528	20

Planilha de capacidade × Demanda

Multiplicando-se as programações mensais dos produtos pelas taxas de processamento unitárias (ou tempos de ciclo, neste caso), são obtidas as demandas totais dos recursos 1, 2, 3 e 4. Pode-se observar que a maior demanda está relacionada ao recurso 1. Será este, então o recurso gargalo? Para responder a esta questão, torna-se necessário verificar as capacidades reais dos equipamentos, obtidas pela multiplicação da capacidade nominal dos equipamentos pelos respectivos índices de rendimento operacional global – IROG. Subtraindo-se a capacidade real dos equipamentos pela demanda to-

(continua)

Engenharia de produção na prática (continuação)

tal é possível observar que o recurso 3 não poderá responder às necessidades do mercado, sendo o gargalo produtivo do mês de julho do ano em questão. Neste sentido, quatro linhas gerais de ação podem ser pensadas, sendo as duas primeiras associadas ao aumento da capacidade produtiva e as duas últimas associadas à redução da demanda no gargalo:

1) aumentar a capacidade nominal do recurso ou equipamento 3 (T), que é uma análise a ser feita pelo PCP em conjunto com a gerência de produção;
2) aumentar o índice de rendimento operacional do equipamento 3 (μ_g) através de ações relacionadas à gerência de produção;
3) reduzir os tempos de ciclo ou taxas de processamento unitárias (tp_i) no recurso ou equipamento 3 via ações coordenadas pela engenharia de processo;
4) reduzir as quantidades a serem processadas na restrição (q_i), por exemplo: utilizando roteiros alternativos, recursos substitutos, alterando prazos de entrega ou "cortando" as entregas de produto no mercado – através de ações conjuntas entre as vendas e a gerência de produção.

Duas considerações finais podem ser feitas a partir deste exemplo:

- Rigorosamente falando, é possível questionar a formulação proposta por Goldratt para o seu passo quatro da TOC: "elevar a capacidade das restrições". Na verdade, existem duas macropossibilidades para melhorar o desempenho das restrições internas da fábrica (gargalo produtivo): i) elevar a capacidade das restrições (aumentar T e/ou μ_g); ii) reduzir a demanda nas restrições (reduzindo tp_i). Além disso, a capacidade do gargalo poderá ser melhor utilizada se for possível "desviar" produtos para outros recursos, ou reprogramar datas de entrega para produtos que estejam demandando capacidade do gargalo (o que significaria reduzir q_i).
- Ações visando melhorar o desempenho dos gargalos necessitam ser pensadas a partir de uma óptica sistêmica, na medida em que envolvem um amplo conjunto de áreas, tais como: gerência de produção, manutenção, engenharia de processo, qualidade, vendas etc. A título de exemplos, o aumento da taxa de processamento unitária pode ser alcançado a partir de mudanças de engenharia que viabilizem o processamento paralelo de peças (matrizes de cavidade múltipla, esteiras de pintura com várias "trilhas", cabines com gancheiras múltiplas, melhor aproveitamento do espaço disponível em fornos etc.); o tempo de ciclo pode ser reduzido, alterando-se parâmetros de processo (temperatura, pressão, velocidades etc.), formulações, desenhos ou projetos, etc., de forma a melhorar a processabilidade dos itens, ou ainda, com melhorias de tempos e métodos que reduzam tempos de abastecimento, desabastecimento etc.

que houver a disponibilidade de máquinas que possam realizar todas as operações da máquina gargalo.*

Alguns exemplos de aumento do IROG são:

- eliminar/minimizar os períodos de tempo perdidos no gargalo, na medida em que se pode dizer que uma hora perdida no gargalo é uma hora perdida em todo o sistema. Sendo assim, deve-se evitar paradas nos gargalos por razões como folgas para almoço, troca de turnos, *coffee breaks*, ginástica laboral, folgas ligadas a questões ergonômicas** etc.;
- redução dos tempos de preparação de máquinas através da utilização de métodos, conceitos e técnicas, intituladas, de forma geral, de troca rápida de ferramentas;
- melhoria na manutenção das máquinas gargalos, visando aumentar o coeficiente médio de utilização dos recursos críticos da fábrica. É preciso considerar a necessidade de reduzir as paradas não planejadas dos gargalos, e reduzir o máximo possível o tempo global das paradas planejadas cujo tempo possa influenciar no ganho total do sistema de produção.

Considerando-se a redução da demanda dos produtos, dois tipos de ação gerais podem ser efetivados, a saber: i) redução das taxas de processamento unitárias ou dos tempos de ciclo – tp_i; ii) redução das quantidades de produtos que passam pelo recurso – q_i.

Alguns exemplos de ações visando a redução das taxas de processamento unitárias ou dos tempos de ciclo são:

- redução dos tempos de ciclo/processamento dos produtos nas máquinas críticas através da adoção de técnicas ligadas a melhoria dos métodos e processos;
- melhorias no sistema de alimentação de máquinas na medida em que, em alguns casos, a velocidade de alimentação das máquinas é inferior à velocidade de processamento das máquinas. Ou seja, existe um assincronismo entre a velocidade de alimentação e a velocidade de processamento da máquina. Neste caso, melhorar a alimentação dos equipamentos implica aumentar a produtividade horária do sistema como um todo, com conseqüente redução dos tempos de processamento;
- realocação de parte das operações anteriormente feitas no gargalo para outras máquinas não-gargalo que estejam operando com supercapacidade. Em muitos casos, uma operação gargalo é constituída de um conjunto de operações menores (suboperações). Algumas destas suboperações podem ser realizadas em outras máquinas alternativas que não são gargalo,

---

* É o caso da utilização da máquina NCX-10 relatada no livro *A Meta* (Goldratt e Cox, 1986).
** É evidente que as folgas ligadas à ergonomia (fadiga, higiênicas etc.) devem ser consideradas. O que deve ser proposto são formas de não parar o gargalo quando os operadores tiverem que parar a produção por razões relacionadas a ergonomia.

reduzindo assim o tempo de processamento unitário por peça da máquina gargalo. Um exemplo ilustrativo é, em uma operação de furação, furar um diâmetro menor que o desejado em uma furadeira auxiliar, deixando para a operação no gargalo somente a furação no diâmetro final;
- melhoria no processo de fabricação das máquinas gargalos. Em muitos casos, aumentar a produtividade horária dos gargalos implica alterar o próprio processo de fabricação atualmente adotado. Exemplos típicos de melhoria nos processos que resultam em reduções das taxas unitárias de processamento são: melhor utilização do espaço disponível em fornos e estufas, aumentando o número de peças por batelada; utilizar mais "trilhas" paralelas para dispor peças simultaneamente em esteiras de pintura etc.

Alguns exemplos de ações que visam à redução da quantidade de produtos são:

- melhorar o controle de qualidade do sistema, pois teoricamente nenhuma peça deve ser refugada ou retrabalhada no circuito que vai dos gargalos até o mercado. Para isto, a estratégia utilizada para garantir a qualidade do produto deve ser concebida de tal forma que: i) não seja processada nenhuma peça defeituosa no gargalo, o que, de forma geral, justifica adotar uma inspeção imediatamente anterior ao gargalo; ii) assegurar que todas as peças que passam pelo gargalo gerem ganho para a empresa, ou seja, que a produção de defeitos e retrabalhos pós-gargalo seja igual a zero. Assim, deve-se classificar a produção de peças como "boas" e "refugadas/retrabalhadas";
- utilizar roteiros alternativos ao gargalo, mesmo que implique em utilizar duas máquinas para executar uma operação única do gargalo;
- subcontratar/terceirizar uma parte da produção que anteriormente era feita pelo gargalo.

É preciso considerar dois aspectos importantes relacionados às ações acima: o tempo de execução e os recursos envolvidos nas melhorias. Em alguns casos o tempo para a execução da melhoria é pequeno, como, por exemplo, eliminar o período de tempos mortos no gargalo e comprar capacidade adicional pela adoção de horas extras. Em outros casos o tempo de execução das melhorias é grande, como, por exemplo, algumas ações no campo da manutenção e melhoria no processo de fabricação.

Os recursos envolvidos nas (ou necessários para) melhorias podem ser muito reduzidos, como, por exemplo, algumas ações para reduzir os tempos de preparação, para melhorar a alimentação das máquinas e para evitar os tempos mortos no gargalo. Nestes casos, torna-se desnecessário realizar qualquer tipo de avaliação de investimentos. Em outros casos, os recursos envolvidos podem ser consideráveis, como, por exemplo, aquisição de novos equipamentos, alterações de processos, certas ações para reduzir os tempos de preparação. Nestes casos, em geral, torna-se necessária a realização de uma avaliação de investimentos para verificar a viabilidade econômica da proposição técnica envolvida.

174 ■ Sistemas de Produção

Engenharia de produção na prática

Do ponto de vista da aplicação prática do método da análise da capacidade x demanda, visando atacar os problemas associados aos gargalos nos sistemas produtivos, é razoável propor um fluxograma visando tratar o problema de forma sistêmica e sistemática – Figura 6.2. Este processo inicia-se com a utilização de uma base de dados na qual estará armazenado os tempos de processamento/tempos de ciclo dos produtos (*Tpi*), devidamente atualizados.

Na seqüência, de posse dos relatórios recebidos do sistema de planejamento, programação e controle da produção e dos materiais (PPCPM), que destacam

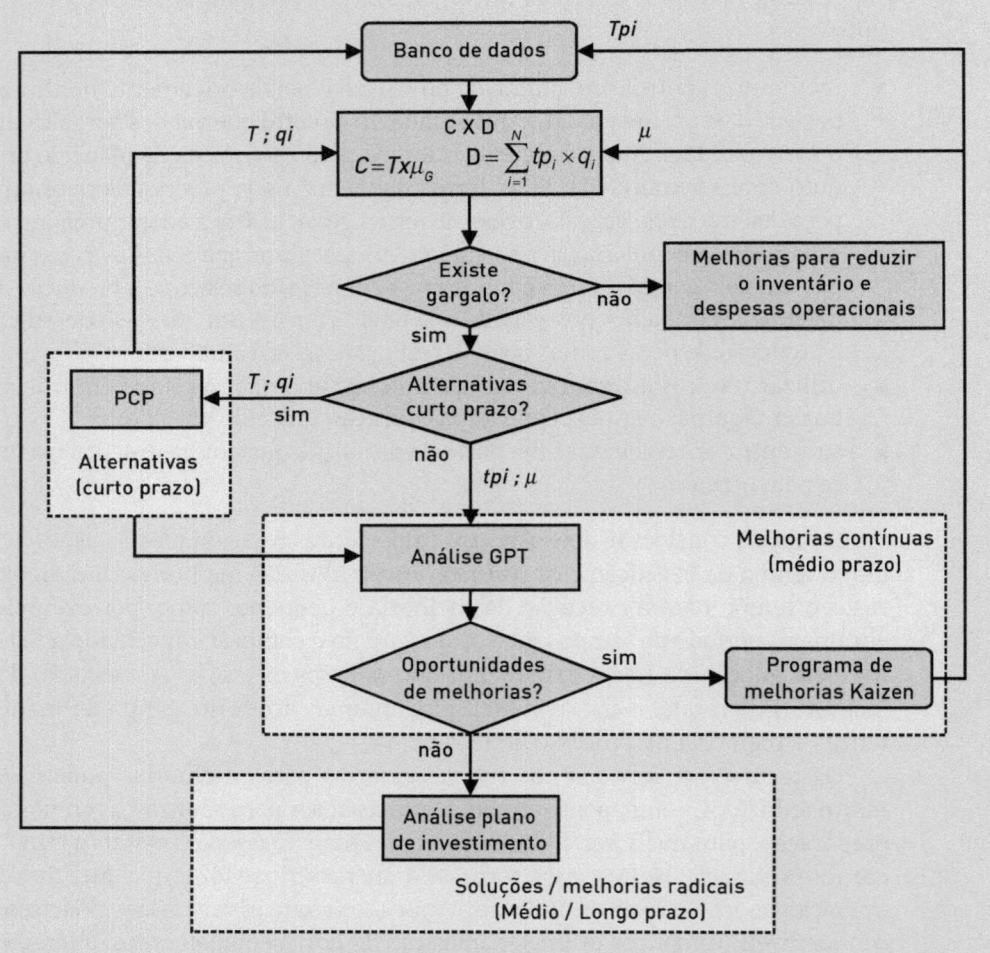

Fig. **6.2** Fluxograma visando melhorar a utilização das restrições nos sistemas produtivos.

(*continua*)

Engenharia de produção na prática (continuação)

o tempo disponível para a produção (T), as quantidades a serem produzidas de cada produto (q_i) e as informações provenientes da fábrica relativas às eficiências das máquinas (μ_g), é possível analisar a relação entre a capacidade x demanda. A partir desta análise, ficam explicitados os eventuais gargalos no processo produtivo. Se não existirem gargalos, o processo é finalizado, sendo possível propor melhorias visando a redução dos investimentos ou a redução das despesas operacionais. Mas se efetivamente existirem gargalos, deve-se analisar a possibilidade de tratá-los a curto e a médio prazo.

Algumas alternativas, como o aumento do tempo disponível de produção (T) através da inserção de mais um turno de produção ou da introdução de horas-extras, bem como a possibilidade de produzir quantidades de produtos que antes passavam pelo gargalo e que podem ser manufaturados em recursos não-gargalos, são ações possíveis de serem tomadas no curto prazo. No entanto, qualquer uma das alternativas a ser escolhida para minimizar os problemas do gargalo, a curto prazo, deverá ser encaminhada ao planejamento, programação e controle da produção e dos materiais com a finalidade de atualizar o cálculo de capacidade x demanda. Isto permitirá uma análise mais acurada em termos de gestão do posto de trabalho (GPT).*

Se o problema do gargalo não for possível de ser resolvido a curto prazo, devido à existência de problemas ligados aos tempos de ciclos/processamento dos produtos (Tp_i) e/ou à eficiência dos recursos (μ_g), segue-se para a etapa de análise da GPT. A GPT é uma etapa onde as melhorias tendem a necessitar de uma visão de médio prazo. Nesta etapa verifica-se a possibilidade de se efetuarem melhorias que, caso forem positivas, deverão ser encaminhadas ao programa de melhorias do tipo *Kaizen* (ou outros tipos de programas de melhorias existentes nas empresas). Após as melhorias efetivadas, são necessárias alterações na base de dados (no que tange aos tempos de ciclo ou processamento dos produtos) e/ou no índice de eficiência das máquinas. Se não for possível, através da utilização da GPT, obter as melhorias necessárias em um dado período de tempo, deve-se propor um conjunto de melhorias de cunho técnico, que, por necessitarem de investimentos, deverão ser submetidas aos procedimentos usualmente adotados em termos de análise de investimentos.

---

* Uma discussão aprofundada sobre o método da Gestão do Posto de Trabalho será feita no próximo item deste capítulo.

De uma forma genérica, pode-se dizer que se deve priorizar as ações que demandem menor tempo de execução e recursos financeiros. Após uma análise dos resultados obtidos pelas ações que demandam pouco tempo e recursos, pode-se partir para as soluções mais complexas em termos técnicos, de tempo de execução e econômicos.

[6.3] Uma abordagem metodológica ao gerenciamento das restrições dos sistemas produtivos: a gestão do posto de trabalho

A análise da eficiência dos sistemas produtivos é um tema relevante no contexto das empresas industriais. Uma discussão consistente deste tema necessita da explicitação de um conjunto de conceitos relacionados à eficiência dos sistemas produtivos, tendo como pano de fundo os princípios do Sistema Toyota de Produção (STP) – particularmente as noções de mecanismo da função produção (função processo e função operação) e de índice de eficiência operacional global dos equipamentos – e os conceitos da Teoria das Restrições (TOC) – em especial os de gargalos produtivos e de recursos com capacidade restrita (CCRs).

Através do cálculo e monitoramento contínuo da eficiência produtiva dos recursos, pode-se ter conhecimento das reais eficiências do sistema de produção, com o objetivo de elaborar planos de ação e soluções para aumentar a eficácia da utilização dos ativos industriais. No entanto, esse monitoramento necessita ser claro e objetivo, através de indicadores de larga aplicabilidade e fácil interpretação, visando evitar a situação recorrente de uso de critérios subjetivos (como "ruim" ou "boa") para a gestão dos recursos. A idéia básica da abordagem aqui descrita consiste em perseguir o lema: "o que não é mensurado, não é gerido".

Para a garantia da exatidão da eficiência de um posto de trabalho, é necessária, além da precisão conceitual envolvida no seu cálculo, a coleta adequada dos dados relativos aos recursos produtivos. Discussões a respeito das rotinas e das melhorias nos postos de trabalho acompanham a história da Engenharia de Produção. Os trabalhos originais de Taylor e Gilbreth e de seus seguidores trataram do tema desde o início do século XX (Antunes, 1998). Porém, no mundo moderno, o conceito de sistema e suas implicações vêm alterando sobremaneira o pensamento sobre os sistemas produtivos. Os conceitos, princípios e técnicas do Sistema Toyota de Produção e da Teoria das Restrições propugnam a necessidade de modificar a forma como a gestão dos postos de trabalho (GPT) vem sendo realizada nas organizações modernas.

Em relação à problemática da GPT nas empresas, observa-se que várias ações são realizadas cotidianamente, envolvendo os operadores e as máquinas, entre as quais se pode citar:

- a gestão da produtividade (peças/hora ou peças/hora.homem) dos postos de trabalho, realizada pelos profissionais da produção;

- a gestão da eficiência dos equipamentos, atividade que, em geral, possui um coordenador geral ligado à área de manutenção produtiva total (TPM);
- a implantação do 5 S no posto de trabalho, geralmente associadas às áreas de qualidade ou de manutenção;
- melhorias e redução dos tempos de preparação de máquinas;
- a redução da geração de refugos/sucatas e de retrabalhos em postos de trabalho, geralmente associada a analistas de qualidade;
- a redução dos tempos de processamento/tempo de ciclos das máquinas, sob responsabilidade de analistas de processo;
- questões associadas a segurança do trabalho e ergonomia.

No entanto, o resultado dessas diversas ações simultâneas tende a produzir efeitos indesejáveis sobre os profissionais/operários que atuam junto aos recursos, tais como a perda de foco em sua atividade-fim (Figura 6.3). Essa perda de foco deve-se à realização de ações não-integradas e não-sistêmicas, que levam os gestores a questionamentos como:

- Quais são as prioridades que devem ser seguidas pelos operadores em relação às **rotinas** e **melhorias** a serem executadas no posto de trabalho?
- As prioridades de ações no dia-a-dia, em termos de todos os postos de trabalho, devem ser as mesmas? Se não o forem, como definir estas prioridades para cada caso em particular?
- Todos os postos de trabalho devem ser gerenciados de forma similar?
- Existe algum indicador capaz de **envolver e integrar sistemicamente** os diferentes atores que trabalham no posto de trabalho? Como este indicador pode auxiliar na lógica de gerenciamento da rotina e das melhorias nos postos de trabalho?

As ações concretas de melhorias nas máquinas, em particular nas máquinas críticas, pressupõem uma ação conjunta das pessoas responsáveis por: processo, manutenção, preparação de máquinas, qualidade, produção, ergonomia etc. Neste sentido, a idéia básica consiste em "romper" as lógicas segmentadas de tratamento do problema da gestão do posto de trabalho nas empresas. Portanto, é necessário otimizar a utilização dos ativos (equipamentos, instalações e pessoal) das empresas, aumentando assim, a capacidade e a flexibilidade da produção, tendo como base a minimização de investimentos adicionais de capital. Assim, a abordagem GPT objetiva:

- focalizar as ações de gestão das rotinas e melhorias nos pontos críticos do sistema, que são os gargalos, os recursos com capacidade restrita – os CCRs – e nos recursos que apresentam problemas relacionados com qualidade, com geração de refugos e retrabalhos – RPQs;
- utilizar um medidor de eficiência global nestes postos de trabalho, que permita e estimule a integração entre as diferentes áreas: produção,

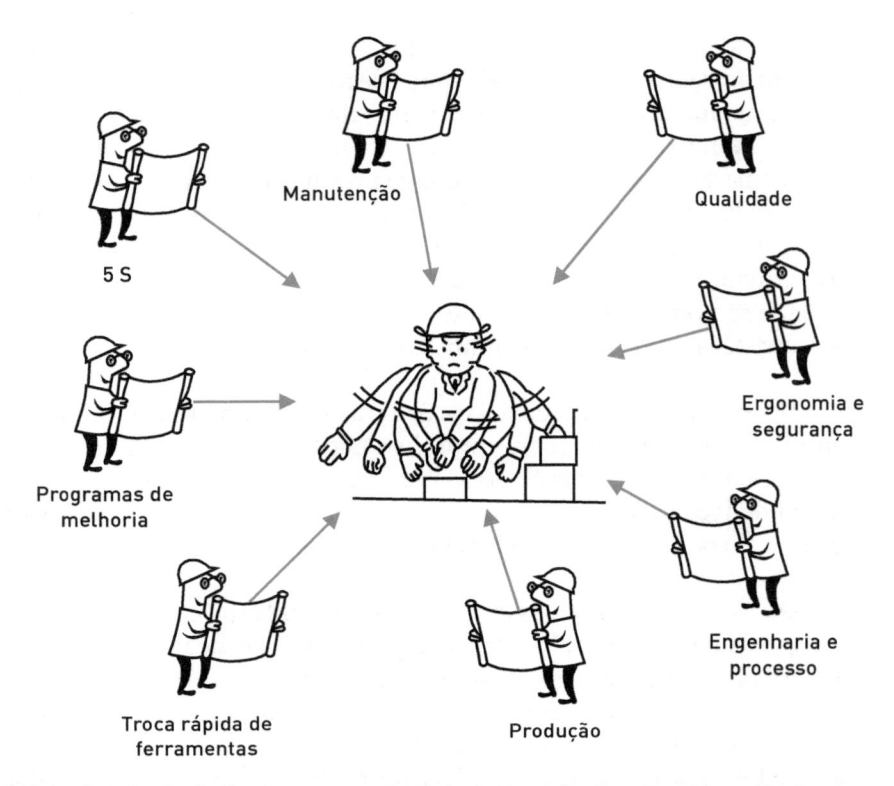

Fig. **6.3** Relações dos trabalhadores no posto de trabalho e das funções de gestão da empresa.

qualidade, manutenção, processo, melhorias de troca de ferramentas e afins;
- identificar as principais causas de ineficiência dos equipamentos;
- levando em consideração os indicadores, avaliar os postos de trabalho críticos e realizar planos de melhorias sistêmicos, unificados e voltados aos resultados globais da empresa. Isso através da utilização de técnicas estabelecidas pelo STP, aumentando de forma significativa e com baixos investimentos as eficiências globais dos equipamentos, e reduzindo, simultaneamente, os tempos de preparação, possibilitando aumentar a flexibilidade da produção para atender às necessidades do mercado.

A seguir é apresentado um método prático para tratar o problema tendo como base os modernos princípios e técnicas ligados à Engenharia de Produção.

Conforme Hansen (2001), as empresas de manufatura de classe mundial compartilham algumas características comuns. Elas são dirigidas para resultados e lideradas sinergicamente por equipes de liderança multifuncionais. Um sistema de medição correto e a gestão através de parâmetros-chave contribuem para aumentar a produtividade na planta como um todo. Um indicador denominado índice de rendimento operacional global (IROG) auxilia a entender melhor como está o desempenho da área de manufatura e a identificar qual é a máxima eficiência possível de ser atingida. A idéia de eficiência dos equipamentos surgiu no desenvolvimento do TPM, e, especificamente, a terminologia IROG foi desenvolvida por Nakajima (1988).

O índice de eficiência operacional global (IROG) do recurso pode ser calculado a partir da Equação 6.1:

$$\mu_g^{maq} = \frac{\sum_{i=1}^{N} tp_i \times q_i}{T_t} \qquad (6.1)$$

A análise do conceito de IROG pode ser aprofundada através do desdobramento da expressão anterior em índices parciais. Esse desdobramento tem por objetivo identificar as principais causas das ineficiências observadas nos postos de trabalho. De fato, o IROG pode ser calculado através da Equação 6.2:

$$\mu_{Global} = \mu_1 \times \mu_2 \times \mu_3 \qquad (6.2)$$

onde:

μ_1 = índice de tempo operacional (ITO), também denominado μ_1
μ_2 = índice de performance operacional (IPO), também denominado μ_2
μ_3 = índice de produtos aprovados (IPA), também denominado μ_3

O ITO, corresponde ao tempo em que o equipamento ficou disponível, excluindo-se as paradas não programadas. É relacionado, portanto, à paralisação do equipamento, isto é, quando a velocidade do mesmo cai a zero, sendo calculado pela seguinte Equação 6.3:

$$\mu_1 = \frac{T_t - \sum_{j=1}^{P} TNP_j}{T_t} \qquad (6.3)$$

onde:

T_t = tempo total disponível (ou programado) para a produção;

$\sum_{j=1}^{P} TNP_j$ = tempo total de paradas não programadas.

Um baixo valor de ITO indica que o equipamento sofreu muitas paradas não programadas. Assim, quanto menor for o valor do ITO, maior será o potencial de aumento de utilização do posto de trabalho através de ciclos de melhoria. Recursos que processam pouca variedade de peças tendem a ter um ITO elevado, devido a pouca necessidade de paradas para *setup*. Quando há grande variedade de peças, são exigidos muitos *setups*, e as paradas tendem a aumentar consideravelmente.

Da mesma forma que nas equações anteriores, o tempo total (T_t) refere-se ao tempo em que o recurso ficou disponível, conforme programado. Se for um gargalo e a demanda assim justificar, idealmente será de 24 horas/dia, durante sete dias por semana (10.080 minutos/semana). Em outro cenário, por exemplo, em que a demanda justifique a programação do recurso apenas entre segunda e quinta-feira, durante dois turnos de oito horas por dia, o T_t será de 64 horas (3.480 minutos). No entanto, em qualquer dos casos, o raciocínio não se altera, ou seja, se em um determinado turno programado, o recurso não operar, por exemplo, devido à falta de peças, ele estará perdendo eficiência. Isto porque, havendo uma programação de operação, o recurso é considerado disponível, devendo o T_t permanecer o mesmo (a causa da paralisação foi outra que não a falta de programação).

O segundo índice parcial (IPO), μ_2, expressa o desempenho do recurso, sendo calculado em função do tempo total disponível, de reduções da velocidade de produção, de operações em vazio e de paradas momentâneas. É relacionado, portanto, à queda de velocidade do recurso (velocidade diferente da nominal e diferente de zero), sendo calculado pela expressão:

$$\mu_2 = \frac{T_t - \sum_{k=1}^{Q} QV_k}{T_t} \qquad (6.4)$$

onde:

T_t = tempo total disponível (ou programado) para a produção;

$\sum_{k=1}^{Q} QV_k$ = tempo total de quedas de velocidade.

A mensuração deste tipo de parada geralmente é de difícil operacionalização. Para fins de análise, pode-se obter este índice a partir da expressão:

$$\mu_2 = \frac{\mu_{Global}}{\mu_1 \times \mu_3} \qquad (6.5)$$

Existem basicamente duas causas para que o cálculo do IPO atinja um valor reduzido:

- *causas técnicas*, como por exemplo, operação em vazio por falta de alimentação de peças (não ocorrendo, neste caso, tempo de agregação de valor) ou tempo de ciclo muito alto – com conseqüente redução da velocidade de processamento – em função da falta de treinamento do operador (ocorrendo tempo de agregação de valor, porém não ao ritmo do tempo de ciclo). Um operador treinado e experiente tem um tempo de ciclo para uma determinada peça, inferior ao de um operador não treinado e inexperiente. Freqüentemente se observa nas empresas uma variação acentuada do tempo de ciclo de uma mesma peça, indicando o envolvimento de operadores com diferentes habilidades: alguns treinados, outros em fase de treinamento ou aprendizado inicial;
- *falta de anotação no diário de bordo*, quando o operador não registra os motivos das paradas (por exemplo, muitas pequenas paradas não registradas

pelo operador, mas que no somatório acabam ocasionando um tempo de paralisação elevado, influenciando diretamente um baixo valor do índice). Neste caso, é necessário melhorar a precisão das paradas coletadas, dado que na verdade estas paradas deveriam reduzir μ_1, e não μ_2. Ou seja, a falta de anotação das paradas deve ser resolvida, levando a um cálculo preciso do μ_2.

Por fim, o IPA, μ_3, está relacionado à qualidade das peças produzidas, sendo calculado em função do tempo de operação real e do tempo gasto com refugo e/ou retrabalho:

$$\mu_3 = \frac{TOR - \sum_{m=1}^{R} TRR_m}{TOR} \qquad (6.6)$$

onde:
TOR = tempo total utilizado em produção;

$\sum_{m=1}^{R} TRR_m$ = tempo total gasto com refugo e/ou retrabalho

Uma forma alternativa de cálculo para o IPA é dada em função das quantidades produzidas conformes e não-conformes.

$$\mu_3 = \frac{PB - PRR}{PB} \qquad (6.7)$$

onde:
PB = total de peças boas produzidas
PRR = total de peças refugadas e/ou retrabalhadas

O IPA está relacionado à qualidade das operações do recurso, sendo normalmente de fácil visualização. Em geral, o equipamento é imediatamente paralisado após a constatação da fabricação de produtos defeituosos, para correção do defeito que está originando o retrabalho ou refugo.

Para reforçar os conceitos dos índices de eficiência acima abordados, a Figura 6.4 apresenta um exemplo de jornada de operação de um recurso. As ordenadas correspondem ao percentual de velocidade em que o recurso está operando, sendo o valor de 100% correspondente a uma operação padrão (de acordo com o tempo de ciclo ou tempo padrão para o produto em fabricação), e o valor 0% correspondente ao recurso parado. Nas abscissas estão registrados os tempos correspondentes aos diversos eventos ocorridos durante um período de operação do recurso (por exemplo, um turno). Nos tempos registrados como operação padrão, o recurso operou normalmente (V = 100%).

A soma destes tempos corresponde ao tempo de valor agregado (o tempo em que a peça em fabricação sofreu processamento, aumentando o seu valor). Durante os tempos registrados como início e final do turno, quebra de máquina, *setup* (troca de ferramentas) e almoço, o equipamento esteve parado (V = 0). A soma destes tempos de paradas não programadas é utilizada para o calculo do ITO. Durante os períodos registrados como treinamento e operação em vazio, ocorreram eventos que prejudicaram o desempenho do recurso. Apesar de ele estar em operação, esta não se realizou na velocidade normal, sendo a mesma inferior a 100%, mas superior a 0%. Estes tempos são considerados no cálculo do IPO. No período registrado como operação com defeitos, apesar de o recurso ter operado na velocidade normal, houve a fabricação de produtos defeituosos, sendo esse tempo utilizado para o cálculo do IPA.

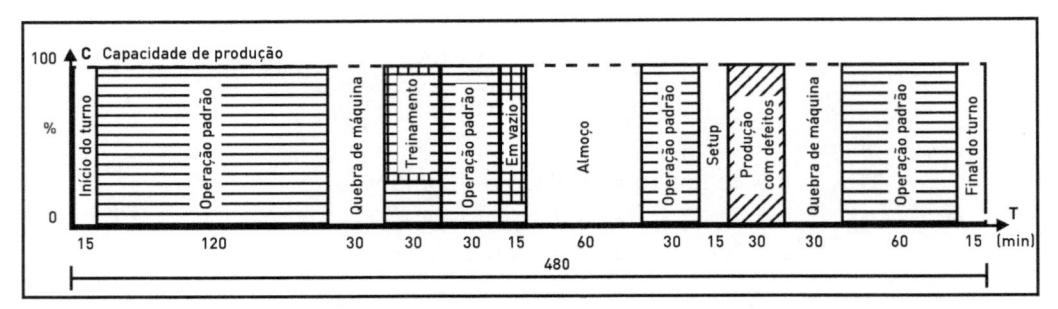

Fig. **6.4** Exemplo de operação de um recurso ao longo do tempo.

A identificação destes índices parciais permite compreender melhor o conceito de capacidade real do posto de trabalho, que consiste no fator entre a produtividade horária e a eficiência global do recurso, ou seja, o IROG. A produtividade horária determina a quantidade de peças produzidas em um determinado posto de trabalho durante o período de uma hora. No entanto, esta indica a quantidade que **deveria** ser produzida em uma hora, com eficiência de produção de 100%. Para exemplificar, considerando que o recurso gargalo fabrique um único produto e tenha uma produtividade de 450 peças por hora, e que o IROG calculado para o dia considerado foi de 62%, neste dia a capacidade real deste recurso seria:

$$450 \times 0{,}62 = 279 \text{ peças/hora}$$

Em geral, conhece-se apenas o número de 450 peças produzidas por hora. Porém, dificilmente o recurso atende ao pressuposto de funcionar com 100% de eficiência. Com a inclusão do cálculo do IROG, percebe-se a capacidade real deste gargalo, que é de apenas 279 peças/hora. O cálculo da eficiência de um recurso crítico permite perceber a real capacidade do sistema produtivo no qual ele está inserido. Em termos práticos, decisões mais consistentes podem ser tomadas, levando a um planejamento mais eficiente dos postos de trabalho, tanto no que diz respeito à programação da produção como no que diz respeito à priorização dos esforços de melhoria.

A partir das considerações gerais acima apresentadas, propõe-se um modelo geral de gestão sistêmica, unificada/integrada e voltada para os resultados. A Figura 6.5 ilustra a estrutura geral proposta para a GPT.

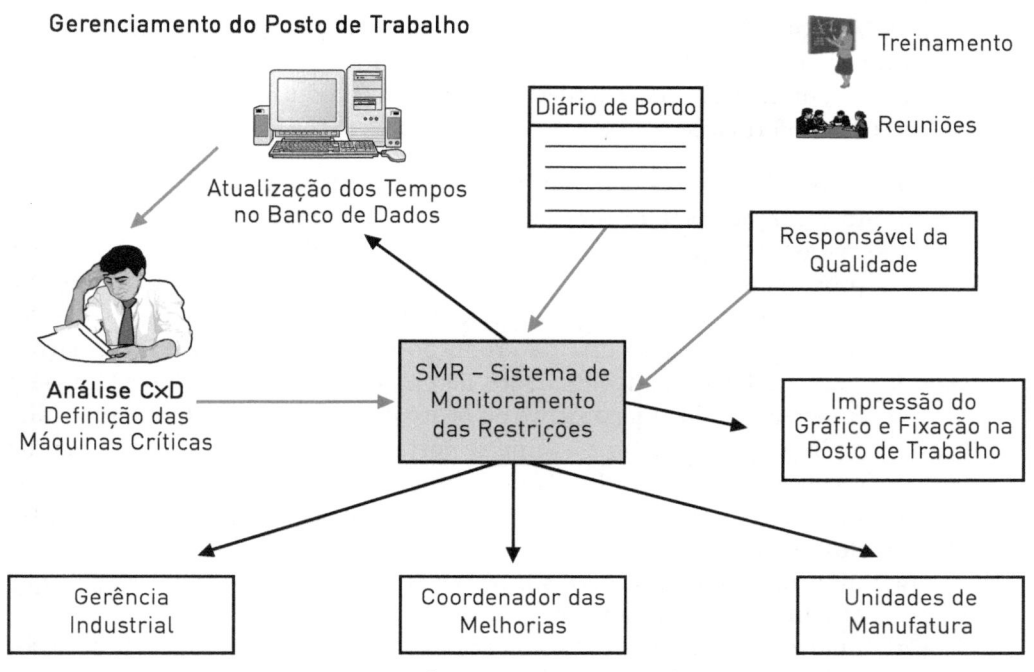

Mecanismo da Função Produção – Potencialidades de Aplicações... ■ **183**

Gerenciamento do Posto de Trabalho

Fig. **6.5** Método proposto para a GPT.

O modelo geral da gestão sistêmica, unificada/integrada e voltada para resultados é constituído de cinco elementos fundamentais – Figura 6.6. A seguir apresentam-se os cinco elementos fundamentais da estrutura da GPT.

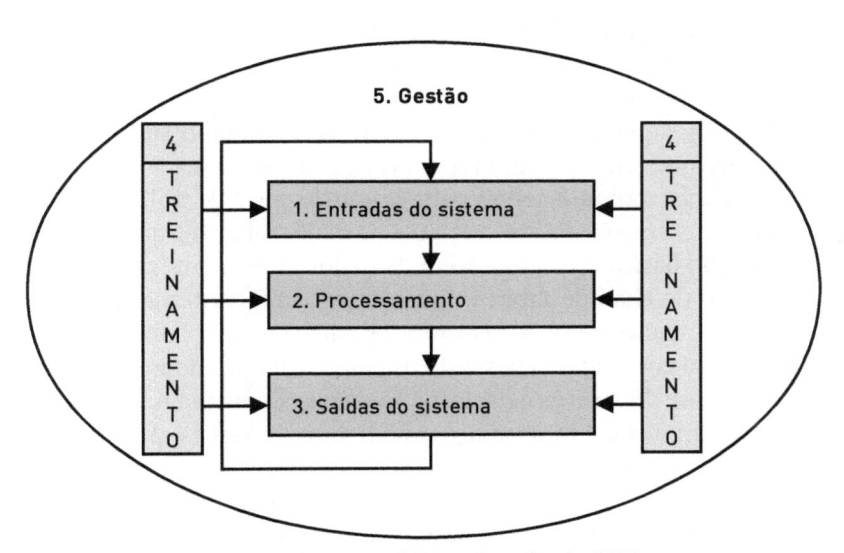

Fig. **6.6** Estrutura lógica do método GPT.

As **entradas do sistema** são representadas pelo conjunto de postos de trabalho selecionados para serem tratados de maneira distinta. Estes recursos consistem em gargalos, CCRs e RPQs do sistema produtivo, sobre os quais deve-se obter informações sobre:

- demanda e capacidade de produção dos recursos gargalos e CCRs. Estas informações podem ser obtidas através de ferramentas específicas de análise de capacidade e demanda dos postos de trabalho e/ou de dados provenientes do planejamento, programação e controle da produção e dos materiais – PPCPM –, especialmente quando são adotados softwares de programação fina da produção (PFP) que utilizem informações cadastradas no banco de dados da empresa. Esta situação evidencia a importância do engajamento do pessoal do PPCPM na equipe multidisciplinar que constitui a equipe de gestão sistêmica, unificada/integrada e voltada aos resultados da organização;
- informações e "sentimentos" da realidade global do sistema, provenientes dos programadores da produção;
- informações oriundas dos supervisores da fábrica e dos profissionais que atuam no chão-de-fábrica;
- informações provenientes dos analistas de qualidade para a definição dos postos de trabalho com problemas de qualidade.

Um segundo tipo de informação prática refere-se às anotações realizadas no diário de bordo ou a informações levantadas através de coletores informatizados de dados ou sistemas computacionais de gestão de posto de trabalho.

Diários de bordo (DB) manuais podem ser fixados junto ao posto de trabalho, sendo as informações preenchidas diretamente pelo operador (basicamente informações relativas às paradas, produção, qualidade). Para o preenchimento correto do DB é necessária uma definição prévia da tipologia de paradas a ser adotada pela empresa. Estas informações devem ser alimentadas no dia-a-dia pelos profissionais designados pela empresa, sendo o DB disponibilizado na rede para que todos possam ter acesso a sua consulta.

Sistemas computacionais para gestão do posto de trabalho são conceitualmente mais amplos do que coletores de dados, uma vez que estes últimos têm por função básica apenas a coleta de dados provenientes das máquinas/equipamentos do chão-de-fábrica. Em contrapartida, sistemas para GPT coletam dados dos equipamentos, realizam os cálculos completos de indicadores de eficiência e gerenciam o posto de trabalho como um todo.

A GPT se dá através de avisos e informações enviadas para pontos estratégicos da empresa. As informações podem ser enviadas tanto para os próprios operadores das máquinas como para supervisores, gerentes e diretores. A propagação das informações pode se dar através de computador local ou em rede, e até através de aparelhos celulares e minicomputadores de mão. Normalmente, uma estação do sistema gestor do posto de trabalho deve permanecer junto ao equipamento.

O terceiro conjunto de dados necessários é composto pelas definições de mix oriundas do sistema de planejamento da produção da empresa, ao qual são adicionados dados do departamento de qualidade sobre os recursos. Esses dados completam a base necessária para o processamento de um sistema de monitoramento de restrições, que representa o elemento central e fundamental da gestão sistêmica, unificada/integrada e voltada para os resultados no posto de trabalho.

O **processamento** visa a definição dos postos de trabalho críticos, consistindo em um método de gestão da rotina e da melhoria dos mesmos. O método proposto não sugere uma inovação gerencial radical, mas sim a **reordenação e reconceituação das práticas já existentes** em três sentidos básicos:

- **visão sistêmica** da fábrica como um todo – o que implica a subordinação da utilização dos recursos de melhorias dos postos de trabalho em determinados locais da organização;
- **integrada/unificada** – na medida em que as ações nestes postos de trabalho devem ser feitas de forma conjunta entre os profissionais multidisciplinares envolvidos no tema;
- **voltada aos resultados** – melhorias nos indicadores destes postos de trabalho específicos devem levar à melhoria dos resultados econômico-financeiros gerais da empresa.

De forma pragmática, trata-se de implantar a GPT sob uma nova óptica. Para tanto, uma peça fundamental é o cálculo das eficiências destes postos de trabalho, realizado a partir do cálculo do índice de rendimento operacional global (IROG). Conceitualmente, a adoção do IROG e a melhoria das eficiências com base neste indicador pressupõem uma ação integrada entre os profissionais responsáveis pela produção, manutenção em sentido estrito, qualidade, processo, grupos de melhorias, de troca rápida de ferramentas, etc. Os cálculos do IROG e seus desdobramentos serão apresentados na seção seguinte.

Ainda em relação à estrutura lógica de funcionamento do método proposto, um conjunto de **Saídas do Sistema** é concebido. O sistema de monitoramento de restrições (SMR) tem o objetivo de direcionar o gerenciamento das restrições para as atividades de rotinas e para a realização de melhorias na empresa. Os resultados gerados a partir deste direcionamento fornecem informações gerenciais relevantes para os pontos estratégicos da organização.

Quanto à rotina, gráficos de eficiências IROG devem ser fixados junto aos postos de trabalho para acompanhamento constante do operador e da supervisão. Sempre que a eficiência de um posto de trabalho cair abaixo do padrão de eficiência mínimo estabelecido, ações gerenciais devem ser tomadas. Ciclos de melhoria podem ser iniciados a partir de percepções consistentes das causas de queda do IROG, através de planos detalhados de melhorias para os postos de trabalho, segundo uma lógica do tipo 5W1H. Estes planos podem ser aprofundados com o uso de outras ferramentas (por exemplo, da qualidade) ou de outro método de melhoria adequado à realidade da organização.

De um ponto de vista mais amplo, as informações gerenciais geradas pelo SMR devem ser enviadas para pontos estratégicos da organização. Gráficos de eficiência (diário, mensal e anual), planos de melhorias (5W1H ou outros), tratamento de anomalias, entre outros, devem ser divulgados à gerência industrial, às unidades de manufatura e ao coordenador de melhorias. Este conjunto amplo de informações agrupados no SMR deve realimentar o banco de dados da organização, de modo a gerar um repositório das informações mais atualizadas sobre a eficiência do sistema produtivo.

O **Treinamento** visa suportar a implantação e o funcionamento da abordagem GPT. Através de uma ampla divulgação do método a todos os envolvidos no processo, desde o correto preenchimento do Diário de bordo até o cálculo do IROG e outras atividades, as capacitações dos profissionais envolvidos visam propiciar o entendimento da lógica geral da gestão sistêmica, unificada/integrada e voltada para os resultados no posto de trabalho. Os ciclos de capacitação devem ser efetuados sempre que haja a necessidade de aprimoramento das pessoas na metodologia proposta.

Finalmente, a **gestão do sistema** se dá através da realização de reuniões periódicas, específicas, tais como:

- reuniões freqüentes entre os gerentes/supervisores de produção com a equipe de trabalho envolvida nos trabalhos;
- reuniões mensais com a gerência industrial para apresentação e discussão dos resultados alcançados durante o mês de trabalho;
- oficinas de melhorias com todos os envolvidos nesta gestão sistêmica, unificada/integrada e voltada para os resultados no posto de trabalho.

Estas reuniões são essenciais para que o sistema de gestão possa proporcionar às empresas os resultados desejados. Nas empresas industriais, a gestão eficaz possível dos postos de trabalho passa por compreender de forma ampla os sistemas produtivos, identificando as principais restrições (gargalos, CCRs e postos com problemas de qualidade) e gerindo estes postos de trabalho de forma sistêmica, unificada/integrada e voltada para os resultados.

Os autores deste livro identificam um conjunto de benefícios proporcionados pela implantação do método GPT ora proposto, a saber:

- melhorias no TEEP quando existem gargalos no sistema produtivo, com baixa necessidade de investimentos;

Engenharia de produção na prática

Aplicação da gestão do posto de trabalho

Trata-se aqui da implementação da abordagem GPT na área de produção de uma indústria do setor de medicamentos com o objetivo de aumentar a eficiência operacional dos seus postos de trabalho restritivos, visando o aumento da sua capacidade de produção sem a necessidade de realização de grandes investimentos.

Inicialmente, um grupo de colaboradores de diversos setores – controle de qualidade, manutenção, manipulação, envase e embalagem – participou de um processo de capacitação tecnológica para assimilação dos conceitos básicos de gestão de sistemas produtivos e da metodologia GPT para a implantação prática da abordagem e o monitoramento do IROG. Entre os profissionais envolvidos no treinamento, além da diretoria industrial, estavam os inspetores de qualidade, supervisores e líderes de produção, sendo que, posteriormente, os conceitos, princípios e técnicas foram transmitidos aos operadores e mecânicos.

Conforme a abordagem GPT, prioritariamente foram identificadas as máquinas críticas no fluxo de produção, visando aumentar a sua eficiência e, assim, aumentar a eficiência do fluxo como um todo. Os equipamentos monitorados foram: encartuchadeiras (máquinas de embalagem) 1 e 2; compressoras 1 e 2; máquina envasadora de sachê e máquinas envasadoras de cápsulas.

No processo de capacitação tecnológica realizado com os operadores e mecânicos, foi evidenciado: i) a importância do tratamento diferenciado dos recursos críticos; ii) o conteúdo da metodologia GPT e iii) o cálculo das eficiências (TEEP; OEE; ITO ou μ_1; IPO ou μ_2; e IPA ou μ_3). Durante esse processo, foi enfatizada a importância da correta coleta de dados e, a partir da análise das eficiências calculadas, a identificação dos pontos potenciais de melhorias no processo, para os quais foi proposto um plano de ação, utilizando as ferramentas do tipo 5W1H. Aos supervisores de produção coube a responsabilidade de gerenciar a implementação da abordagem GPT. É importante assegurar que os conceitos, princípios e técnicas transmitidos sejam multiplicados para os demais colaboradores da empresa, como forma de desenvolver uma cultura sistêmica de melhorias contínuas na organização.

Inicialmente, os esforços de implementação da abordagem GPT foram concentrados no setor de embalagem, mais especificamente nas máquinas encartuchadeiras 1 e 2, através das quais são embaladas cerca de 70% da produção da empresa. Os dados obtidos são apresentados na Tabela 6.1, apre-

(continua)

Engenharia de produção na prática (continuação)

Tabela 6.1
Dados gerais da encartuchadeira 1

Dados gerais (2003)		Encartuchadeira 1			
		Abril	Maio	Junho	Julho
Dias de produção		11	23	22	23
Produção total		198.961	520.887	920.383	1.061.920
Produtos retrabalhados		7.870	17.991	11.728	12.446
Produtos refugados		7.158	12.302	16.931	15.319
Máxima produção diária		28.402	49.000	64.200	73.597
Mínima produção diária		9.538	6.000	12.617	21.437
Média de produção diária		18.087	22.647	41.836	46.170
TEEP	Produtividade efetiva total	27,30%	31,55%	53,27%	57,44%
OEE	Tempo disponível	27,30%	31,55%	53,27%	57,44%
$\mu 1$	Índice de tempo operacional	57,47%	52,48%	67,63%	67,61%
$\mu 2$	Índice de desempenho	52,42%	69,14%	80,88%	86,31%
$\mu 3$	Índice de produtos aprovados	91,97%	93,23%	96,53%	97,07%

sentada na seqüência. Através da mesma, observa-se que a encartuchadeira 1 – monitorada durante quatro meses – apresentou uma evolução do TEEP de 27,30% para 57,44%.

Entre as melhorias realizadas durante a implementação da abordagem GPT, uma das mais significativas foi a priorização do processo de embalagem dos produtos de maior volume na encartuchadeira 1 a partir do mês de junho, minimizando-se a operação da encartuchadeira 2 e disponibilizando o seu efetivo para a realização de atividades em outras linhas de produção.
Na Tabela 6.2 são apresentadas as produções médias diárias das encartuchadeiras, observando-se o resultado da concentração do processo de embalagem na encartuchadeira 1.

A tendência de aumento da produção média diária é conseqüência do aumento do TEEP na encartuchadeira 1. Comparando-se os meses de abril e maio aos meses de junho e julho, obteve-se um acréscimo de 20,8% na produção média diária das encartuchadeiras, passando de 39.532 para 47.751 unidades. A partir da Tabela 6.2, observa-se que a encartuchadeira 1 obteve um aumento superior a 100%, ao se comparar suas médias diárias de produção nos meses de junho e julho aos meses de abril e maio de 2003.

(continua)

Engenharia de produção na prática (continuação)

Tabela 6.2
Produção média diária das encartuchadeiras

Equipamento	Abril	Maio	Junho	Julho
Dias de produção	11	23	22	23
Encartuchadeira 1	198.961 unid	520.887 unid	920.383 unid	1.061.920 unid
Média diária enc. 1	18.087	22.647	41.836	46.170
Encartuchadeira 2	264.769 unid	327.981 unid	106.028 unid	61.561 unid
Média diária enc. 2	24.070	14.260	4.819	2.677
Total das médias	42.157	36.907	46.655	48.847
Comparação entre médias	39.532 unidades		47.751 unidades	

Entre as ações realizadas para a melhoria do desempenho da encartuchadeira 1, destacam-se: i) a instalação de um ventilador para a retirada de cartuchos vazios; ii) a definição de cores nas posições ocupadas pelas colaboradoras com a tarefa de dosar o produto nos cartuchos, uma vez que, sendo a encartuchadeira uma máquina semi-automática, esta função é executada manualmente. Esta ação trouxe como conseqüência, além do aumento da produtividade, uma redução do estresse dos operadores; iii) o estabelecimento da padronização dos cartuchos para produtos de dimensões semelhantes. As duas primeiras estão relacionadas ao aumento de velocidade de máquina, enquanto que com a padronização de cartuchos obteve-se uma sensível redução na quantidade de *setups* necessários.

A análise dos dados do diário de bordo da encartuchadeira 1 mostrou que a principal causa de paralisações do equipamento está relacionada aos tempos de *setup*, seguida dos tempos de regulagem de máquina. Assim, foi proposto um plano de ação, visando aumentar a eficiência do equipamento, que contempla o treinamento do pessoal envolvido com a preparação, bem como com a regulagem de máquina – conseqüência de *setups* feitos de forma incorreta. Uma vez implementado o plano de ação, e com os resultados obtidos, propõe-se a padronização das diversas operações, como forma de assegurar que as melhorias implementadas sejam mantidas e não se retorne ao *status quo*. Durante a elaboração da padronização é importante a participação de todas as pessoas envolvidas, como forma de se obter o consenso. Este plano de ação está parcialmente apresentado na Tabela 6.3, a seguir.

A análise dos dados apresentados mostra que é viável estabelecer uma meta de produção média diária de 60.000 unidades em apenas uma encartucha-

(*continua*)

Engenharia de produção na prática (continuação)

Tabela 6.3
Plano de ação

O quê?	Por quê?	Quem?	Quando?	Onde?	Como?
Preenchimento do diário de bordo	Falta de acuracidade nos dados coletados	Supervisor, líderes e operadores	Imediato	Encartuchadeira 1	Treinar operadores para o correto preenchimento do DB
Setup	Reduzir tempo de setup	Supervisor, líderes e operadores	Imediato	Encartuchadeira 1	Treinamento de capacitação em troca rápida de ferramentas (TRF)
Regulagem de máquina	Elevados tempos de paralisação para ajustes	Manutenção e operadores	Imediato	Encartuchadeira 1	Treinamento de operadores e mecanicos

deira – considerando-se o período de operação do setor, que é de dois turnos de trabalho de seis horas cada. Esta meta irá corresponder a um TEEP de 75% e a um acréscimo superior a 100% de produção (Tabela 6.2) em relação aos meses iniciais do monitoramento (abril e maio).

O potencial mensal das encartuchadeiras 1 e 2 é superior a 2.400.000 unidades (20 dias úteis/mês), observando-se que a produção de 1.123.481 unidades em julho de 2003 nos dois equipamentos (Tabela 6.2) está abaixo do potencial existente, o que possibilita o aumento do ganho da empresa através de ações gerenciais. Entre as ações gerenciais possíveis, propõe-se o desenvolvimento de novos produtos como forma de utilizar a encartuchadeira 2 e seu efetivo.

Outros indicadores, além do IROG, devem ser utilizados para avaliar a evolução da eficiência operacional, tais como tempo médio de *setup*, quantidade de *setup* e tempo de atravessamento, por exemplo.

Mecanismo da Função Produção – Potencialidades de Aplicações... ■ **191**

- controle do desempenho da rotina dos equipamentos, permitindo obter o desempenho econômico global projetado pelas empresas, sem a utilização de recursos adicionais;
- gestão global do sistema produtivo com foco na melhoria dos postos de trabalho críticos;
- definição da capacidade real da fábrica, através da multiplicação das taxas de processamento unitárias do posto de trabalho gargalo por sua eficiência;
- clareza de prioridades na rotina de melhorias para os trabalhadores, em seus respectivos postos de trabalho.

[6.4] Considerações finais: melhorando cientificamente a utilização dos recursos produtivos das empresas

Além de encerrar uma nova forma de compreender o funcionamento dos sistemas de produção, o mecanismo da função produção é um poderoso instrumento prático. As idéias e conceitos a ele associados ou derivados permitem a priorização e focalização da aplicação de técnicas de melhorias na fábrica.

Um ponto discutido na bibliografia de maneira pouco satisfatória, e também pouco científica, é a determinação dos recursos restritivos (gargalos produtivos e CCRs). Visando esclarecer esta questão, apresentamos em detalhes nesta seção uma forma de identificação dos recursos restritivos, através de uma análise da relação entre a capacidade grosseira e a demanda. Trata-se de proposta que considera a necessária preponderância da função processo sobre a função operação.

A partir de uma elaboração rigorosa de planilhas de capacidade x demanda, como ilustrado nos exemplos que trabalhamos nas seções 6.1.2 e 6.3, é possível:

- determinar, para um dado período de tempo considerado, os gargalos e os prováveis CCRs do sistema produtivo, diferenciando conceitualmente e priorizando em tempos práticos as ações de melhoria;
- realizar simulações determinísticas relativas ao incremento da capacidade (aumentando o tempo total – TT – e/ou o índice de rendimento operacional dos equipamentos – μ_g) e/ou à redução da demanda (reduzindo os tempos de processamento – Tpi – e/ou reduzindo as quantidades – qi – das peças que passam pelas restrições). Assim, pode-se escolher as ações mais adequadas e que exijam o mínimo de investimentos;
- realizar análises de investimentos sistêmicas, com o objetivo de verificar os tempos de retorno de investimento (*payback*) projetados para soluções que envolvam a necessidade da aquisição de novas tecnologias e/ou máquinas/equipamentos;

A abordagem proposta ao longo do capítulo pode ser sintetizada através do método da gestão do posto de trabalho (GPT), que está baseado no uso sinérgico dos conceitos principais da Teoria das Restrições, particularmente as noções conceituais de gargalos e CCRs, e do Sistema Toyota de Produção, em especial o conceito-síntese do mecanismo da função produção e o medidor IROG da TPM.

A GPT permite uma gestão sistêmica, integrada/unificada e voltada aos resultados. Sistêmica, porque se desenvolve a partir da análise dos recursos críticos quantitativos – gargalos e CCRs – e qualitativos – RPQs, a partir de uma visão global do sistema produtivo, consonante com a lógica da função processo. Integrada, na medida em que o conceito do IROG sintetiza a análise das perdas relacionadas a produção, processo, qualidade, manutenção etc. Por fim, é orientada para os resultados, pois as melhorias nos recursos críticos implicam diretamente melhores resultados para o ganho das empresas).

A abordagem do GPT compatibiliza, em termos conceituais e práticos, os principais ensinamentos e conceitos da TOC e do GPT. Em termos práticos, revela-se inovadora, por criar ferramentas concretas que dão materialidade para os conceitos propostos.

A título de conclusão deste capítulo, merecem destaque dois pontos adicionais que justificam a utilização do método GPT. A primeira questão a frisar é que ele trabalha com a perspectiva de que a questão central da gestão dos sistemas produtivos é "como atender necessidades infinitas de melhorias, com recursos gerenciais e humanos limitados". Em outras palavras: é preciso escolher as ações de melhoria a empreender com os recursos disponíveis, decisões essas que são adequadamente suportadas pela gestão do posto de trabalho. Segundo, com especial relevância para o caso brasileiro (em função dos custos relativos dos fatores de produção capital e trabalho e do custo do capital, como vimos no Capítulo 1, é essencial tomar ações objetivas sistemáticas para a melhor utilização dos ativos fixos, de forma geral, e das máquinas e equipamentos, de forma particular.

Atualização na internet

http://www.plant-maintenance.com/
http://www.tpmonline.com/

Dicas de leitura

HANSEN, R.C. *Eficiência Global dos Equipamentos*. Porto Alegre: Editora Bookman, 2006.

"Para implantar o Sistema Toyota de Produção em nosso próprio negócio, deve haver uma total compreensão do significado das perdas. A menos que todas as fontes das perdas sejam detectadas e eliminadas, o sucesso irá, sempre, tornar-se apenas um sonho "

(Ohno, 1988)

CAPÍTULO 7

Resumo do Capítulo | 195

(7.1) O conceito de perdas e trabalho nos sistemas produtivos | 195

(7.1.1) Aspectos históricos relativos à construção do conceito de perdas | 195

(7.1.2) O conceito de perdas e trabalho no contexto do Sistema Toyota de Produção/produção enxuta | 198

(7.2) Operacionalizando o conceito de perdas segundo Ohno e Shingo – as sete perdas nos sistemas produtivos | 201

(7.2.1) Considerações iniciais | 201

(7.2.2) A função processo e as perdas | 203

(7.2.3) A função operação e as perdas | 214

(7.3) Considerações finais: as perdas como fio condutor da História da Engenharia de Produção | 221

Atualização na internet | 227

Dicas de leitura | 227

As Perdas e o Conceito de Trabalho nos Sistemas Produtivos

Resumo do capítulo

Este capítulo trata das perdas nos sistemas produtivos. O Sistema Toyota de Produção – STP – (ou produção enxuta) tem como base para sua construção a compreensão e desdobramento em ferramentas práticas dos conceitos de atividade, custo, perda e trabalho, e das suas múltiplas inter-relações. De início, apresentamos ao leitor uma conceituação rigorosa sobre perdas, aprofundando-se o assunto na análise das sete perdas conceituadas por Taiichi Ohno, um dos principais artífices da construção técnico-econômica do STP.

A partir desses conceitos básicos, desenvolve-se o argumento no sentido de identificar outros tipos perdas que ocorrem nos sistemas produtivos (por exemplo: perdas ergonômicas, energéticas e ambientais). De posse dessa visão ampliada, o leitor passa a dispor de um ferramental intelectual que pode ser aplicado em diferentes ambientes de produção.

Por fim, tratamos de relacionar os conceitos de perdas e o mecanismo da função de produção. Como síntese das idéias, apresentamos um conceito alternativo de identificação das perdas (o modelo 5MQS).

[7.1] O conceito de perdas e trabalho nos sistemas produtivos

[7.1.1] Aspectos históricos relativos à construção do conceito de perdas

Historicamente, a noção de perdas tem sua origem nas idéias desenvolvidas por Frederick Taylor e Henry Ford, no início do século XX. Taylor (1992) associava sua visão de perdas à problemática ampla da eficiência industrial nos EUA. Ele cita o presidente americano da época, Theodore Roosevelt, quando este declarou que a conservação dos recursos naturais americanos constituía-se em uma primeira etapa do problema mais amplo e complexo da busca da eficiência nacional.

Segundo Taylor, nos EUA do início do século XX, a noção de perdas até então hegemônica nas indústrias estava vinculada a evitar o desperdício dos materiais. No entanto, em concordância com o presidente Roosevelt, ele achava que para buscar a eficiência econômica nacional americana era necessário entender e estudar em profundidade as causas fundamentais das perdas associadas aos materiais. Para isso algumas questões poderiam ser formuladas: onde estaria centrado o problema mais amplo da eficiência nacional dos EUA? Porque o desperdício de materiais e matéria-prima constituía-se apenas parte da questão maior da eficiência nacional?

Taylor (1992) responde dizendo: "vemos e sentimos o desperdício das coisas materiais. Entretanto as ações desastradas, ineficientes e mal orientadas dos homens não deixam indícios visíveis e palpáveis. E por isso, ainda que o prejuízo diário daí resultante seja maior que o desastre das perdas de materiais, este último nos abala profundamente, enquanto aqueles apenas levemente nos impressionam". Em função de sua percepção geral do problema, Taylor desenvolve os seus princípios gerais da "administração científica", que trata de temas centrais como: a necessidade de desenvolver sistemas de gestão "científicos" nas empresas e a necessidade de treinar as pessoas para a aplicação do método da "administração científica" sob a forma de gestão das pessoas. Neste sentido, afirma: "só entraremos [os EUA] no caminho da eficiência nacional quando compreendermos completamente que nossa obrigação, bem como nosso interesse, está em cooperar sistematicamente no treinamento e formação das pessoas". De forma mais geral, Taylor propôs a adoção de um sistema de gestão baseado nos seus "princípios gerais da administração científica". Garante que "nenhum outro sistema de administração poderá competir com homens comuns, mas organizados adequada e eficientemente para cooperar".

A título de síntese, é possível afirmar que Frederick Taylor associava as perdas a algumas causas fundamentais, a saber:

- a ausência de uma "visão gerencial" por parte dos empresários da época. Essa lacuna se manifestaria de modo direto em aspectos relacionados ao treinamento e à formação das pessoas, além da organização da produção e do trabalho;
- a presença de sérias deficiências causadas pelos métodos de gestão que eram utilizados nas empresas da época. Daí sua proposição geral dos chamados "princípios gerais da administração científica", que dá origem à figura do gerente.

De outro lado, Ford dedicou um capítulo completo de sua obra "Hoje e Amanhã" à discussão das perdas nos sistemas produtivos. Ford explicita que, na época, existiam amplos recursos naturais disponíveis, levando-se em consideração as necessidades da indústria americana. Assim, a idéia era de que "os materiais nada valem, adquirindo importância na medida em que chegam às mãos dos industriais" (Ford, 1927, p. 113).

Sendo assim, qual o ponto central para tratar a noção de desperdício? A resposta de Ford é a necessidade de analisar o trabalho humano. Segundo ele, sem dúvida era necessário economizar os materiais. No entanto, essa economia seria importante na medida em que os materiais estavam associados à quantidade de trabalho humano despendido na transformação destes materiais em produtos finais. Desta forma, Ford postulava que "se considerarmos os materiais como trabalho, utilizá-los-emos com mais cuidado" (Ford, 1929, p. 113). Assim, a idéia consistia em romper o paradigma vigente na época, dado que seria necessário deixar de "esbanjar" os materiais, pois a recuperação dos mesmos implicaria diretamente a utilização desnecessária do trabalho humano.

Ford menciona alguns exemplos práticos, visando esclarecer os novos conceitos propostos. Coloca que a companhia Ford possuía um grande departamento de recuperação que rendia mais de 20 milhões de dólares por ano. Porém, à medida que a seção de recuperação expandia-se, uma pergunta profunda tornava-se essencial: "Por que motivo havemos de ter tanta coisa a aproveitar? Não estaremos dando maior atenção à recuperação dos desperdícios do que ao próprio desperdício?" (Ford, 1929, p. 114). Neste sentido, surge uma relevante discussão de cunho teórico e prático, já que a idéia básica passa, da necessidade da recuperação dos materiais, para a análies detalhada e científica das causas básicas que geravam os desperdícios de materiais. Logo, a análise rigorosa dos processos de fabricação passou a se tornar central. Neste contexto, Ford apresenta vários exemplos de melhoria de processos que acarretaram redução de desperdício em áreas tão variadas como: carvão, madeira, energia motriz, transportes, uso do aço e dos metais.

A título de conclusão, é possível tomar uma passagem em que Ford explicita a sua visão geral do conceito de perdas: "tomemos um filão carbonífero em uma hulheira. Enquanto permanece no seio da terra não possui nenhuma importância, mas, desde que um bloco de carvão é extraído e enviado para Detroit, torna-se algo muito importante porque representa uma certa quantidade de trabalho humano, empregado em extraí-lo e transportá-lo. Se desperdiçamos um pedaço de carvão ou se dele não tiramos toda utilidade de que é suscetível, nesse caso desperdiçamos o tempo e a energia dos homens que o extraíram" (Ford, 1929, p.113). Ou seja, o eixo central do conceito de perdas, segundo Ford, consiste em observar que o desperdício dos materiais é uma conseqüência cuja causa encontra-se em uma perda muito mais relevante, associada à incorreta utilização das pessoas nos processos de produção, em virtude da deficiente análise dos processos de fabricação que geram estas perdas.

Assim, como explicitado sucintamente nos parágrafos anteriores, é possível afirmar que a criação e desenvolvimento do conceito de perdas, por Taylor e principalmente por Ford, serviram de base para a construção futura do Sistema Toyota de Produção e da "produção enxuta".

[7.1.2] O conceito de perdas e trabalho no contexto do Sistema Toyota de Produção/produção enxuta

Segundo Ohno (1996), baseado inicialmente nos conceitos propostos por Ford, o desenvolvimento e a aplicação do Sistema Toyota de Produção nas organizações passa pela compreensão aprofundada do significado do trabalho. Mais especificamente, Ohno explicita uma preocupação teórica em definir o movimento realizado pelos trabalhadores dentro dos sistemas produtivos. Ele propõe uma divisão do movimento dos trabalhadores em três partes: trabalho líquido, trabalho que não adiciona valor mas que suporta o trabalho efetivo, e as perdas. O trabalho líquido ou trabalho efetivo corresponde àquelas parcelas das atividades às quais é possível alocar custos, porém observa-se adição de valor ao produto. Esta parcela corresponde ao que Macedo (1992) denomina, metaforicamente, de custos sadios. Como exemplo destas atividades é possível citar: fresagem, usinagem, montagem, pintura, injeção, sopro, costura, prensagem, atendimento direto ao cliente (quando da prestação do serviço), pesquisa e desenvolvimento. etc. O trabalho que não adiciona valor mas que é necessário para a execução da produção durante certo período dado, ou trabalho adicional, constitui-se fundamentalmente em um trabalho de suporte à produção: gera custos, porém não agrega diretamente valor ao produto. No momento de tempo considerado, estes trabalhos também se constituem em custos sadios. Como exemplo pode-se citar: acionar o botão para dar partida a uma máquina, algum tempo de *setup* (muito reduzido – menor do que 10 minutos), alguma movimentação de materiais, a supervisão do processo produtivo etc. Já as perdas constituem-se em atividades que geram custo e não adicionam nenhum valor ao produto. Portanto, devem ser eliminadas imediatamente. Esta parcela de custos corresponde ao que metaforicamente Macedo chama de custos doentes. Como exemplo é possível citar: geração de refugos e retrabalhos, inspeções não necessárias, a questão das esperas em geral (por exemplo: esperas dos materiais para submontagens, estocagem desnecessária de matérias-primas, material em processo e produtos acabados), transportes desnecessários etc.

Uma interpretação dos conceitos de Taiichi Ohno a respeito das perdas é que os movimentos dos trabalhadores nos sistemas produtivos devem ser, idealmente, projetados e padronizados no sentido de: i) maximizar os trabalhos que adicionam valor; ii) minimizar o trabalho adicional, e; iii) eliminar completamente todas as perdas nos sistemas produtivos. Ainda no campo dos conceitos, é possível afirmar que a minimização do trabalho adicional deve significar, a longo prazo, a sua possível eliminação.

Assim, o objetivo sugerido conceitualmente por Ohno no âmbito do Sistema Toyota de Produção consiste em aumentar contínua e sistematicamente a parcela de trabalho que adiciona valor (trabalho efetivo + trabalho adicional), de forma que, idealmente, 100% das ações dos trabalhadores devam estar relacionados à adição de valor. A Figura 7.1 apresenta as idéias básicas expostas acima.

As Perdas e o Conceito de Trabalho nos Sistemas Produtivos ■ **199**

Movimento dos trabalhadores
Situação 1 (Tempo 1)

Movimento dos trabalhadores
Situação 2 (Tempo 2)

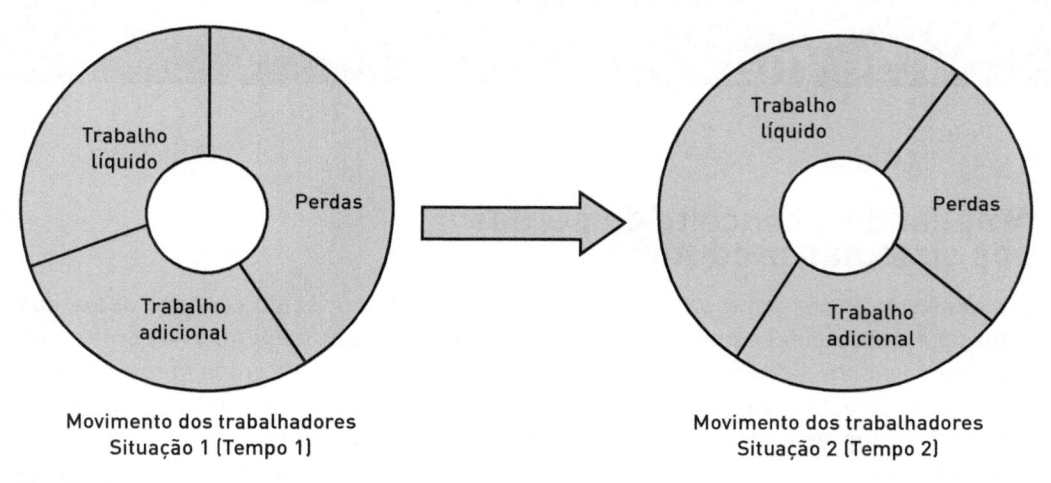

Fig. **7.1** Processo de redução de perdas: aumentando a densidade do trabalho humano.

De acordo com a concepção do Sistema Toyota de Produção, uma conseqüência essencial da aplicação sistêmica e sistemática da eliminação das perdas está relacionada ao aumento da **densidade** do trabalho humano. Isto significa aumentar continuamente o percentual do tempo em que os trabalhadores realizam tarefas que agregam valor, relativamente ao tempo total onde permanecem na fábrica. Isto não implica em trabalhar mais tempo, dado que o período global de trabalho permanece o mesmo, ou em muitos casos se reduz, mas sim em **melhorar a qualidade do trabalho** do ponto de vista do desempenho econômico-financeiro da empresa.*

Note-se que ao tratar da questão do trabalho humano, as análises devem ser mais amplas que as apresentadas até aqui neste capítulo, uma vez que o foco das análises até o momento foi sempre o objeto do trabalho, ou seja, o produto, não o homem. Ao mudar o foco de análise para o homem, outras atividades tais como participação em grupos de melhoria, treinamentos etc., (que não aparecem quando o foco de análise é o produto) poderiam ser classificadas ou como perdas ou como atividades agregadoras de valor. Nesse caso, seria razoável considerá-las como uma forma de "trabalho adicional indireto", na medida em que são executadas com vistas a reduzir, no futuro, as perdas nos processos produtivos.

---

* Observando o conceito de perdas proposto por Taiichi Ohno a partir de uma perspectiva crítica, é possível dizer que trata-se de aumentar, de forma sistemática, a mais-valia relativa nos sistemas produtivos. É importante lembrar ainda que a mão-de-obra (ou mente-de-obra) é um fator de produção de custos relativamente elevados no Japão e em outros países mais industrializados, tais como EUA e Alemanha, de tal sorte que o aumento da densidade do trabalho humano é uma questão de maior criticidade naqueles países *vis-à-vis* com o Brasil.

(Saiba mais)

Ampliando o conceito de perdas nos sistemas produtivos

Um ponto relevante sob o prisma do desenvolvimento teórico do conceito de perdas consiste em responder a questão: "qual a relação entre custos e perdas no contexto do Sistema Toyota de Produção?" A resposta é que o conceito de perdas surge precisamente para reduzir sistematicamente os custos nos sistemas produtivos e empresariais. Esta compreensão é relevante para verificar a possibilidade de "abrir", ou seja, usar o modelo em outras circunstâncias históricas onde, por exemplo, as condições sócio-econômicas são objetivamente diferentes. No período de Ohno, no contexto dos custos dos fatores de produção no Japão, a preocupação central estava relacionada à minimização da utilização da força de trabalho – Ohno refere-se ao tema utilizando a terminologia força minimizada de trabalho. A explicação é que os custos do fator trabalho eram significativamente maiores quando comparados com o fator custo horário das máquinas. Hoje, alguns custos relevantes não são explicitamente levados em conta quando confrontados com o modelo histórico tradicional do STP. Por exemplo: a) custos relativos à questão do meio-ambiente (por exemplo, emissão de resíduos sólidos, líquidos, gasosos etc.); b) custos relativos aos acidentes de trabalho; c) custos relacionados à incorreta utilização da energia (por exemplo, perdas térmicas decorrentes do uso inadequado de isolamento térmico e dos purgadores de vapor, perdas elétricas identificadas a partir da medida do baixo fator de potência das empresas etc.).

Portanto, as perdas correspondentes a estes custos não são consideradas no STP em sua forma histórica tradicional. Ainda, pode-se dizer que os custos se constituem na causa, sendo as perdas a conseqüência. Metaforicamente, pode-se postular que todos os fatos e dados que não constam nos "autos do processo" (por exemplo, os custos ligados ao meio-ambiente) "não existem", ou seja, não serão enxergados como perdas. Desta forma, se a eliminação dos custos doentes relacionados acima é relevante do ponto de vista econômico-social, então se torna necessário ampliar a noção original das sete perdas, criando, por exemplo, "perdas relativas ao meio-ambiente", "perdas ergonômicas", "perdas energéticas" etc. Aparentemente, do ponto de vista das disciplinas de Administração e Engenharia de Produção, as perdas nada mais são do que a transmissão da linguagem dos custos, mais especificamente dos custos doentes, para a linguagem técnica do dia-a-dia do chão-de-fábrica.

Da perspectiva da literatura ocidental, a ênfase sobre a noção de perdas recai sobre uma óptica mais geral, que salienta o conceito amplo, segundo o qual as perdas são

[Saiba mais]

atividades que geram custo e não adicionam valor ao produto. A discussão sobre a conceituação mais ampla de perdas na bibliografia é reduzida. Uma das exceções é o trabalho escrito por Robinson e Schroeder (1992, p. 37), onde os autores estabelecem um debate sobre o significado das perdas nos sistemas de produção. Partem do conceito de Shingo, segundo o qual "a maior das perdas é a perda que nós não vemos" (Shingo, 1987, p. 18). Postulam que "detectar e eliminar as perdas invisíveis tornou-se a mais importante tarefa do gerente de produção". Os autores sugerem quatro princípios gerais para eliminar as perdas invisíveis nos sistemas produtivos: a) quando da avaliação ou da aplicação de uma nova técnica de gerenciamento, identificar as fontes de perdas que serão expostas ou eliminadas, aquelas que não ficarão expostas nem serão eliminadas, aquelas que serão criadas, e as técnicas necessárias para suprir as limitações das técnicas que serão utilizadas; b) não limitar o treinamento de pessoal ao desenvolvimento de métodos específicos de trabalho, já que os empregados também devem aprender os pressupostos gerais necessários para a elaboração de melhorias em suas respectivas áreas de atuação; c) aumentar o número de perspectivas e prismas (visões) a partir dos quais os processos são geralmente observados; d) quando são feitas mudanças significativas em qualquer componente, o processo como um todo deve ser reexaminado para verificar as eventuais novas perdas que possam ter sido introduzidas no sistema. Os autores concluem sugerindo que os gerentes de produção se preocupem essencialmente em detectar as perdas invisíveis nos sistemas de produção, para posteriormente eliminá-las.

(7.2) Operacionalizando o conceito de perdas segundo Ohno e Shingo – as sete perdas nos sistemas produtivos

(7.2.1) Considerações iniciais

Um maior detalhamento das perdas foi proposto conjuntamente por Ohno (1997) e Shingo (1996a). Trata-se da noção de sete perdas e seus desdobramentos teóricos e práticos. Elas estão diretamente relacionadas ao conceito do mecanismo da função produção. Estas perdas são:

a) perdas por superprodução (quantitativa e por antecipação);
b) perdas por transporte;

(Saiba mais) saiba mais saiba mais saiba mais saiba mais saiba

A dinâmica das perdas nos sistemas produtivos

As perdas nos sistemas produtivos são inter-relacionadas. Ou seja, a realidade das perdas é dinâmica. Assim, os autores deste trabalho propõem que sejam observadas duas lógicas gerais nesta dinâmica das perdas: **a dinâmica positiva das perdas** e a **dinâmica negativa das perdas**.

No caso da dinâmica positiva das perdas, um determinado tipo de ação de melhorias debela ou minimiza simultaneamente duas ou mais perdas. Por exemplo, ao reduzir-se a troca de ferramentas de uma dada fábrica de móveis de 25 para 6 minutos, houve uma redução dos refugos em 70% (refugo gerado durante a troca de ferramentas). Neste caso, minimizam-se as seguintes perdas associadas ao fenômeno: por superprodução quantitativa, por fabricação de produtos defeituosos, por espera e no movimento.

No caso da dinâmica negativa das perdas, determinados tipos de perdas são debelados ou minimizados, porém surgem outras adicionais, que não existiam antes das melhorias. Por exemplo, ao melhorar a produtividade taylorista (produção/hora) de uma dada máquina, esta fica mais exigida do ponto de vista da manutenção, e acaba aumentando o número de quebras. Neste caso, diminuíram as perdas por processamento em si, porém as perdas por espera devido à manutenção tendem a aumentar. É possível ainda, caso essa fábrica seja gerenciada com a lógica de lotes econômicos, que maiores taxas de produção impliquem maiores lotes de produção, aumentando as perdas por superprodução e por esperas dos lotes em outros recursos produtivos. No caso da dinâmica negativa das perdas, torna-se necessário tomar precauções para enxergar o problema de forma holística.

c) perdas no processamento em si;
d) perdas devido à fabricação de produtos defeituosos;
e) perdas nos estoques;
f) perdas no movimento;
g) perdas por espera.

As cinco primeiras perdas relacionam-se à função processo, na medida em que visam racionalizar o fluxo do objeto de trabalho no tempo e no espaço. As

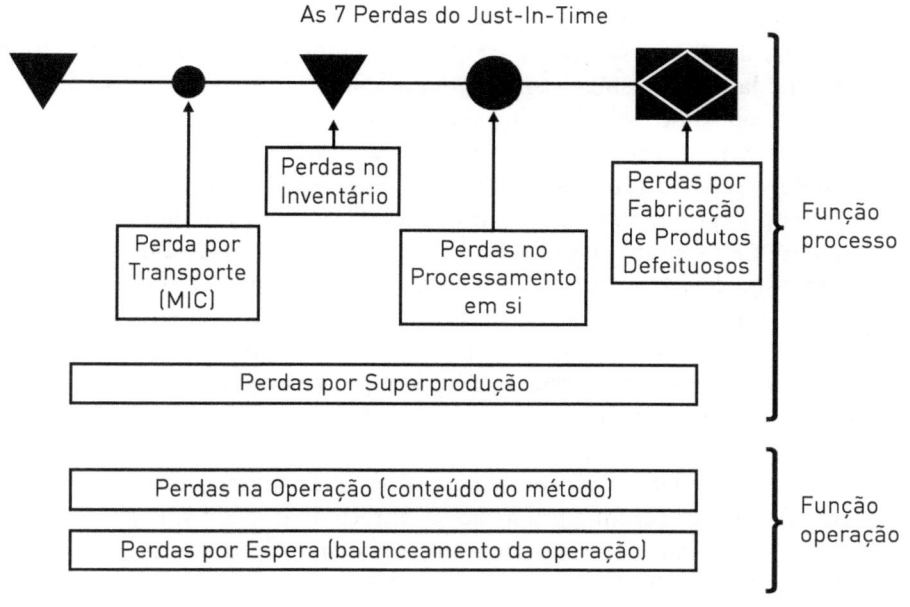

As Perdas e o Conceito de Trabalho nos Sistemas Produtivos ▪ **203**

Fig. **7.2** As sete perdas do Sistema Toyota de Produção.

duas últimas (movimento e espera) relacionam-se diretamente à função –operação, em função do fato de estarem focadas na análise do sujeito do trabalho (pessoas e equipamentos). A Figura 7.2 mostra as sete perdas propugnadas no Sistema Toyota de Produção, e seu relacionamento com o mecanismo da função produção – função processo e função operação.

[7.2.2] **A função processo e as perdas**

As perdas relacionadas à função processo são:

- perdas por superprodução
- perdas por movimentação interna de carga
- perdas no processamento em si
- perdas por fabricação de produtos defeituosos
- perdas por estoque

Na seqüência são discutidas conceitualmente as cinco perdas associadas à função processo.

a) **Perdas por superprodução**

Shingo (1996a) postula que as perdas por superprodução podem ser entendidas a partir de duas lógicas gerais: i) a superprodução no sentido da produção de quantidade "excessiva", que pode ser intitulada de "superprodução quantitativa"; ii) superprodução no sentido da produção antecipada em relação às necessidades dos estágios subseqüentes da produção e do consumo, que pode ser intitulada de "superprodução por antecipação".

Os exemplos simplificados que se seguem objetivam esclarecer os conceitos de superprodução quantitativa e superprodução por antecipação.

Suponha que uma fábrica irá vender 1000 peças de um dado produto, e que o PCP programou a fabricação de 1100 peças, projetando um percentual de refugo de 10 %. Ou seja, produziu 100 peças de folga, na medida em que supôs uma taxa de refugo de 10 %. Porém, de forma imprevista, em função da variabilidade inerente aos sistemas produtivos, produziu somente 50 peças defeituosas. Portanto, restarão 50 peças para estoque. Neste caso, diz-se que ocorreu uma perda por superprodução quantitativa.

Em outro caso, suponha-se que em uma determinada fábrica o PCP programou entregar 1000 produtos para um determinado cliente no dia 20 do mês de março. Porém a produção foi antecipada, tendo sido produzidos 1000 produtos no dia 15 do mês de março. Isto significou a antecipação de cinco dias, com os custos financeiros associados a esta operação. Este caso exemplifica de forma simples o que é chamado de perda por superprodução antecipada.

Shingo (1996) considera que na lógica defendida pelo Sistema Toyota de Produção deve-se evitar completamente a perda por superprodução. Ainda, segundo Ohno (1996), as perdas por superprodução constituem-se na perda principal ("a pior das perdas") a ser considerada, pois elas tendem a esconder as outras perdas que serão discutidas adiante, neste capítulo. Porém, uma pergunta a ser considerada, relacionada a esta questão, é: como eliminar as perdas por superprodução?

É importante reconhecer que as perdas por superprodução se constituem em um efeito indesejável nos sistemas produtivos. Metaforicamente, pode-se dizer que a superprodução é similar a observar uma febre alta no corpo humano. O efeito aparece, mas é fundamental investigar as causas do fenômeno. Sendo assim, para atacar as perdas por superprodução, é essencial atacar as causas fundamentais das mesmas. A Figura 7.3 apresenta um diagrama de Ishikawa que esclarece um amplo conjunto de causas possíveis que levam os gestores a adotar práticas que levam a perda por superprodução.

A Figura 7.2 mostra que os gestores tendem a defender políticas de constituição de estoques sempre que ocorrem problemas potenciais ou reais nos sistemas produtivos – é a idéia do *just-in-case*, ou seja, "vou colocar estoque no caso de: quebra de máquinas, falta de confiança nos fornecedores, refugos e retrabalhos etc.". Sendo assim, é impossível atacar diretamente as perdas por superprodução, na medida em que ela é um efeito produzido por um amplo conjunto de causas raízes. Desta forma, o correto para a minimização/eliminação das perdas por superprodução é o ataque sistemático, com critérios de prioridade, a todas as perdas que causam o fenômeno da superprodução.

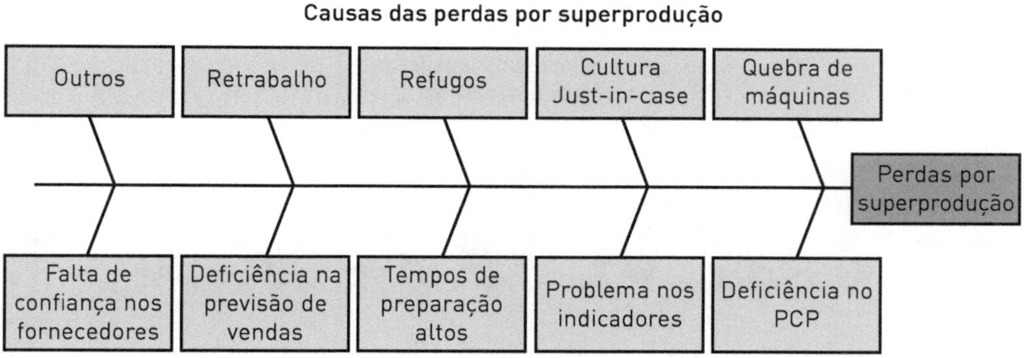

Causas das perdas por superprodução

```
Outros    Retrabalho    Refugos    Cultura         Quebra de
                                   Just-in-case    máquinas
                                                              → Perdas por
                                                                superprodução
Falta de       Deficiência na   Tempos de      Problema nos    Deficiência no
confiança nos  previsão de      preparação     indicadores     PCP
fornecedores   vendas           altos
```

Fig. **7.3** Diagrama de Ishikawa das casusas das perdas por superprodução.

b) Perdas por movimentação interna de carga

As perdas por transporte relacionam-se diretamente a todas as atividades de movimentação de materiais que geram custo e não adicionam valor. Segundo Shingo (1966a), o fenômeno de transportar não aumenta o trabalho adicionado ao produto, mas eleva os custos globais do sistema produtivo.

Shingo observa que as melhorias visando atacar as perdas a partir da função processo são completamente diferentes das melhorias no trabalho de transporte que se relacionam à função operação. Sob o prisma ideal, melhorias no trabalho de transporte (por exemplo, através da introdução de modernos equipamentos de movimentação interna de cargas) podem ser uma pequena parcela dentro do contexto global da eliminação das perdas por transporte. Shingo (1996a) esclarece que, se uma dada atividade de transporte manual é meramente mecanizada, é possível afirmar que "o alto custo do transporte foi convertido de manual para mecânico".

Conceitualmente, relativamente às ações de ataque às perdas de transporte, a atitude gerencial a longo prazo a ser buscada na organização implica a busca incessante da "eliminação do transporte" (Shingo, 1996).

Hirano (1989) propõe uma relevante conceituação que visa distinguir as perdas do transporte em dois tipos: perdas no grande tranporte e perdas no pequeno transporte. A Figura 7.4 contribui para a compreensão destes conceitos.

As perdas no grande transporte ocorrem entre duas esperas, estando relacionadas aos fluxos gerais de produção e, portanto, ao leiaute da empresa. Neste caso, trata-se de estudar todos os aspectos relativos à movimentação interna de carga/materiais nas empresas.

De forma genérica, é possível atacar as causas fundamentais das perdas no grande transporte a partir de duas ações hierarquicamente relacionadas:

- as ações prioritárias, relacionadas à função processo, consistem na elaboração de estudos visando a eliminação/minimização do transporte através

Perdas no transporte

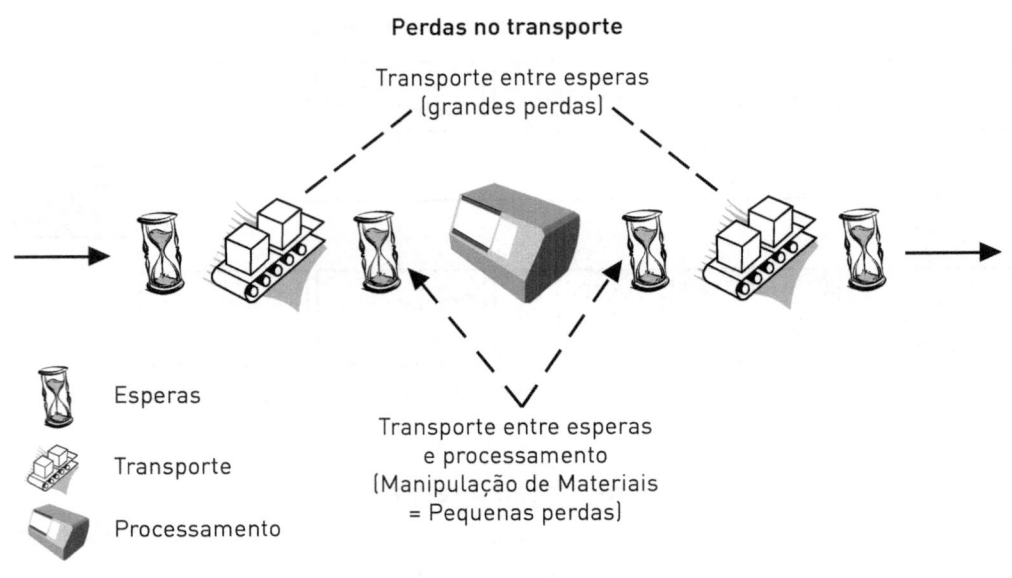

Fig. **7.4** Caracterização dos tipos de perdas por transporte (Fonte: adaptado de HIRANO, 1989).

de melhorias nos fluxos produtivos, geralmente associadas a melhorias no macroleiaute e nos leiautes locais. Para isso podem ser usadas as melhores técnicas de leiaute (por exemplo, a adoção do chamado leiaute celular com a utilização de tecnologia de grupo);
- após esgotar as possibilidades de melhorias em termos de macro leiaute, o passo seguinte, relacionado a melhorias na função operação, consiste em propor e implantar melhorias associadas ao trabalho de transporte (por exemplo: uso de melhores equipamentos de transporte, AGVs etc.).

O pequeno transporte envolve uma situação do tipo espera-processamento-espera. Trata-se de um amplo conjunto de pequenos transportes que estão associados aos diferentes postos de trabalho. A importância desta perda relaciona-se ao grande número de pequenas movimentações de materiais a ela associadas. Para debelar as perdas por pequeno transporte, é essencial a melhoria do microleiaute do posto de trabalho.

A Figura 7.5 apresenta esquematicamente as diferenças entre os tipos de transporte envolvidos e as perdas a eles associadas.

c) Perdas no processamento em si

As perdas no processamento em si consistem naquelas atividades de processamento/fabricação que são desnecessárias para que o produto, serviço ou sistema adquira suas características básicas de qualidade, tendo em vista a geração de valor para o cliente/usuário.

Transferência de materiais

Movimentação
interna de carga
(grande transporte)

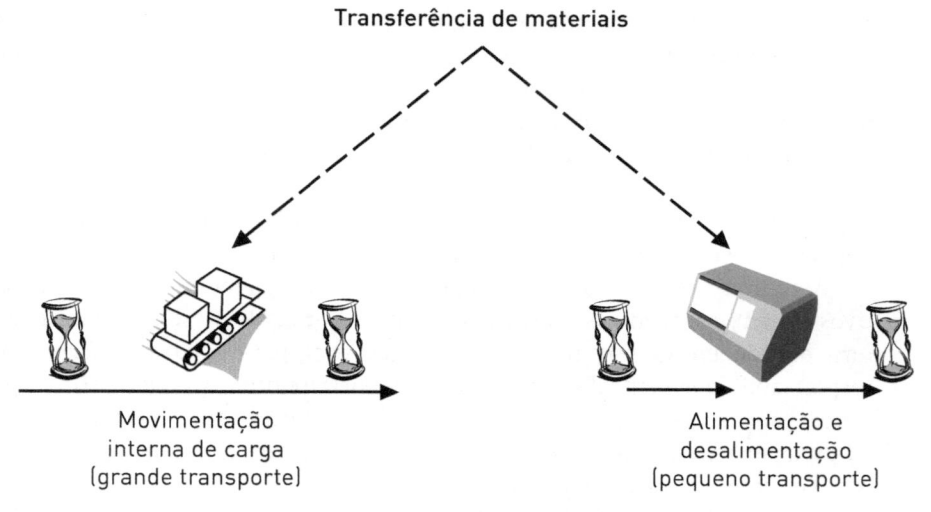

Alimentação e
desalimentação
(pequeno transporte)

Fig. **7.5** Esquema das perdas por grande e pequeno transporte (Fonte: adaptado de Hirano, 1989).

Estas perdas podem ser localizadas a partir de duas perguntas básicas:

a) Por que esse tipo de produto ou serviço específico deve ser produzido?
b) Por que esse método deve ser utilizado neste tipo de fabricação?

Observa-se que as perguntas supracitadas podem ser respondidas a partir da adoção dos princípios e técnicas provenientes da engenharia e da análise de valor.

Assim, para atacar as causas fundamentais das perdas no processamento em si, dois tipos gerais de melhorias devem ser buscados:

a) analisar "que tipo de produto" deve ser manufaturado, do ponto de vista da engenharia de valor (Shingo, 1996);
b) analisar quais métodos devem ser utilizados para fabricar o produto, dado que já se tenha definido o produto a ser elaborado. Isto implica na utilização de técnicas associadas à análise de valor (Shingo, 1996a).

Ainda, é possível sugerir, visando debelar as perdas ligadas ao processamento em si (fabricação), melhorias relacionadas à tecnologia específica de produto, processos de fabricação, máquinas e matérias-primas. Alguns exemplos podem ser visualizados abaixo:

- melhorias da tecnologia específica do produto como, por exemplo, i) a substituição dos relógios de engrenagens pelo relógio digital; ii) a substituição do carburador pela injeção eletrônica;
- melhorias na tecnologia específica de processo;

- melhorias na tecnologia de máquinas como, por exemplo, o histórico desenvolvimento do conceito de autonomação (automação de baixo custo), feito originalmente, pela Toyoda Fiação e Tecelagem, nas máquinas de tear;
- melhorias da tecnologia de matérias-primas (por exemplo, a substituição que ocorreu nos últimos anos do material aço para plástico nos automóveis).

A Figura 7.6 apresenta um esquema para ilustrar as formas e o raciocínio geral que podem ser usados para a eliminação das perdas por processamento em si.

A abordagem do modelo ideal parte da adoção dos melhores e mais inventivos princípios, técnicas e práticas da engenharia. Neste sentido trata-se de uma abordagem de natureza dedutiva e de cima para baixo (*top-down*), cuja responsabilidade central tende a ser dos departamentos de engenharia de produto e processo das empresas, e, mais modernamente, tende a estar associada à busca permanente da inovação de cunho radical em termos de produto, processo e materiais nas empresas.

A abordagem através do modelo analítico parte de uma visão indutiva e de baixo para cima (*bottom-up*). Esta abordagem, geralmente conduzida a partir do chão-de-fábrica, trata o problema através de uma ótica de melhorias incrementais. Neste sentido, pode envolver todos os colaboradores que atuam no sistema produtivo da empresa.

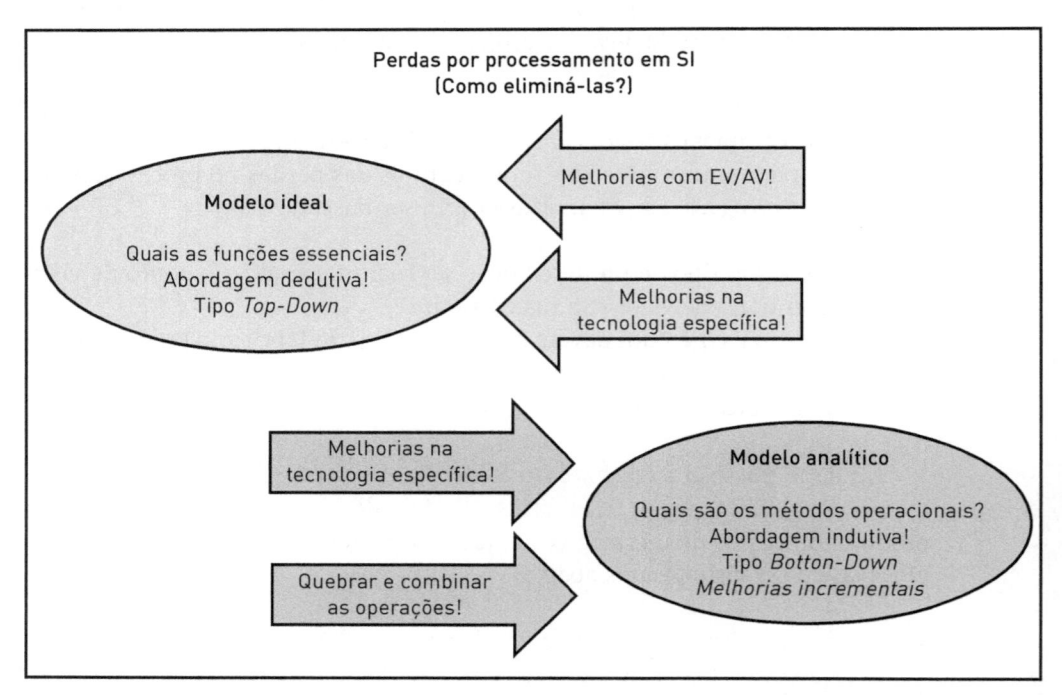

Fig. **7.6** Esquema geral de melhorias no processamento/fabricação (Fonte: Adaptado de Hirano, 1989).

d) Perdas por fabricação de produtos defeituosos

As perdas por fabricação de produtos defeituosos consiste na fabricação de peças, subcomponentes e produtos acabados que não atendem às especificações de qualidade requeridas pelo projeto, ou seja, que não atendem aos requisitos vinculados à qualidade do ponto de vista da conformidade.

Em termos teóricos, é necessário elucidar a diferença entre "inspeção para prevenir produtos defeituosos" e "inspeção para localizar (descobrir) defeitos".

A postura de "inspeção para localizar defeitos" implica em detectar ao final do sistema produtivo os produtos fora de especificação e, então, segregá-los.

Shingo (1996a) coloca que a "inspeção para localizar defeitos", ou inspeção por julgamento, trata somente de detectar, ao final da produção, se os produtos são defeituosos ou não. Neste caso, parte-se do pressuposto de que os defeitos são originados no processo e que a inspeção é realizada apenas no intuito de descobrir os defeitos. Caso se adote a estratégia de aumentar o número de inspetores, por exemplo, a confiabilidade do processo de inspeção será aprimorada. Porém, tende a não surtir nenhum efeito no sentido do "controle do percentual de defeitos". Isso significa que, mesmo possuindo uma equipe de inspetores de excelência técnica comprovada, ela tende a ser ineficaz na redução do percentual de defeitos no processo, caso se utilize somente a lógica estrita da "inspeção para localizar defeitos".

Já a postura da "inspeção para prevenir produtos defeituosos" está baseada em uma estratégia que visa realizar inspeções para detectar rapidamente os defeitos e, então, prevenir o alastramento dos mesmos no sistema produtivo. É uma lógica de inspeção onde, uma vez descoberto o primeiro defeito (partes do produto ou produto fora de especificação), uma informação deve ser imediatamente transmitida aos processos anteriores, visando corrigir as causas que estão levando ao aparecimento de defeitos.

A transferência da informação diretamente ao local do processo onde se detectou o problema é chamada por Shigeo Shingo (1996a) de *feedback* da função inspeção. Quanto mais rápido o processo de feedback da detecção do defeito ao seu local de origem, mais rápido ter-se-á a possibilidade de eliminação da geração dos defeitos e/ou da fonte dos mesmos. Conseqüentemente, o percentual de defeitos gerados será reduzido consideravelmente, na medida em que o alastramento dos defeitos e retrabalhos tende a ser bloqueado mais rapidamente. Shingo postula que a inspeção para prevenir produtos defeituosos é, do ponto de vista de sua lógica global, um método de inspeção similar ao chamado "exame médico".

O autor entende que para atacar as causas fundamentais das perdas por fabricação de produtos defeituosos é necessário estabelecer um sistema de inspeção para prevenir defeitos. Dentro deste contexto, tem-se a possibilidade de estabelecer sistemas básicos de inspeção, dentre os quais pode-se destacar:

- sistema de inspeção sucessiva;
- sistema de auto-inspeção;
- sistema de inspeção na fonte.

No **sistema de inspeção sucessiva**, a idéia central é que o processo seguinte inspecione os componentes fabricados pelo processo anterior. O esquema da Figura 7.7 mostra a idéia geral deste sistema.

Ainda, é possível afirmar que o tamanho do lote transportado influencia na rapidez da detecção dos problemas. Por exemplo, em uma célula que processa lote unitário de peças, a detecção dos defeitos, utilizando a inspeção sucessiva, é muito rápida em função do baixo tempo de atravessamento das peças. Isto não acontece no caso do leiaute por seções, onde a produção e o transporte de lotes com um número significativo de peças faz com que o processo de realimentação se torne muito mais lento, em função dos *lead times* serem mais elevados.

Neste caso, cria-se claramente uma relação em cadeia com clientes e fornecedores internos. A idéia é assegurar a construção de uma cadeia de informações do tipo feedback para prevenir defeitos. Shingo (1996a) postula que este sistema de inspeção sucessiva tem boa probabilidade de sucesso no que tange à redução dos defeitos, particularmente nos estágios iniciais de adoção do Sistema Toyota de Produção.

No caso do **sistema de auto-inspeção**, a noção central a ser perseguida é que a inspeção dos produtos seja feita logo após a produção da peça – pelo operador ou por algum tipo de dispositivo – antes que ela seja transportada para a próxima operação.

Do ponto de vista da sua concepção teórica, o sistema de auto-inspeção é superior ao sistema de inspeção sucessiva. No entanto, no sistema de auto-inspeção, dois pontos potenciais devem ser cuidadosamente observados: i) em primeiro lugar, quando o próprio trabalhador faz a operação de inspeção, pode ocorrer a tendência de negligenciar os padrões de inspeção e considerar boas as peças com problemas de qualidade; ii) em segundo lugar, a inspeção deficiente pode ocorrer devido a capacitação insuficiente do operador. Sendo assim, estes dois tópicos devem ser cuidadosamente tratados no âmbito do sistema de gestão.

Ainda, a auto-inspeção pode ser feita através de ferramentas de detecção física dos defeitos – os dispositivos *poka-yoke*. Se forem utilizadas ferramentas do tipo *poka-yoke* (por exemplo: dispositivos do tipo passa/não-passa logo de-

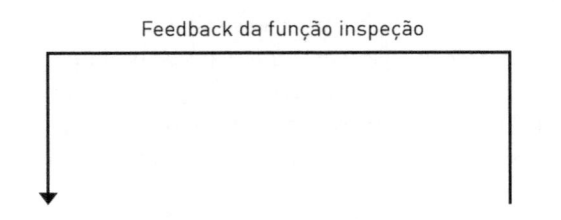

Feedback da função inspeção

Processamento 1 → Transporte → Inspeção → Processamento 2

Fig. **7.7** Lógica do sistema de inspeção sucessiva.

pois da fabricação dos produtos), além da chance de não detectar os defeitos ser baixa, a informação, caso ocorram defeitos, é imediatamente fornecida ao operador da máquina.

O **sistema de inspeção na fonte** implica a prevenção dos defeitos através do controle das causas principais que o originam – os chamados erros. A Figura 7.8 mostra esquematicamente a situação.

A Figura 7.8 procura ilustrar que os defeitos sempre têm origem em determinadas causas raízes. Sendo assim, sob o prisma do sistema de inspeção na fonte, a idéia consiste em: i) eliminar a fonte do erro, e; ii) caso o erro venha a ocorrer, impedir que o mesmo gere um defeito. O exemplo da Figura 7.9 ilustra o conceito.

Fig. **7.8** Relação de causa e efeito entre erro e defeito.

O equipamento da Figura 7.9 é utilizado na construção civil, e é chamado de "girafa". Uma possibilidade real de erro ocorrerá se o operador do equipamento não visualizar um determinado fio elétrico quando levantar a "lança", causando problemas em potencial. Como decorrência, um efeito poderia ser um curto circuito elétrico, causando a eventual morte do operador. Nesse contexto, é praticamente impossível solucionar o problema atra-

Fig. **7.9** A "girafa" e o sistema de inspeção na fonte.

vés, unicamente, do treinamento e capacitação do operador. Porém, o fato de que o erro ocorra não implica que o defeito irá ocorrer. Por exemplo, pode-se projetar um dispositivo eletromagnético no equipamento que, ao perceber a proximidade entre a "lança" e o fio elétrico, pare a "lança", impedindo que o erro (desatenção do operador) gere o defeito (a morte do operador).

A Figura 7.10 explica o conceito teórico básico colocado no exemplo acima, segundo o qual é preciso conceber um sistema muito rápido de detecção e controle para que os erros não venham a gerar defeitos, com os custos elevados associados ao fenômeno.

e) Perda por estoque

Perda por estoques significa a existência de estoques elevados de matérias-primas, material em processo e/ou produtos acabados, que irão acarretar elevados custos financeiros e a necessidade estabelecida de espaço físico adicional para a produção, com os custos a isto associados.

Neste sentido, a idéia geral consiste em estabelecer uma estratégia global de ação visando reduzir sistemática e continuamente a necessidade da consti-

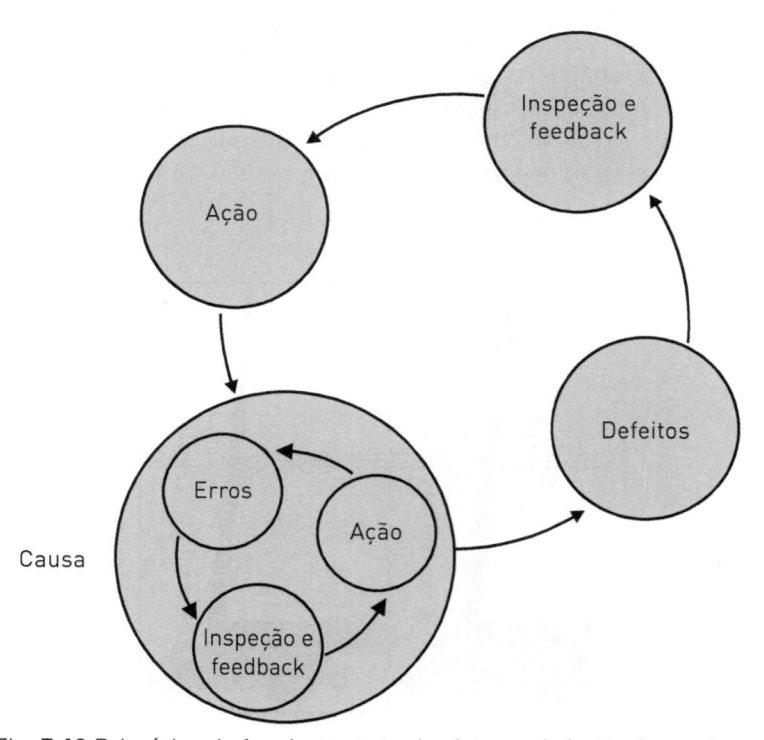

Fig. **7.10** Princípios de funcionamento do sistema de inspeção na fonte.

[**Saiba mais**]

Estratégia e técnicas de inspeção

Um ponto muito relevante na discussão sobre a minimização/eliminação das perdas por fabricação de produtos defeituosos é distinguir com clareza as chamadas estratégias de inspeção das técnicas de inspeção. As estratégias de inspeção (estratégias de inspeção por julgamento, inspeção sucessiva, auto-inspeção e inspeção na fonte) devem ser analisadas prioritariamente. A idéia básica consiste em melhorar o sistema global de inspeção das empresas minimizando, tanto quanto possível em função das necessidades objetivas de qualidade e dos custos envolvidos no processo, as inspeções por julgamento, e buscando, na medida das possibilidades, adotar a inspeção na fonte. Estariam as ferramentas de inspeção (por exemplo: *poka-yoke* e controle estatístico do processo – CEP) associadas a algum tipo específico de estratégia de inspeção? A resposta é não. Isto porque, por exemplo, uma técnica do tipo *poka-yoke* pode ser utilizada sob a égide de qualquer das estratégias da inspeção. O importante a ser percebido aqui é que, ao contrário do estabelecimento de programas ou projetos do tipo *poka-yoke* e CEP, o elemento central para o ataque sistemático e rápido às perdas consiste em estabelecer com clareza as estratégias de inspeção a serem adotadas. Neste sentido, a compreensão em profundidade da relação entre causas (erros) e defeitos (efeitos) é o ponto central a ser considerado, em termos de estratégia.

tuição de estoques. Em termos metafóricos, é possível falar de produção com estoque zero, sendo que no sentido do Sistema Toyota de Produção a palavra "zero" não significa nulo, e sim a busca permanente da perfeição.

A existência de estoques tem como uma das raízes fundamentais as diferenças existentes entre o período de produção (Pt) e o tempo de entrega (Dt).

Supondo que se tenha um fornecedor A, cujo tempo de atravessamento é de 30 dias. O fornecedor B possui um tempo de atravessamento de 15 dias. Neste caso, se o cliente estabelecer que seu intervalo de compra permissível será de 15 dias, o fornecedor A terá grande probabilidade de perder o negócio, a menos que utilize a prática de possuir estoque de produtos acabados. Neste caso, o fornecedor tenderá a estabelecer estoques "especulativos" à espera das vendas. Porém, a este incremento de estoque de produtos acabados estará associada uma série de desvantagens, tais como: i) custos financeiros associados; ii) aumento da possibilidade de obsolescência de produtos; iii) risco da não-venda de produtos acabados (por exemplo: na indústria de parafusos, é usual encontrar a denominação (metafórica) "estoque sujo", caracterizado pelo fato de que existe uma parte do estoque de produto acabado com mais de 1 ano de permanência [sem demanda] e que tem alta probabilidade de não ser vendido nos próximos 5 anos, por exemplo); iv) necessidade de incrementar o espaço físico na fábrica etc.

Visando atacar a raiz das perdas no estoque, é necessário o estabelecimento de uma política de melhorias contínuas, que busque o nivelamento entre capacidade × demanda (*heijunka*), a sincronização da produção (por exemplo: através da adoção do Kanban ou da programação fina da produção – PFP), a produção em pequenos lotes (por exemplo: via a utilização dos princípios, métodos e técnicas da troca rápida de ferramentas) e a busca do fluxo unitário de peças (por exemplo: através da utilização do leiaute celular). O objetivo central desta estratégia é organizar um sistema produtivo capaz de responder rapidamente à flutuação da demanda no mercado, reduzindo assim os tempos de atravessamentos com o mínimo de utilização de estoques.

(7.2.3) **A função operação e as perdas**

As perdas relacionadas à função operação são:
a) perdas por movimento
b) perdas por espera

a) Perdas por movimento

As perdas por movimento estão diretamente associadas aos "movimentos desnecessários" dos trabalhadores quando estes estão executando as operações principais nas máquinas ou nas linhas de montagem.

Essas perdas podem ser compreendidas em profundidade através das teorias desenvolvidas pelo casal Gilbreith sobre o estudo do movimento (SHINGO, 1996a). Estes estudos envolvem a busca contínua e sistemática da economia de tempo, oriunda de uma análise criteriosa do movimento humano e da postura no trabalho. Uma metáfora interessante para compreender os princípios da economia do tempo é considerar que "o tempo é a sombra do movimento". Sendo assim, a tese central defendida é que o "o tempo é meramente um reflexo do movimento". Em outros termos, o tempo é percebido enquanto um efeito, cujas causas a serem estudadas estão relacionadas aos movimentos. Neste sentido, nenhuma redução dos tempos pode ser obtida sem uma análise aprofundada das razões causais desta redução de tempo, que, por sua vez, tendem a estar relacionadas à racionalização: i) da melhoria nos movimentos;

ii) das melhorias das condições de trabalho necessárias para a execução destes movimentos.

A análise proposta por Gilbreith, relativamente ao movimento, consiste em dividir o movimento global em unidades de movimentos elementares, intitulados de "therbligs" (a origem desta nomenclatura é o nome Gilbreith). Estes "therbligs" constituem-se de 18 unidades elementares de movimentos. Shingo (1996a) tece um elogio ao uso deste método como uma das formas de reduzir as perdas por movimento, dado que as observações microscópicas desvendam mais problemas do que as observações macroscópicas.

Como ferramental para debelar as perdas por movimento, é essencial analisar em profundidade a chamada "operação principal". Esta análise pode ser elaborada a partir das seguintes ferramentas gerais:

a) estudo do movimento ("estudo de therblig"), proposto por Gilbreith;
b) estudo de tempos, proposto por Taylor;
c) estudo do tempo alocado (*predicted time study*).

As duas primeiras ferramentas são históricas e complementares. O estudo de Gilbreith sobre o movimento é usado em conjunto com a lógica de Taylor para estipular os tempos. Já o estudo do tempo alocado foi utilizado durante muitos anos nos EUA como uma forma de estabelecer performances de tempo padronizadas, que funcionam como base contratual para que as empresas estabeleçam os sistemas de contrato de trabalho.

Shingo (1996a) afirma que foram desenvolvidos outros métodos para trabalhar as questões das perdas no movimento entre as quais é possível citar: método do fator trabalho e a medida de movimento/tempo. Estes dois métodos definem a quantidade de tempo para diferentes tipos de movimentos. Os tempos em questão são baseados no trabalho de um trabalhador médio, em ritmo médio e, em geral, são derivados de uma vasta quantidade de dados observados. Enfim, estes dois métodos permitem a observação do movimento e o cálculo do tempo padrão para cada movimento realizado.

Todos os métodos propostos, aos quais é necessário adicionar o conceito de operação padrão (*standard operation*) muito utilizado no âmbito do Sistema Toyota de Produção, têm o objetivo de introduzir melhorias nos movimentos realizados pelos trabalhadores. Sendo assim, o objetivo central a ser perseguido para a minimização das perdas no movimento consiste em estabelecer continuamente padrões operacionais, o mais efetivos possíveis, para a execução eficaz das operações. De forma geral, é possível afirmar que esta melhoria acarretou reduções sistemáticas dos tempos de processamento/ciclo de peças (tpi).

b) Perdas por espera

As perdas por espera estão associados aos períodos de tempo nos quais os trabalhadores e/ou as máquinas não estão sendo utilizados produtivamente, ou seja, embora pagos, não estão contribuindo para a agregação de valor aos produtos e/ou serviços. Neste caso, a empresa adquiriu capacidade de produção com os custos fixos daí associados, mas não está utilizando estes recursos plenamente para gerar agregação de valor para a empresa.

De acordo com Shingo (1996a), no início da década de 80 os custos das perdas por espera dos trabalhadores no Japão eram bem mais relevantes do que as perdas por espera das máquinas. Isto era explicado pelo fato de que, na época, o custo horário relativo ao pessoal era, em média, de três a cinco vezes maior do que o custo horário das máquinas. Hoje, em função do aumento do custo de pessoal em relação às máquinas no Japão e nos demais países desenvolvidos (EUA, Alemanha, entre outros), esta relação é ainda maior. É precisamente neste sentido que uma das preocupações centrais dos princípios, métodos e técnicas do Sistema Toyota de Produção está relacionada à chamada minimização da força do trabalho (Ohno, 1998). Em outros termos, quando ocorrem elevadas perdas por espera dos trabalhadores, os custos relacionados ao pessoal se elevam para a realização de uma mesma produção. No entanto, tal realidade conceitual – que implica a busca sistemática e prioritária da racionalização da utilização de pessoal nas empresas – deve ser percebida a partir da compreensão em profundidade dos custos dos fatores de produção nas diferentes regiões e países do mundo.

Dentre as causas principais que levam ao incremento das perdas por espera dos trabalhadores, é possível incluir:

- baixo índice de multifuncionalidade, que está associado a eventuais deficiências no projeto de sistema produtivo – em grandes linhas, envolvendo a concepção de máquinas, os fluxos produtivos e o macro e o microleiaute fabril – com aplicação insuficiente dos conceitos de autonomação de forma geral, e de linearização de fluxos e manufatura celular, de forma mais específica;
- baixo índice de utilização das pessoas, em função de um projeto com reduzido nível de multifuncionalidade, acoplado a índices de rendimento operacional das máquinas que levam a diminuir ainda mais a racionalização da utilização das pessoas. Algumas das causas associadas à redução do IROG são: i) altos tempos de preparação, associados a grande número de preparações; ii) quebra de equipamentos, associados a problemas de manutenção; iii) problemas nos dispositivos; iv) falta de sincronização de materiais e da produção; etc. Neste caso, a não-utilização das máquinas e, simultaneamente, um projeto que não privilegia a multifuncionalidade, tendem a acarretar um amplo conjunto de perdas por espera.

As perdas por espera dos equipamentos implicam a baixa utilização dos ativos fixos (baixos índices de IROG). Como já argumentado no Capítulo 1 deste livro, esta é uma perda importante para o caso brasileiro, onde, por exemplo, na indústria metal-mecânica, a relação entre o custo horário das máquinas e de pessoal é, *grosso modo*, da ordem de 1:1. O ataque a estas perdas envolve a utilização de ferramentas como a gestão do posto de trabalho, e mais amplamente, a chamada manutenção produtiva total (TPM).

(Saiba mais)

Modelo conceitual para a redução de resíduos pela eliminação de perdas ambientais internas em empresas do setor metal-mecânico

A presente seção busca evidenciar a importância dos aspectos relacionados ao meio ambiente e aos efeitos derivados do desenvolvimento industrial, ao mesmo tempo em que apresenta uma proposta de um modelo específico para o tratamento de perdas ambientais internas dos sistemas produtivos da indústria metal-mecânica. Parte-se do modelo de análise de ciclo de vida proposto por Sarkis e Rasheed (1995). A idéia consiste em controlar os resíduos gerados durante o processo produtivo, ao invés de fazê-lo no final da linha de produção. O modelo proposto visa constituir-se em uma ferramenta eficaz para o controle dos resíduos gerados nos sistemas produtivos.

O ciclo de vida de um produto dentro de um processo produtivo, em forma de fluxo esquematizado, é apresentado na Figura 7.11. Estão identificadas três fases primárias do ciclo de produção: obtenção, produção e distribuição. É possível observar que cada uma das grandes atividades gera resíduos. Qualquer resíduo que não possa ser eliminado, teoricamente pode ser reutilizado, reciclado, remanufaturado, ou ainda ser descartado. O principal objetivo é manter todos os materiais (nas diferentes etapas do ciclo de vida) dentro do ciclo de produção, e assim diminuir (ou idealmente eliminar) qualquer circulação no ambiente externo.

A Figura 7.11 mostra que a única atividade que se opõe a esse objetivo é a de disposição ou descarte. Até mesmo no "pós-mercado", os produtos e materiais podem seguir as mesmas estratégias para reintegrarem o produto ao ciclo de vida. As setas do esquema proposto mostram o destino comum que os produtos e materiais deveriam, preferencialmente, tomar.

O modelo proposto Sarkis e Rasheed é interessante na medida em que prevê uma hierarquia para trabalhar as Perdas do sistema. É possível verificar que reuso, remanufatura e reciclagem trabalham as perdas recolocando-as de alguma forma novamente no processo produtivo.

Porém, de forma geral, é possível afirmar que as empresas tendem a visualizar o processo global de geração de resíduos. Outra óptica possível e complementar relaciona-se à análise das perdas geradas no processo produtivo em si. Neste

(continua)

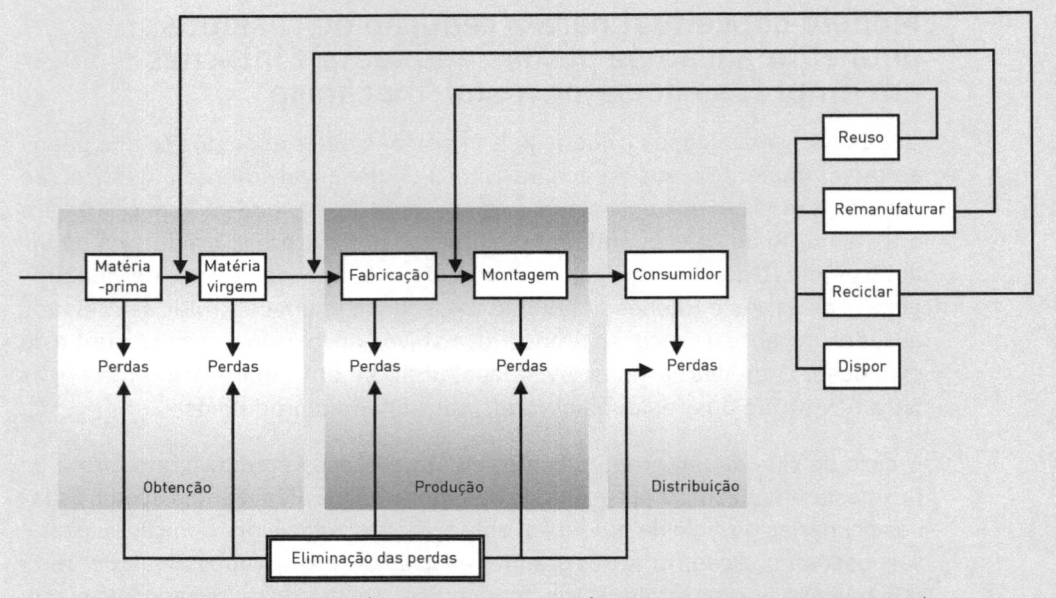

(Saiba mais) saiba mais saiba mais saiba mais saiba mais saiba

(continuação)

Fig. **7.11** Ciclo de vida / processo produtivo (Fonte: Sarkis e Rasheed, 1995).

sentido, objetiva-se adotar ações para reduzir os resíduos gerados no interior do sistema produtivo. Para isso, a título de exemplo, sugere-se a adoção de um modelo específico para o tratamento das perdas no interior do sistema produtivo de uma empresa típica do ramo metal-mecânico – Figura 7.11.

O modelo da Figura 7.12 faz uma análise dos processos produtivos a partir de uma perspectiva de sistema, dividindo o problema em dois subsistemas: i) subsistema principal; ii) subsistema secundário.

Sistema principal

O que entra no processo:
Matéria-prima: entende-se por matéria-prima aquela que entra diretamente na fabricação do produto e que permanece no produto final (Antunes, 1988).

(continua)

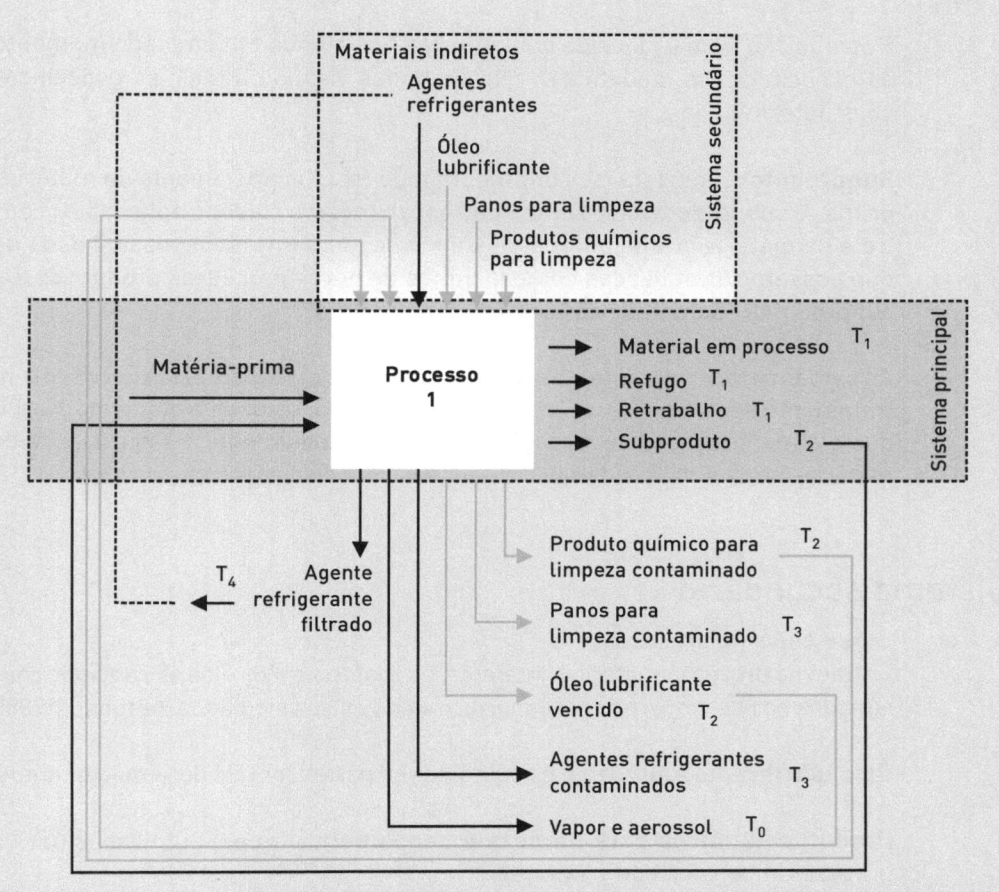

(Saiba mais) saiba mais saiba mais saiba mais saiba mais saiba mais sai

(continuação)

Fig. **7.12** Modelo específico para o tratamento de perdas ambientais nos processos de fabricação de empresas do ramo metal-mecânico.

O que sai do processo:
Material em processo: material que encontra-se dentro do padrão especificado de fabricação, seguindo o fluxo normal de produção.

Refugo: correspondendo aos itens que não atendem às especificações de projeto (por exemplo: itens que não atendem à especificação dimensional ou à composição metalográfica especificada).

(continua)

(**Saiba mais**)

(*continuação*)

Retrabalho: item produzido que, embora não atenda em um dado momento às especificações, podem ser retrabalhados visando atingir as especificações determinadas.

Subproduto: considera-se subproduto todo resíduo proveniente da matéria-prima. O subproduto deve ser tratado com o mesmo cuidado aplicado no controle da matéria-prima porque, desta forma, aumenta-se a possibilidade de que possam ser utilizados como insumos de novos processos produtivos. Os subprodutos são perdas consideradas no projeto.

As perdas geradas durante o sistema principal são contabilizadas e recebem um tratamento denominado, no âmbito do modelo proposto, de tratamento 1 – T1, que é a reutilização. A reutilização reduz, simultaneamente, a necessidade de matéria-prima virgem e o impacto causado pela disposição dos resíduos.

Sistema secundário

O que entra no processo:
Entram no processo materiais indiretos. Os materiais indiretos são aqueles consumidos no posto operacional específico a que estão vinculados (Antunes, 1988):

Óleo lubrificante: utilizado para lubrificar as partes móveis dos equipamentos.

Produtos químicos para limpeza e panos para limpeza: utilizados para a limpeza de peças e equipamentos.

Agentes refrigerantes: utilizados para minimizar o excesso de calor gerado nas operações de usinagem e conformação, lubrificam as ferramentas e as peças e auxiliam na remoção do cavaco.

O que sai do processo:
Agentes refrigerantes contaminados: material com características originais modificadas, que são impróprios para utilização no processo. Recebe tratamento 3 – T3, que é a disposição e posterior encaminhamento para depósito de resíduos industriais.

(*continua*)

(Saiba mais)

(continuação)

Panos para limpeza contaminados: material contaminado com produtos químicos diversos. Recebe tratamento 3 – T3, que é a disposição e posterior encaminhamento para depósito de resíduos industriais.

Óleo lubrificante vencido: material com características originais modificadas. Recebe o tratamento 2 – T2, e retorna ao processo como material indireto.

Produto químico para limpeza contaminado: material com características originais modificadas. Recebe o tratamento 2 – T2, e retorna ao processo como material indireto.

Agente refrigerante filtrado: este material mantém a maioria das características originais. Recebe o tratamento 4 – T4, que é o reuso, e retorna ao processo como material indireto.

Agente refrigerante modificado: material com características originais modificadas, que se dispersa no meio ambiente. Este resíduo ou emissão não recebe tratamento, e recebe a identificação como tratamento 0 – T0.

Finalmente, é importante observar que a lógica do modelo genérico aqui proposto para empresas típicas do ramo metal-mecânico pode ser utilizada, tendo como base a noção dos subsistemas principal e secundário, para a construção de modelos de gestão ambiental das perdas internas em segmentos industriais distintos.

(7.3) Considerações finais: as perdas como fio condutor da história da Engenharia de Produção

O conceito de perdas foi proposto originalmente por Henry Ford e constituiu-se em um elemento essencial para o desenvolvimento do sistema fordista de produção (*just-in-case*). É importante destacar que a detecção e posterior eliminação das perdas nos EUA da primeira metade do século estavam diretamente relacionadas à busca sistemática da padronização de produtos, processos, ferramentas e métodos de trabalho. Este movimento foi conduzido hegemonicamente no âmbito da ASME (*American Society of Mechanical Engineers*), entidade da qual Taylor foi figura proeminente.

(Saiba mais)

Ampliando a visão de perdas nos sistema produtivos – o modelo 5MQS

Um modelo alternativo interessante para o tratamento das perdas nos sistemas produtivos, intitulado de 5MQS, foi desenvolvido por Hirano.

Perdas segundo a lógica 5MQS

- **Material** (Materiais): Componentes, Parafusos, Funções
- **Man** (Pessoas): Movimento, Pesquisa, Operação, Observação/espera, Invisíveis
- **Machine** (Máquinas): Aquisição de máquinas universais, Quebras, Operação em vazio
- **Management** (Gerenciamento): Perdas de materiais, Perdas no controle gerencial
- **Method** (Método): Inventário, Longos tempos de preparação no lançamento de novos produtos
- **Safety** (Segurança): Acidentes de trabalho, Afastamentos
- **Quality** (Qualidade): Produtos defeituosos, Inspeção, Controle de qualidade

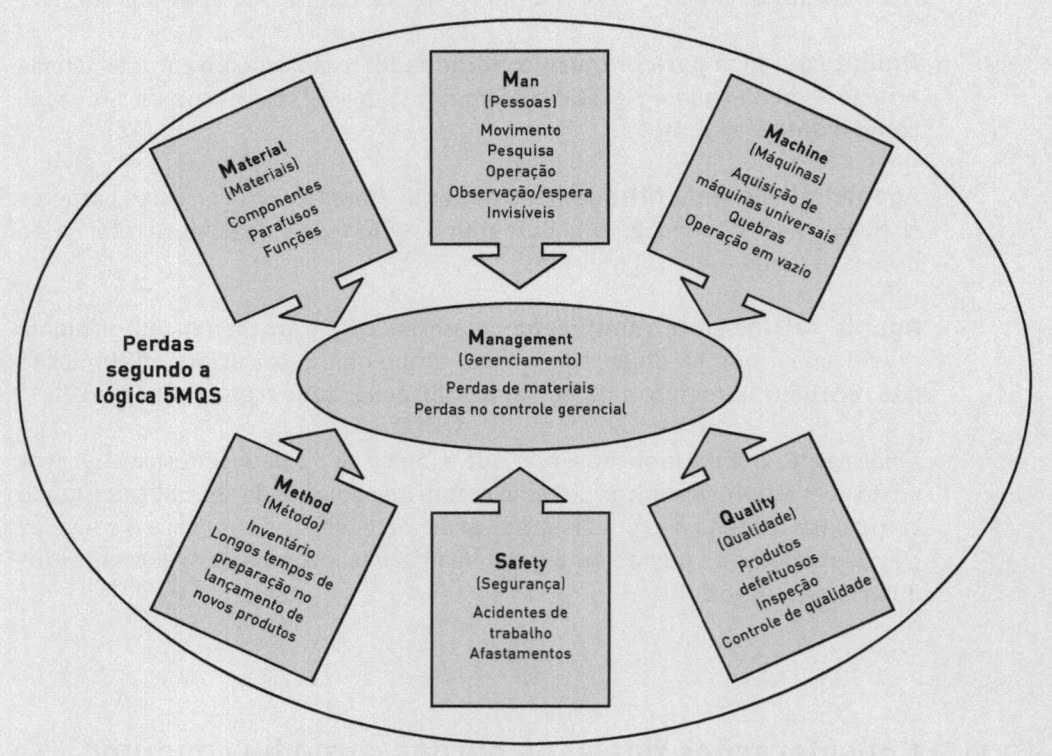

FIGURA 7.13 O modelo 5 MQS (Fonte: Hirano, 1989).

O modelo do 5MQS propõe que sejam analisadas as seguintes perdas nos sistemas produtivos:

a) *material* (Material) – Perdas nos materiais;
b) *man* (Pessoas) – Perdas relacionadas às pessoas;

(*continua*)

[**Saiba mais**]

(continuação)

c) *machine* (Máquinas) – Perdas nas máquinas;
d) *method* (Método) – Perdas no método;
e) *management* (Gerenciamento) – Perdas no gerenciamento;
f) *quality* (Qualidade) – Perdas na qualidade;
g) *safety* (Segurança) – Perdas devido à segurança.

No intuito de acrescentar novos conceitos e proposições em relação ao modelo tradicional das sete perdas, na seqüência são apresentados sucintamente alguns comentários relativamente ao método 5MQS:

a) É relevante perceber que o modelo 5MQS coloca como central, no intuito de tratar a questão das perdas, a necessidade de seu efetivo gerenciamento no âmbito do sistema produtivo – ou seja, as perdas devido a deficiências na gestão são fundamentais de serem enfrentadas de forma prioritária pelas empresas (*gerenciamento*). Este é um ponto significativo, pois se o sistema de gestão está objetivamente construído levando em consideração a necessidade de identificar e eliminar sistêmica e sistematicamente as perdas, o desdobramento das ações práticas tende a ocorrer de forma eficaz e rápida.

b) Um ponto a ressaltar consiste nas chamadas perdas devido a aquisição de máquinas, mais especificamente a aquisição de grandes máquinas, muitas vezes intituladas na bibliografia de "máquinas monumentos" (Harmon & Peterson, 1991). A aquisição destas máquinas faz parte de uma cultura ligada à tradicional visão taylorista/fordista da empresa (*just-in-case*) onde a idéia básica consistia em ganhar escala de produção via aquisição de equipamentos de grande porte. Ocorre que a tendência, ao adquirir este tipo de equipamento, é a busca de maximização das saídas do sistema (*outputs*) através da produção de grandes lotes de fabricação, tendo em vista a necessidade de amortizar os grandes investimentos realizados. No entanto, este tipo de equipamento tende a retirar a flexibilidade da fábrica, pois os tempos de preparação tendem a ser longos e as manutenções complexas. Ainda, máquinas de grande porte podem ocasionar potenciais problemas de qualidade. Por exemplo, quando da aquisição de uma "*dial machine*" ter-se-ão vários dispositivos de fixação de uma dada peça e, portanto,

(continua)

(Saiba mais)

(continuação)

vários pontos de controle/ajuste da qualidade. Isto tenderá a fazer com que a capabilidade final dos produtos que saem da máquina seja baixa e de difícil controle, em função da alta variabilidade envolvida neste processo de fabricação. Além disso, a aquisição de grandes equipamentos tende a dificultar os fluxos produtivos, o que acarreta tempos de atravessamento longos, grandes estoques em processo e de produto acabado, e dificuldade para entregar os produtos no prazo. Na lógica do Sistema Toyota de Produção, na medida em que os equipamentos/máquinas são elementos da função operação, sua concepção e operacionalização devem ser pensadas tendo como foco a melhoria contínua, sistêmica e sistemática dos fluxos produtivos – a função processo. Do ponto –de vista prático, isto implica a busca de projetar e adquirir as chamadas "máquinas específicas", que costumam possuir as seguintes características básicas: i) serem equipamentos de pequeno porte, o que é especialmente importante no caso da utilização na empresa de células de manufatura; ii) serem equipamentos flexíveis, no sentido de que facilitem a preparação de máquinas e a produção econômica de pequenos lotes de fabricação; iii) se constituirem em equipamentos adaptados à tecnologia específica necessária para a fabricação dos produtos da fábrica – em contraposição à idéia das máquinas universais;* iv) usar controles de posicionamento por computador (servomecanismos) que aumentem a flexibilidade das máquinas; v) facilitar a manutenção das máquinas; vi) sigam o princípio geral da autonomação, ou seja, sejam máquinas projetadas para pararem sempre que ocorrerem problemas de qualidade do produto ou o número de peças programado for atingido – isto permitirá aumentar o índice de multifuncionalidade global da fábrica. As máquinas específicas, idealmente, podem ser concebidas pelos profissionais que atuam na fábrica – algumas vezes em contato com os fabricantes dos equipamentos.

---

* A idéias de equipamentos específicos e simples, adaptados à necessidade de um processo de fabricação específico, foi originalmente concebida no âmbito do fordismo, sendo esses equipamentos chamados de "máquinas agrícolas". Na época, em função das dificuldades de qualificação dos trabalhadores, eram concebidas máquinas simples e diretamente responsáveis por operações parciais específicas na produção, que tinham como característica essencial a mínima participação dos trabalhadores na operação em cena.

(continua)

(Saiba mais)

(continuação)

Estes equipamentos tendem a exigir investimentos baixos, permitindo, ainda, uma melhoria significativa dos fluxos produtivos da fábrica (ex: fornos contínuos para tratamento térmico de pequeno porte, cabines de pinturas contínuas de pequeno porte, sistemas de acabamento superficial de pequeno porte, tornos e fresas de pequeno porte etc.). No contexto do Sistema Toyota de Produção, estas máquinas inserem-se na busca da chamada simplificação da produção, ou seja, tornar os fluxos produtivos diretos e simples, com a minimização dos investimentos realizados em ativos fixos.

c) Finalmente, um último ponto a ressaltar refere-se às perdas ligadas a segurança industrial. A proposição básica do Sistema Toyota de Produção/produção enxuta consiste em desenvolver amplamente nos ambientes industriais a noção de acidente zero. No caso da prevenção de acidentes, os investimentos realizados não são balizados pela idéia de retorno de investimento. Parte-se de um pressuposto mais amplo e geral, segundo o qual os acidentes e afastamentos são um claro sinal de que existem perdas excessivas na fábrica, sendo consideradas como perdas de cunho social. Neste sentido, os acidentes são considerados o "inimigo público número um" da produtividade e da qualidade nas fábricas. Assim, a prioridade para debelar as perdas associadas à segurança é a máxima possível, pois parte-se do pressuposto de que a motivação dos trabalhadores é diretamente dependente da condição de trabalho existente na organização em cena. Ainda, além dos custos intangíveis ligados a aspectos sociais (por exemplo: a motivação dos trabalhadores para elaborarem seus trabalhos de rotina e as melhorias), problemas associados à segurança imputam custos tangíveis as empresas, ligados, por exemplo, à necessidade de contratação de pessoas, horas extras etc., em função do afastamento dos trabalhadores do seu local de trabalho.

Tendo plena consciência de que as perdas se constituem em uma espécie de fio condutor da história da Administração e da Engenharia de Produção, os construtores do Sistema Toyota de Produção (particularmente Shingo e Ohno) retomaram o conceito, bebendo da fonte dos precursores Taylor e Ford, reconstituindo/reconstruindo o seu significado no contexto da nova realidade das normas de concorrência intercapitalista que se seguiram às crises do petróleo de 73 e 79.

O novo significado das perdas nos sistemas empresariais tem como ponto central a percepção e construção de um novo conceito de trabalho. Buscando o máximo de precisão é possível afirmar que o conceito de trabalho, em contraposição ao conceito de perdas, está ligado à realização de todas as atividades que agregam valor a produtos, processos e sistemas – atividades que podem estar relacionadas diretamente à introdução sistemática de inteligência nos produtos e processos e/ou nas atividades produtivas na fábrica. Neste sentido, este conceito não está relacionado às percepções usuais de trabalho, associadas a tópicos como tempo de permanência dos operadores na empresa, esforço físico, realização de horas extras etc.

Ainda, em função do fato de que as perdas – uma das faces da moeda, vão sendo sistematicamente eliminadas, tende a ocorrer um incremento processual de agregação de valor aos produtos, ou, em outras palavras, a densidade do trabalho vai aumentando. Observado a partir dos indicadores propostos neste livro, é possível afirmar que vai ocorrendo um incremento do índice de multifuncionalidade global da empresa. Em termos críticos, o significado das ações de eliminação de perdas tende a ocasionar o aumento da chamada mais-valia relativa.

Outra óptica relevante para analisar as perdas consiste em adotar o conceito das chamadas sete perdas, proposto por Shingo e Ohno, conectando-o ao conceito síntese do mecanismo da função produção, ou seja, percebendo as sete perdas como conceitualmente conectadas à função processo e à função operação.

À função processo estão relacionadas cinco perdas: superprodução (a mais importante de todas as perdas), estoque, processamento em si, transporte/ movimentação interna de carga e fabricação de produtos defeituosos. A eliminação destas perdas necessita ser priorizadas, porque elas incidem diretamente sobre os indicadores operacionais da Teoria das Restrições – ganho e investimento. Por exemplo, é possível associar ao incremento do ganho:

- o aumento do preço dos produtos, através da utilização de técnicas de engenharia de valor (perdas por processamento em si);
- a redução dos custos associados a matéria-prima (perdas por fabricação de produtos defeituosos – geração de refugo);
- o aumento das vendas futuras, através da estratégia da redução dos tempos de atravessamento (perdas por transporte/movimentação interna de carga, perdas por fabricação de produtos defeituosos).

Ainda, é possível reduzir os investimentos através de:

- melhorias em termos da sincronização da produção (perdas por superprodução, perdas nos estoques);
- redução dos tempos de atravessamento através da redução dos estoques de matéria-prima, estoques em processo e produtos acabados (perdas por superprodução, perdas no transporte/movimentação interna de carga, perdas por fabricação de produtos defeituosos, perdas nos estoques).

Sob a ótica da função operação, existem duas perdas relacionadas: perdas por espera e perdas no movimento. A minimização/eliminação destas perdas, em linhas gerais, está ligada à utilização cada vez mais eficaz das pessoas nos sistemas produtivos. Neste sentido, a eliminação destas perdas tende a contribuir de forma significativa para a redução das despesas operacionais (por exemplo, através da utilização sistemática do conceito de autonomação das máquinas é possível aumentar o índice de multifuncionalidade do sistema produtivo em cena). Já no caso da redução das esperas das máquinas, por exemplo, elevando-se o IROG dos gargalos, as conseqüências podem se refletir em um aumento do ganho do sistema através da produção de uma quantidade maior de peças requisitadas pelo mercado.

Finalmente, é relevante observar que o conceito de perdas é "aberto", no sentido de que está diretamente ligado aos chamados custos doentes da empresa. Sendo assim, outras perdas necessitam ser identificadas/descobertas, visando eliminar/minimizar todas aquelas atividades que geram custo e não adicionam valor aos produtos, serviços e sistemas. Desta forma, tornar-se-á possível adotar o conceito de perdas de forma flexível e abrangente, adaptando o mesmo a diferentes situações nas empresas. Exemplos deste tipo de perdas, que ocorrem em um significativo número de situações, são:

- perdas ergonômicas e ligadas a saúde ocupacional;
- perdas ambientais ligadas a resíduos sólidos, líquidos e gasosos;
- perdas energéticas.

Ainda, é relevante ressaltar que o modelo 5MQS, proposto por Hirano permite ampliar a visão das sete perdas usualmente utilizadas no âmbito do Sistema Toyota de Produção, a partir de uma perspectiva de gestão amplo das organizações.

Atualização na internet

http://www.strategosinc.com
http://www.shingoprize.org

Dicas de leitura

CORTEZ, E.. *Estruturação de modelo que busca a redução de resíduos pela eliminação de perdas internas: uma experiência no setor metal-mecânico*. Rio de Janeiro: 2000. Dissertação (Mestrado) – Pontifícia Universidade Católica do Rio de Janeiro.

FORD, H. *Hoje e amanhã*. São Paulo: Companhia Editora Nacional, 1927.

HIRANO, H. *JIT implementation manual: the complete guide to just-in-time manufacturing*. Portland: Productivity Press, 1989.

TAYLOR, F. W. *Princípios de administração científica*. São Paulo: Atlas, 1995.

"A minha mente tende a cristalizar e assim preciso renovar minha determinação a cada dia e forçar a mim mesmo para pensar criativamente. Há sempre muito a fazer no campo da produção..."

(Taiichi Ohno, 1996)

CAPÍTULO 8

Resumo do Capítulo | 229

[8.1] Princípios básicos de construção do Sistema Toyota de Produção | 229

[8.2] Subsistemas e técnicas do Sistema Toyota de Produção | 236

[8.2.1] Subsistema de pré-requisitos básicos de Engenharia de Produção | 236

[8.2.2] Subsistema de defeito zero | 252

[8.2.3] Subsistema de quebra zero | 256

[8.2.5] O subsistema de sincronização e melhorias – o sistema Kanban | 265

[8.3] Considerações finais: os subsistemas da produção enxuta e suas principais conexões estratégicas | 283

Atualização na internet | 285

Dicas de leitura | 285

Construindo Sistemas de Produção Competitivos a Partir do Sistema Toyota de Produção

Resumo do capítulo

Os principais componentes do Sistema Toyota de Produção são:

- **Princípios básicos de construção** de Sistema Toyota de Produção, que definem o conteúdo das mudanças propostas nos sistemas produtivos: i) mecanismo da função produção; ii) o princípio do não custo; iii) as perdas nos sistemas produtivos.
- **Conjunto de subsistemas e técnicas** que suportam a construção do Sistema Toyota de Produção, entre os quais é possível incluir: i) subsistema de defeito zero (autonomação/CQZD/*poka-yoke*); ii) subsistema de quebra zero (MPT); iii) subsistema de pré-requisitos básicos de Engenharia de Produção (troca rápida de ferramentas, leiaute celular, operação padrão); iv) subsistema de estoque zero (Kanban).
- **Logística** de melhorias no Sistema Toyota de Produção que definem o processo da mudança. Os aspectos ligados ao processo de mudança envolvem: i) a lógica do Kanban amplo (subsistema de sincronização e melhorias); ii) utilização conjunta de todos os subsistemas e técnicas discutidas no item anterior.

Neste capítulo serão apresentados os diferentes componentes que permitem a construção processual do Sistema Toyota de Produção em firmas industriais.

[8.1] Princípios básicos de construção do Sistema Toyota de Produção

Os princípios básicos de construção do Sistema Toyota de Produção são: i) mecanismo da função produção; ii) o princípio do não custo; iii) as perdas nos sistemas produtivos. Como esses temas são profundamente inter-relacionados, eles serão apresentados de forma conjunta.

As origens históricas dos princípios básicos de construção do STP encontram-se enraizadas nas obras teóricas de Shigeo Shingo e Taiichi Ohno. Por sua vez, as obras teóricas de Shigeo Shingo e Taiichi Ohno estão diretamente relacionadas a ações práticas efetivadas quando da construção do chamado Sistema Toyota de Produção (STP), que, inegavelmente, constituíram-se em um benchmark internacional dentro da "indústria que mudou o mundo" – a automobilística. O Sistema Toyota de Produção tem muitas variantes no Japão, e é mais conhecido no Ocidente, especialmente nos EUA, como *just-in-time* (uma visão restrita do STP) ou, mais recentemente, como produção enxuta.

O método de construção do STP não está completamente formalizado nos livros, embora uma leitura atenta e crítica da Parte 1, intitulada "Uma abordagem fundamental para a melhoria da produção", do livro *O Sistema Toyota de Produção – Do Ponto de Vista da Engenharia de Produção* (Shingo, 1996a), permite apresentar de forma concreta e didática o método de construção do esquema proposto.

A lógica global de construção do esquema proposto parte da noção geral segundo a qual os sistemas produtivos podem ser analisados, compreendidos e construídos a partir de três etapas básicas hierarquicamente seqüenciadas:

- interpretação dos sistemas produtivos a partir de uma base analítica conceitual de construção destes sistemas;
- construção dos sistemas produtivos levando em conta as condições socioeconômicas de contorno nas quais estão inseridas as organizações em análise;
- a criação e/ou utilização de técnicas que servirão para promover as melhorias concretas necessárias para a construção dos sistemas produtivos.

A Figura 8.1 ilustra a lógica analítica básica de construção do Sistema Toyota de Produção.

De forma sucinta, pode-se dizer que:

- o MFP constituiu-se em um elemento invariante de análise, dado que todas as produções podem ser compreendidas como uma rede funcional de processos e operações (Shingo, 1996a);
- o MFP deixa claro que os administradores e engenheiros de produção devem privilegiar as melhorias baseadas na função processo. Muitos anos depois, importantes teorias, princípios e técnicas vão respaldar esta proposição (por exemplo, a Teoria das Restrições e a reengenharia de negócios e de processos);
- os princípios e técnicas utilizadas (já existentes e/ou desenvolvidos) no STP tiveram o caráter dedutivo a partir da ótica global expressa no MFP visando, fundamentalmente, responder às necessidades de Shingo criar o sistema SMED (*single minute exchange of die and tools*) para reduzir os tem-

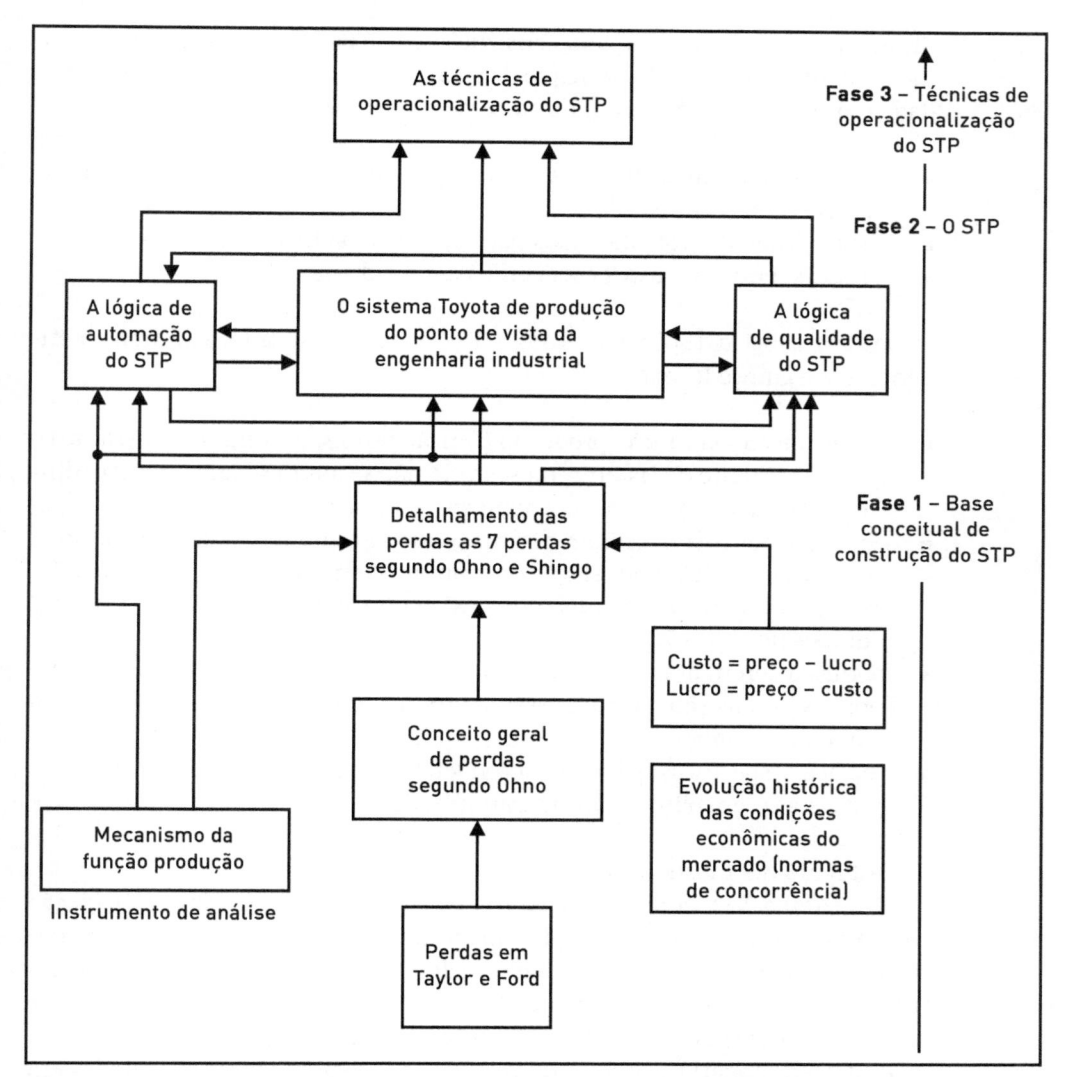

Fig. **8.1** Aspectos básicos de análise e de construção do Sistema Toyota de Produção. Fonte: Ghinatto (1996).

pos de preparação e o controle de qualidade zero-defeitos, e de Ohno desenvolver o sistema Kanban e utilizar de forma ampla o princípio da autonomação;
- a definição das perdas a serem atacadas, visando debelar os custos desnecessários à produção, está diretamente relacionada à óptica do MFP.

Um segundo tópico a ser analisado para compreender o esquema geral do STP consiste em compreender a lógica das perdas nos sistemas de produção.

Shingo (1996a) esclarece que a construção do STP deve ser pensada teoricamente dentro da lógica do princípio do não custo. Para entender em profundidade o princípio do não custo, torna-se necessário definir:

- a relação de custo entre os fatores de produção quando da construção do modelo STP;
- o significado do trabalho e das perdas dentro da lógica do STP;
- a relação entre os custos e as perdas dentro do modelo.

Assim, a lógica de construção do STP pode ser visualizada, de forma abrangente, da seguinte forma:

- o mecanismo da função produção (função processo e função – operação) – como invariante do sistema, ou seja, ele não se altera se houverem modificações nas condições socioeconômicas de atuação da empresa;
- definição dos custos a serem eliminados ou minimizados, que varia de acordo com as condições de relação da empresa com o ambiente no tempo. Por exemplo, certos custos ambientais existentes nos anos 90 não eram computados nos anos 70;*
- perdas a serem atacadas – são função dos custos definidos no item anterior. As perdas são a transmissão do mundo econômico dos custos para a realidade da fábrica;
- técnicas específicas que relacionam a função processo/função operação às perdas a serem eliminadas ou minimizadas.

A Figura 8.2 mostra a construção do STP.

O Sistema Toyota de Produção representa, de forma geral, a articulação conceitual das técnicas e princípios que foram utilizados para debelar as chamadas sete perdas. Estas técnicas e princípios são: leiaute e fabricação de peças em fluxo unitário, operação padrão, troca rápida de ferramentas (*single minute exchange of die and tools*), sincronização (Kanban), inspeção na fonte, *poka-yoke*, engenharia e análise de valor. Estas técnicas foram articuladas em uma relação de causa-efeito-causa, gerando o chamado Sistema Toyota de Produção a partir da proposição de Monden (1984). Este sistema está mostrado na Figura 8.3.

O modelo original do Sistema Toyota de Produção foi modificado, em alguns pontos, a partir do trabalho de Ghinatto (1996) – Figura 8.4. Na proposta de Ghinatto, foram introduzidos alguns elementos diferenciados da proposta de Monden (Figura 8.3), que são:

---

* Isto não significa que eles não existiam nos anos 70. Eles existiam, porém não eram internalizados pelas empresas.

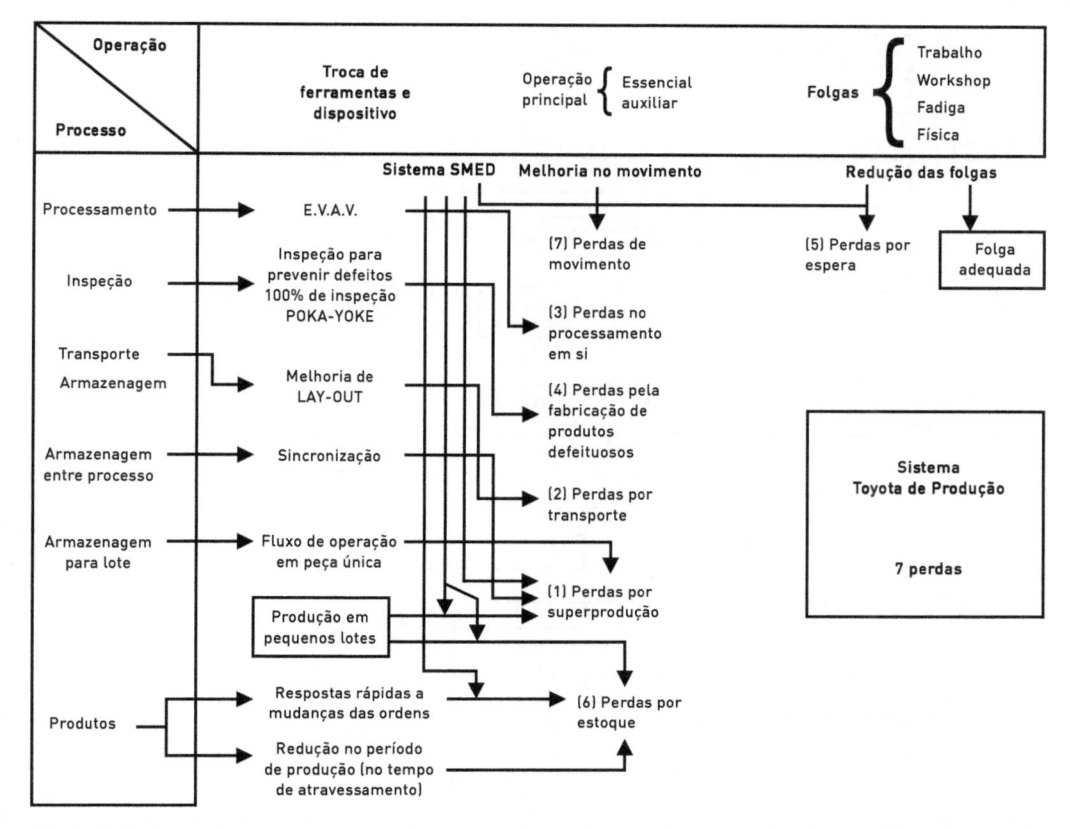

Fig. **8.2** Sistema Toyota de produção: mecanismo da função de produção, o princípio do não custo e as sete perdas (adaptado de Shingo, 1996a).

- os 5 S como base da manutenção produtiva total;
- os conceitos de controle de qualidade zero defeitos, estratégia de inspeção na fonte e *poka-yoke* propostos por Shingo (1997) foram articulados com o conceito de autonomação desenvolvido por Ohno (1988);
- a lógica de garantia da qualidade foi considerada central, como uma estratégia de marketing;
- o TQC foi proposto como a base de gestão global do modelo.

Para uma compreensão simplificada do modelo, pode-se dividi-lo nos seguintes subsistemas básicos:

- subsistema de qualidade da gestão (TQC e atividades de pequenos grupos);
- subsistema de pré-requisitos básicos de Engenharia de Produção (troca rápida de ferramentas, operação padrão e leiaute);

234 ■ Sistemas de Produção

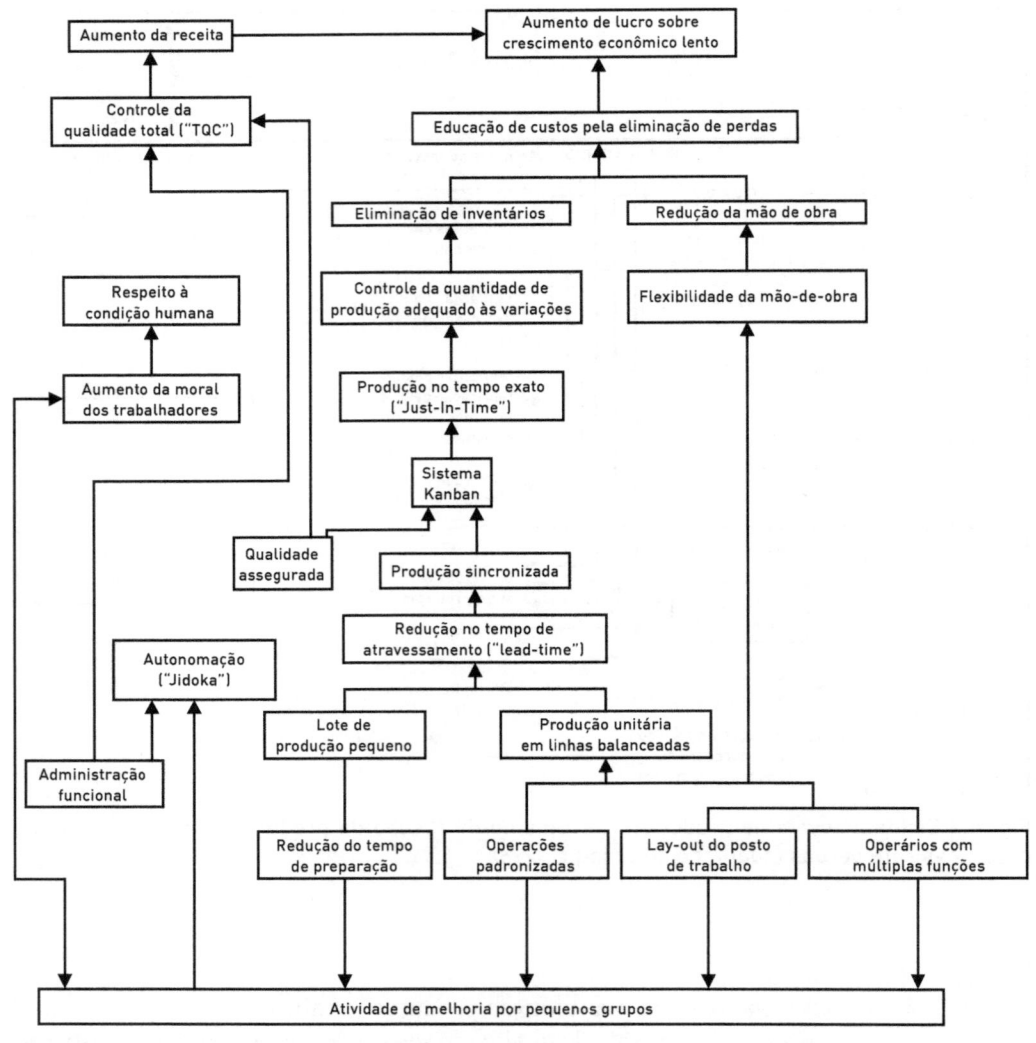

Fig. **8.3** Estrutura do Sistema Toyota de Produção segundo Monden (1984).

- subsistema de defeito zero dos produtos (autonomação, controle de qualidade zero defeitos, inspeção na fonte e *poka-yoke*);
- subsistema de quebra zero das máquinas (5 S e manutenção produtiva total);
- subsistema de sincronização e de melhorias contínuas (Kanban);
- subsistema de indicadores (produtividade econômica, ou seja, a relação entre faturamento e os custos globais).

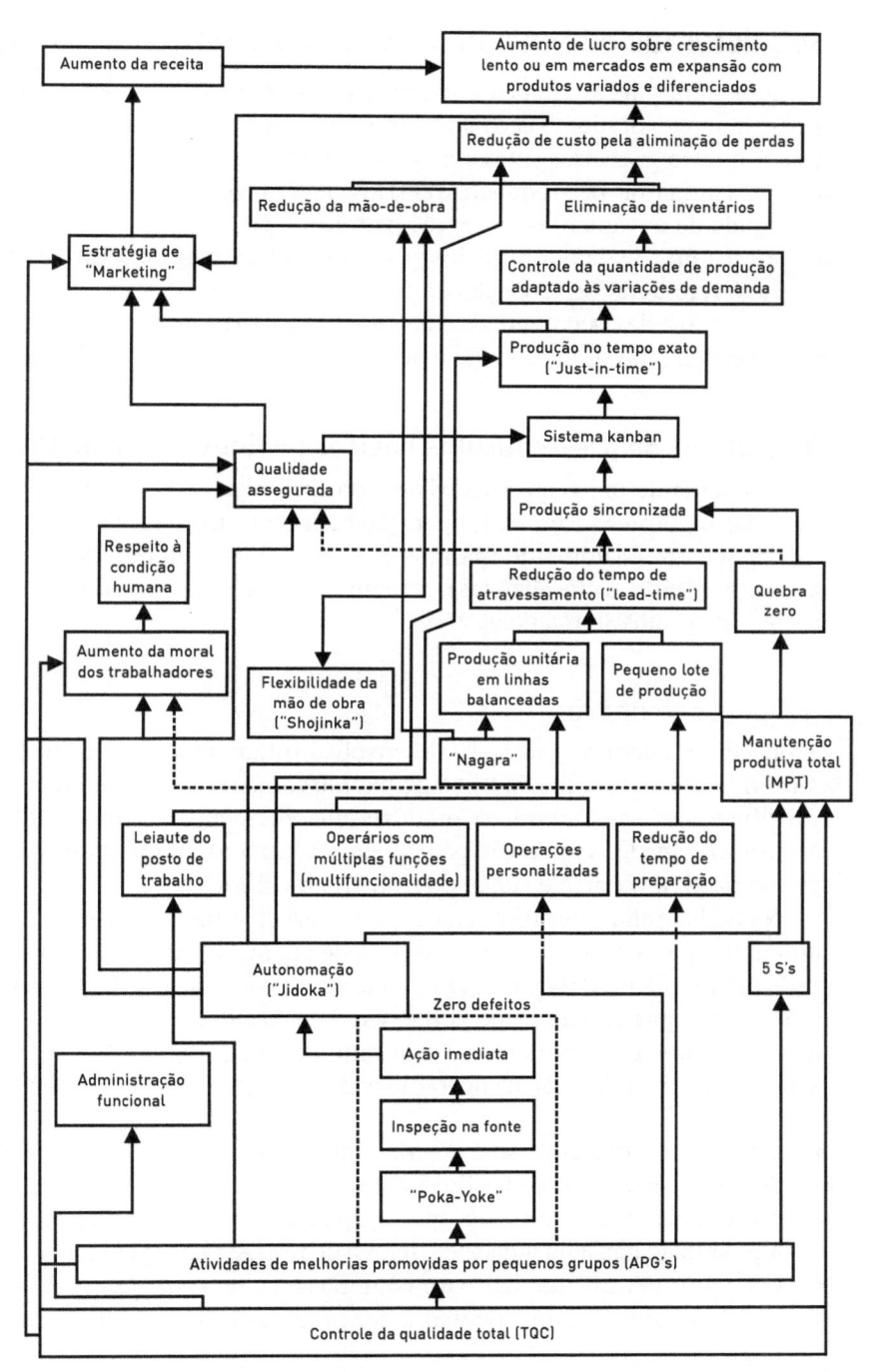

Construindo Sistemas de Produção Competitivos a Partir do... ■ **235**

Fig. **8.4** A estrutura do Sistema Toyota de Produção segundo Ghinatto (1996).

[8.2] Subsistemas e técnicas do Sistema Toyota de Produção

A seguir, serão apresentados criticamente os subsistemas e as técnicas que constituem o conteúdo básico do Sistema Toyota de Produção, correspondentes aos quatro primeiros subsistemas relacionados anteriormente, a saber:

- subsistema de pré-requisitos básicos de Engenharia de Produção (troca rápida de ferramentas, operação padrão e leiaute);
- subsistema de defeito zero dos produtos (autonomação, controle de qualidade zero defeitos, inspeção na fonte e *poka-yoke*);
- subsistema de quebra zero das máquinas (5 S e manutenção produtiva total);
- subsistema de sincronização e de melhorias contínuas (Kanban);

[8.2.1] Subsistema de pré-requisitos básicos de Engenharia de Produção

O subsistema de pré-requisitos básicos da Engenharia de Produção é constituído das seguintes técnicas: i) operação padrão; ii) troca rápida de ferramentas; iii) leiaute (sistema de manufatura com células interligadas, células de fabricação e fábricas focalizadas). A seguir discutir-se-ão os principais componentes deste subsistema de gestão.

a) Operação padrão

O conceito de operação padrão foi desenvolvido originalmente por Taiichi Ohno. Conforme Ohno, "a folha de trabalho padrão combina efetivamente materiais, trabalhadores e máquinas para produzir eficientemente" (Ohno, 1997, p. 22). De acordo com ele, a operação padrão exerce um importante papel na Toyota, no que tange ao controle visual do trabalho na fábrica.

Na bibliografia internacional de Engenharia e Administração da Produção a mais completa descrição dos conceitos de operação padrão pode ser encontrada em Monden (1984). Embora o conceito de operação padrão possa ser utilizado em qualquer ambiente industrial, seus benefícios são muito maiores quando aplicados sistemicamente em um ambiente do tipo *JIT* (ou STP). Os objetivos principais para a utilização da operação padrão são (Edwards et al., 1993, p.13):

- estabelecer um mecanismo que visa balancear as operações e ajustar a taxa de produção às demandas do cliente, evitando a superprodução;
- prover uma ferramenta visual que seja passível de ser utilizada para melhorar a produtividade, a qualidade e o tempo de resposta das operações realizadas;
- criar um mecanismo ágil para comunicar os procedimentos de trabalho padrão e assegurar que o trabalho será executado da maneira mais eficiente possível.

Em outras palavras, a operação padrão objetiva balancear a carga de trabalho na manufatura, estabelecer uma seqüência de trabalho padrão e controlar o inventário, visando manter a menor quantidade do mesmo para executar uma determinada seqüência de trabalho. De forma geral, dentro do STP a operação padrão é utilizada em conjunto com a lógica das chamadas células de produção. A introdução da operação padrão deve levar em conta os seguintes passos gerais (Monden, 1988; Edwards et al., 1993; Ferreira, 1995):

- Determinação do tempo médio de saída entre duas unidades de uma dada linha (*takt-time*).
- Folha completa de capacidade de produção. É preenchida uma folha com a caracterização completa das operações a serem desenvolvidas, visando determinar as diversas capacidades de produção. São estabelecidos os tempos de operação manual, os tempos de operação de máquina, o tempo total (completo) da operação e a capacidade de produção de cada operação. O tempo de operação manual é composto pelos tempos de carga e descarga da máquina, realização de alguma inspeção ou montagem, tempos de partida da máquina, etc. O tempo de operação manual não inclui o tempo de caminhada entre os postos de trabalho. O tempo de operação de máquina consiste no tempo necessário para completar a fabricação de uma peça sem o auxílio de nenhum operador. O tempo total é calculado pela soma do tempo de operação manual e do tempo de operação de máquina: representa o tempo necessário para que uma unidade seja processada. A capacidade de produção diária é calculada pela divisão do tempo de operação diária pelo tempo total, ou seja, representa a máxima capacidade diária de cada posto de trabalho e/ou máquina. Por exemplo, certa máquina que possui 24 segundos de tempo de operação manual e 30 segundos de tempo de operação de máquina, terá 54 segundos de tempo total e poderá processar (capacidade de produção diária) no máximo 483 peças em um turno, ou seja, (435 minutos × 60 segundos)/54 = 483 peças.
- Determinação do número de operadores necessários e a seqüência de trabalho de cada operador. O princípio de cálculo do número de operadores implica a divisão do tempo manual total (ou seja, de todas as operações manuais da célula) pelo tempo médio de saída entre duas unidades de uma dada linha (*takt-time*). Por exemplo, se o tempo manual total de uma dada célula é de 185 segundos, e o tempo médio de saída entre duas unidades é de 58 segundos, então se necessitará de 3,2 operadores, ou seja, um mínimo de 4 operadores é necessário para operar uma dada célula. Na seqüência, é feito um estudo visando determinar as operações específicas que serão levadas adiante pelo operador na célula de produção. É preciso observar que é necessário adotar um pequeno coeficiente de segurança, para levar em consideração o tempo de caminhada dos operadores na célula de produção. Os tempos de operação de máquina não são considerados no cálculo do número de operadores necessários, porque os operado-

res podem caminhar de uma máquina para outra enquanto o tempo de ciclo interno da máquina é completado.
- Folha completa da seqüência padrão de trabalho e a folha completa da operação padrão. Cada operador deve ter determinada a sua seqüência padrão de trabalho específico. É também preenchida a folha completa da operação padrão. Nesta folha são especificados: diagrama de leiaute das máquinas, a seqüência de trabalho, o *takt-time*, o tempo de ciclo e a quantidade de estoque em processo para cada operador. Para assegurar que a célula de produção não faça superprodução de peças, é desejável que pelo menos um dos operadores opere bastante próximo do *takt-time*.

Os pontos a serem considerados para a compreensão da operação padrão em si e de suas relações sistêmicas com os outros subsistemas e técnicas são:

- A lógica da operação padrão é um avanço das técnicas de tempos e métodos (TPM), desenvolvidos originalmente nos EUA por Taylor e pelo casal Gilbreth. Porém, sua base de trabalho coincide em muitos pontos com a lógica tradicional de tempos e métodos.
- O conceito de operação padrão é construído para responder exatamente a demandas do mercado e/ou das máquinas ou células que estão a jusante da célula/operação em análise. Assim, a técnica é relevante no sentido de contribuir para a eliminação das chamadas perdas por superprodução quantitativa e qualitativa.
- A operação padrão visa minimizar o número de trabalhadores necessários para as operações, de forma geral, e para as células de produção, de forma particular. Isto implica atacar as chamadas perdas por espera e no movimento. Ou seja, insere-se diretamente nos esforços de melhorias embasados no princípio do não custo. Analisando-se a fórmula de cálculo da operação padrão, pode-se observar que o número de trabalhadores necessários para uma dada célula é diretamente proporcional ao tempo de operação manual total necessário para a efetivação do trabalho. Sendo assim, é importante estudar os métodos de trabalho utilizados na célula, visando reduzir os tempos de operação manual total da mesma. O grau de multifuncionalidade possível dos operadores está diretamente relacionado a este tempo total de operação manual.
- Boa parte da variabilidade dos sistemas produtivos deriva das operações manuais. A lógica da operação padrão, na medida em que é muito ligada às operações manuais, visa reduzir a variabilidade global do sistema de produção pela padronização das tarefas e treinamento nos padrões pré-determinados. Ainda, como os padrões de trabalho são rigorosamente determinados, torna-se muito mais fácil a rotatividade dos operadores nas atividades, a substituição dos trabalhadores em razão de absenteísmo, e a alocação de novos trabalhadores quando do aumento da demanda global da fábrica. Além disso, a correta utilização da operação padrão, que tende

a reduzir os erros dos trabalhadores, é uma ferramenta que se insere no combate às perdas pela fabricação de produtos defeituosos.
- A técnica da operação padrão é fundamental para melhorar o funcionamento e a gestão do leiaute fabril. Dois aspectos são essenciais: auxiliar na sincronização interna das células de produção e das operações de forma geral, e facilitar a produção em fluxo unitário de peças. Por sua vez, essa produção em fluxo unitário de peças é fundamental para assegurar a melhoria de qualidade do sistema produtivo.
- A técnica da operação padrão auxilia na absorção dos desvios do tempo padrão estabelecido. Conforme Shingo (1996a, p. 137) "para absorver desvios no tempo padrão a Toyota adotou um *sistema de assistência mútua*". As metáforas utilizadas são: o "revezamento da natação e o revezamento do atletismo". No caso do revezamento da natação, não é permitido que os nadadores mais rápidos mergulhem na água até que o nadador anterior toque na borda da piscina, assim, "o nadador rápido (trabalhador) trabalha no ritmo do mais lento". Já no caso do revezamento do atletismo, existe uma zona de revezamento. Assim, caso o corredor precedente seja mais veloz, o bastão pode ser repassado no final da zona de revezamento, e se ocorrer o contrário, o bastão poderá ser entregue no início da zona de revezamento. Assim, "o corredor rápido (trabalhador) ajuda o mais lento". Uma operação padrão bem determinada é fundamental para que esta assistência mútua possa ser levada adiante, por exemplo, em uma linha de montagem ou célula de produção.
- Uma observação do conjunto das empresas brasileiras permite colocar que a utilização deste método é ainda incipiente. Isto parece ocorrer tanto pelo desconhecimento da técnica, o que é corroborado pelo fato de que autores que publicam sobre o *JIT* não descrevem de forma detalhada o método (Edwards et al., 1993).

b) Troca rápida de ferramentas

Historicamente, o método da troca rápida de ferramentas (TRF) surgiu a partir dos trabalhos desenvolvidos por Shigeo Shingo na planta da Toyo Kogyo, da Mazda, em 1950. Shingo inventou o chamado sistema SMED (*single minute exchange of die and tools*), o que significa que o tempo de preparação de máquinas deve ser completado em, no máximo, nove minutos e 59 segundos.

Na medida em que os resultados do SMED começaram a se tornar uma realidade prática em muitas empresas japonesas e ocidentais, foram desenvolvidas técnicas que permitiram às empresas executarem preparações de máquinas em tempos inferiores a um minuto. Nestes casos, o SMED é intitulado de OTED (*one-touch exchange of die method* – troca de ferramentas em um único toque). Em sistemas fortemente automatizados, torna-se necessário radicalizar ainda mais a redução dos tempos de preparação. Surge a idéia do NOTED (*non-touch exchange of die and tools*). Neste caso, a troca de matrizes e ferramentas é feita automaticamente em um centro de usinagem, pela utilização de sistemas de ferramentas passíveis de serem trocadas de forma automática, ou seja, sem a necessidade de operadores.

Shingo (1985, p. XVII) diz que o *JIT* constitui-se em um princípio muito efetivo para a gestão dos sistemas produtivos. Porém o *JIT* é um fim, e não um meio. Shingo postula que sem a compreensão das técnicas e métodos práticos que formam o coração do sistema, o *JIT* não tem nenhum significado. E complementa: "eu acredito firmemente que o sistema SMED é o método mais efetivo para implementar a produção *just-in-time*". Na verdade, a TRF é um elemento central dentro do contexto do Sistema Toyota de Produção. Esta posição pode ser sustentada a partir da constatação de quatro vantagens principais (Antunes; Rodrigues, 1993):

- A redução dos tempos de preparação possibilita a produção econômica em pequenos lotes. Sendo assim, torna-se possível que as fábricas respondam mais rapidamente às variações da demanda de mercado. Segundo Yamashina (1988), com a utilização da troca rápida de ferramentas, as empresas passam a deter uma maior flexibilidade em relação à introdução de modificações e alterações radicais na estrutura dos produtos. Também diminui-se em muito os tempos de atravessamento na fábrica (*lead time*), o que possibilita responder rapidamente às mudanças nos pedidos do mercado. Ou seja, a fábrica aumenta sua flexibilidade em relação à mudança no *mix* de fabricação;
- A redução dos tempos de preparação, na medida em que permite trabalhar economicamente com pequenos lotes de fabricação, possibilita a redução dos estoques em processo e dos estoques de produtos acabados. Por sua vez, a redução global dos inventários (estoques em processo, produtos acabados e matérias primas) traz como conseqüência:

1) Vantagens financeiras, em função de que:

1.1) com os baixos tempos de preparação, reduz-se o tempo de atravessamento, o que acarreta como conseqüência direta a redução dos juros diretos que incidem sobre estas peças (Macedo, 1992);

1.2) o faturamento da empresa será muito mais uniforme ao longo do mês. No caso de empresa onde as entregas se dão por mix de produtos, e não por produtos individuais, este ponto é ainda mais importante, porque, neste caso, todo o mix de produtos deve estar pronto para que a entrega possa ser feita. Com longos tempos de atravessamento, o faturamento tende a ser feito na segunda quinzena, ou então constituir-se-ão grandes estoques de produtos acabados que acarretarão elevados custos financeiros (Macedo, 1992);

1.3) os juros decorrentes dos atrasos de entrega serão nulos, porque estes atrasos não ocorrerão (Macedo, 1992);

1.4) o capital de curto-prazo necessário para o funcionamento da fábrica será menor, o que trará como conseqüência um aumento no capital de giro da empresa.

2) Redução dos refugos e retrabalhos na medida em que:
2.1) os defeitos são localizados em um tempo mais curto e cada vez mais próximo da sua fonte (Antunes, 1990; Shingo, 1986). Hay (1987, p. 65) corrobora esta tese, afirmando que com a redução dos tempos de preparação "a qualidade dos produtos torna-se melhor e mais predizível";
2.2) parte significativa dos defeitos e retrabalhos são gerados quando da execução operacional da preparação das máquinas, estando relacionado à necessidade de ajustes e regulagem das peças, visando adequar as mesmas à qualidade requerida. A Figura 8.5 ilustra a produção de refugos e retrabalhos durante a preparação.

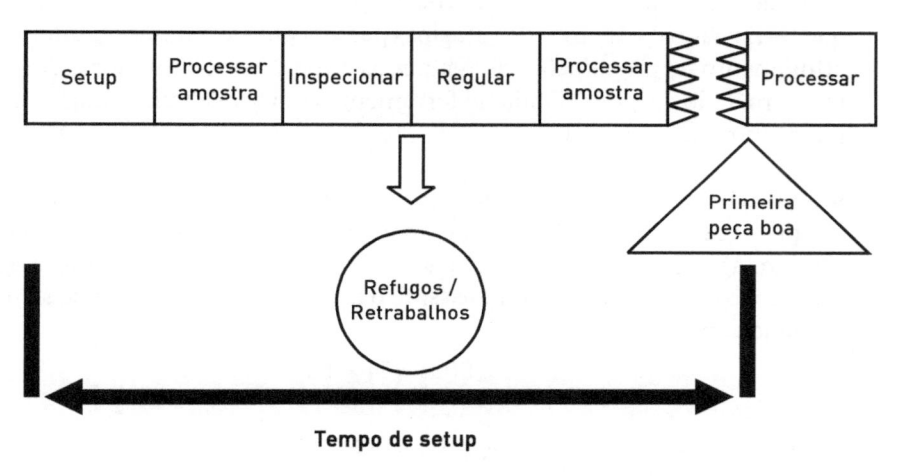

Fig. **8.5** Refugos e retrabalhos gerados pelo setup (Harmon e Peterson, 1991).

3) redução da perda de material nos estoques de produtos acabados por deterioração ou por obsolescência em relação à demanda do mercado (produtos que, embora já produzidos – estoque de produto acabado – não são mais demandados no mercado);
- Através da utilização das técnicas associadas ao método da troca rápida de ferramentas, é possível simplificar as preparações, minimizando a possibilidade da existência de erros na regulagem de ferramentas e dos instrumentos (Harmon e Petersen, 1991). Em outras palavras, ocorre uma redução na variabilidade do sistema no que tange às preparações de máquinas. A minimização dos erros devido ao ajuste reduz significativamente os defeitos e retrabalhos provenientes das preparações mal feitas, e torna menores os desvios padrões das trocas efetuadas.
- Segundo Harmon e Petersen (1991, p. 226), as "técnicas de conversão rápidas podem ser usadas para tornar disponível uma capacidade adicional da máquina". Esta perspectiva é especialmente importante quando a troca

rápida de ferramentas for utilizada tendo como finalidade aumentar a capacidade dos gargalos produtivos.

Segundo Shingo (1985), o sistema de TRF possui três componentes essenciais: i) uma maneira básica de melhorar a forma de pensar sobre a produção; ii) um sistema realístico capaz de propiciar resultados de melhorias efetivos; iii) um método prático. A forma de pensar os sistemas produtivos insere-se dentro do eixo geral do chamado mecanismo da função produção e das perdas. Claramente, ao melhorar-se a operação de troca de ferramentas, debela-se um amplo conjunto de perdas nos sistemas produtivos. O sistema é realístico na medida em que seus resultados podem ser comprovados em um amplo conjunto de empresas no âmbito internacional. O método prático é essencial porque torna claro o conjunto de estágios (passos) que devem ser seguidos para o atingimento de preparações de máquinas em um tempo inferior a dez minutos. O método da troca rápida de ferramentas envolve alguns estágios conceituais, apresentados abaixo.

- Estágio preliminar – os conceitos de preparação interna e externa não são distinguidos. Desta forma, algumas preparações externas são realizadas com as máquinas paradas, o que implica aumentar desnecessariamente o tempo de preparação. Sendo assim, o tempo de preparação pode ser calculado como segue:

$$TP(O) = TI + TE"$$

onde:
TP(O) = Tempo de preparação no estágio preliminar
TI = Somatório dos tempos internos
TE" = Somatório dos tempos externos feitos internamente

- Estágio 1 – Separação da preparação interna da externa. Desta forma o tempo de preparação pode ser calculado como segue:

$$TP(1) = TI$$

onde:
TP(1) = Tempo de preparação no estágio 1

- Estágio 2 – Conversão das preparações internas em externas. Desta forma o tempo de preparação transforma-se em:

$$TP(2) = TP(1) - TIE$$

onde:
TP(2) = Tempo de preparação no estágio 2
TIE = Somatório dos tempos de preparação interna convertidos em preparação externa

- Estágio 3 – Simplificar os passos das preparações, tanto internas quanto externas.

$$TP(3) = TP(2) - TMPI$$

onde:
TP(3) = Tempo de preparação no estágio 3
TMPI = Somatório dos tempos racionalizados via melhorias nas preparações internas

Os estágios 2 e 3 geralmente são realizados de forma simultânea e não-seqüencial. A separação e a formulação efetuadas são relevantes para fins de esclarecimento teórico e para fins didáticos. Cabe também ressaltar que, enquanto o estágio 1 depende essencialmente de melhorias do tipo organizacionais, os estágios 2 e 3 dependem de melhorias tecnológicas que, potencialmente, envolvem investimentos superiores aos do estágio 1.

A seguir, apresenta-se uma análise crítica do método da troca rápida de ferramentas, enfatizando-se os aspectos sistêmicos ligados ao STP.

- Para se obter eficácia nos passos do método SMED, é muito importante conhecer de forma detalhada as técnicas tradicionais de tempos e métodos. Isto é especialmente verdadeiro no estágio 1, que envolve a separação da preparação externa da interna. Porém, as técnicas tradicionais de tempos e métodos podem também ser utilizadas como elemento de análise nos estágios 2 e 3 do método SMED. Nos estágios 2 e 3 os conhecimentos ligados à Engenharia de forma geral (por exemplo, o estudo detalhado dos elementos de fixação) e dos processos de fabricação específicos – tecnologias intrínsecas – da empresa em análise (por exemplo, injeção de plástico, conformação, soldagem, usinagem etc.) tornam-se os elementos centrais para a realização das melhorias.
- Segundo Monden (1984), reduzir o tempo de troca de ferramentas pode ser considerado o caminho mais fácil para introduzir o Sistema Toyota de Produção. Esta afirmativa pode ser considerada válida na medida em que a troca rápida de ferramentas é o principal método proposto no STP para flexibilizar a produção em relação à variação do mix de produção. A troca rápida de ferramentas minimiza os riscos relacionados às flutuações de demanda e à introdução de novos produtos. Além disso, permite a diminuição do tempo de atravessamento interno na fábrica, ou seja, melhora a dimensão estratégica "rapidez de entrega" dos produtos no mercado (tempo de resposta às necessidades de mercado). Também facilita a entrega dos produtos no prazo, já que reduz a variabilidade do sistema, e permite, através da redução dos refugos e retrabalhos, melhorar a qualidade dos produtos (conformidade). Assim, é possível afirmar que a troca rápida de ferramentas contribui significativamente para flexibilizar a formulação da estratégia de produção das empresas.

- As trocas rápidas de ferramentas reduzem a variabilidade do sistema, já que necessitam utilizar-se de técnicas que utilizam um elevado grau de racionalização e de simplificação na troca.
- A necessidade da utilização intensiva da troca rápida de ferramentas (TRF) é um apoio essencial para as melhorias propostas a partir da função processo. Embora a TRF trabalhe junto às operações e às melhorias ligadas a pessoas e máquinas, ela objetiva melhorar o fluxo do objeto de trabalho no tempo e no espaço. Desta forma, atinge conjuntamente as funções processo e operação. Isto pode ser observado pela redução de um amplo conjunto de perdas, a saber: i) perdas no movimento e por espera (ligadas à função operação); ii) perdas por superprodução, pela fabricação de produtos defeituosos e nos estoques (ligadas à função processo).
- A troca rápida de ferramentas é um pré-requisito básico para a implantação efetiva do sistema Kanban.
- De um ponto de vista prático, é preciso diferenciar o grau de complexidade tecnológica/organizacional envolvida na troca de ferramentas. Esta análise pode ser feita sob dois prismas inter-relacionados. O primeiro diz respeito à relação entre investimentos envolvidos, tempos necessários para as mudanças e resultados obtidos. Segundo Black (1998), na primeira fase, correspondente às inovações ditas organizacionais (cujo exemplo típico é a separação entre as preparações internas e externas), os tempos de preparação podem ser bastante reduzidos, em um tempo muito curto e com investimentos irrisórios. Na segunda fase, as soluções envolvem em geral um investimento reduzido, porém os tempos de preparação podem cair para menos de dez minutos em um curto lapso de tempo. A terceira fase pode envolver aspectos tais como mudanças de projeto, padronização ampla de ferramentas, matrizes, operações e máquinas. Neste caso as mudanças podem envolver vários anos, os investimentos são altos e o objetivo consiste em chegar ao OTED/NOTED. Outro corte importante refere-se ao nível da tecnologia utilizada na fábrica. Por exemplo, aplicar o sistema SMED, com resultados efetivos, em uma fábrica metalmecânica tradicional onde o nível de precisão das peças não compromete os resultados (por exemplo, máquinas agrícolas), pode ser feito de forma muito mais rápida, fácil e barata do que aplicar o sistema SMED em uma empresa que necessita utilizar mecânica de precisão para atingir as tolerâncias necessárias. Uma vez resolvidos os problemas organizacionais (estágio 1 do sistema SMED proposto por Shingo), que são iguais para empresas que utilizam diferentes níveis de tecnologias e máquinas, torna-se necessário atacar de forma sistemática os estágios 2 e 3. Os estágios 2 e 3 envolvem investimentos e tecnologias distintos para fábricas cujas tecnologias, e por conseqüência, processos de fabricação, são diferenciados.
- Os métodos utilizados para desenvolver trabalhos de redução dos tempos de preparação seguem, com variações pouco significativas, o método proposto por Shingo. Também, o método proposto por Shingo não se preocupa em definir ações no campo estratégico e tático, o que é facilmente expli-

cável devido ao fato do subsistema SMED estar inserido no contexto mais amplo do STP. Kannenberg (1994) desenvolveu um trabalho visando dotar o sistema SMED de uma perspectiva estratégica e tática no âmbito da empresa, o que é especialmente importante para o caso brasileiro. Kannenberg e Antunes (1995a) propuseram uma organização sistemática das diferentes técnicas aplicadas em cada passo do método proposto. Seidel (2003) desenvolveu uma metodologia ampla para desenvolver um programa de TRF em indústrias do tipo metal-mecânico.

c) Leiaute industrial – sistemas de manufatura com células interligadas – SMCI, células de produção (ou de manufatura) e fábricas focalizadas

O princípio geral de abordagem deste tema, do ponto de vista do STP, pode ser explicitado da seguinte forma: "a abordagem básica de um problema de leiaute consiste em reduzir o transporte a zero" (Shingo, 1996b, p.273). Para compreender esta idéia é preciso discutir os aspectos conceituais básicos relacionados ao leiaute.

Do ponto de vista tradicional os leiautes podem ser classificados em: leiaute funcional (*job shop*), leiaute em linha (*flow shop*), leiaute fixo (*project shop*) e processo contínuo (indústrias de propriedade). Para fins desta análise, apenas os leiautes funcional e em linha são importantes. O leiaute funcional caracteriza-se pelo fato de as máquinas serem agrupadas tendo por referência a função que exercem (ex.: seção de tornos, fresas, injetoras, etc.), sendo que as peças são enviadas para as diferentes seções constituídas de máquinas. O leiaute funcional é uma materialização dos conceitos de especialização de tarefas propostos por Taylor. Geralmente, os equipamentos de fabricação que compõem estas seções de fabricação características do leiaute funcional são de uso genérico (equipamentos ditos universais).

Conforme Black (1998), é possível afirmar que a vantagem deste tipo de leiaute consiste em sua capacidade de adaptar-se à fabricação de uma grande variedade de produtos, ou seja, o leiaute funcional caracteriza-se por responder positivamente à problemática da flexibilidade em relação à variedade de produtos. Já que existe uma estimativa segundo a qual cerca de 75% de toda a produção de peças é realizada com lotes iguais ou inferiores a 50 peças, nos EUA este é o sistema mais comum de ser encontrado.

Já o leiaute em linha caracteriza-se pela produção de lotes grandes e de pequenas variedades, utilizando equipamentos com maior grau de mecanização, com finalidades específicas (por exemplo, uma linha *transfer* para a fabricação de um bloco de motor). É o leiaute típico da produção em massa, sendo concebido historicamente a partir da noção de linha de montagem proposta por Henry Ford. Este sistema de leiaute, ao contrário do anterior, é bastante inflexível, sendo que "normalmente o tempo de *setup* para mudar de um produto para outro é longo e complicado" (Black, 1998, p.58).

As vantagens deste tipo de leiaute são: i) torna-se possível obter elevadas taxas de produção horárias; ii) o fluxo de produção é linearizado. Na maioria das fábricas do contexto do paradigma da melhoria nas operações, ainda altamente influente na realidade industrial dos países ocidentais, utiliza-se uma mistura de tipos de leiaute funcional com leiaute em linha. Um aspecto importante de discutir é a relação entre o leiaute em linha, produção em massa e os equipamentos utilizados. Durante a hegemonia dos sistemas de produção em massa – paradigma da melhoria nas operações –, foram desenvolvidas máquinas (por exemplo, máquinas-ferramentas) altamente eficazes para a fabricação em larga escala. Porém, embora estas máquinas sejam eficientes para a fabricação de grandes volumes de peças, elas são "claramente inflexíveis" (Black, 1998, p. 59).

Esta questão passou a ser problemática quando as normas de concorrência do mercado se alteraram. Uma alternativa buscada nos EUA, no final dos anos 50 e início dos anos 60, foi o desenvolvimento das chamadas máquinas-ferramentas de controle numérico. Ao final dos anos 60, trocas automáticas de ferramentas de corte foram acrescentadas às máquinas de controle numérico, e um centro de usinagem foi desenvolvido. Com o advento de computadores, obteve-se as chamadas máquinas-ferramentas de CN (CNCs). No intuito de responder às demandas do mercado, postulou-se a necessidade de flexibilização dos sistemas produtivos, mantendo a capacidade das máquinas de produzir em massa. Isto levou à combinação de linhas *transfer* com máquinas CN, e nasceu o sistema de manufatura flexível (FMS). O FMS, na verdade, representa uma combinação de máquinas-ferramentas de CN, sistemas de movimentação de materiais automatizados, ferramentas de corte, dispositivos de suporte (*pallets*) e redes de controle por computador. Porém, e este é um ponto central, estes sistemas são "caros de projetar, requerem um longo tempo de retorno do investimento e são complexos e difíceis para analisar e controlar" (Black, 1998, p. 61). Black observa que no final dos anos 80 existiam menos de 400 destes sistemas, adotados em um conjunto muito limitado de empresas (que podem arcar com estes investimentos) ou empresas ligadas à indústria bélica subsidiadas/apoiadas pelo governo dos EUA.

O FMS é uma derivação do paradigma da melhoria nas operações, dado que o princípio básico consiste no aproveitamento de uma "supermáquina", cuja característica predominante consiste em misturar a "flexibilidade do leiaute funcional com a produtividade dos sistemas de manufatura do leiaute em linha" (Black, 1998, p. 62). Além dos limitantes financeiros, Black aponta o software como o fator limitante principal do sucesso dos sistemas do tipo FMS.

Porém, o aspecto da necessidade de flexibilizar os leiautes funcional e linear para atender às necessidades cada vez mais complexas do mercado, preocupação central da discussão sobre a construção dos sistemas flexíveis de manufatura (FMSs), contínua, em sua essência, uma questão válida e central. É a partir desta discussão que Black desenvolve, partindo de uma análise aprofundada da obra de Taiichi Ohno, o conceito de sistema de manufatura com células interligadas.

Black postula que o sistema de manufatura com células interligadas – SMCI (*linked-cell manufacturing system* – L-CMS) foi desenvolvido originalmente por Taiichi Ohno na Toyota. Porém, Ohno nunca deu este nome ao seu sistema. A razão disto é que Ohno visualizou todos os princípios e técnicas envolvidos dentro de uma única denominação – o STP.

De uma forma geral, o SMCI é composto por células de manufatura (produção), células de submontagem e linhas de montagem final. O esquema geral de construção do macroleiaute consiste em agrupar a família de peças de fabricação de acordo com o fluxo geral do processo produtivo. Também é preciso observar que os arranjos do leiaute são feitos tendo em vista que as partes/componentes circulem pelas células apenas uma vez. As células devem ser arranjadas da forma mais flexível possível, o que envolve uma série de formatos potenciais, entre os quais se destaca a célula em U.

As células podem ser interligadas diretamente com outras células ou pontos de submontagem, porém na maior parte dos casos práticos são interligadas por algum sistema de "puxar' a produção, tal como o Kanban. Os materiais se deslocam entre as células em pequenos lotes de tamanho uniforme, coordenados por algum sistema de "puxar a produção". Finalmente, as linhas de montagem dentro das fábricas devem ser reprojetadas para operar como células de produção. Ou seja, a interligação entre as células é teoricamente feita levando em consideração um sistema como o Kanban, a partir das necessidades da linha de montagem.

Importante ressaltar que, em sua forma ideal, o SMCI é totalmente constituído por células de produção interligadas com a linha de montagem que, por sua vez, deve ter a capacidade de funcionar como uma célula de produção. De forma geral, as células de produção, as microunidades do SMCI, devem possuir as seguintes características básicas:

- Em geral, são projetadas para permitir a fabricação de uma família de produtos (por exemplo, através da utilização da técnica de tecnologia de grupo para formar uma família de eixos). Sendo assim, "as máquinas são dispostas na seqüência do processo de fabricação" (Black, 1998, p. 64).
- Geralmente, as máquinas que compõem as células estão inseridas no conceito de autonomação/pré-automação, desenvolvido originalmente por Taiichi Ohno e Shigeo Shingo. Sendo assim, para que uma célula de fabricação com operadores multifuncionais possa operar, é necessário que as máquinas tenham autonomia para: i) parar quando ocorrer qualquer problema associado à qualidade dos produtos fabricados; ii) parar quando a quantidade projetada (planejada) for alcançada; iii) o processo de alimentação/desalimentação das máquinas e o próprio processo de fabricação não dependam do operador.

- O balanceamento e o dimensionamento da célula devem ser executados utilizando-se o conceito de operação padrão. A aplicação do conceito de autonomação/pré-automação torna possível a separação radical entre o homem e a máquina, possibilitando, assim, suplantar eficazmente a concepção taylorista/fordista simbolizada na lógica "um homem/um posto/uma tarefa". A partir da separação homem/máquina, faz sentido executar a divisão dos tempos de operação entre os tempos manuais e tempos de máquina. Guardadas as demais variáveis de um sistema, pode-se dizer que quanto menor a relação entre os tempos manuais e os tempos de máquina, maior será o grau de multifuncionalidade possível, ou seja, um mesmo trabalhador poderá executar um número muito maior de tarefas. A simplificação das operações, incluindo as de preparação de máquinas, é essencial para que estes tempos manuais sejam radicalmente reduzidos, permitindo assim aumentar o grau de multifuncionalidade dos trabalhadores. Finalmente, é preciso considerar que os trabalhadores devem ser suficientemente treinados para operarem os processos de fabricação necessários.
- A aplicação do conceito de operação-padrão permitirá aumentar a flexibilidade das células em relação à alteração da demanda do mercado. As células de produção podem operar com certo número de trabalhadores para uma dada demanda e, caso a demanda seja reduzida, diminuir este número de trabalhadores da célula.
- Para o bom funcionamento das células, "é fundamental reduzir o tempo de *setup*" (Harmon e Peterson, 1991, p. 153).
- De forma geral, tende-se a utilizar "máquinas mais lentas e específicas, que são menores e mais baratas" do que as máquinas universais (Black, 1998, p.64).
- Para o correto funcionamento das células de fabricação, dado que os estoques em processo tendem a ser pequenos, torna-se essencial que a manutenção das máquinas seja feita de forma adequada, o que implica na necessidade da adoção de uma estratégia do tipo manutenção produtiva total (TPM).*
- As células de produção, quando corretamente projetadas e operadas, permitem a fabricação de peças em fluxo unitário. Esta situação possibilita obter algumas vantagens substanciais no que tange ao leiaute tradicional, a saber: i) redução do tempo de atravessamento; ii) melhoria dos índices de qualidade porque os erros/defeitos podem ser rapidamente identificados – feedback em um tempo muito rápido –, impedindo, assim, qualquer espécie de alastramento de defeitos no tempo; iii) minimização do número de pessoas necessárias para operar a célula.

---

* Nos primórdios de desenho e implantação das células de manufatura, muitos fracassos ocorreram, tanto em virtude dos altos tempos de preparação, como pelo "tempo exagerado que as máquinas ficavam paradas" (Harmon e Peterson, 1991, p. 153).

Um aspecto estratégico importante refere-se à problemática das chamadas fábricas focalizadas, também chamadas de minifábricas ou fábricas dentro das fábricas. A lógica das fábricas focalizadas era utilizada em empresas japonesas na década de 60. No entanto, a formalização do conceito de fábricas focalizadas foi feita por Skinner (1974) em um artigo famoso intitulado "The Focused Factory". Segundo Harmon e Peterson (1991), pode-se dizer que as fábricas focalizadas são, geralmente, constituídas de minifábricas dentro da fábrica global. Estas minifábricas "são unidades produtivas compactas, situadas dentro de uma mesma locação industrial, que se caracterizam pela produção de um determinado tipo de produto ou subcomponente, ou pela execução de um certo tipo de processo, dotadas de estruturas gerencial e de apoio próprias" (Antunes e Alvarez, 1995). Assim, embora em sua versão original Skinner tenha proposto a focalização com base no produto, é possível a adoção de outros critérios de focalização, tais como: i) produto, processo, mercado, volume, geografia e infra-estrutura; ii) processo, volume e produto (Fleury e Proença, 1993).* As principais vantagens da utilização da idéia de focalização são:

- O reconhecimento de que a gestão de uma fábrica pequena é muito mais fácil e simples do que uma grande unidade de produção.
- A comunicação interna entre as pessoas que trabalham em uma fábrica menor é muito mais fácil do que em uma grande unidade produtiva.
- O controle sobre as atividades de chão-de-fábrica é melhorado via uma redução dos níveis hierárquicos da unidade.
- Todos os trabalhadores de uma dada minifábrica têm com clareza o objetivo comum da produção, de um ponto de vista do produto ou do processo envolvido.

A seguir, apresenta-se uma análise crítica associada aos sistemas de manufatura com células interligadas – SMCI, células de produção (ou de manufatura) e fábricas focalizadas, enfatizando-se os aspectos sistêmicos ligados ao STP:

- Embora seja possível imaginar a implantação prática da lógica do SMCI sem trabalhar conjuntamente os aspectos ligados à operação-padrão, troca rápida de ferramentas, autonomação/CQZD, MPT e uma adequada lógica de programação da produção, na realidade empírica observa-se que o funcionamento efetivo das células e do impacto de sua interligação depende diretamente destas técnicas.

---

* De uma maneira geral, uma discussão entre a focalização por produto ou processo é a mais discutida na bibliografia. Harmon e Peterson (1991) postulam que a decisão entre a focalização em processo ou produto é fortemente relacionada à relação existente entre as capacidades instaladas e a velocidade de operação dos processos produtivos na fábrica.

- A partir da observação acima, Black (1998) propõe como primeiro passo para a implantação dos sistemas produtivos de manufatura integrada SPMI, uma derivação direta das idéias propostas originalmente por Shingo e Ohno: a formação de células de manufatura e de montagem. Os passos seguintes para a implantação dos SPMI seriam: i) reduzir ou eliminar a necessidade da troca de ferramentas; ii) integrar o controle de qualidade; iii) integrar a manutenção preventiva; iv) nivelar e balancear a produção; v) integrar as células via Kanban. Partindo de uma lógica um pouco diferenciada da proposta de Black, Harmon e Peterson propõem como primeiro passo para a alteração da fábrica a mudança do leiaute, através de: i) um plano macrofabril que permita visualizar de forma holística o leiaute da planta no futuro e ii) reorganização da fábrica em um conjunto de minifábricas (subfábricas) funcionando com leiaute celular, semicélulas* e minifábricas diversificadas**. Aqui é preciso observar que a focalização pode privilegiar o processo e não os produtos/componentes. Portanto, observa-se certa divergência entre as proposições de Black, segundo a qual a mudança do leiaute celular deve ser radical tanto na fabricação como na montagem, e a de Harmon e Peterson (1991), que, embora privilegiando a utilização do leiaute celular em cada minifábrica, admitem a utilização de leiautes alternativos, caso seja necessário duplicar em demasia as máquinas para que seja possível adotar o leiaute celular "puro". Aqui é possível observar vantagens e desvantagens das propostas. A proposta de Black, embora possa assegurar a produção em fluxo unitário de peças e as vantagens daí advindas, implica, em certos casos a necessidade de duplicação de máquinas e as conseqüências no campo da elevação dos investimentos envolvidos. Já a proposição de Harmon e Peterson, embora implique em uma redução dos investimentos necessários para a mudança do leiaute, apresenta desvantagens aparentes no que tange ao nível de estoques intermediários do leiaute funcional. Porém, ambos concordam que o primeiro passo para a modernização das empresas consiste em alterar de forma radical o leiaute a partir de uma visão a longo prazo, concebendo um robusto macroplano fabril.
- Uma argumentação interessante consiste em postular que é possível conseguir flexibilizar o sistema, produzindo em pequenos lotes e sincronizando-o de forma rigorosa, sem alterar o leiaute. Isto poderia ser feito pela utilização da operação-padrão, troca rápida de ferramentas, autonomação, CQZD e TPM, que, na verdade, independeriam da alteração do leiaute funcional. Isto seria economicamente melhor, dado que não seriam necessários os investimentos

---

* Na semicélula, ao contrário do leiaute celular típico, várias peças têm que ser usinadas em diferentes seqüências, e as peças não fluem de forma linear.
** Aquelas partes da fábrica onde o desenvolvimento de células é difícil, uma vez que as máquinas parecem não permitir a criação de células, as minifábricas podem ser organizadas em um leiaute funcional (Harmon e Peterson, 1991).

em máquinas que, provavelmente, adviriam da transformação para o leiaute celular. Tal argumentação é pertinente e merece uma análise cuidadosa. Um primeiro argumento é afirmar que, ao mudar-se para o leiaute celular, torna-se imprescindível a adoção das demais técnicas do STP, dado que este tipo de leiaute exige uma visão sistêmica do processo, sob pena de não funcionar corretamente na prática. Sendo assim, a adoção do leiaute celular implica a adoção simultânea de outras técnicas para estabilizar o novo sistema produtivo. Assim, abre-se a possibilidade da obtenção de ganhos reais através do uso sinérgico de várias técnicas modernas de produção. Uma segunda argumentação de caráter técnico-operacional parece solidificar a proposição de Black (1998) e de Harmon e Peterson (1991): trata-se da lógica do transporte interno de materiais. Ocorre que, se o leiaute funcional não for alterado, a movimentação de materiais se tornará um aspecto crítico do sistema, já que a produção em pequenos lotes exigirá uma considerável movimentação de materiais, além do fato de que se tornará impossível adotar uma lógica da produção em fluxo unitário de peças. Assim, o fluxo de materiais com o leiaute predominante ou totalmente funcional acarretará, em todos os casos, um fluxo "ilógico" de materiais.

Finalmente, cabe tecer uma consideração geral sobre leiaute: na prática, não é exeqüível a aplicação dos SPMI em todos os tipos de fábrica. Já a focalização é uma idéia passível de ser utilizada em um grande número de casos. A prática da focalização sedimenta-se na possibilidade do uso simultâneo de vários tipos combinados de leiaute. Portanto, uma concepção mais geral implica a necessidade da adoção de leiautes que permitam simultaneamente, sempre que possível, alcançar a linearização do fluxo produtivo e responder com flexibilidade às alterações do mix de produtos e do volume de produção.

Porém, embora isto possa ser alcançado em um grande número de casos, existem situações onde pode ser necessária a adoção de soluções ortodoxas e tradicionais. Por exemplo, caso a variedade de produtos fabricados seja pequena (por exemplo, um ou dois artigos) e o volume de produção seja elevado, a adoção do leiaute em linha, acompanhado ou não de tecnologias de processo do tipo linhas *transfer*, será provavelmente a melhor idéia a ser seguida.* Se, pelo contrário, as variedades fabricadas forem muito grandes e os volumes produzidos muito baixos, é possível que seja necessário adotar um leiaute do tipo funcional.**

---

* Observe-se que, neste caso, ter-se-á adotado uma focalização por produto ou componentes. É o caso de muitas indústrias do setor calçadista que trabalham com altos volumes de produção de um mesmo tipo de sapato em um dado momento do tempo.
** Em alguns casos de fábricas focalizadas pode-se adotar a lógica da focalização por processos. É o caso das chamadas minifábricas de miscelâneas em algumas fábricas agrícolas do ramo metal-mecânico, por exemplo.

Concluindo, pode-se dizer que, enquanto princípio geral, é preferível, sempre que possível de um ponto de vista técnico-econômico, a adoção dos SPMI. A idéia da adoção das fábricas focalizadas também é recomendável. Caso torne-se necessária, na visão técnico-econômica, a adoção parcial ou total dos leiautes em linha ou funcional, isto deve ser feito. Em todos os casos, deve-se buscar o máximo possível de linearização e flexibilização nos sistemas produtivos, sendo a adoção do melhor leiaute possível um subsistema essencial neste sentido.

[8.2.2] **Subsistema de defeito zero**

Conforme Taiichi Ohno, há dois pilares de sustentação do Sistema Toyota de Produção: O *just-in-time* e a autonomação (automação com toque humano). Porém, embora exista no mundo ocidental uma ampla bibliografia tratando do *JIT*, o conceito de autonomação tem sido insuficientemente discutido.* Por outro lado, Shigeo Shingo desenvolveu um trabalho visando especificamente atacar o problema da garantia da qualidade dos produtos e dos processos, o que culminou na geração do conceito de controle da qualidade zero defeitos – CQZD. Uma articulação conceitual e prática entre a autonomação e o controle da qualidade zero defeitos foi proposta por Ghinatto (1996). Ghinatto sustenta que o conceito de controle da qualidade zero defeitos é um elemento básico para que seja possível atingir de forma plena o conceito de autonomação nas fábricas.

O CQZD procura inicialmente distinguir as estratégias de inspeção das técnicas de inspeção. Como já discutido no Capítulo 7, o CQZD propõe uma tipologia que envolve três estratégias básicas de inspeção: a inspeção por julgamento, a inspeção informativa e a inspeção na fonte. A decisão sobre qual estratégia de inspeção é a melhor deve passar por um crivo que leve em conta três dimensões fundamentais: a técnica, a econômica (custo/benefício) e a política.

Do ponto de vista técnico, sem levar em consideração as demais dimensões, deve-se preferir soluções na seguinte ordem preferencial: inspeção na fonte, inspeção informativa do tipo auto-inspeção, inspeção informativa do tipo inspeção sucessiva, inspeção informativa do tipo estatística e inspeção por julgamento. Do ponto de vista prático, é muito importante considerar as dimensões econômica e política. No caso de os investimentos envolvidos nas soluções dos defeitos serem baixos, e as condições políticas favoráveis, privilegiar a solução técnica parece ser uma boa alternativa. Quando as soluções começam a demandar investimentos maiores, torna-se necessário efetivar uma análise econômica dos investimentos.

---

* Entre as exceções importantes pode-se destacar, além do trabalho de Ghinatto, os livros *Pensar pelo Avesso: O Modelo Japonês de Trabalho e Organização* (Coriat, 1994), *Sistema Toyota de Produção* (Monden, 1984) e *A Máquina que Mudou o Mundo* (Womack et al., 1992).

Outro ponto relevante, no campo estrito da discussão sobre a utilização das técnicas, é compreender o campo de sua utilização eficaz. Enquanto as ferramentas estatísticas são essenciais na fase de planejamento da qualidade (por exemplo, planejamento de experimentos), no que tange à execução e controle do chão-de-fábrica, ferramentas que permitem a inspeção 100%, como o *poka-yoke*, podem levar a resultados mais efetivos, especialmente quando acopladas a estratégias do tipo inspeção na fonte.

O CQZD facilita o caminho da implantação da autonomação, embora seja um conceito hierarquicamente subordinado ao de autonomação. O princípio geral da autonomação envolve dois eixos inter-relacionados de análise: a **autonomia** e a **automação**.

Do ponto de vista da autonomia, quatro aspectos podem ser destacados:

- o surgimento histórico do conceito de autonomação e sua relação com o rompimento de alguns pressupostos básicos dos sistemas de produção propostos por Taylor e sustentados pelos sistemas de produção em massa;
- o surgimento do conceito de operadores multifuncionais;
- a possibilidade de ampliação do conceito de autonomação para operações essencialmente manuais, ou seja, sem a presença das máquinas;
- a possibilidade da ampliação do conceito de autonomação para aplicações sistêmicas amplas, tais como aspectos relativos à segurança do trabalho e à redução dos desperdícios de energia.

Do ponto de vista histórico, o conceito de autonomação deve ser atribuído a Sakichi Toyoda, que inventou uma máquina de tear revolucionária, com características inéditas: desligava-se autonomamente, ou seja, sem a presença do homem, quando a quantidade projetada era atingida ou quando ocorria algum problema relacionado à produção de artigos defeituosos, ou seja com problemas de qualidade, durante o processamento. Precisamente neste momento histórico, abrem-se as portas para um rompimento com a lógica proposta por Taylor de "um homem/um posto/uma tarefa". Assim, na empresa têxtil Toyoda, uma única trabalhadora era capaz de operar, simultaneamente, mais de dez teares. Alguns anos depois, esta experiência prática inovadora foi utilizada por Taiichi Ohno, com status de pilar, no mesmo nível do *JIT*, no desenvolvimento do Sistema Toyota de Produção. Ohno formalizou rigorosamente o conceito, desenvolvido originalmente por Sakichi Toyoda, batizando-o de autonomação.

O segundo ponto a ressaltar refere-se ao surgimento do conceito de multifuncionalidade. Com a lógica da autonomação expandida na fábrica da Toyota, torna-se possível introduzir por toda a empresa o conceito de multifuncionalidade, com rigor teórico/prático. A multifuncionalidade pode ser utilizada de forma generalizada, porque as máquinas são projetadas para se desligarem automaticamente sempre que forem detectados problemas de qualidade (desvios dos padrões qualitativos) ou quando for atingida a quantidade programada. As implicações industriais da utilização dos operadores multifuncionais são amplas e fundamentais. Entre elas pode-se citar: i) permitir a criação das células de fabricação; ii) melhorar a qualidade dos produtos fabricados; iii) modificar radicalmente a organização do trabalho e da produção; iv) permitir modificações no controle de fabricação; v) possibilitar a execução de modificações da relação trabalhadores/supervisão. O eixo teórico/prático de todas estas mudanças consiste na busca incessante e contínua da eliminação das perdas e, por conseqüência, da redução dos custos globais de produção.

Um terceiro tópico a ser discutido refere-se à necessidade de se questionar se o conceito de autonomação está restrito às partes do sistema produtivo onde existem máquinas, ou pode ser generalizado para as partes onde as operações são caracteristicamente manuais, como, por exemplo, a maior parte das linhas de montagem da época em que foi criado o STP. Novamente, aqui pode ser observada a genialidade da obra de Taiichi Ohno, que aplicou o conceito para a linha de montagem na Toyota. Ohno propôs que os trabalhadores, além da responsabilidade, tivessem a autoridade de parar a linha quando desvios da qualidade planejada fossem observados.

No início da implantação dos novos conceitos, a linha de montagem parava constantemente. Porém, como os trabalhadores e a gerência necessitavam atuar continuamente sobre as causas fundamentais dos problemas, as taxas de defeito, retrabalhos, problemas de sincronia e, conseqüentemente, as paradas, diminuíram radicalmente. Em poucos anos, a linha de montagem da Toyota transformou-se em benchmark internacional no contexto da indústria automobilística. Mais uma vez, a contribuição do conceito de autonomação foi central para alcançar os objetivos relativos ao defeito zero.

Um quarto ponto a ressaltar diz respeito à possibilidade de utilizar o conceito de autonomação em outros campos de ação. Por exemplo, projetar máquinas e sistemas dotados de autonomia para detectar problemas associados à segurança dos trabalhadores nos seus locais de trabalho, e projetar mecanismos que permitam minimizar/eliminar os desperdícios de energia nas empresas.*

Outro importante foco de análise consiste em perceber a relação do conceito de autonomação, que neste contexto específico é denominado por Shigeo Shingo de pré-automação, com o conceito de automação. A posição defendida por Shigeo Shingo e Taiichi Ohno é de que a automação das máquinas nas fábricas deve ser feita de forma gradativa, utilizando-se ao máximo possível a inteligência do coletivo de trabalhadores, supervisores e engenheiros, dado que isto implica aumentar gradativamente o conhecimento tecnológico da empresa sobre os seus processos produtivos, permitindo cada vez mais o projeto de máquinas adaptadas diretamente à realidade específica de cada fábrica. Desta

---

* O desenvolvimento do tópico relativo à utilização do conceito de autonomação para chegar ao acidente zero é um assunto pouco desenvolvido no Ocidente, embora seja um tema de importância para a redução radical dos acidentes de trabalho nas fábricas.

forma, a idéia básica da automação consiste na transferência progressiva e contínua do trabalho manual e cerebral para a máquina.

Conforme Shingo (1996a), a transformação das máquinas envolve seis estágios conceituais: i) estágio 1 – trabalho manual; ii) estágio 2 – alimentação manual com usinagem automatizada; iii) estágio 3 – alimentação e usinagem automáticos; iv) estágio 4 – semi-automático (fixação e remoção automáticas de produtos, além da alimentação e usinagem automatizadas; v) estágio 5 – pré-automação: além das funções executadas no estágio 4, inclui-se aqui a detecção autônoma de defeitos (anteriormente atividade cerebral executada pelo homem); estágio 6 – automação: processamento, detecção e correção de problemas são feitos de forma completamente automática, ou seja, sem a participação do homem.

Observe-se que a partir do estágio 4, e mais fortemente no estágio 5, a máquina pode ser operada sem a participação do homem, ou seja, obtém-se a completa separação do homem da máquina, de forma que os ciclos de trabalho manuais passam a diferenciar-se dos ciclos de trabalho da máquina. Obtém-se, assim, a possibilidade de ampliar o grau de multifuncionalidade do sistema.

A seguir apresentam-se alguns pontos, objetivando fazer uma análise crítica do subsistema de defeito zero, enfatizando-se os aspectos sistêmicos ligados ao STP.

- A autonomação é um conceito hierarquicamente superior ao controle de qualidade zero defeitos (CQZD), que corresponde a uma estratégia de inspeção, trabalhando essencialmente para assegurar a qualidade dos produtos. A autonomação é um pilar do STP. Além de servir como um "guarda-chuva" para o CQZD, influencia diretamente as estratégias relacionadas a automação das máquinas, multifuncionalidade, formação de células de produção, quebra zero das máquinas, aumento do moral dos trabalhadores e respeito à condição humana.
- O subsistema de defeito zero, de forma geral, e a autonomação, de forma específica, são essenciais para a sincronização das células de manufatura e para a fábrica como um todo. O JIT é inviável sem o apoio do conceito de autonomação/zero defeitos, porque neste caso os materiais poderiam chegar na quantidade certa, no local certo e no tempo certo, porém na qualidade errada. Assegurar a qualidade dos diferentes níveis de fabricação de componentes é central para a produção sincronizada no JIT.
- Sem autonomação, não há multifuncionalidade. Um dos erros freqüentes consiste em projetar uma célula de manufatura sem considerar se as máquinas têm autonomia para parar sempre que ocorrerem problemas de qualidade ou que for alcançada a quantidade projetada, ou ainda projetar as células sem sistemas automáticos de alimentação e desalimentação. Sendo assim, pode-se afirmar que a aplicação do princípio da autonomação/CQZD é um pré-requisito para o funcionamento eficaz de uma célula de manufatura.

- A lógica de automação de máquinas proposta originalmente pelos precursores do Sistema Toyota de Produção é gradual e tem como base fundamental o conceito de autonomação. Isto implica dois eixos centrais de ação no chão-da-fábrica: aprendizagem contínua sobre as máquinas (e sobre os processos de fabricação) e aprendizado na prática (*learning by doing*), ou seja, expõem-se culturalmente os funcionários ao processo contínuo de tentativa e erro, na intenção de efetuar melhorias contínuas e sistemáticas nos equipamentos.*

[8.2.3] **Subsistema de quebra zero**

Na estrutura proposta por Monden para representar o Sistema Toyota de Produção (Figura 8.3) não aparece o subsistema de quebra zero dos equipamentos. Uma explicação possível para esta situação é que esta estrutura foi proposta no início dos anos 80, consonante com as preocupações apresentadas pelos construtores do STP, Ohno e Shingo. Embora a questão das máquinas, de forma geral, e da manutenção, de forma particular, seja uma preocupação importante para estes autores, não existe nenhum tipo de formalização das técnicas e princípios específicos em termos do subsistema de quebra zero.

Ghinatto (1996, p. 145) propõe para a estrutura do STP a incorporação da lógica do subsistema de quebra zero, pela articulação dos 5 S (*seiri* [selecionar]; *seiton* [armazenar adequadamente]; *seiso* [fazer brilhar]; *seiketsu* [persistir nisso] e *shitsuke* [perseverança]) com a manutenção produtiva total – Figura 8.4. O pressuposto para justificar a importância da utilização da manutenção produtiva total no corpo do Sistema Toyota de Produção é que "o STP não poderia deixar de dispensar uma atenção especial às máquinas, pois os estoques mínimos entre processos não são suficientes para absorver paradas por quebras que afetariam a produção" e "o funcionamento de uma máquina ou equipamento em condições precárias aumentaria o risco da geração de produtos defeituosos, o que também afetaria o fluxo de produção".

Em sistemas de produção que objetivam chegar ao estoque zero, as quebras de máquinas podem afetar severamente a performance do sistema, devido à forte interação entre os elementos do sistema (Albino; Carella; Okogbaa, 1992). Assim, a redução contínua e sistemática dos estoques entre os processos depende de vários fatores, sendo a manutenção dos equipamentos um dos mais importantes, dado que as políticas de manutenção são essenciais para

---

* Segundo Ohno, ele disse aos seus empregados: "Acabamos de comprar essas máquinas e elas ainda não têm o toque humano. Este toque humano deve ser fornecido por vocês. Entendemos por toque humano que queremos que vocês introduzam seus conhecimentos nas máquinas em que trabalharão. Se simplesmente vocês operarem estas máquinas compradas, não mostrarão nenhuma engenhosidade. Para valorizarem seu trabalho diário, dêem seu toque humano à máquina automatizada" (Imam, 1989, pp. 69 e 70).

manter a produtividade alta, a qualidade dos produtos elevada, e para permitir que o pessoal responsável pela produção possa manter uma quantidade mínima de inventário em processo.

A manutenção produtiva total – MPT (*Total Productive Maintenance – TPM*) surgiu no Japão nos anos 70, a partir de um avanço em relação às técnicas e procedimentos tradicionais da manutenção corretiva, preventiva e preditiva. No entanto, para compreender o desenvolvimento e a lógica da MPT, é preciso analisar os conceitos básicos tradicionais de manutenção.

Quanto à centralização, a manutenção pode ser centralizada ou descentralizada. Na manutenção centralizada, as operações são planejadas por um único departamento, e as equipes de manutenção atendem todos os setores da fábrica, sendo que as oficinas de manutenção também são centralizadas. Na manutenção descentralizada, preconiza-se a divisão da fábrica em áreas ou setores, sendo que cada uma das áreas fica a cargo de um grupo específico de manutenção. Ao adotar-se uma manutenção descentralizada, há uma exigência de especialização por parte do pessoal de manutenção, principalmente para serviços de natureza diversificada. Estas duas definições representam situações limites. Na prática, as empresas adotam situações intermediárias entre a centralização e a descentralização. Porém, uma tendência moderna aponta para a descentralização de muitas atividades de manutenção, especialmente aquelas que podem ser realizadas por não-especialistas.

Segundo Harmon (1993), pode-se dizer, de forma geral, que existem dois tipos de trabalho de manutenção: os da manutenção dos prédios e dos equipamentos a ela associados (p. ex., ar condicionado, usinas de força etc.) e a manutenção dos equipamentos de produção. O primeiro tipo de manutenção deverá ser feito de forma centralizada. O segundo tipo de manutenção, relacionado aos equipamentos de fábrica, deverá, tanto quanto possível, ser realizado de forma descentralizada. Harmon e Peterson (1991, p. 181) postulam que a manutenção das máquinas "deve ser descentralizada, de modo que cada subfábrica (minifábrica) tenha um ou mais técnicos de manutenção alocados a ela, cada um deles com sua própria bancada de trabalho numa área da subfábrica (minifábrica)". O que restaria de manutenção centralizada deve envolver: i) máquinas para reparar os componentes dos equipamentos utilizados para realizar a manutenção; ii) certos trabalhos de especialista que, em função do tempo de utilização e do grau de especialidade, não justificam economicamente a descentralização; iii) o planejamento agregado da manutenção, responsável pelo estabelecimento de uma política geral de manutenção.

Quanto à classificação usual, a manutenção pode ser dividida em corretiva (ou de emergência), preventiva, sistêmica e preditiva. A corretiva é aquele tipo de manutenção associada a cada pane da máquina. Portanto, na manutenção corretiva, não existe planejamento das atividades, exceto o planejamento da disponibilidade das pessoas para atuar quando da existência de defeitos nas máquinas.

A manutenção preventiva acontece de forma programada (planejada) para evitar interrupções de emergência, visando colocar as máquinas em condições satisfatórias de funcionamento. Na prática isto implica em ações tais como: inspeção periódica dos equipamentos, lubrificação programada, substituição periódica de peças críticas. Neste tipo de situação, os tempos médios de manutenção são semelhantes, o que garante uma periodicidade de ação sobre os equipamentos. Geralmente a periodicidade dos tempos é definida por: i) informações do catálogo dos fabricantes; ii) experiência do pessoal de manutenção envolvido com a máquina em questão; iii) uma combinação dos dois itens anteriores.

A manutenção sistêmica é uma evolução natural da manutenção preventiva e implica a existência histórica de registros que vão permitir a elaboração de gráficos de controle estatístico das máquinas. Através da manutenção sistêmica obtém-se uma melhor utilização dos equipamentos em termos de tempos necessários entre as manutenções (periodicidade), uma vez que a análise estatística permite ampliar o conhecimento sobre as falhas nos equipamentos. No entanto, geram-se custos adicionais para a execução da tomada dos dados utilizados para elaborar a manutenção sistêmica.

A manutenção preditiva é uma extensão da manutenção preventiva. Basicamente, é derivada do surgimento de instrumentos e técnicas capazes de diagnosticar com precisão quando um determinado tipo de componente irá falhar. Ao contrário da manutenção sistêmica, que trata todos os componentes como possuindo a mesma vida útil, obtida estatisticamente a partir de registros históricos, a manutenção preditiva propõe que cada componente seja explorado do modo mais efetivo possível em relação à sua vida útil. Isto somente será possível a partir de um efetivo monitoramento destes componentes. Neste sentido, algumas técnicas utilizadas são: i) ferrografia, para a análise do desgaste de componentes pela presença do ferro nos óleos de lubrificação; ii) análise de vibrações; iii) termografia; iv) análise de tensões pela utilização de *strain gages*. Assim, para a efetiva implantação da manutenção preditiva é necessária a utilização de instrumentos e técnicas que poderiam ser denominadas de engenharia de manutenção.

Uma política ampla de manutenção deve levar em consideração a utilização conjunta destes quatro tipos de manutenção, usando os aspectos econômicos pertinentes como critério para a definição do tipo de manutenção específico a ser utilizado para cada máquina/componente. Por exemplo, uma máquina que possua várias máquinas reservas e custo de manutenção muito baixo poderá ser gerenciada via uma lógica de manutenção corretiva. No extremo oposto, uma máquina crítica do ponto de vista do desempenho econômico da empresa e que, além disso, contenha componentes de grande responsabilidade no que tange à segurança industrial, provavelmente deveria adotar a manutenção preditiva. A partir dos tipos clássicos de manutenção, que envolvem uma tecnologia intrínseca de manutenção, vai surgir a lógica da MPT.

A MPT, em 1971, foi definida pelo Japan Institute for Plant Maintenance a partir de cinco objetivos básicos:

- maximização do rendimento global dos equipamentos;
- desenvolver um sistema de manutenção produtiva que leve em consideração toda a vida útil do equipamento;
- envolver todos os departamentos, planejamento, projeto, utilização e manutenção, na implantação da MPT;
- envolver, ativamente, todos os empregados – desde a alta gerência até os trabalhadores de chão-de-fábrica;
- tornar a MPT um movimento visando a motivação gerencial, através do desenvolvimento de atividades autônomas de melhorias por pequenos grupos.

Algumas observações devem ser feitas no que tange à interpretação do significado da MPT. A seguir estão apresentadas visões, progressivamente mais amplas, para chegar a uma visão o mais abrangente possível do que parece ser o real significado da MPT.

- A MPT pode ser visualizada como uma forma de reduzir os custos globais de manutenção. Na fábrica tradicional, toda a manutenção é feita pelo departamento de manutenção. Assim, o conjunto global de tarefas de manutenção, correspondente a certo número de horas globais, deve ser assumido completamente pelo setor de manutenção. Porém, muitas tarefas de manutenção podem ser realizadas pelos operadores das máquinas (por exemplo: limpeza das máquinas, medidas contra as fontes de sujeira das máquinas, lubrificação das máquinas, procedimentos básicos de hidráulica, pneumática, elétrica e eletrônica).* Algumas destas tarefas, por exemplo, limpeza de máquinas e lubrificação, podem ser assumidas pelos operadores de máquina, no curto prazo. Outras tarefas exigem um treinamento amplo de médio e longo prazo, como, por exemplo, ações de manutenção hidráulica e pneumática. Na medida em que os operadores de máquina passam a assumir várias tarefas anteriormente realizadas pelo setor de manutenção, mesmo que a carga de trabalho permaneça a mesma, reduzir-se-á a carga de trabalho global do departamento ou do setor de manutenção. Conseqüentemente, o custo global de

---

* Dados empíricos parecem corroborar esta realidade. Por exemplo, Maggard e Rhyne (1992) postulam que durante a definição da MPT na Empresa Tennessee Eastman, identificou-se que 40% do trabalho tradicionalmente realizado pelos mecânicos de manutenção poderia ser feito pelos operadores dos equipamentos, com um mínimo de treinamento. Outros 40% poderiam ser feitos com um treinamento adicional, porém com a necessidade de uma certificação para a execução das tarefas. Ainda, mais de 80% dos problemas de manutenção podem ser prevenidos pelos operadores nos estágios iniciais dos problemas.

manutenção cairá, na medida em que a força de trabalho diretamente alocada à manutenção será menor. De outra parte, o trabalho de manutenção poderá ser absorvido pelos trabalhadores ligados à produção, desde que o dimensionamento do padrão de trabalho seja feito levando em consideração as novas tarefas associadas à manutenção de seus equipamentos. Desta forma, as perdas por espera dos trabalhadores na produção serão reduzidas, aumentando-se, assim, a densidade do trabalho.

- Contestando e ampliando a visão exposta acima, Maggard e Rhyne (1992) postulam que a MPT tem um significado mais abrangente do que a simples transferência de certa quantidade de tarefas, anteriormente realizadas pela manutenção, para os operadores. Segundo eles, o ponto crítico da MPT seria que o equipamento fosse cuidado permanentemente pelo seu próprio "dono". O pressuposto é que, na medida em que os operadores passam a preocupar-se com a manutenção dos equipamentos e a atuar na execução de pequenas manutenções, não só reduz-se o número de paradas de máquinas devido a problemas de manutenção, como se impede que estas paradas sejam abruptas, ou seja, não-programadas, já que os operadores das máquinas têm capacidade de detectar os problemas nos estágios iniciais da aparição dos mesmos, portanto de forma preventiva.

- Uma visão mais abrangente é exposta por Nakajima (1988) e relaciona-se à questão de impedir a deterioração acelerada dos equipamentos. Isto tem ligação com a manutenção preventiva, uma das bases da MPT. Nakajima utiliza-se de uma analogia entre a manutenção dos equipamentos e a manutenção da saúde das pessoas (medicina preventiva). O objetivo da medicina preventiva é reduzir a incidência das doenças e aumentar, de forma considerável, o tempo de vida das pessoas. Na medicina preventiva, é dada ênfase à prevenção da doença, para impedir que ela ocorra. Isto implica uma dieta saudável e manter as condições de higiene em padrões aceitáveis. Em um outro estágio são feitas revisões periódicas, diagnósticos feito por especialistas, visando promover, o mais cedo possível, a detecção das eventuais doenças e o seu tratamento. A intervenção do médico, ou seja, o tratamento em si da doença, corresponde ao estágio final do processo. De forma análoga, a manutenção diária dos equipamentos (lubrificação, limpeza, ajuste nos parafusos etc.) serve para prevenir falhas potenciais nos equipamentos. Da mesma forma que as pessoas são responsáveis pela sua saúde, as pessoas ligadas aos equipamentos devem ser responsáveis pela "saúde" dos equipamentos. Em última análise, segundo Nakajima, os operadores devem ter responsabilidade direta pelos equipamentos que operam. O pessoal específico alocado à manutenção, por sua vez, é responsável por tarefas mais nobres, que incluem: a inspeção periódica dos equipamentos (ou seja, fazer o *check-up* dos equipamentos) e os reparos preventivos, que correspondem à atuação dos médicos diretamente em doenças já detectadas no paciente. Desta forma, a manutenção preventiva corretamente executada reduz o número de quebras, ou seja, o número de doenças, contribuindo definitivamente para o incremento da vida útil dos equipamentos. Segundo a visão mais ampla exposta por Nakajima, a utilização da manutenção preventiva como base para a MPT permite que, com baixos custos de prevenção e com *check-ups* dos equipamentos, sejam reduzidos os custos totais envolvidos na manutenção. Porém, Nakajima deixa claro que a MPT é mais do que simplesmente a manutenção preventiva. Para compreender o significado mais abrangente da MPT, é preciso analisar o ciclo de vida dos equipamentos como um todo.

- De acordo com os princípios da engenharia de confiabilidade, as causas de falhas nos equipamentos mudam no tempo (Nakajima, 1988). Podem-se considerar três grandes períodos distintos. No primeiro período, o equipamento é novo, ou seja, está sendo introduzido na fábrica. As taxas de falhas são altas, e vão sendo reduzidas até se estabilizarem no tempo. No segundo período, as taxas médias de falhas estabilizam no tempo, permanecendo constantes por um longo período de tempo. No período final, os equipamentos entram em uma fase de desgaste acelerado, ou seja, as taxas médias de falhas voltam a subir de forma acelerada. As falhas que ocorrem nestes três períodos de tempo têm causas diferenciadas. Na fase da introdução de novos equipamentos, as causas das falhas relacionam-se ao projeto e aos erros de fabricação. O importante nesta fase consiste em combater estas falhas no *start up* da planta, o que deve ser feito com as pessoas relacionadas ao projeto e à fabricação dos equipamentos.* Descobrir e melhorar os problemas de manutenção dos equipamentos nesta fase implica melhorar o seu desempenho ao longo de toda a sua vida útil. Na segunda fase, as chances de falhas estão intimamente ligadas aos erros na operação dos equipamentos. As medidas para minimizar estes erros passam pela necessidade de assegurar uma operação apropriada dos equipamentos. Na terceira fase, a do desgaste dos equipamentos, as falhas ocorrem devido ao limite natural de vida útil dos equipamentos. A vida útil dos equipamentos pode ser aumentada através de: i) uma correta manutenção preventiva; ii) melhorias contínuas nas condições de manutenibilidade através de melhorias contínuas no projeto dos equipamentos. Portanto, segundo Nakajima (1988), uma visão abrangente da MPT deve levar em conta toda a vida útil do equipamento e, portanto, depende da cooperação de

---

* Aqui se pode observar a ampliação do conceito anterior de manutenção preventiva. Nesta fase, a atuação dos projetistas e dos fabricantes das máquinas/equipamentos é central. O pessoal de operação e manutenção das máquinas, embora nesta fase desempenhe um papel menos relevante do que os projetistas e fabricantes do equipamento, deve acompanhar e desenvolver conjuntamente todas as alterações necessárias. Com isto, pode-se alcançar, no mínimo, duas vantagens significativas: i) aprender em profundidade sobre o equipamento, em geral (por exemplo, os componentes críticos), e sobre as questões de manutenção, em particular; ii) verificar as condições de adequabilidade dos equipamentos à planta em particular.

todos os departamentos, mais especificamente dos departamentos de projeto/planejamento, manutenção e operação (fabricação).*

- Além disso, talvez uma visualização mais ampla da MPT consista em adicionar ao conceito exposto acima por Nakajima dois pontos importantes: i) uma relação de hierarquização no que tange ao Sistema Toyota de Produção; ii) uma visualização da MPT do ponto de vista dos ciclos gerenciais de rotina, melhorias e desenvolvimento de produtos e processos do TQC. Em seu primeiro sentido, a MPT é central para o Sistema Toyota de Produção na medida em que, quanto menor for a quantidade de estoques existentes entre as máquinas, maior a necessidade de garantir a continuidade das máquinas para que o sistema alcance o desempenho econômico projetado. No segundo sentido, uma interessante interpretação da MPT é visualizá-la a partir de uma ótica análoga aos ciclos gerenciais do TQC/TQM, qual seja: i) os ciclos de rotina de manutenção devem ser dominados tecnologicamente pelos operadores de máquinas, com o auxílio restrito de profissionais ligados diretamente à manutenção; ii) com o ciclo de rotinas dominado na base do sistema, é poupado um tempo precioso pelos profissionais de manutenção, que passam a ser responsáveis centrais pelas melhorias contínuas – ciclo de melhorias – nas máquinas e processos; iii) as chefias e os engenheiros de manutenção, dado que os ciclos de rotinas e melhorias estão dominados pelos níveis hierárquicos inferiores, ficam responsáveis pelo desenvolvimento de novos projetos de máquinas que facilitem a manutenção, e pelo planejamento global da manutenção.
- Uma discussão crítica, a partir de uma lógica de melhorias na função processo e dos indicadores globais e locais propostos por Goldratt, sobre a adoção do indicador índice de rendimento operacional global (IROG) do equipamento é relevante. Da discussão anterior, fica claro que a criação do indicador IROG dos equipamentos, muito embora seja calculado a partir do rendimento individual de cada máquina, tem uma preocupação ampla com o fluxo global de produção, ou seja, o fluxo de materiais no tempo e no espaço. Portanto, torna-se necessário observar esse indicador cuidadosamente, tendo como referência a função processo e os indicadores globais e operacionais propostos por Goldratt. Do ponto de vista da melhoria da função processo, torna-se necessário:

    Focar as melhorias nas restrições do sistema. Sendo assim, o indicador da MPT não deverá ser utilizado em todas as máquinas, e sim nas

---

* Segundo Maggard e Rhyne (1992), a manutenção produtiva total corresponde a uma abordagem de parceria entre todas as funções da organização, mais particularmente entre as funções de produção e manutenção, visando melhorias contínuas da qualidade do produto, da eficiência operacional e da segurança dos operadores. Esta visão é restrita; em uma visão mais abrangente é preciso levar em consideração, na mesma faixa de importância, as funções de projeto e planejamento.

máquinas críticas, ou seja, os gargalos e/ou os recursos com capacidade restrita – CCRs. Desta forma, ações que melhoram o indicador local rendimento global do equipamento terão como conseqüência a manutenção e/ou melhoria do ganho e a redução das despesas operacionais e dos investimentos.

Analisar criticamente o uso do indicador nas máquinas que restringem a produção. Por exemplo, reduzir os tempos de preparação contribui diretamente para aumentar o rendimento global do equipamento. Porém, cabe uma questão: ao reduzir-se o tempo para uma dada preparação, deve-se continuar com o mesmo tamanho do lote, o que fará com que o índice de rendimento operacional global do equipamento aumente, ou seguir a política global do STP de reduzir o tamanho dos lotes e aumentar a freqüência de preparações realizadas. Isso pode fazer com que o índice de rendimento global do equipamento possa, inclusive, permanecer o mesmo? A resposta a esta pergunta requer uma minuciosa investigação sistêmica do sistema produtivo em questão e de suas relações com o mercado. Por exemplo, se a demanda global do mercado for muito superior à capacidade de produção, os produtos forem pouco diferenciados e os prazos de entrega permissíveis forem grandes, é óbvio que, nos gargalos de produção, os ganhos de tempos na preparação serão utilizados para ganhar capacidade. Neste caso, as freqüências das trocas serão pouco alteradas, na medida em que se deseja "utilizar as trocas ao máximo". Desta forma, um aumento no índice de rendimento operacional global do equipamento irá coincidir com o incremento do ganho do sistema. Já no caso da demanda global do mercado ser inferior à capacidade de produção, os eventuais ganhos nos tempos de preparação deverão ser utilizados de forma completamente diferenciada. Neste caso, torna-se aconselhável reduzir o tamanho dos lotes e aumentar a freqüência das mudanças, no intuito de: i) reduzir os tempos de passagem para responder de forma mais rápida à demanda do mercado; ii) melhorar a qualidade dos produtos, e; iii) reduzir os inventários de material em processo, matérias-primas e produtos acabados. Neste caso, seria incoerente manter as freqüências de trocas para aumentar o IROG do equipamento, ou seja, propor uma otimização local, na medida em que uma visualização do sistema como um todo mostra a necessidade de utilizar as melhorias dos tempos de preparação para aumentar o número de trocas e reduzir os lotes de fabricação, possibilitando assim obter ganhos futuros no sistema de produção e reduzir, a curto prazo, os investimentos e as despesas operacionais. Portanto, de um ponto de vista do ótimo global dos sistemas produtivos, o rendimento global dos equipamentos deve ser sempre considerado um indicador local, logo, subordinado aos indicadores hierarquicamente superiores do sistema produtivo. Ou seja, o desdobramento dos indicadores globais e operacionais, propostos pela TOC, deve levar em consideração uma utilização racional do indicador local rendimento global dos equipamentos.*

A seguir é feita uma análise crítica do subsistema de quebra-zero, ressaltando-se os aspectos referentes às principais relações com os demais subsistemas do STP:

- Conforme Nakajima (1988, p. 16), é possível dizer que "sem a MPT, o Sistema Toyota de Produção pode não funcionar". Ele justifica sua observação dizendo que "o fato das empresas relacionadas com a Toyota estarem implantando rapidamente a MPT confirma a sua importância no contexto do Sistema Toyota de Produção".
- De forma geral, isto pode ser observado pela relação entre as seis perdas (quebras) propostas na MPT e as características básicas do STP (Nakajima, 1988).** Com menos perdas por paradas, melhora-se a sincronização da produção, e os padrões operacionais estabelecidos (tempo de ciclo, seqüência de produção e tempos padrões de folgas) são mantidos de forma rigorosa. Ao reduzirem-se as perdas devido aos ajustes e ao *setup*, reduzem-se os tamanhos de lotes adotados, seguem-se os padrões operacionais estabelecidos, e, pela adoção de sinais visuais (*andon*), torna-se necessária a solução rápida dos problemas. Com a redução das perdas por pequenas paradas e por redução de velocidade, os padrões operacionais são mantidos. Ao diminuirem-se as perdas por

---

* De um ponto de vista estrito, o indicador rendimento global do equipamento está relacionado à função operação, pois está vinculado à análise do trabalho morto (máquinas) no tempo e no espaço. Isto pode levar à falsa impressão de que ele deve ser um indicador ligado ao paradigma da melhoria nas operações. Na verdade, a MPT surgiu no bojo do paradigma da melhoria nos processos, sendo essencial para o correto funcionamento do STP. No entanto, é preciso tomar cuidado para que a utilização da MPT e de seus indicadores seja feita consonante e subordinada a uma ótica global de melhorias baseadas na função processo.

** Existe uma clara relação entre as sete perdas propostas por Shigeo Shingo e Taiichi Ohno e as seis quebras (perdas) propostas no âmbito da MPT. É possível perceber as seis quebras propostas pela MPT como um aprofundamento necessário das sete perdas do STP no que tange à questão específica da influência da gestão operacional das máquinas sobre o STP. Assim, as perdas por superprodução quantitativa e qualitativa são reduzidas/eliminadas com a aplicação da MPT. O mesmo se dá com as perdas por estoque. As perdas por processamento em si são reduzidas/eliminadas (por exemplo, via redução da operação em vazio das máquinas). As perdas por fabricação de produtos defeituosos são reduzidas/eliminadas. As perdas por espera das máquinas e equipamentos são atacadas diretamente pela MPT. De forma geral, a MPT só não contribui diretamente para a redução das perdas por transporte e no movimento dos trabalhadores. Uma discussão mais aprofundada sobre a relação entre as seis quebras do MPT e as sete perdas do STP está fora do escopo deste livro, porém merece uma atenção detalhada por parte dos profissionais que atuam no STP.

defeitos, eliminam-se os defeitos de fabricação e são mantidos os padrões operacionais. Com menos perdas por retrabalho, os defeitos são eliminados;
- A MPT relaciona-se diretamente com o subsistema de defeito zero, mais especificamente com a idéia de autonomação. No STP utilizam-se dispositivos que param as máquinas caso sejam observadas anormalidades no seu funcionamento. Estas paradas autônomas das máquinas, quando da ocorrência de anormalidades, são muito importantes na medida em que elas impedem a produção de produtos defeituosos. Sendo assim, torna-se necessária uma ação imediata nas máquinas visando uma solução definitiva dos problemas. A médio e longo prazo, isto implicará a melhoria da confiabilidade das máquinas, especialmente as críticas, com a conseqüente redução dos estoques em processo e melhoria na confiabilidade global do sistema de produção;
- A MPT constitui-se em um pré-requisito básico para o funcionamento efetivo do subsistema de sincronização da produção. As razões para isto são: i) no STP os estoques são continuamente reduzidos, o que implica a necessidade de que as máquinas tenham um elevado grau de confiabilidade para não prejudicar a produção global do sistema de produção; ii) caso a manutenção das máquinas não seja confiável, provavelmente, ter-se-á a fabricação de produtos defeituosos o que acarretará problemas na sincronização da produção; iii) como no STP os estoques entre processos são baixos, os tempos para solucionar os problemas de manutenção das máquinas são muito menores do que nos sistemas de produção tradicionais;
- Para que a MPT seja levada adiante com eficácia torna-se necessária a ação de grupos de melhorias (atividades de pequenos grupos). Sendo assim, o subsistema de qualidade da gestão é importante como base para a implantação da MPT;
- A MPT relaciona-se ao subsistema de pré-requisitos básicos, especialmente à TRF. Para que o indicador do rendimento global dos equipamentos seja melhorado, um dos fatores fundamentais é reduzir os tempos de preparação.

[8.2.5] **O subsistema de sincronização e melhorias – o sistema Kanban**

No início da década de 50, Taiichi Ohno visitou várias empresas norte-americanas de automóveis, entre as quais a General Motors e a Ford, porém o que mais o impressionou foi o funcionamento dos supermercados americanos (Ohno, 1997)*. Ohno diz que a razão para isso é que "no final da década de 40,

---
* Na década de 50, supermercados funcionando no estilo americano começaram a aparecer no Japão. Segundo Ohno, este fato foi importante na medida em que o objeto de estudo (o supermercado) ficou fisicamente mais perto do grupo da Toyota que estudava o assunto.

na oficina da Toyota que eu gerenciava, já estávamos estudando os supermercados americanos e aplicando seus métodos ao nosso trabalho" (p.45). Ohno estabeleceu uma relação entre a lógica de funcionamento dos supermercados e o sistema *just-in-time*. Conforme ele, "um supermercado é onde um cliente pode obter (1) o que é necessário, (2) no momento em que é necessário, (3) na quantidade necessária". Baseando-se no supermercado, a equipe da Toyota passou a utilizar a lógica segundo a qual "o processo final (cliente) vai até o processo inicial (supermercado) para adquirir as peças necessárias (gêneros) no momento e na quantidade em que precisa". Ohno e sua equipe percebiam os conceitos desenvolvidos nos supermercados americanos como essenciais para que a Toyota caminhasse no sentido da produção *just-in-time*.

Em 1953, a Toyota iniciou a implantação do sistema baseado no supermercado através da "tentativa e erro" (Ohno, 1997, p. 45). Este sistema "mais tarde foi chamado de **sistema Kanban**" (p.47). A implantação global do sistema Kanban internamente na Toyota só foi completada no ano de 1962. A partir deste esforço de quase 10 anos para implantar o Kanban interno, Taiichi Ohno e sua equipe inicializaram um esforço no sentido de desenvolver o sistema Kanban junto aos seus fornecedores. Embora com diferentes velocidades de implantação, as empresas fornecedoras foram assimilando e praticando ao longo do tempo as entregas *JIT* para a Toyota. Conforme Taiichi Ohno, a entrega *just-in-time* por parte dos fornecedores externos levou 20 anos para completar-se, no caso da Toyota.

Para compreender em profundidade o sistema Kanban, Taiichi Ohno propôs um conjunto de seis funções/regras básicas. A seguir, estas regras serão expostas e brevemente comentadas.

- Função/regra 1 do Kanban: **o processo subseqüente vem retirar do processo precedente as peças e materiais necessários, nas quantidades necessárias.** Esta é a regra básica do Kanban e, conforme Ohno, "nasceu da necessidade de olhar as coisas pelo avesso"* (Ohno, 1997, p. 48). Trata-se de colocar em prática a noção de "puxar" a produção, ou seja: enquanto o fluxo de informações responsável pela definição de "o quê"', "quando" e "quanto" produzir ocorre na direção do mercado para as matérias-primas, o fluxo físico ocorre, obviamente, das matérias-primas para o mercado. Como já discutido anteriormente, tratou-se de implantar a noção proveniente dos supermercados na fábrica.

---

* Uma interpretação do pensamento de Taiichi Ohno a partir de uma ótica técnico-econômica e cultural foi proposta por Coriat (1984). O título do livro *Pensar pelo Avesso* é sugestivo, na medida em que leva a noção proposta por Ohno como função/regra 1 para a adoção do sistema Kanban para uma noção cultural mais ampla, cujo significado implicaria repensar globalmente os sistemas de produção ocidentais, para aumentar seus padrões de competitividade.

- Função/regra 2 do Kanban: **o processo precedente produz itens na quantidade e na seqüência indicada pelo Kanban**. Esta regra é uma extensão da regra 1, e postula que o próprio processo deve restringir seu inventário a um valor mínimo. Para que esta regra possa ser colocada em prática, "a força de trabalho e os equipamentos, em cada processo de produção, devem estar preparados, em todos os aspectos, para produzir as quantidades necessárias no momento necessário" (Ohno, 1997, p. 53).
- Função/Regra 3 do Kanban: **impedir a superprodução e os transportes excessivos.** Nenhum item deve ser, sob nenhuma circunstância, produzido ou transportado sem a presença de um Kanban. Ou seja, toda a programação e controle da produção deve ser efetivada através da utilização do Kanban, não sendo permitido nenhum tipo de intervenção no sistema produtivo que não seja respaldado pelo sistema de informações operacionalizado pelo Kanban. Segundo Moura (1992, p. 70), "ninguém (exceto o coordenador) está autorizado a emitir ou introduzir no sistema mais Kanbans". As perdas por superprodução são consideradas como grandes barreiras para a implantação de Sistema Toyota de Produção, na medida em que auxiliam a esconder outras perdas (por exemplo, perdas por fabricação de produtos defeituosos, perdas no transporte, perdas por espera). Sendo assim, esta regra do Kanban visa impedir de forma rigorosa qualquer tipo de superprodução entre os postos de trabalho.
- Função/regra 4 do Kanban: **o Kanban deve funcionar como uma ordem de fabricação afixada diretamente nos itens (mercadorias)**. O Kanban deve conter as informações necessárias para que seja feita a fabricação.
- Função/regra 5 do Kanban: **produtos com defeito não devem ser enviados ao processo seguinte**. Esta regra é importante porque os itens devem ser enviados aos processos seguintes, não só na quantidade exigida (regra 2), mas também com a qualidade especificada. Conforme Moura (1992, p. 74), "se algum item com defeito for descoberto pelo processo subseqüente ele paralisará sua linha de produção, porque não possui nenhuma unidade extra em seu inventário". Desta forma, a implantação com sucesso do Sistema Kanban é dependente da adoção de medidas eficazes no que tange à garantia da qualidade dos produtos. Neste ponto, há uma forte ligação do sistema Kanban com o subsistema de defeito zero. Assim, é desejável que "as máquinas parem automaticamente quando produzirem defeitos" e que os operários "parem suas operações" quando detectarem defeitos (JPA, 1989, p.87). É precisamente neste ponto que os conceitos de autonomação e de CQZD devem apoiar de forma efetiva a implantação do Sistema Kanban*.

---

* Problemas associados à qualidade devem ser resolvidos prontamente para viabilizar a adoção do sistema Kanban. Pode-se dizer que "a não ser que exista segurança de que as peças que passam por todos os processos são produtos bons, o próprio sistema Kanban entra em colapso".

- Função/regra 6 do Kanban: **o número de Kanbans deve ser continuamente reduzido para aumentar a sensibilidade aos problemas existentes**. É reconhecido que os estoques existentes acobertam diferentes tipos de problemas na produção. A idéia de reduzir e manter minimizado o número de Kanbans necessários objetiva estabelecer um processo de melhorias contínuas nos sistemas produtivos. Sempre que o número de Kanbans é reduzido e, por conseqüência, estoques são eliminados, problemas de diversas ordens (por exemplo, métodos de trabalho inconsistentes, tempos de preparação elevados etc.) tendem a ocorrer. A função da supervisão e da gerência consiste em procurar estabilizar os sistemas produtivos no novo patamar de estoques adotado. Para isso, torna-se imprescindível atacar a raiz dos problemas, o que implica atuar nos pontos dos sistemas produtivos onde eles ocorrem.

Moura (1992, p. 26) observa a importância de se compreender os diferentes significados possíveis do Kanban. Segundo ele, dois são os principais significados do Kanban: "1 – Um sistema de controle do fluxo de material ao nível da fábrica (**Kanban interno**) e que se pode estender, em alguns casos, ao controle do material distribuído ou recebido de fornecedores (**Kanban externo**); 2 – Um sistema para melhorar a produtividade, mudando-se o equipamento, os métodos de trabalho e as práticas de movimentação de material, que usa o sistema de controle de materiais por cartões (Kanbans) para identificar as áreas com problema e avaliar os resultados da mudança".

Em seu primeiro sentido, o Kanban é uma ferramenta de programação e controle da produção. Assim, o Kanban substitui as tradicionais ordens de fabricação e montagem (Kanban interno) e as ordens de compra (Kanban externo). Porém, é preciso considerar alguns aspectos muito importantes do Kanban enquanto ferramenta de programação e controle da produção, aspectos estes que o diferenciam muito dos sistemas tradicionais de PCP. Em primeiro lugar, o Kanban é historicamente a primeira ferramenta de programação e controle da produção que objetivamente busca, de forma sistemática e permanente, a sincronização da produção. A sincronização da produção busca colocar todos os recursos de manufatura em um ritmo comum estabelecido, tomando como base a real demanda do mercado. Sendo assim, se determinados recursos funcionam com distintas produtividades horárias, observar-se-á a formação de estoque (superprodução) típica da produção *just-in-case*.

Conforme Taiichi Ohno (1997), no Sistema Toyota de Produção o Kanban tem por função impedir totalmente as perdas por superprodução. Isto ocorre porque o recurso a montante deve fornecer as peças necessárias, no momento necessário, na qualidade necessária e na quantidade necessária, para que o recurso a jusante possa dar continuidade à produção. No modelo ideal, esta lógica deve prevalecer desde a demanda do mercado, passando pela linha de montagem, pelas células ou setores de produção, até os fornecedores de matérias-primas e materiais.

Em segundo lugar, deve-se perceber que o Kanban funciona como um sistema de informação que objetiva gerir a produção e os materiais, através da interligação dos vários recursos produtivos dentro de uma determinada fábrica. Neste sentido, o Kanban é responsável pela logística da fábrica. Mais especificamente, é um sistema logístico baseado em um sistema de "puxar" a produção pela movimentação de materiais, ou seja, tem como ponto de partida as permanentes flutuações da demanda do mercado que são transmitidas pelo Kanban, desde a linha de montagem, passo a passo, até os fornecedores de matérias-primas e materiais (Ceroni e Antunes, 1994). O Kanban simplifica os sistemas tradicionais de controle da produção (ordens de fabricação, montagem e compras) na medida em que, adotando um controle visual do material que circula na fábrica, elimina toda a circulação de papéis na estrutura de fabricação.

Em terceiro lugar torna-se necessário ressaltar o papel de controle exercido pelo Kanban. Em uma fábrica controlada por este sistema, qualquer problema ligado à programação da produção ou à Engenharia Industrial/Administração da Produção (por exemplo, a quebra de máquinas) será imediatamente percebido na fábrica, ao contrário do que acontece nos sistemas tradicionais de ordens de fabricação e de montagem

Em quarto lugar, o sistema Kanban apresenta uma grande flexibilidade no que tange a alterações do mix de produção, quando são mantidas as cargas globais do sistema (ou seja, quando os volumes globais de produção permanecem inalterados). Devido à própria característica operacional do sistema, quando se modificam os volumes de venda dos produtos, mantida a demanda global, o sistema Kanban responde de forma efetiva às variações da demanda.

Em quinto lugar, o Kanban pode ser considerado "o nervo autonômico da linha de produção", dado que o sistema de PCP funciona baseado exclusivamente nos próprios trabalhadores, sem a necessidade de intervenção dos supervisores e gerentes no dia-a-dia da fábrica (Ohno, 1997, p. 48). Já em seu segundo sentido, o Kanban é uma poderosa ferramenta de melhorias dos sistemas de produção. Ele, na medida em que permite observar visualmente os problemas que ocorrem diariamente na produção, "deixa claro o que deve ser feito pelos gerentes e supervisores".* As melhorias necessárias apontadas pelo Kanban podem relacionar-se a temas como: qualidade (por exemplo, peças com defeito), operação padrão, melhoria na manutenção das máquinas, redução dos tempos de preparação dos equipa-

---

* É interessante interpretar o Kanban à luz da lógica da qualidade de gestão. A operacionalização diária do sistema (ciclo de rotinas) é responsabilidade e autoridade exclusiva dos trabalhadores de chão-de-fábrica. Sendo assim, é liberado tempo dos supervisores e gerentes para atuarem diretamente nas melhorias necessárias apontadas pelo próprio Kanban. O ciclo de melhoria é, então, levado adiante, em conjunto (trabalhadores, supervisores e gerentes) com a gestão dos supervisores e gerentes. Portanto, a lógica de utilização gerencial do Kanban é completamente compatível com as proposições de gerenciamento do ciclo PDCA proposto no bojo do TQC/TQM.

mentos, melhoria na capabilidade das máquinas etc. A busca destas melhorias implica, muitas vezes, a redução do número de Kanbans feitos pelos gerentes no intuito de verificar quais os pontos do sistema que serão mais sensíveis à redução dos estoques intermediários. Desta forma, através da utilização gerencial do sistema, busca-se melhorar continuamente a produtividade e a qualidade da empresa.

De forma ampla, pode-se dizer, que o Sistema Kanban parece possuir "duas vidas" independentes e inter-relacionadas: a gestão da rotina de programação e controle da produção e a gestão das melhorias nos sistemas produtivos. A "primeira vida" do sistema Kanban será denominada de **Kanban estrito**. A "segunda vida" será intitulada de **Kanban amplo**.

Para avançar no entendimento da função do subsistema de sincronização e melhorias do STP, é preciso analisar o significado do Kanban dentro do STP. Existem duas interpretações, aparentemente contraditórias, sobre a função do Kanban dentro do Sistema Toyota de Produção. Elas são:

- A proposição de Taiichi Ohno, o criador do Kanban, caracteriza este como o elemento central para a construção do STP.
- A visão de Shigeo Shingo, que visualiza o Kanban como responsável por apenas 5% da construção do STP (Shingo, 1996a).

A visão de Taiichi Ohno (1997) caracteriza o subsistema de sincronização da produção como associado ao Kanban amplo. Isto implica visualizar o Kanban a partir de uma lógica ampla, em dois sentidos:

- O Kanban utilizado como uma ferramenta de gestão interna do dia-a-dia da fábrica, ou seja: uma ferramenta de programação da fábrica, e ao mesmo tempo uma ferramenta que permite o relacionamento do dia-a-dia da Toyota com seus fornecedores (a programação de entrega de materiais por parte dos fornecedores). Portanto, nesta óptica, o Kanban está sendo visualizado e utilizado para a gestão da rotina da empresa.
- O Kanban utilizado com o intuito de mostrar permanente, sistemática e continuamente os pontos do sistema de produção que devem ser aprimorados, tanto internamente na fábrica, como na relação de fornecimento externo. Neste sentido o Kanban é visualizado e utilizado como uma ferramenta básica para a gestão das melhorias na fábrica.

Dentro da lógica proposta por Ohno, o Kanban (subsistema de sincronia e melhorias do STP) é essencial porque representa concretamente a modificação da óptica de "empurrar"' a produção a partir das matérias-primas para uma óptica de "puxar" a produção a partir da demanda do mercado.

Uma interpretação necessária da obra de Taiichi Ohno é observar que a ampla utilização da lógica do Kanban objetiva gerar uma relação de interdependência ampla entre os diferentes subsistemas internos e externos relacionados à produção. Esta interdependência é um elo fundamental que liga a gestão das rotinas à gestão das melhorias no Sistema Produtivo da Toyota.

De acordo com Shingo (1996a, p. 101), existiria uma confusão conceitual entre os verdadeiros significados do Sistema Toyota de Produção e o sistema Kanban. Segundo ele, a compreensão usual de um observador comum do STP seria que em 80% dos casos o Sistema Toyota de Produção coincide com o Kanban, em 15% dos casos que o STP seria um sistema de produção, e em 5% dos casos, um sistema que visa a radical eliminação de perdas. Conforme Shingo, o STP deveria ser entendido metaforicamente como "80% eliminação de perdas, 15% um sistema de produção e apenas 5% o Kanban".

Visando esta importante questão, far-se-á uso do conceito de interdependência originalmente desenvolvido por um autor clássico da teoria das organizações, chamado Thompson, que posteriormente foi retomado por Arogyaswamy e Simmons (1991) para explicar o funcionamento do sistema *JIT* de produção.

Thompson (1967), no seu capítulo sobre sobre tecnologia e estrutura, propõe que em organizações complexas existem três grandes tipos de relação de interdependência entre as partes de um sistema do tipo sócio-técnico:

- Interdependência conjunta (*pooled interdependence*)
- Interdependência seqüencial (*sequential interdependence*)
- Interdependência recíproca (*reciprocal interdependence*)

Na **interdependência conjunta** cada parte do sistema dá uma contribuição discreta ao todo da organização. Segundo Arogyaswamy e Simmons (1991, p. 57), a saída de duas ou mais entidades é um pouco mais que sua soma. Por exemplo, a melhoria em agências específicas de um determinado banco contribui para o sistema como um todo, porém não existem dependências amplas entre as agências. Do ponto de vista dos sistemas produtivos, um bom exemplo ocorre quando entre duas atividades operacionais A e B colocam-se grandes estoques em processo. Desta forma, as atividades operacionais A e B podem aparentemente ser gerenciadas de forma praticamente independentes. Assim, se A fornece para B, e ocorrerem problemas na operação A (por exemplo, a operação A pára devido a problemas de manutenção), provavelmente o desempenho de B não será afetado. Isto cria a "ilusão de que um produto é meramente a soma dos vários processos envolvidos.

A **interdependência seqüencial** existe quando é possível determinar uma clara relação temporal de dependência entre os subsistemas. Conforme Arogyaswamy e Simmons (1991), a interdependência seqüencial existe quando cada operação é dependente das entradas de uma ou mais de uma das operações precedentes. Por exemplo, se uma dada linha de montagem M recebe vários subcomponentes S1,S2,S3,...,SN, pode-se dizer que há uma interdependência seqüencial entre a linha de montagem e seus diversos fornecedores internos e externos.

Uma terceira forma de interdependência é a chamada **interdependência recíproca**. Neste caso, observa-se que a relação entre dois subsistemas ocorre de forma bilateral. Um exemplo proposto por Thompson é claro neste sentido. Thompson propugna que a relação que existe, em um avião, entre a operação e a manutenção, caracteriza uma relação de interdependência recíproca. A forma de operação da aeronave é uma entrada para a manutenção, e, por sua vez, as condições de manutenção da aeronave são uma entrada para a operação. Do ponto de vista dos sistemas produtivos, um exemplo típico de interdependência recíproca são os chamados "sistemas de puxar a produção", exemplificados na Figura 8.6.

Na Figura 8.6 pode-se observar que, enquanto B é dependente de A no que tange ao recebimento físico de materiais, A é dependente de B no que se refere ao recebimento das informações necessárias para indicar "o quê", "quanto" e "quando" produzir.

Do ponto de vista dos sistemas de produção, organizações que trabalham sob a égide da produção "empurrada" apresentam interdependência seqüencial. Porém apresentam de forma débil ou inexistente a interdependência recíproca. Já os sistemas do tipo STP estimulam a interdependência recíproca. O Kanban é uma ferramenta absolutamente essencial neste sentido.

Desta forma, é interessante propor um maior detalhamento e explicitação do esquema geral proposto para o STP. Dois pontos essenciais devem ser esclarecidos:

- Existe, quando do funcionamento do Kanban na lógica de rotina (Kanban de produção e de movimentação), um completo inter-relacionamento recíproco entre os postos de trabalho. Este inter-relacionamento refere-se basicamente à lógica da programação da produção, ou seja, à relação entre o fluxo de informações e de materiais no chão-de-fábrica. Isto é assegurado pelo Kanban. Desta forma, o sistema de programação da produção do STP funciona todo na lógica da interdependência recíproca. A gestão do dia a dia da fábrica é visual, de tal forma que os problemas são rapidamente visualizados.

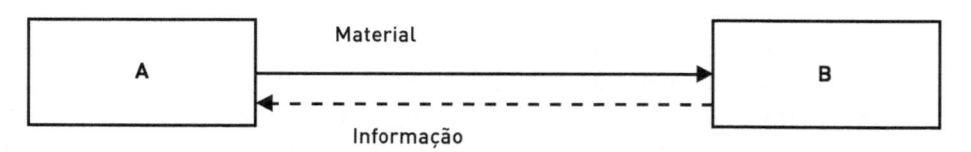

Fig. **8.6** O sistema de "puxar" e a interdependência recíproca (extraído de Arogyaswamy e Simmons, 1991).

- A dinâmica das melhorias no STP é realizada através de uma lógica de interdependência recíproca. Assim, é preciso deixar claro que no STP não existe uma lógica linear, de primeiramente trabalhar nos diferentes subsistemas de produção (subsistema de pré-requisitos básicos, quebra zero, defeito zero), para só depois implantar o Kanban. Ou seja, não existe uma lógica seqüencial de melhorias, como pode parecer observando-se o esquema geral do STP proposto. Pelo contrário, a idéia de "puxar" a produção é que irá mostrar de forma incremental e contínua a necessidade de melhorias nos demais subsistemas de produção.

Desta forma é possível interpretar a lógica do Kanban como:

- "Puxar" a produção de um ponto de vista da programação da produção. Se o Kanban for utilizado somente neste sentido, ou seja, o da sincronização do dia-a-dia, pode-se afirmar que existe o uso do Kanban estrito. Neste caso, não só o Kanban será utilizado de forma restrita como, em muitos casos, ele irá falhar (ou seja, os estoques globais da fábrica irão subir, e não decrescer), porque os pré-requisitos de sua implantação não estarão dados. Isso porque os subsistemas de pré-requisitos básicos, de quebra zero das máquinas e de defeito zero dos produtos são muito incipientes, e não são rápida e metodicamente melhorados (Ceroni e Antunes, 1994).
- "Puxar" de forma contínua as melhorias nos demais subsistemas de gestão, ou seja: uma vez visualizados os problemas do dia-a-dia, via as sinalizações* propostas pelo Kanban (do ponto de vista da linguagem utilizada por Goldratt), ações imediatas são executadas utilizando as ferramentas dos demais subsistemas de gestão (pré-requisitos básicos, quebra zero de máquinas, defeito zero de produtos) e também, se necessário, melhorias nos processos de fabricação. Se o Kanban for usado neste sentido, que é aquele proposto historicamente por Taiichi Ohno, pode-se afirmar que está sendo utilizado o Kanban amplo. Cabe ressaltar que todas as empresas que adotam o Kanban amplo (gestão das melhorias) por definição estão adotando o Kanban estrito para realizar a sincronização no dia-a-dia da fábrica (gestão das rotinas).

Assim, o Kanban estimula, cria e é capaz de gerir uma ampla relação de interdependência recíproca nos sistemas produtivos das empresas, englobando:

- Inter-relação entre o sistema físico e o de informações (programação e sincronização);

---

* Estas sinalizações ocorrerão junto aos gargalos de produção (restrições do tipo estrutural) ou nos chamados recursos com capacidade restrita – CCRs (restrições do tipo conjuntural ou de gestão dos recursos no dia-a-dia da fábrica).

- Inter-relação entre as modificações físicas necessárias para melhorar continuamente os sistemas de produção e as informações que indicam os pontos específicos onde estas melhorias devem ser efetivadas (gestão da melhoria contínua dos gargalos e dos CCRs).

Pode-se, enfim, afirmar que a visão de Ohno, na medida em que privilegia uma óptica do Kanban amplo (subsistema de sincronização e melhorias), é holística e sistêmica. A execução das melhorias físicas obviamente não será feita pelo Kanban, dado que ele é apenas em um sistema de informações capaz de estabelecer uma ampla interdependência recíproca nos sistemas produtivos, mas sim pela ampla e radical eliminação das perdas. Neste sentido particular, o da execução das melhorias, Shingo tem razão em dizer que 80% do STP relaciona-se com a eliminação das perdas, já que as ações serão diretamente voltadas para a eliminação de perdas sinalizadas como problemáticas dentro da lógica do Kanban amplo. Na concepção de uma estratégia completamente voltada às melhorias contínuas, a lógica do Kanban amplo, proposto por Ohno, representa o centro nevrálgico do STP.

A genialidade de Ohno na Toyota foi, sem possuir o amplo ferramental de informática hoje abertamente disponível no mercado, criar um sistema de produção onde a relação de interdependência recíproca tenha sido efetivada do ponto de vista prático. Uma discussão mais vasta e crítica sobre o tema é proposta por Umble e Srikanth (1990), Lockamy e Cox (1994) e Stein (1997). Lockamy e Cox reconhecem que o *JIT* trouxe muitos benefícios econômicos para as empresas, especialmente americanas, que adotaram o sistema. No entanto, apontam algumas limitações. Estas seriam:

- As limitações do próprio Kanban, uma vez que o seu uso com resultados satisfatórios dar-se-ia em ambientes caracterizados pela produção em volumes relativamente altos de produtos ou componentes com elevado grau de padronização, ou seja, produtos e componentes "de catálogo". Em ambientes utilizando leiaute funcional (*job shop*) seria difícil a aplicação do Kanban. No entanto, os autores reconhecem que o agrupamento de peças e componentes por família permite "emular" a situação de alto volume com um grau razoável de padronização. Isto permitiria a ampliação da utilização do Kanban nas fábricas, embora isto não possa, na opinião dos autores, atender a todos os ambientes de leiaute funcional. No entanto, em indústrias de propriedade (por exemplo, refinarias de petróleo, processamento químico etc.) que não produzem bens discretos, o uso do Kanban seria muito difícil, senão impossível.
- A questão das interrupções no fluxo é problemática no *JIT*, uma vez que qualquer ruptura nos equipamentos faz com que o fluxo de produção seja interrompido a jusante desta máquina, porque haverá falta de abastecimento, e a montante da máquina, uma vez que o painel porta-Kanbans ficará cheio em um determinado período de tempo. Stein (1997) observa

que o problema das interrupções do fluxo implica tornar os sistemas produtivos altamente vulneráveis a este tipo de situação corriqueira, na prática.
- A dificuldade de implementação do *JIT* decorrente da necessidade de profundas mudanças culturais no ambiente de manufatura das empresas. Assim, se as empresas não tiverem a necessária visão a longo prazo – o que permitiria a implantação de programas de redução dos tempos de preparação, melhorias no controle de qualidade, melhorias na manutenção das máquinas e nos programas de educação e treinamento, a falha na implantação do *JIT* seria muito provável.
- As melhorias contínuas não são focadas, o que representaria uma grande inabilidade do sistema *JIT*, na medida em que o sistema não distinguiria entre os recursos restritivos e não-restritivos dos sistemas produtivos. O *JIT*, por não distinguir os tipos de restrições do sistema, usaria uma abordagem reativa do tipo "esperar para que os problemas ocorram", para então atacá-los. Sendo assim, "no ambiente *JIT*, não se sabe se a melhoria resulta em um ótimo local ou um ótimo global" (Lockamy e Cox, 1994, p. 79). Estes problemas derivariam essencialmente da inexistência de medidores de desempenho pró-ativos que tenham capacidade de indicar as melhorias a serem efetivadas.

Stein acrescenta às críticas anteriores os seguintes tópicos:

- O Kanban apresentaria a característica de proporcionar uma falta de flexibilidade ao sistema produtivo. Isto seria mais verdadeiro em ambientes do tipo leiaute funcional (*job shop*) do que em produções do tipo repetitiva. Neste caso, a utilização do Kanban levaria a um acréscimo substancial dos estoques para atender às variações constantes da demanda do mercado.
- O Kanban seria na realidade um sistema de "empurrar" a produção, e não de "puxar" a mesma, uma vez que, mesmo que não haja demanda no mercado, ele encherá os locais de estoque em processo até que os painéis porta-Kanbans fiquem completamente cheios. Isto levaria à criação de estoques adicionais desnecessários.
- O *JIT* trabalha com falta de foco, na medida em que força a redução dos inventários para promover interrupções na linha, ou seja, os problemas irão aparecer. Estes problemas, quando debelados, permitiriam a redução futura dos estoques. Este método teria a característica de ser reativo, reduzindo assim a possibilidade de ganho global do sistema. Tratar-se-ia de um método que privilegia a lógica reativa do tipo tentativa e erro. Sendo assim, o Kanban representaria "uma fraca implementação dos cinco passos da melhoria nos processos" de Goldratt (Stein, 1997, p. 103).
- O *JIT* exigiria um grande tempo para a implantação, requerendo para isso uma força de trabalho mais sofisticada e melhor treinada do aquela que as empresas encontram na realidade. Sendo assim, "uma estratégia de produção em pequenos lotes exige que se estabeleçam programas junto aos

fornecedores, programas de redução dos tempos de preparação e que os programas de qualidade sejam implantados com sucesso para prevenir drásticas flutuações na saída do sistema" (Stein, 1997, p. 104).

A seguir apresentam-se os principais pontos da argumentação que podem contribuir para esclarecer os pontos colocados anteriormente:

- É impossível perceber as críticas formuladas a não ser partindo de uma perspectiva de construção histórica. Uma lógica central de melhorias propostas pelo STP deriva da noção de Kanban amplo, defendida, postulada e colocada em prática por Taiichi Ohno na Toyota. Dentro desta óptica, todos os esforços de Ohno, e também de Shingo, consistiram em dar uma identidade à fábrica a partir da noção de sistemas produtivos constituídos de recursos altamente interdependentes. Na inviabilidade, ou seja, na inexistência de software para apoiar as decisões necessárias, Ohno propõe a utilização de um sistema visual intitulado de Kanban. Este sistema, ao contrário dos anteriores, possui uma lógica ampla de "puxar" a produção a partir das necessidades do mercado. Na medida em que este mercado adquiria na indústria automobilística lotes cada vez menores e diversificados, tornou-se necessário estabelecer uma relação de interdependência recíproca entre os recursos. O Kanban estrito não responderia adequadamente a este tipo de mercado sem modificações substanciais na parte física do sistema, ou seja, sem ações efetivas em termos de leiaute, troca rápida de ferramentas, qualidade na fonte etc. A razão é simples e teórica. Torna-se necessário não somente reduzir a espera dos processos, o que pode ser obtido por uma melhor programação, mas também melhorias radicais na espera dos lotes. Sendo assim, é preciso perceber que o Kanban por si só, ou seja, enquanto elemento de programação da produção (Kanban estrito), não faz sentido dentro de uma interpretação correta do pensamento introduzido por Ohno e Shingo. Na lógica proposta pelo STP, não há como separar as melhorias necessárias para reduzir as esperas do lote e do processo.
- A crítica à não-priorização dos recursos parece ser parcialmente verdadeira, na medida em que, quando da aplicação do sistema Kanban como ferramenta visando as melhorias contínuas, serão atacados prioritariamente os problemas críticos da fábrica, e não os recursos que não apresentam problemas (por exemplo, uma máquina não-gargalo e que apresenta pouca variabilidade poderá ter seus estoques reduzidos sem afetar o sistema). A crítica global que deve ser feita ao STP é de outro nível. Na verdade, o Kanban é uma ferramenta que não permite olhar o futuro da fábrica, ou seja, não é uma ferramenta tradicional de planejamento. Através do Kanban, torna-se impossível fazer questionamento do tipo "o que aconteceria se....?" sem uma atuação física na fábrica, o que pode ser feito através, por

exemplo, dos softwares construídos a partir da lógica tambor-pulmão-corda proposta pela Teoria das Restrições. O "se..., então" no STP dá-se, na prática, através das reduções contínuas dos estoques, o que, ao contrário de ser uma lógica reativa, é uma lógica pró-ativa, porque está embasada na absoluta necessidade de atuar diretamente sobre as causas fundamentais dos problemas. Portanto, a verdadeira crítica que pode ser feita hoje ao Kanban, a partir do desenvolvimento de software de MRP/MRPII, da programação fina da produção, da programação dentro da lógica tambor-pulmão-corda, da simulação computacional etc., deriva da impossibilidade de olhar o futuro sem atuar diretamente no sistema físico. Neste sentido, sem dúvida a TOC pode contribuir decisivamente para melhorar a aplicação prática da "ótica do Kanban amplo".

Partindo das observações anteriores, e argumentando objetiva e especificamente a partir das críticas formuladas por Stein (1997), Lockamy e Cox (1994) e Umble e Srikanth (1990), pode-se dizer que:

- O Kanban estrito realmente apresenta melhores resultados em ambientes caracterizados pela produção em volumes relativamente altos de produtos ou componentes com elevado grau de padronização, onde a necessidade de flexibilização da produção dá-se em termos de mix de produção, visto que o Kanban estrito é flexível somente em relação à variação do mix de produção, mantidos os volumes globais inalterados. Mais amplamente, o Kanban estrito apresenta melhores resultados em plantas deste tipo, em que as melhorias físicas da fábrica – por exemplo: alteração de leiaute, troca rápida de ferramentas, etc. – já foram feitas. Quando as simplificações obtidas são amplas, provavelmente um gerenciamento visual na programação e controle da produção de chão-de-fábrica possa ser recomendado alternativamente à utilização de softwares computacionais complexos. Neste caso, softwares que utilizam a lógica da TOC podem ajudar no planejamento das melhorias através de perguntas do tipo "se..., então". Para casos distintos deste, onde seja exigida flexibilidade de volume, onde o mercado mude continuamente, a lógica do Kanban estrito deve ser modificada para a utilização de ferramentas mais potentes, como a operação de programação fina da produção proposta pela TOC.
- As interrupções no fluxo produtivo são problemáticas a curto prazo para o STP. No entanto, e este é o aspecto central, o STP objetiva alterações radicais nas fábricas, a médio e longo prazo, dado que se trata de um sistema que objetiva as melhorias contínuas e a produção com estoque zero. O STP não tem sentido como óptica de gestão a curto prazo. Portanto, ao baixar de forma consciente e sistemática os estoques, objetiva-se que os problemas apareçam, sejam constatados e resolvidos imediatamente pelos grupos de trabalho envolvidos. Logo, as interrupções no fluxo são vistas como

oportunidades de melhorias contínuas pelo ataque às raízes dos problemas e, portanto, não se constituem em problemas para uma óptica de longo prazo.
- A dificuldade de implementação do STP, derivada das mudanças culturais necessárias no ambiente de manufatura das empresas, é um argumento pertinente. Assim, este fator pode ser considerado como limitante da aplicação do STP e dos subsistemas que o constituem, mas não com um impeditivo. De um ponto de vista prático, os resultados obtidos pela Toyota e por muitas outras empresas no Japão, nos EUA e no Brasil mostram que este obstáculo é passível de ser vencido, assim que estratégias sejam adotadas para respaldar, do ponto do poder e da cultura, a implantação do STP.
- O argumento segundo o qual a estratégia do STP não permitiria diferenciar os recursos restritivos e não-restritivos dos sistemas produtivos – e, portanto, não diferenciaria ótimos locais de ótimos globais – é apenas parcialmente verdadeiro. Como já discutido anteriormente, a utilização da lógica do Kanban amplo, suportado operacionalmente pelo uso do Kanban estrito (Kanban de movimentação e de produção), leva a um ataque sistemático aos pontos que impedem o funcionamento do sistema produtivo para um dado nível de estoques de proteção. Neste sentido, embora o Kanban não faça uma distinção entre CCRs e gargalos, ele claramente distingue, em grandes linhas e na prática visual do dia-a-dia, os recursos restritivos dos não-restritivos. Uma crítica mais objetiva consiste em mostrar que o Kanban pode não otimizar o uso dos recursos para as melhorias, pois: i) não dispõe de um ferramental de modelagem do sistema de manufatura que permita olhar o futuro, ou seja, fazer perguntas do tipo "o que aconteceria se...?"; ii) não dispõe de indicadores de mensuração imediata dos resultados. Neste sentido, e particularmente no que se refere ao aspecto quantitativo, a aplicação da TOC via utilização de softwares computacionais tende a apresentar amplas vantagens relativamente ao STP.
- O Kanban, quando passível de aplicação prática, é flexível em relação à variação do mix de produção. No entanto, é inflexível no que tange a variações de volume, especialmente quando a demanda aumenta (Moura, 1992). Na verdade, quando ocorrem aumentos substanciais da demanda, o sistema Kanban irá mostrar os pontos onde existem deficiências de capacidade em relação à demanda. Nestes pontos os painéis porta-Kanbans ficam completamente cheios, pois se tornará impossível que estes centros de trabalho atendam à demanda necessária, devido à insuficiência de capacidade. Tem-se, portanto, que resolver problemas associados à capacidade produtiva. Obviamente que o uso de softwares que permitissem olhar o futuro melhorariam significativamente a gestão dos problemas, muito embora não resolvessem por si

[Saiba mais]

Análise crítica do inter-relacionamento das perdas e dos subsistemas do Sistema Toyota de Produção

A seguir, é apresentada uma análise das inter-relações existentes entre os subsistemas que constituem o Sistema Toyota de Produção e as sete perdas. O objetivo básico consiste em compreender: i) o papel que cada um dos subsistemas desempenha para debelar as sete perdas do STP; ii) a inter-relação sistêmica entre os diversos subsistemas que constituem o STP.

Conforme já abordado nos itens anteriores deste capítulo, os subsistemas considerados são:

- S1 – Subsistema de quebra zero (MPT)
- S2 – Subsistema de defeito zero (CQZD/autonomação)
- S3A – Subsistema de pré-requisitos básicos/troca rápida de ferramentas (SMED)
- S3B – Subsistema de pré-requisitos básicos/operação padrão
- S3C – Subsistema de pré-requisitos básicos/leiaute celular e produção em fluxo unitário de peças
- S4 – Subsistema de sincronização e melhorias contínuas

Já as sete perdas consideradas são:

- P1 – Perdas por superprodução (quantitativa e por antecipação)
- P2 – Perdas por transporte
- P3 – Perdas no processamento em si
- P 4 – Perdas devido a fabricação de produtos defeituosos
- P5 – Perdas nos estoques
- P6 – Perdas no movimento
- P 7 – Perdas por espera

A Tabela 8.1 explicita a interação (inter-relação) entre os diversos Subsistemas do Sistema Toyota de Produção e as sete perdas nos sistemas produtivos.

(continua)

(Saiba mais) saiba mais saiba mais saiba mais saiba mais saiba mais

(continuação)

Tabela 8.1
Inter-relação entre os subsistemas do Sistema Toyota de Produção e as sete perdas

	P1	P2	P3	P4	P5	P6	P7
S1	●	•	◇	●	●	□	□
S2	●	□	◇	●	●	•	•
S3A	●	□	◇	●	●	●	◇
S3B	□	•	•	●	□	●	●
S3C	●	●	•	●	●	●	●
S4	●	◇	•	◇	●	◇	●

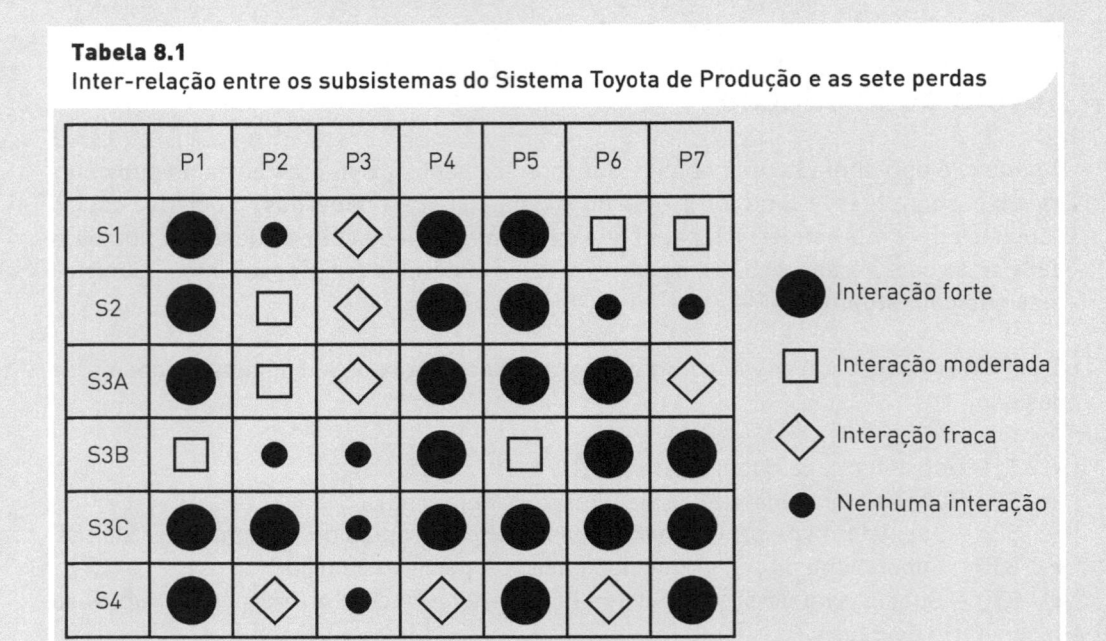

● Interação forte
□ Interação moderada
◇ Interação fraca
• Nenhuma interação

Uma análise da tabela possibilita tecer as seguintes observações críticas:

- Os subsistemas S3A – troca rápida de ferramentas – e S3C – leiaute celular são os subsistemas que atacam um maior número de perdas nos sistemas produtivos. Portanto, sem sombra de dúvidas, são pré-requisitos básicos para a implantação do STP.
- As perdas por fabricação de produtos defeituosos dependem, para serem eliminadas, de praticamente todos os subsistemas do STP. Isto corrobora o fato de que a melhoria contínua da qualidade dos produtos, visando o defeito zero, é um aspecto central a ser perseguido para a implantação do Sistema Toyota de Produção, relacionando-se diretamente ao aumento processual da produtividade nos sistemas produtivos.
- As perdas por superprodução, consideradas a perdas mais importantes no âmbito do STP, possuem um elevado grau de correlação com quatro subsistemas (S1, S2, S3A e S4).
- As perdas ligadas a função operação (P6 e P7) estão fortemente inter-relacionadas aos subsistemas de pré-requisitos básicos (S3A, S3B e S3C).

(continua)

(Saiba mais) saiba mais saiba mais saiba mais saiba mais saiba mais

(continuação)

- O subsistema de sincronização e melhorias (S4) possui uma forte relação com a eliminação das perdas por superprodução, estoque e por espera, mantendo um relacionamento moderado com as perdas por transporte, por fabricação de produtos defeituosos e por movimento. Trata-se de um subsistema importante na dinâmica, visando debelar as perdas nos sistemas produtivos.

A Tabela 8.2 explicita a inter-relação entre os subsistemas do Sistema Toyota de Produção.

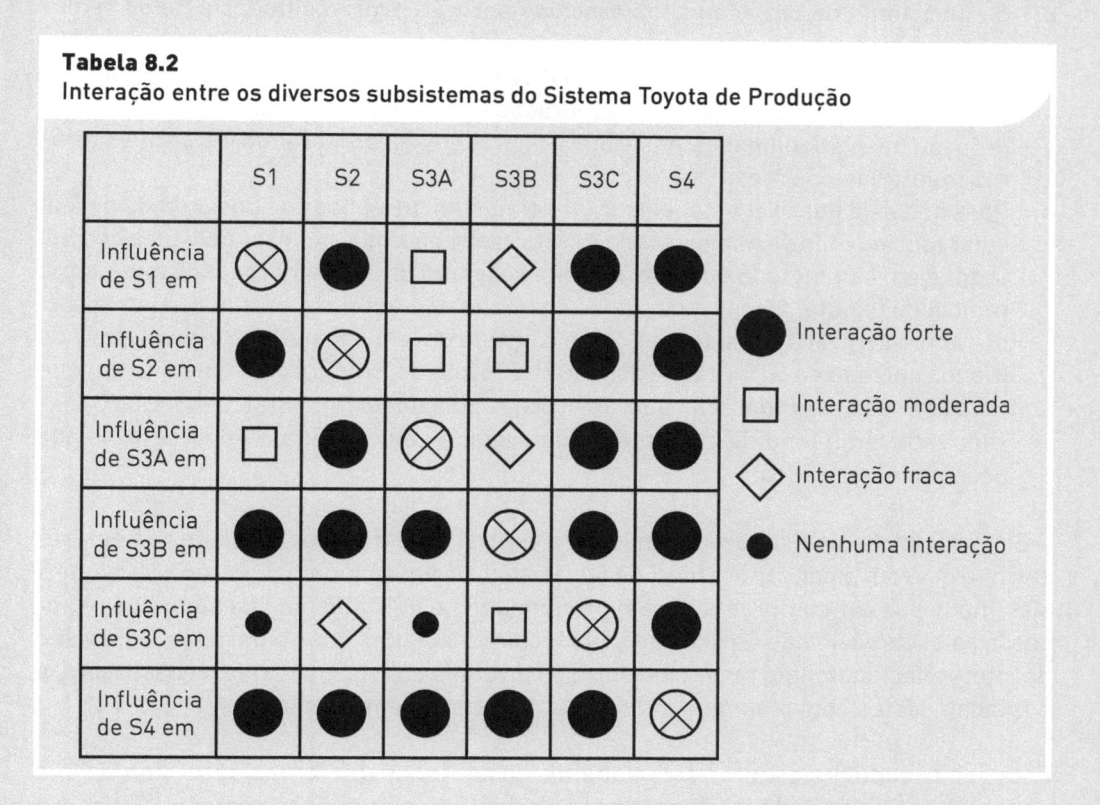

Tabela 8.2
Interação entre os diversos subsistemas do Sistema Toyota de Produção

	S1	S2	S3A	S3B	S3C	S4
Influência de S1 em	⊗	●	□	◇	●	●
Influência de S2 em	●	⊗	□	□	●	●
Influência de S3A em	□	●	⊗	◇	●	●
Influência de S3B em	●	●	●	⊗	●	●
Influência de S3C em	•	◇	•	□	⊗	●
Influência de S4 em	●	●	●	●	●	⊗

● Interação forte
□ Interação moderada
◇ Interação fraca
• Nenhuma interação

A partir da tabela acima, é possível depreender as seguintes observações de caráter qualitativo em relação às inter-relações entre os subsistemas do STP:

(continua)

[Saiba mais]

(continuação)

- Existe um quadro de forte interação entre todos os subsistemas. É possível observar que existe uma forte influência em vinte das trinta interações possíveis entre os subsistemas.
- O subsistema de sincronização e melhoria contínuas apresenta a característica central de ter uma forte interdependência com todos os demais subsistemas. Portanto, representa o subsistema central, que garante o caráter dinâmico das melhorias contínuas dos sistemas produtivos.
- O subsistema de pré-requisitos básicos/operação padrão influencia todos os demais subsistemas. Isto é corroborado pela proposição de Taiichi Ohno, em seu livro *Sistema Toyota de Produção: Para Além da Produção em Larga Escala*, segundo a qual as ações embasadas na operação padrão são elementos centrais para a redução das variabilidades nos sistemas produtivos, preparando-os para as futuras melhorias nos mesmos.
- Para que seja possível estabelecer um leiaute eficaz, todos os subsistemas devem estar funcionando de maneira correta. Isto explica porque, por exemplo, Black (1998) propõe em seu método que inicialmente seja feito um trabalho visando a melhoria radical do leiaute, transformando-o em um leiaute em fluxo contínuo. Além disso, um ponto central a considerar é que o conceito de leiaute celular é uma espécie de menor unidade do STP (o DNA do Sistema Toyota de Produção), na medida em que todas as técnicas (operação padrão, troca rápida de ferramentas, TPM, CQZD) devem estar em pleno funcionamento para que a célula tenha a eficácia projetada ocorrendo na prática.

O Sistema Toyota de Produção é uma fonte central para a competitividade das empresas que querem alcançar um nível de fabricação de classe mundial. Porém, para que o sistema possa ser compreendido em profundidade e utilizado em sua plenitude, é necessário observá-lo não a partir de suas técnicas isoladas, mas a partir de uma visão de inter-relacionamento sistêmico entre os diversos subsistemas que o constituem, e a relação destes com a eliminação das perdas nos sistema produtivos.

Esta seção explicita os inter-relacionamentos entre os diferentes subsistemas que constituem o STP. Pode-se depreender da análise feita que, para que o STP possa funcionar da forma eficaz, é preciso compreender não só o conteúdo técnico de cada um dos subsistemas, como também os seus efetivos graus de interação e interdependência.

sós os problemas de capacidades associadas, dado que isto implicaria mexer na parte física do sistema.
- O Kanban, quando observado em sua totalidade, é um sistema de "puxar" a produção, porque o fluxo físico – da matéria-prima para os produtos acabados e o mercado – ocorre em sentido oposto ao do fluxo de informações, que vem do mercado para as matérias-primas. Portanto, a crítica apresentada por Stein ao Kanban é, de forma geral, improcedente.
- Assim como o STP exige um tempo considerável para a implantação e uma força de trabalho sofisticada e treinada adequadamente, qualquer outro sistema que proponha melhorias radicais e significativas na produção também apresentará as mesmas características. Assim, a qualificação de recursos humanos com foco no longo prazo parece ser um elemento a ser perseguido em qualquer aplicação de modernização dos sistemas produtivos para a busca da excelência operacional.

[8.3] Considerações finais: os subsistemas da produção enxuta e suas principais conexões estratégicas

Este capítulo tratou das inter-relações existentes entre os diferentes subsistemas, e as respectivas técnicas que os sustentam, no contexto do Sistema Toyota de Produção/produção enxuta. Tal tipo de reflexão é relevante na medida em que sistemas de produção que permitam sustentar a competitividade de empresas a médio e longo prazo devem ser projetados e implantados tendo como base uma compreensão aprofundada dos subsistemas, das técnicas que os constituem e, principalmente, das conexões sistêmicas existentes entra as mesmas.

Em essência, o ponto a ser considerado consiste em perceber a construção de sistemas produtivos como uma dinâmica evolucionária, envolvendo a implantação dos distintos subsistemas e técnicas inter-relacionados a partir de trajetórias especificamente projetadas para a empresa em cena.

Uma questão relevante é discutir: existe uma priorização/orientação a ser teoricamente seguida para a implantação de sistemas de produção enxutos?

Como ponto de partida para responder à questão formulada, é necessário esclarecer que não existe uma única e melhor trajetória a ser seguida, já que deve ser considerado um conjunto de especificidades, tais como: histórico anterior do sistema produtivo da empresa, custos dos fatores de produção (que variam consideravelmente entre distintos países e mesmo entre regiões de um mesmo país), aspectos culturais das empresas consideradas, grau de compreensão dos diferentes subsistemas e técnicas dos sistemas de produção enxutos, distinção entre o tipo de sistema produtivo (por exemplo: *make-to-order, make-to-stock*).

No entanto, a despeito dos tópicos considerados acima, é possível adotar uma orientação geral teórica – que possui centralidade na teoria discutida ao longo deste livro – que deve ser considerada tendo em vista a noção do mecanismo da função produção, e, a partir daí, as interações existentes entre os diferentes subsistemas envolvidos.

A noção central a ser considerada consiste em, inicialmente, implantar – mesmo que não em sua plenitude e profundidade – os subsistemas (e respectivas técnicas) diretamente ligados à função processo, ou seja, aos fluxos do objeto de trabalho no tempo e no espaço. Neste contexto, os principais subsistemas e técnicas a serem implantados são: i) subsistema de sincronização da produção e melhorias contínuas; ii) subsistema de leiaute e produção em fluxo unitário de peças. Uma vez projetados e minimamente implantados estes dois tópicos – completamente orientados à melhoria dos fluxos de valor na empresa –, aparecerá um significativo número de problemas objetivos práticos que exigirão a aplicação sistemática e evolucionária dos outros subsistemas e técnicas que constituem os sistemas produtivos enxutos.

Para concluir, é relevante considerar que a utilização de técnicas isoladas que estão relacionadas aos sistemas de produção enxutos levará, de forma inevitável, a um desempenho competitivo frágil das empresas. A compreensão profunda e sistêmica dos inter-relacionamentos entre os diferentes subsistemas e técnicas é a chave para promover a sustentabilidade competitiva das empresas que adotam os sistemas de produção enxutos.

Atualização na internet

http://www.tbmcg.com
http://www.lean.org.br

Dicas de leitura

GHINATO, P. *Sistema Toyota de Produção: mais do que simplesmente* just-in-time. Caxias do Sul: Universidade de Caxias do Sul, 1996.

LIKER, J. *O modelo Toyota: 14 princípios do maior fabricante do mundo*. Porto Alegre: Bookman, 2005.

LIKER, J.; MEIER, D. *O modelo Toyota: manual de aplicação – um guia prático para a implementação dos 4 Ps da Toyota*. Porto Alegre: Bookman, 2007.

BLACK, J.T. *O projeto da fábrica com futuro*. Porto Alegre: Bookman, 1998.

"O que você pensa que é a essência do *just-in-time*? A resposta do iniciante é que o *JIT* é bom simplesmente porque ele reduz o inventário. Uma resposta de nível intermediário é que o *JIT* permite a descoberta dos problemas e promove a sua solução através do *Kaizen*. A terceira resposta, a mais madura, é que o *JIT* infunde uma *consciência de custos* em todos os empregados da empresa."

(Michikazu Tanaka, Gestor da Planta da Toyota de Daihatsu, 1984)

CAPÍTULO 9

	Resumo do capítulo | 287
(9.1)	O caso da mina de fluorita | 287
(9.1.1)	Introdução | 287
(9.1.2)	Base conceitual: o mecanismo da função produção e as sete perdas nos sistemas produtivos | 287
(9.1.3)	Aplicação prática de conceitos do STP em uma mina de fluorita | 289
(9.1.4)	Considerações finais | 297
(9.2)	O caso da empresa de utensílios domésticos termoplásticos | 299
(9.2.1)	Introdução | 299
(9.2.2)	Descrição sucinta dos produtos e processos de transformação de termoplásticos | 299
(9.2.3)	A implantação de um sistema de produção com princípios e técnicas do STP | 300
(9.2.4)	Considerações finais | 311
(9.3)	Considerações finais: casos de aplicação do Sistema Toyota de Produção/produção enxuta | 315
	Atualização na internet | 317
	Dicas de leitura | 317

Casos de Aplicação do Sistema Toyota de Produção/Produção Enxuta

Resumo do capítulo

Neste capítulo são apresentados dois exemplos de aplicação de conceitos do Sistema Toyota de Produção/produção enxuta em empresas de distintos segmentos industriais, a saber: i) empresa de mineração de fluorita; ii) empresa de utensílios domésticos termoplásticos. Essas aplicações visam explicitar a generalidade de aplicação dos conceitos desenvolvidos neste livro, mostrando a sua aplicabilidade a diferentes segmentos de negócio.

(9.1) O caso da mina de fluorita

O caso descrito a seguir tem por objetivo ilustrar a aplicabilidade de conceitos oriundos do Sistema Toyota de Produção/produção enxuta, particularmente o conceito de mecanismo da função produção, em uma empresa de mineração de fluorita.

(9.1.1) Introdução

As atividades da empresa focalizada por este caso concentram-se na extração e no beneficiamento do minério de fluorita. Os resultados aqui apresentados referem-se principalmente ao ano de 1998, sendo que os princípios do STP já vinham sendo implantados na empresa a partir do segundo semestre de 1997. O foco do trabalho foi o estudo e a eliminação das perdas que ocorrem no processo produtivo da fluorita.

(9.1.2) Base conceitual: o mecanismo da função produção e as sete perdas nos sistemas produtivos

A seguir são apresentados os conceitos básicos e algumas premissas de trabalho que foram utilizados (e disseminados) na empresa em questão, com vistas à melhorias no sistema de produção.

O mundo ocidental sempre enxergou os processos como uma soma de operações. Shingo revolucionou este conceito ao afirmar que a produção é, na realidade, uma rede de processos e operações. Neste conceito revolucionário, o processo é o fluxo de materiais no tempo e no espaço (fluxo do objeto), correspondendo à transformação da matéria-prima em produto acabado, enquanto que as operações são o fluxo de máquinas e homens no tempo e no espaço (fluxo do sujeito), correspondendo ao trabalho que executa esta transformação. Conforme Shingo (1996a, p. VI), " o processo e a operação referem-se a dois eixos distintos e inter-relacionados de análise e, de seu encontro, resulta o fenômeno da produção".

Para a realização de melhorias significativas, é necessária a análise desta rede, buscando-se a eliminação dos espaços entre as operações e, se possível, das próprias operações. Desta forma, o processo de produção estará sendo analisado como um todo, e não como operações de produção isoladas.

Quatro são os fenômenos que constituem o fluxo do objeto no tempo e espaço: i) processamento, que vem a ser alterações da forma ou matéria, montagem, desmontagem; ii) inspeção, que é a comparação a um padrão; iii) transporte, correspondendo a mudanças de localização e espera, que é o espaço de tempo em que ocorrem mudanças. Destes, o único que agrega valor ao produto é o processamento, enquanto que os demais são perdas ou desperdícios.

A análise destes fenômenos levou Shingo e Ohno a identificar sete tipos de perdas, sobre as quais construíram a filosofia *just-in-time* e o princípio da autonomação. O STP busca a eliminação das seguintes perdas: i) perdas por superprodução; ii) perdas por transporte; iii) perdas por processamento em si; iv) perdas por fabricar produtos defeituosos; v) perdas por estoques; vi) perdas por espera; vii) perdas no movimento.

Uma vez observado e identificado um problema, a etapa seguinte na busca de melhorias relaciona-se à formulação de idéias. Neste sentido, a prática usualmente adotada é o *brainstorming*, devendo-se coletar a maior quantidade possível de idéias. Nesta fase, um cuidado essencial é tomar cuidado para não formular julgamentos precipitados a respeito das idéias geradas.

Shingo (1996b, p. 165) afirma que "o processo de formular e avaliar idéias é repetitivo até se chegar a uma idéia de melhoria verdadeiramente útil. Não é necessário dizer que, durante a etapa de avaliação, é vital envolver-se em julgamentos que tragam vida". Ele define "julgamentos que tragam vida" como aqueles que contribuem para a adoção de um plano de melhoria específico inserido no contexto da empresa, factível e que considere a eficácia do investimento.

A implementação de um plano de melhorias deve ser buscada com a participação das pessoas diretamente envolvidas no processo. Certamente haverá confronto de idéias, mas a discussão crítica, feita de forma responsável e democrática, permite um clima de cooperação saudável que é essencial para o sucesso da melhoria. O relacionamento do pessoal, baseado em confiança mútua, é um dos principais fatores determinantes do sucesso da implementação do STP, uma vez que, para que as pessoas possam entender e praticar os princípios do STP, há a necessidade de propor uma mudança de mentalidade, com a conseqüente alteração de comportamento pessoal e profissional. Neste sentido, é importante que seja formada uma equipe multidisciplinar de melhorias, diretamente comprometida com a implementação destes princípios e que tenha o apoio efetivo da alta gerência da empresa.

[9.1.3] **Aplicação prática de conceitos do STP em uma mina de fluorita**

Apesar de o STP ter sido criado e desenvolvido no âmbito da indústria automobilística, a aplicação dos seus princípios pode ser estendida a qualquer sistema produtivo, independentemente do tipo de indústria. Este é o caso da indústria de mineração, razão pela qual a empresa em cena iniciou um trabalho de implantação destes princípios a partir do segundo semestre de 1997.

A empresa analisada situa-se no extremo sul do estado de Santa Catarina, no município de Morro da Fumaça. As minas de fluorita localizam-se no denominado distrito fluorítico de Santa Catarina, em uma faixa territorial com cerca de 100 km de comprimento e 20 km de largura, onde duas grandes concentrações de mineração se destacam: a primeira, localizada no extremo sul do estado próximo à cidade de Criciúma, corresponde ao núcleo Morro da Fumaça, e a segunda, cerca de 100 km ao norte da primeira, corresponde ao núcleo Rio Fortuna.

Para a adoção dos princípios do STP na empresa, foi formado um grupo multidisciplinar de melhorias, cuja tarefa inicial foi analisar e definir, à luz do mecanismo da função produção, qual o processo e quais as operações prioritárias sobre as quais deveriam se concentrar os estudos de melhorias. A formação do grupo de melhorias acarretou a criação de novas funções (agentes de melhorias) no organograma da empresa. Ocorreu um remanejo dos profissionais envolvidos, sem alteração do efetivo total de colaboradores. As características individuais dos componentes do grupo, tais como criatividade, liderança, organização do trabalho e comprometimento com as mudanças, foi o critério básico para a sua seleção.

Durante o processo de implantação, foi dada muita ênfase ao fator humano, valorizando-se as pessoas através da sua participação em discussões (não somente no grupo de melhorias, mas também quanto aos operadores), facilitando a comunicação entre diferentes níveis hierárquicos, respeitando as opiniões mais diversas. O fato de a alta gerência estar envolvida e comprometida com os resultados foi um fator determinante para impulsionar as mudanças necessárias.

As primeiras discussões partiram da declaração de missão da empresa, qual seja: "assegurar o maior fornecimento possível de matéria-prima mineral (fluorita grau ácido úmido) à empresa holding, de tal modo que este produto tenha as especificações técnicas definidas pela mesma, garantindo um bom rendimento em seu processo de fabricação de ácido fluorídrico, e cujo preço seja compatível com os praticados pelo mercado, sem agressão ao meio ambiente". Definiu-se, a partir dessas discussões preliminares, que o problema prioritário para análise pelo grupo de melhorias seria a necessidade de aumentar a produção de fluorita grau ácido a custos compatíveis com o mercado.

Uma vez estruturado o problema, foram formuladas as seguintes idéias para o seu equacionamento:

- aumentar a produção de minério bruto nas minas localizadas no município de Morro da Fumaça;
- aumentar a produção de minério bruto na mina localizada em Nova Fátima;
- aumentar a participação do mercado de fluorita grau metalúrgico.

Devido à proximidade e à necessidade de acompanhamento constante para a implantação dos princípios do STP, o aumento da produção de minério bruto nas minas localizadas em Morro da Fumaça foi julgado a alternativa mais interessante para a solução do problema analisado.

O ciclo de produção, que corresponde ao fluxo da matéria-prima, desde a sua extração no subsolo até a sua transformação em produto acabado, é composto pelos processos de mineração, beneficiamento mineral e controle de qualidade. Já os principais processos de apoio são: pesquisa, manutenção, compras e segurança.

O presente estudo concentrou seu foco na análise das perdas ligadas ao processo de produção. Mais precisamente, no desmonte de minério nos blocos de lavra, uma vez que o acompanhamento *in loco* e a análise das diversas atividades que compõem este processo identificaram esta última como a operação restritiva (gargalo) daquele processo.

A identificação da operação gargalo foi feita através do acompanhamento visual do processo de produção, procurando identificar em que ponto o fluxo de produção era interrompido pela falta de minério. Uma vez que as instalações de beneficiamento mineral têm capacidade superior à produção da mina, este acompanhamento teve seu foco dirigido para as atividades de subsolo.

Seqüencialmente, as atividades de subsolo se constituem do desmonte de minério nos blocos de lavra através da furação, do escoamento horizontal no interior da mina feito por comboio de vagonetas tracionadas por uma locomotiva, e do escoamento vertical realizado no poço de extração por um guincho. A análise destas três atividades permitiu constatar que as duas últimas apresentaram excessiva perda por espera por falta de vagonetas carregadas de minério, concluindo-se, desta forma, ser o desmonte de minério nos blocos de lavra a operação gargalo.

A operação gargalo é aquela que limita o desempenho econômico-financeiro da empresa. Ohno (1997, p. 78) compara a velocidade desta atividade com a de uma tartaruga. Já as demais atividades são comparadas à velocidade da lebre. Assim, "em uma fábrica onde as quantidades necessárias realmente ditam a produção, eu gosto de mostrar que a lenta, porém, consistente tartaruga

Casos de Aplicação do Sistema Toyota de Produção/Produção Enxuta ■ **291**

causa menos desperdício e é muito mais desejável que a rápida lebre, que corre à frente e então pára ocasionalmente para tirar uma soneca. O STP só pode ser realidade quando todos os trabalhadores se tornarem tartarugas".

Ainda, é relevante perceber que aumentar o ritmo de produção de operações não-gargalo não é eficaz, pois a única conseqüência será a formação de estoques intermediários ou de produtos acabados. Para que ocorra melhoria da função processo é necessário aumentar o ritmo da operação gargalo, uma vez que: "o que quer que os gargalos produzam em uma hora, é o equivalente ao que a fábrica produz em uma hora. Por isso "(...) uma hora perdida em um gargalo é uma hora perdida no sistema inteiro". (Goldratt, 1997, p.181)

A jazida em questão é do tipo filoneana, sendo a atividade de extração realizada em subsolo. A cada 50 metros de profundidade, é desenvolvido um nível de exploração cuja direção acompanha o comportamento do filão. Após o desenvolvimento de um nível, a cada 80 metros é preparado um bloco de lavra ou de desmonte. Este método tradicional de mineração é denominado *shrinkage stoping*. Posteriormente, o bloco de lavra é individualizado por duas chaminés, que são aberturas verticais unindo o nível em atividade ao nível superior já minerado.

Entre as duas chaminés são feitas aberturas para escoamento do minério desmontado, denominadas "chutes". O desmonte do minério é feito de baixo para cima entre os dois níveis citados. Com a detonação, ocorre o empolamento (aumento do volume) do minério em 30%, sendo este volume escoado da mina e o restante armazenado no bloco. O espaço vazio resultante acima do minério desmontado, é por onde circulam as pessoas. O minério armazenado no bloco serve de piso para os mineiros, para a continuidade das atividades de furação, carregamento de explosivos e detonação, repetindo-se sucessivamente o ciclo de operações.

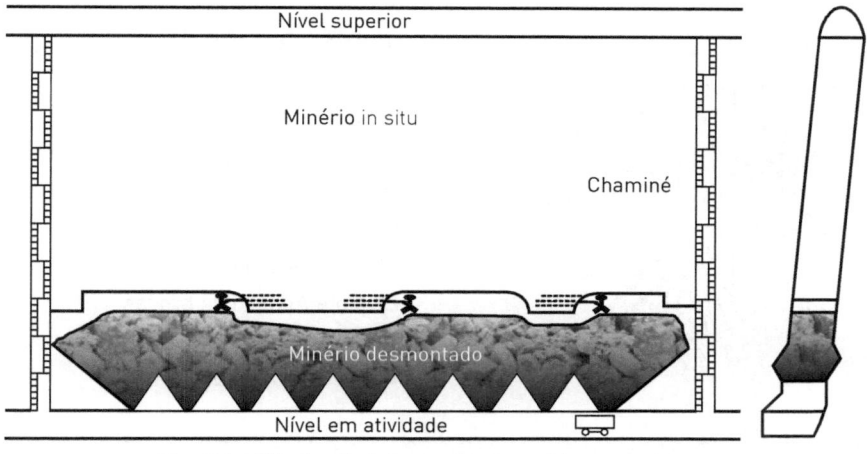

Fig. **9.1** Método *shrinkage stoping* – bloco em lavra.

A tarefa inicial do grupo de melhorias foi realizar o acompanhamento das atividades em um bloco de lavra durante 15 dias, limitando-se a registrar os dados e fatos, sem efetuar qualquer tipo de interferência. O Gráfico 9.1 é o resultado deste acompanhamento e é analisado a seguir.

Segundo a classificação de Shingo (1996a), as operações podem ser úteis e inúteis. Entre as operações úteis, encontram-se as operações principais (que se repetem), que se classificam em operações essenciais (A) e operações auxiliares (B). As operações essenciais referem-se ao trabalho real, enquanto que as operações auxiliares são necessárias para a conclusão da operação essencial. As operações essenciais são aquelas que agregam valor ao produto, enquanto que as operações auxiliares, apesar de serem necessárias, não agregam valor ao produto. As operações inúteis (C) não são necessárias para a realização da operação essencial e devem ser eliminadas.

No interior de um bloco de lavra a furação e a detonação se constituem, segundo esta classificação, em operações essenciais, devendo, portanto, ser otimizadas. Na primeira medição, apenas 45,5% do tempo total do processo foi gasto em sua execução.

A preparação compreende a derrubada de pedras soltas no teto (desgalhe), a movimentação manual de minério no interior do bloco (rechego) e o engate das mangueiras de ar comprimido, entre outras. Constitui-se em uma operação auxiliar. Foram gastos 14,1% do tempo total em sua execução. A operação de afiação de brocas é também uma operação auxiliar, tendo sido gasto 0,5% do tempo total em sua execução.

As operações de troca de roupa (incluindo a limpeza das lanternas de mina), deslocamento e almoço, por serem de ordem legal, são considerados operações auxiliares, tendo sido gastos respectivamente, 2,1%, 10,2% e 4,7% do tempo total em sua execução.

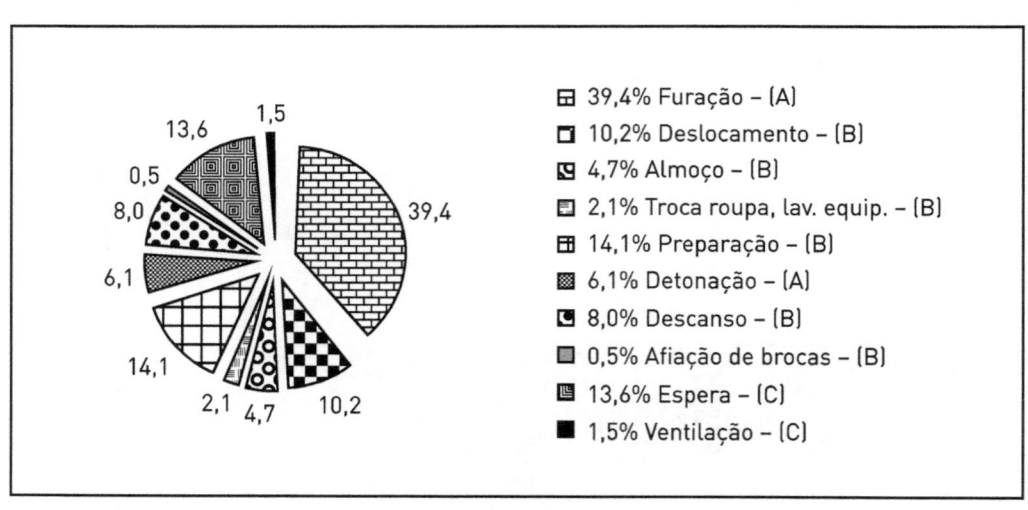

Gráfico **9.1** Operações realizadas – bloco 4/100 da mina IV – primeira medição.

Casos de Aplicação do Sistema Toyota de Produção/Produção Enxuta ▪ **293**

O descanso (8,0%) é considerado como folga por fadiga ligada ao pessoal, e faz parte das operações consideradas úteis. Entre as operações registradas, são consideradas perdas de processo as esperas (13,6%) e a paralisação por falta de ventilação (0,5%).

Reagrupando as operações realizadas na atividade de desmonte de minério no bloco de lavra, de acordo com a classificação de Shingo, obtem-se o Gráfico 9.2.

A análise dos dados coletados possibilitou ao grupo de melhorias a identificação das principais causas do baixo aproveitamento das operações realizadas no interior do bloco de lavra, levando o mesmo a identificar várias perdas, de acordo com a classificação de Shingo.

As operações essenciais de furação e detonação eram executadas individualmente pelo furador, ficando sob responsabilidade do mesmo, além das próprias operações, a afiação das brocas, a busca de explosivos no paiol e de bananas de barro para tamponamento, a instalação de mangueiras de ar comprimido e água, entre outras. Durante o período no qual o furador executava estas tarefas, a perfuratriz não estava operando, caracterizando perda pelo processamento em si, uma vez que ele executava tarefas que não agregavam nenhum valor, apesar de serem necessárias.

Adotando a técnica do *brainstorming*, o grupo de melhorias, em conjunto com os furadores, formulou e avaliou diversas idéias, sendo a mais significativa a de constituir equipes de furadores para a execução das operações essenciais, passando-se a executar a furação não mais individualmente, mas com uma equipe de três furadores: enquanto dois executam a furação, o terceiro, denominado apoiador, realiza todas as demais tarefas de apoio, possibilitando, desta maneira, que o tempo de furação se tornasse maior do que na situação anterior. Considerando que a função do apoiador é cansativa, pela necessidade de subir e descer do bloco diversas vezes por turno, foi instituído um rodízio a cada dois dias entre os membros da equipe.

Esta melhoria, segundo Shingo, constitui-se na lógica "doutor–enfermeiro", uma analogia ao que ocorre em uma intervenção cirúrgica: enquanto o

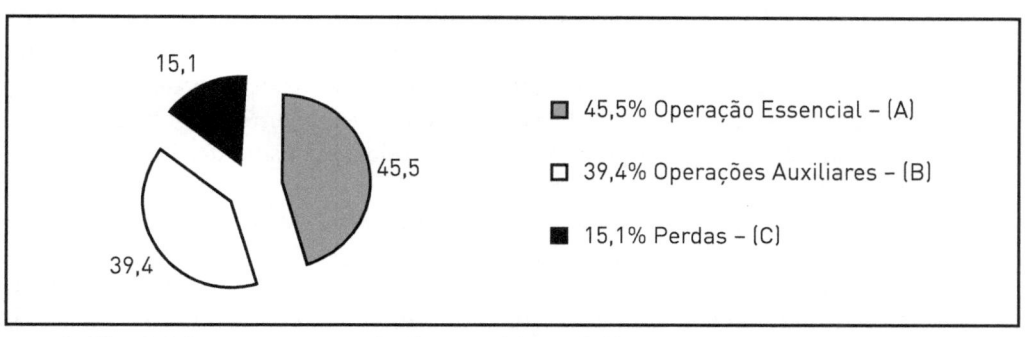

Gráfico **9.2** Operações segundo Shingo – bloco 4/100 da mina IV – primeira medição.

doutor realiza a operação essencial (operar), os enfermeiros realizam as operações auxiliares (alcançar instrumental, controlar anestesia etc.), necessárias para que a operação essencial se realize, reduzindo-se, desta forma, o tempo da cirurgia (*lead time*).

A operação de afiação de brocas, por estar incluída na atividade dos furadores, causava, também, perda por processamento em si. Essa operação foi transformada em preparação (*setup*) externa, deslocando-se um funcionário da mina para realizar esta tarefa. A sua atribuição é afiar as brocas para os furadores de todos os turnos, providenciando, ainda, a confecção das bananas de barro para tamponamento dos furos e a limpeza diária das perfuratrizes.

A falta de lubrificação dos filtros de ar comprimido, o comprimento excessivo das mangueiras e o diâmetro reduzido das mesmas contribuíam, também, para a perda por processamento em si na operação principal. Os registros nas mangueiras de ar comprimido e de água eram fixados muito longe da extremidade engatada na perfuratriz. Desta forma, toda vez que o furador necessitava fechar ou abrir os registros, ele tinha que interromper a furação, deslocar-se através do piso do bloco, feito de pedras soltas, até os registros, e retornar à perfuratriz, caracterizando uma perda por movimento. Por outro lado, a falta de alavancas no interior do bloco, utilizadas para derrubar pedras soltas no teto (desgalhe), e a falta de ferramentas causavam, também, perda por movimento.

A correção desta situação, pela mudança da posição dos registros, agora mais próximos da perfuratriz, e pelo aumento da quantidade de alavancas no interior do bloco e o fornecimento de ferramentas, fizeram com que, além do tempo perdido ser transformado em tempo de agregação de valor para a operação de furação, o furador se cansasse menos. Com efeito, ele substituiu o movimento pela atividade de segurar a perfuratriz enquanto esta realiza o furo. Conforme Shingo, "existem quatro finalidades nas melhorias: deixar o trabalho mais fácil, melhor, mais rápido e mais barato. Estas quatro metas aparecem em ordem de prioridade. Assim, a primeira é tornar o trabalho mais fácil para os trabalhadores, melhorando, ao mesmo tempo, o resultado do seu trabalho" (SHINGO, 1996b, p. 97).

Após a detonação, por falta de ventilação eficiente no bloco, os furadores deviam retirar-se aguardando a saída da fumaça, caracterizando-se uma perda por espera. Da mesma forma, a falta de uma perfuratriz reserva no interior do bloco e a distância do paiol de explosivos, localizado em outro nível da mina, ocasionava perda por espera. A Tabela 9.1 relaciona as perdas identificadas e as ações realizadas para eliminá-las.

A otimização das operações essenciais, com a conseqüente redução das operações auxiliares e eliminação das perdas, só pôde ser alcançada através do treinamento dos funcionários. Neste sentido, o grupo de melhorias implantou cursos internos de manutenção e operação de equipamentos, sendo feitas, ainda, palestras orientativas para os encarregados de turno da mina.

Tabela 9.1
Perdas identificadas e ações realizadas

Perda	Classificação Shingo	Identificadas	Ações
1	Superprodução		
2	Transporte		

3	Processamento em si	X	1) Formação de equipe de furadores
			2) Transferir para setup externo:
			   Afiação de brocas
			   Confecção bananas para tamponamento
			   Limpeza das perfuratrizes
			3) Padronizar mangueiras de ar comp. e água
			4) Treinamento interno

4	Produtos defeituosos		
5	Espera	X	1) Disponibilizar jogo de brocas afiadas 2) Colocar perfuratriz reserva no bloco 3) Aumentar número de alavancas no bloco 4) Treinamento interno
6	Estoque		
7	Movimento	X	1) Colocar perfuratriz reserva no bloco 2) Aumentar número de alavancas no bloco 3) Fazer jogo de ferramentas para furador 4) Treinamento interno

Uma vez implementadas as melhorias previamente discutidas e analisadas pelo grupo de melhorias em conjunto com os furadores, uma nova medição foi realizada, obtendo-se os dados do Gráfico 9.3:

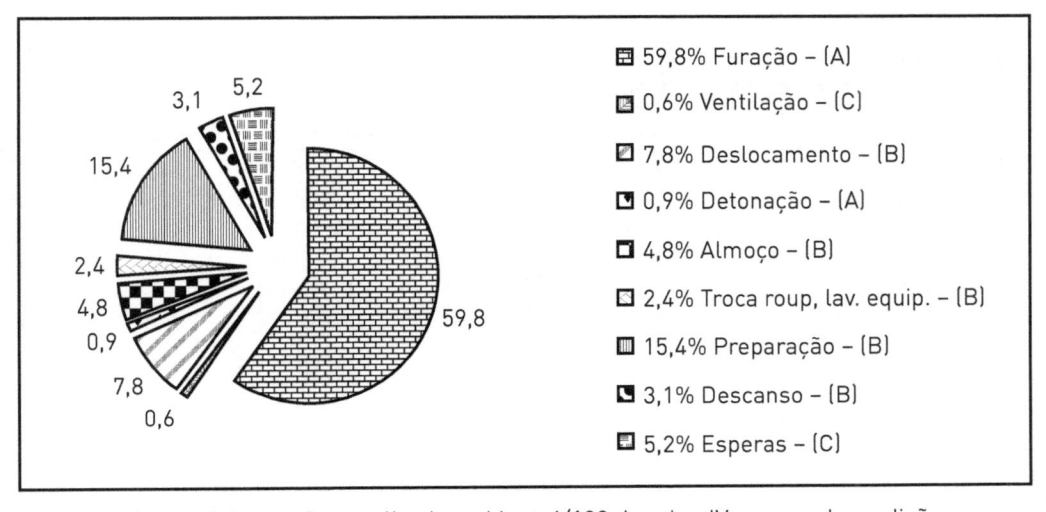

- 59,8% Furação – (A)
- 0,6% Ventilação – (C)
- 7,8% Deslocamento – (B)
- 0,9% Detonação – (A)
- 4,8% Almoço – (B)
- 2,4% Troca roup, lav. equip. – (B)
- 15,4% Preparação – (B)
- 3,1% Descanso – (B)
- 5,2% Esperas – (C)

Gráfico **9.3** Operações realizadas – bloco 4/100 da mina IV – segunda medição.

Novamente, reagrupando-se as operações realizadas na atividade de desmonte de minério no bloco de lavra de acordo com a classificação de Shingo, obteve-se o Gráfico 9.4:

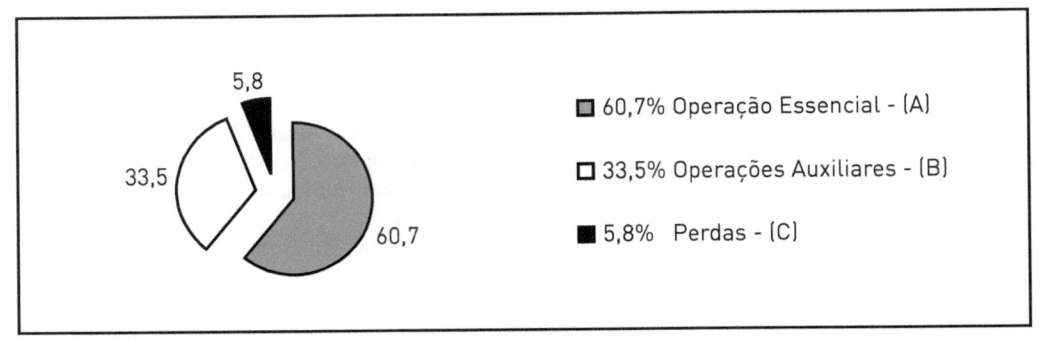

- 60,7% Operação Essencial - (A)
- 33,5% Operações Auxiliares - (B)
- 5,8% Perdas - (C)

Gráfico **9.4** Operações, segundo Shingo, no Bloco 4/100 da mina IV – segunda medição.

A análise comparativa entre os gráficos obtidos nas duas medições, cujos dados estão registrados na Tabela 9.2, permite concluir que a implementação das melhorias propostas aumentou o tempo útil da operação essencial em aproximadamente 33%, reduzindo o tempo gasto nas operações auxiliares e nas perdas.

Seguindo as proposições de Shingo, somente após a implantação das melhorias deve ser realizada a padronização das operações. Padronizar antes de realizar melhorias significa padronizar perdas, sistematizando os desperdícios. Com base nos dados coletados e analisados, o grupo de melhorias padronizou

Tabela 9.2
Comparação de tempo das medições (em %)

Operações	Tipo	1ª Medição	2ª Medição	Variação
Furação	A	39,4	59,8	20,4
Deslocamento	B	10,2	7,8	-2,4
Almoço	B	4,7	4,8	0,1
Troca roupa, lav. equip.	B	2,1	2,4	0,3
Preparação	B	14,1	15,4	1,3
Carregamento explosivos	B	6,1	0,9	-5,2
Descanso	B	8,0	3,1	-4,9
Afiação brocas	B	0,5	0,0	-0,5
Esperas	C	13,6	5,2	-8,4
Ventilação	C	1,5	0,6	-0,9
Essencial	A	39,4	59,8	20,4
Auxiliares	B	45,7	34,4	-11,3
Perdas	C	15,1	5,8	-9,3

as atividades de furação, carregamento e detonação nos blocos em subsolo, bem como do escoamento de minério dos blocos, elaborando os respectivos procedimentos operacionais (POs).

Este estudo restringiu-se à identificação da operação gargalo, que é a atividade de desmonte no interior de um bloco de lavra. Na Tabela 9.3 foram computados todos os recursos utilizados durante a execução dos trabalhos, obtendo-se dados comparativos entre as medições realizadas e a situação atual.

A análise destes dados mostra que o volume de minério bruto desmontado no bloco por furador passou de 15,72 toneladas/furador, na primeira medição, para 19,35 toneladas/furador, na segunda medição, sendo 22,58 toneladas/furador o valor alcançado após seis meses de implementada a padronização. Desta forma, no período analisado, o volume mensal desmontado no interior do bloco aumentou gradativamente, passando de 5.661 toneladas para 6.967 toneladas, entre as medições, e para 8.129 toneladas, representando um acréscimo de rendimento em relação à primeira medição de 23,1% e 43,6% respectivamente.

Em conseqüência, os custos por tonelada desmontada no interior do bloco baixaram significativamente, passando de R$ 5,23 para R$ 4,43 entre as medições, e para R$ 3,51, representando uma redução de 15,3% e 32,9% respectivamente. A Tabela 9.3 apresenta um conjunto de dados e as estimativas de custo de produção em cada situação comentada.

(9.1.4) **Considerações finais**

Este caso ilustrou como os conceitos básicos do STP podem ser utéis para melhorar o desempenho dos sistemas de produção. Com origens na indústria têxtil, e tendo sido desenvolvido mais amplamente na indústria automobilística, a aplicação do STP nesta indústria de mineração teve efeitos econômico-financeiros imediatos. A observação e coleta sistemática de dados e fatos possibilita que novos estudos sejam realizados, novas melhorias sejam efetuadas e novos índices de desempenho sejam atingidos. O pano de fundo que sintetiza as melhorias realizadas consiste em focar as ações a partir da função processo. A partir da definição dos pontos específicos de melhoria, a idéia é a busca incessante da eliminação das perdas, que é o objetivo principal do STP.

Ressalta-se também a percepção desenvolvida de que o sucesso da implementação de melhorias em uma empresa passa, necessariamente, pelo envolvimento das pessoas. É necessário que todos os funcionários estejam comprometidos com as mudanças, devendo haver, também, o envolvimento da alta gerência, sem a qual o plano de melhorias terá dificuldade de ser implantado. Como afirma Shingo (1996b, p. 176), "mais uma vez compreendi que as relações humanas não são somente baseadas em teoria, mas no contato coração com coração. Também compreendi que não importa quão bom seja um sistema de administração, ele não funcionará apropriadamente a não ser que seja permeado por boas relações humanas".

Tabela 9.3
Análise do custo de desmonte de minério bruto no bloco

Discriminação	Un	Preço Unit	Primeira Medição Qtde	Primeira Medição Total	Segunda Medição Qtde	Segunda Medição Total	Situação Atual Qtde	Situação Atual Total
1. Pessoal								
Furador I	un	986,87	3	2960,61	2	1973,74	2	1973,74
Furador I Apoiador	un	986,87	0	0	1	986,87	1	986,87
2. Ferramentas								
Martelos com colunas	un	8.800,00	3	26.400,00	3	26.400,00	3	26.400,00
Alavancas	un	0,00	1	0,00	2	0,00	3	0,00
Chave de Boca	un	5,00	1	5,00	2	10,00	3	15,00
Enxadas	un	2,50	1	2,50	1	2,50	3	7,50
Picaretas	un	9,95	1	9,95	2	19,90	3	29,85
Picaretão	un	20,00	0,00	0,00	0,00			
Atacadores (madeira R 0,24)	un	2,22	9	2,16	6	1,44	6	13,32
Pistola de Ar	un	7,38	1	7,38	1	7,38	2	14,76
Registro d'água	un	4,00	0	0,00	1	4,00	3	12,00
Lubrificador de Linha	un	204,16	3	612,48	1	204,16	3	612,48
Engates para mangote	un	59,00	0,00	0,00	2	98,33		
3. Furação (média de 1 turno no bloco)								
(+) Furos de 2.4 m por peito	un			13		13		10
(x) Bananas de Dinamite por furo	un			5		5		5
(=) Quantidade de Bananas	un			65		65		50
(x) Peso por banana	gr			96		96		96
(x) Quantidade de peito por turno por furador	un			1		2		2
(x) Quantidade de furador por turno	un			3		2		2
(=) Quantidade de Explosivo por turno	kg	2,97	18,72	55,60	24,96	74,13	19,20	57,02
4. Outros materiais (por turno por bloco)								
Mantopim de 2,5 m	pç	1,00	13,00	12,96	13,00	12,96	10,00	9,97
Brocas 1,6 m	pç	76,56	0,0594	4,55		0,00		0,00
Brocas 2,4 m	pç	97,21	0,0297	2,89		0,00		0,00
5. Rendimentos no Bloco								
(+) Dimensão do peito	m³			5,616		5,184		6,048
(x) Densidade do Minério Bruto	t/m³			2,8		2,8		2,8
(x) Peitos por turno por Furador	un			1		2		2
(x) Quantidade de furador por turno	un		3	2		2		2
(=) Volume desmontado Total	t			47,17		58,06		67,74
(/) Quantidade Furadores e apoiadores	un			3		3		3
(=) Volume desmontado por funcionário	t/f			15,72		19,35		22,58
Razão de carga	kg/t			0,3968		0,4299		0,2834
6. Custo em um mês de trabalho (1 turno)								
Pessoal	R$			2.960,61		2.960,61		2.960,61
Explosivo (25 dias * 80% * consumo por turno)	R$			1.111,97		1.482,62		1.140,48
Outros Materiais (25 dias *80% * consumo turno)	R$			407,88		259,12		199,32
Depreciações (Médias 5 anos)	R$			450,66		444,16		453,39
Total custos	R$			4.931,12		5.146,51		4.753,80
Desmonte (25 dias*80%*desmonte por turno)	t		943,49		1.161,22		1.354,75	
Custo por tonelada desmontada	R$/t			5,23		4,43		3,51
7. Custo mensal de desmonte								
Número de turno de desmonte por mês	un			6		6		6
Custo mensal de 1 turno	R$			4.931,12		5.146,51		4.753,80
Custo total do desmonte	R$			29.586,72		30.879,04		28.522,78
Volume mensal desmontado	t			5.661		6.967		8.129

[9.2] O caso da empresa de utensílios domésticos termoplásticos

A seguir apresenta-se a dinâmica de implantação de princípios gerais e técnicas do Sistema Toyota de Produção/produção enxuta em uma empresa fabricante de utensílios domésticos termoplásticos.

[9.2.1] Introdução

O caso envolve o período de 1998 a 2005. A descrição e análise do caso serão feitas em três fases, a saber:

- fase 1, de 1998 a 2001, quando os esforços foram concentrados na implantação do conceito de gestão do posto de trabalho;
- fase 2, em 2002 e 2003, quando os esforços foram concentrados em melhorar o planejamento e a programação da produção;
- fase 3, em 2004 e 2005, quando os esforços foram concentrados em mudanças de leiaute e na padronização de operações.

[9.2.2] Descrição sucinta dos produtos e processos de transformação de termoplásticos

Os produtos fabricados na empresa são: bolsas, jarros e garrafas plásticas, em diversos formatos e diversas cores. Os principais processos produtivos da empresa, relativos à fabricação dos produtos, são:

- fabricação de componentes e acessórios com injeção e sopro de plástico;
- injeção de poliuretano;
- pré-montagem e montagem dos produtos finais.

No processo de injeção e sopro de plástico, são utilizados diversos moldes, máquinas e dispositivos.

- moldes – responsáveis pela forma do componente, podem ter de uma até 20 cavidades. Os moldes podem variar, principalmente, conforme a construção, o material e os acessórios;
- máquinas injetoras – onde os moldes são colocados para definição do processo. As principais características das injetoras são: capacidade de injeção, pressão de fechamento, dimensões (para colocação/definição do tamanho do molde que pode ser colocado), acionamento e extração;
- máquinas sopradoras – onde os moldes são colocados para definição do processo. As principais características das sopradoras são: capacidade de sopro, dimensões (para colocação/definição do tamanho do molde que pode ser colocado) e acionamento.

- dispositivos – responsáveis por autocontrole e pré-montagens realizadas após o processo de sopro.

As condições técnicas das máquinas injetoras, das máquinas sopradoras e dos respectivos moldes definem os parâmetros dos processos e as necessidades do número de colaboradores. Um dos parâmetros dos processos de injeção e sopro é o tempo de ciclo, que pode ser aberto em tempo homem e tempo máquina. Define-se tempo homem como o somatório dos tempos no ciclo em que é necessária a intervenção do operador para a continuidade da produção, normalmente medido em segundos. Tempo máquina é o somatório dos tempos no ciclo em que a máquina executa a operação independentemente da ação do operador, normalmente medido em segundos. Estas definições de tempo homem e tempo máquina não levam em consideração a eficiência ou ineficiência que as operações têm no dia-a-dia da empresa.

O processo de injeção da espuma de poliuretano é realizado em máquina injetora específica para esta operação. O poliuretano é injetado para preenchimento de algumas cavidades dos componentes de plástico.

A última etapa no processo produtivo é a montagem dos diversos produtos. Na montagem, os diversos componentes são agrupados conforme o produto final, e colocados em caixas que vão para o estoque de produto pronto. Na montagem existem diversos dispositivos que facilitam as operações, porém, no caso da empresa estudada, todas as etapas dependem da interferência do operador, ou seja, neste caso o tempo homem é igual ao tempo máquina.

[9.2.3] A implantação de um sistema de produção com princípios e técnicas do STP

No período anterior a 1998, a empresa vinha mantendo seus níveis de estoque em processo relativamente estáveis. A produção, medida em unidades de esforço de produção – UEPs (produtos mais complexos correspondem a um número de UEPs maior que produtos mais simples) – vinha se mantendo estável, no nível de 200.000 UEPs/ano. Além disso, é relevante constatar que a empresa apresentava problemas relacionados a competitividade, pois a concorrência vinha melhorando sua performance. Com a demanda crescente, as dificuldades em aumentar a produtividade (e produção) tendiam a implicar perda de participação no mercado.

No período em que ocorreu a decisão de implantar os princípios do STP, a empresa vinha consolidando suas atividades no que tange a melhorias na gestão da empresa, entre as quais é possível destacar: implantação de um sistema de qualidade baseado nas normas ISO 9001 e a profissionalização de sua gestão (seguindo as orientações do PNQ – Programa Nacional da Qualidade). Em 1998, a empresa decidiu implantar um sistema de produção com base nos princípios do STP. Os desenvolvimentos ocorridos entre 1998 e 2005 são apresentados a seguir.

a) Período de 1998 a 2001

No início do desenvolvimento do sistema de produção, os primeiros esforços foram focados na implantação da metodologia de gestão do posto de trabalho (GPT). Seguindo os conceitos do mecanismo da função produção (MFP), partiu-se de uma análise da função processo, visando identificar as restrições principais do sistema produtivo. Os principais objetivos da empresa neste momento eram:

- identificar os recursos da empresa que limitavam o incremento da capacidade de produção;
- elevar as capacidades de produção dos postos de trabalho restritivos, visando, com o mínimo de investimentos, atender ao aumento de demanda da empresa;
- definir uma sistemática de trabalho que permitisse priorizar as ações necessárias de serem efetivadas nos diversos postos de trabalho;
- sistematizar a maneira de atuação do colaborador do posto de trabalho e dos colaboradores de apoio que fornecem suporte técnico ao posto de trabalho – manutenção, qualidade, programação etc;
- definir um conjunto de indicadores que pudesse atender às priorizações definidas.

O desenvolvimento inicial do projeto ocorreu através de diversas palestras, envolvendo todos os colaboradores da empresa, realizadas em grupos de até 40 pessoas. Nas palestras eram discutidos os conceitos de produção enxuta que estavam sendo implantados, bem como a forma de atuação desejada a partir daquele momento. Com um grupo escolhido entre os colaboradores dos diversos setores, foram realizadas visitas de *benchmarking* em duas empresas do ramo metal-mecânico que possuíam células de manufatura e controle de paradas nos recursos restritivos, e que já haviam implementado a metodologia de GPT obtendo resultados econômico-financeiros expressivos. Nas visitas, foram destacados os aspectos considerados importantes e que teriam priorização durante a implantação na empresa, tais como: sistemática de atuação dos diversos colaboradores e indicadores utilizados para acompanhamento da performance do sistema de produção.

Com base na experiência dos colaboradores do PCP e dos supervisores da produção, foram definidas algumas máquinas que seriam potencialmente as restrições de produção para a demanda de mercado. A implantação do GPT foi iniciada nestes postos de trabalho, sendo que alguns tópicos podem ser destacados:

- foram feitos treinamentos específicos e acompanhamento especial com os colaboradores destes postos, para mostrar que era importante que o trabalho fosse iniciado com a adoção dos conceitos de forma adequada;
- os principais motivos de paradas das máquinas foram calculados e afixados ao lado dos postos de trabalho (diário de bordo – DB), com o objetivo

de conscientizar os operadores a respeito da importância dos indicadores e das ações de melhorias;
- foram realizadas melhorias nas ações de manutenção relacionadas às principais paradas observadas na planta;
- foram realizadas ações corretivas e ações preventivas conforme a priorização dos indicadores, e com a participação de todos os envolvidos nos postos de trabalho*.

Estas ações fizeram com que o índice de rendimento operacional global (IROG) dos principais recursos restritivos aumentasse paulatinamente e que a produção conseguisse atender ao aumento de demanda de mercado sem a necessidade de investimentos em máquinas e equipamentos. Algumas dessas ações mostraram que a empresa tinha dificuldades relacionadas à organização dos postos de trabalho, à tecnologia ultrapassada das máquinas e moldes disponíveis e à gestão dos colaboradores de serviços de apoio, como manutenção e ferramentaria.

A seqüência de atividades realizadas no projeto GPT pode ser resumida da seguinte forma:

- as ações realizadas nas máquinas restritivas foram replicadas para um número maior de postos de trabalho, disseminando os conceitos e ferramentas que estavam sendo desenvolvidos em um conjunto amplo de recursos da empresa;
- foram intensificadas visitas aos fornecedores de equipamentos e a feiras de máquinas, para avaliar a possibilidade de adquirir novas tecnologias que pudessem pontualmente mudar o patamar do parque industrial**.

Ao final desta etapa de construção do projeto do sistema de produção, a empresa identificou os recursos com capacidade limitada e também desenvolveu um método de acompanhamento dos recursos críticos com indicadores eficazes (derivados da implantação do IROG) e com uma sistemática estruturada – a gestão do posto de trabalho. A prática desenvolvida implicava o gerenciamento das oportunidades de melhoria com base nas restrições, permitindo

---

* Neste ponto é importante destacar os trabalhos anteriores relacionados à Certificação ISO 9001, que serviram de base e apoio para as ações executadas. Utilizaram-se as ferramentas de histograma, diagrama de espinha de peixe, ciclo PDCA e os formulários de ações corretivas e ações preventivas previstos no sistema de gestão da qualidade.

** Com base neste ponto, foi adquirida uma nova máquina sopradora para o posto de trabalho que dispunha de melhorias significativas que elevavam as restrições existentes. Esta aquisição possibilitou à empresa fazer pequenos investimentos nos demais equipamentos, adequando-os aos novos postos de trabalho. Coisa semelhante foi feita com alguns moldes de injeção, capacitando-os com novos dispositivos de valor muito inferior (menos de 10%) ao de um molde novo.

Casos de Aplicação do Sistema Toyota de Produção/Produção Enxuta ■ **303**

que a demanda de mercado fosse atendida sem a necessidade de realização de horas extras ou da utilização de recursos adicionais.

A disseminação do conceito nas demais máquinas gerou a necessidade de recursos para conseguir seguir diariamente a sistemática de ações corretivas e ações preventivas. Conceitualmente, era claro que as ações nas máquinas não-gargalo não aumentava a capacidade da produção como um todo. Porém, a necessidade de disseminar os conceitos e manter a motivação de todos os colaboradores, além de possibilitar a multifuncionalidade entre os diversos setores e diversos postos de trabalho, fez com que fosse desenvolvido um sistema de apontamentos de produção e de indicadores capaz de atender a essas necessidades. Tornou-se possível perceber que a aplicação cotidiana do método GPT pode ser um elemento motivador para os profissionais envolvidos. Isto porque os colaboradores passam a estar continuamente envolvidos em uma lógica de melhoria contínua, além de facilitar a mudança dos hábitos, conceitos e paradigmas existentes.

A Figura 9.2 mostra que a produção foi crescendo ao longo da implantação das ferramentas descritas (período de 1998 a 2001), possibilitando obter ganhos de escala na produção, sem a aquisição de novos ativos fixos (particularmente máquinas).

Ainda, a disseminação dos conceitos e práticas gerais da produção enxuta acarretaram reduções dos estoques em processo, melhorando o indicador de giro de estoques como mostra a Figura 9.3.

b) Período de 2002 a 2003

O aumento da capacidade dos postos de trabalho considerados restritivos, realizado através da utilização do método da gestão do posto de trabalho, fez com que outras dificuldades aparecessem com maior evidência. Entre essas dificul-

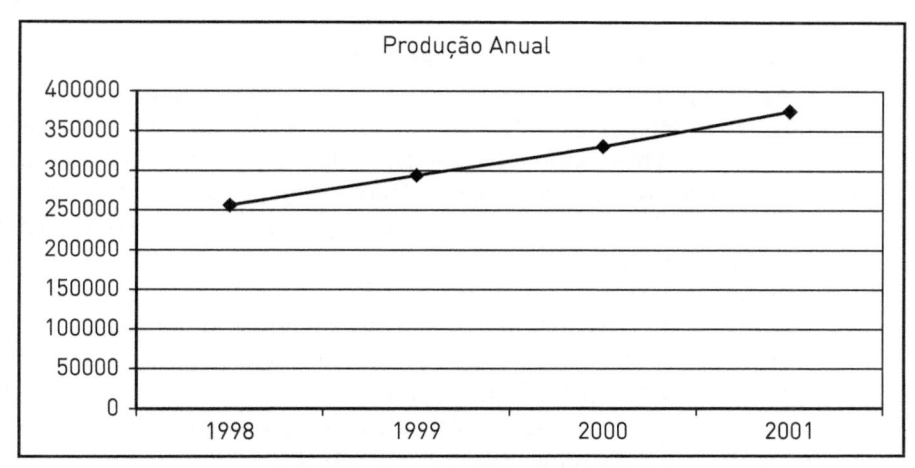

Fig. **9.2** Produção (em UEPs): de 1998 a 2001.

Giro Estoque em Processo / ano

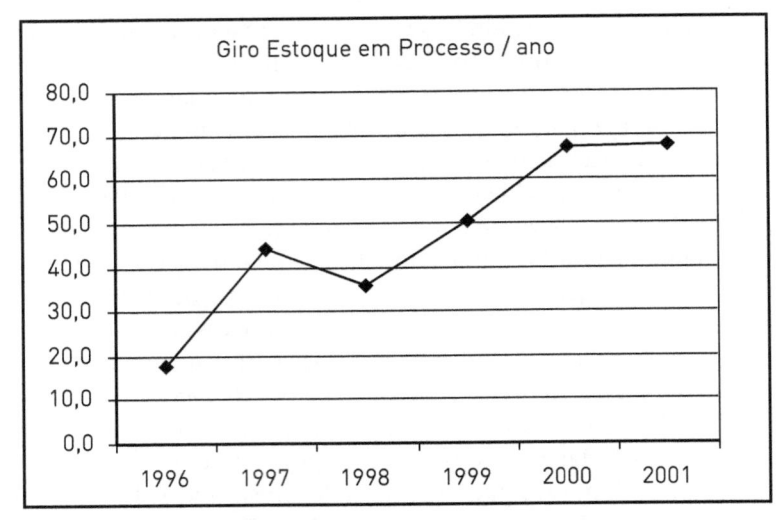

Fig. **9.3** Giro do estoque em processo: de 1996 a 2001.

dades, destaca-se a falta de sincronia entre as diversas máquinas e a falta de sincronia entre a programação da produção e sua execução. Neste momento, existiam diversas máquinas que produziam todos os componentes para os produtos acabados, trabalhando com indicadores e com uma sistemática eficaz de melhoria contínua. No entanto, as duas linhas de montagem não conseguiam cumprir adequadamente os prazos estabelecidos pelo mercado.

Tendo em vista o contexto em que se encontrava o sistema produtivo, iniciou-se um projeto de programação fina da produção (PFP), com a implantação de um software baseado na Teoria das Restrições, em substituição a um sistema de MRP tradicional. As principais etapas realizadas foram:

- Treinamento conceitual, relacionando a evolução dos métodos de programação da produção e as limitações existentes – nesta etapa foram envolvidos outros setores além do PCP, tais como: tecnologia da informação, engenharia de processos e métodos, administração de vendas e produção.
- Definição sobre a importação dos dados – como seria utilizada uma ferramenta que não era nativa do sistema corporativo, era necessário definir a interface que ligava os dois programas.
- Atualização e correção da base de dados – a mudança de uma cultura do tipo MRP para uma do tipo PFP está diretamente relacionada a uma modificação da concepção em relação à importância da precisão dos dados. Enquanto no MRP a prioridade da precisão das informações está vinculada, basicamente, a estruturas de produtos, estoque de matéria-prima e componentes, além dos tempos de ressuprimento, no PFP ocorre uma ampliação do foco da precisão no que tange às questões associadas aos roteiros de

produção e aos respectivos tempos de processamento e de troca de ferramentas. Tal mudança tende a exigir, além de mudanças do tipo comportamental das pessoas envolvidas no projeto, atitudes gerenciais e técnicas no sentido da obtenção e manutenção dos novos dados e informações com o nível de precisão necessária.
- Definição do modelo – nesta etapa foi realizada a modelagem do sistema produtivo no ambiente do software, com o objetivo de realizar simulações das condições de produção e das respostas (saídas) propostas pelo programa.
- Testes iniciais – nesta fase, foram executados os primeiros testes, e a programação da produção passou a ser executada em paralelo, ou seja, passaram a coexistir o sistema existente (MRP) e a nova metodologia (PFP).
- Produção – nessa parte da implantação, toda a programação da produção e de materiais passou a ser executada através da nova metodologia.

As etapas de implantação, visando a definição do modelo, foram realizadas no prazo de seis meses, implicando melhorias significativas na precisão dos dados do sistema corporativo. De forma geral, permitiram uma melhor compreensão da complexidade de programação da produção e uma maior velocidade em rodar o software ERP. Este ganho de performance ocorreu em função da atualização e correção da base de dados existentes. Antes do trabalho realizado, o software de MRP rodava em seis a oito horas, sendo a programação realizada duas vezes por mês. Com as melhorias efetivadas, o MRP passou a rodar em duas horas, de tal forma que as programações passaram a ser feitas semanalmente. Já a ferramenta de PFP rodava em cinco minutos o modelo completo de programação da produção e dos materiais, tempo bastante curto se comparado ao do MRP.

Houve dificuldades objetivas quando da necessidade de definição do modelo na ferramenta de PFP. O sistema de produção tinha, no mínimo, uma característica exclusiva que não havia sido experimentada em implantações anteriores: a problemática da matriz máquina × molde. A empresa tem mais de 370 moldes e mais de 70 máquinas injetoras e sopradoras. Para cada máquina, seja ela injetora ou sopradora, existiam n moldes que poderiam ser utilizados, com n variando de um a 17. Além disso, cada molde poderia ser utilizado em m máquinas, com m variando de um a sete. Os tempos de *setup* variam conforme o molde e a máquina que está sendo trabalhado.

O software prevê este tipo de relação de maneira nativa, ou seja, sem a necessidade de customização, pois existe a possibilidade da utilização do conceito de *setup* dependente através da elaboração de uma matriz que pode ser construída na modelagem. A característica única no caso em questão era que cada um dos componentes poderia ser produzido em diversas cores, dependendo do produto final. Esta combinação de máquina × molde × cor do componente não tem solução nativa no software, o que dificultou sobremaneira a geração de uma solução compatível com a realidade e a necessidade da empresa.

Desta maneira, foi necessário fazer uma adaptação no modelo para se obter a seqüência de produção e de *setup* das máquinas. A programação da produção implicava uma mudança significativa na sistemática de *setup* e de produção. O software e a nova programação previam que seriam realizados tantos *setups* quanto fossem necessários, até o limite de capacidade de produção, no intuito de conseguir sincronizar os componentes na montagem com a menor quantidade de estoque de componentes. A metodologia vigente previa o aproveitamento dos *setups*, ou seja, fazer o mínimo de *setup* e aumentar o estoque de componentes.

Claramente, existiam dificuldades em diversas áreas, e começaram a aparecer os problemas que estavam escondidos sob o alto estoque existente, e era um problema tipicamente relacionado aos sistemas produtivos baseados na ótica *just-in-case*. Os setores de manutenção e ferramentaria foram os que apresentaram maior resistência à mudança, e começaram a não cumprir a programação da produção. As paradas de produção provocadas por falha na manutenção das máquinas e moldes impediam que a produção ocorresse conforme o programado.

Na programação da produção vigente, era passada a necessidade total de produção mensal de componentes e, desta forma, quando determinado componente e cor entrava em uma máquina, toda a quantidade mensal era realizada de uma vez. As conseqüências eram a falta de sincronia e o aumento de estoque. Porém, era mais fácil executar e controlar a produção, pois o número de *setups* era reduzido, e não seria produzida a mesma cor e componente mais de uma vez no mês. Com a nova programação da produção, as quantidades eram pré-definidas para algumas horas, e deveriam ser seguidas em função da sincronia dos componentes com as linhas de montagem.

Desta maneira, a execução ficou mais difícil, pois os problemas de qualidade e operação comprometiam a seqüência da montagem. Além disso, o controle da quantidade produzida teve que ser aprimorado, pois por menor que fosse o erro, ele comprometia a sincronia nas linhas de montagem. Como conseqüência, a produção começou a não produzir conforme a programação da produção realizada pelo PCP, realizando alterações por conta própria e dificultando a sincronia dos componentes nas linhas de montagem.

Neste momento, em função das dificuldades expostas acima, a empresa tomou a decisão de aguardar a implantação do software de programação fina da produção, priorizando outros projetos que vinham sendo avaliados. Algumas linhas de produção estavam atingindo os limites de capacidade, e a empresa dispunha de recursos limitados para realizar novos investimentos. Em virtude deste contexto geral, foram deslocados recursos e profissionais que atuavam no projeto de PFP para o projeto de desenvolvimento de macro leiaute.

Embora um conjunto de problemas tenha sido observado neste período, as ações ligadas à implantação da programação fina da produção, em particular, e os novos conceitos de sincronização oriundos da Teoria das Restrições levaram a melhorias significativas no giro do estoque em processo ao ano. Na Figura 9.4 é possível observar que o giro do estoque em processo avançou de menos de 70, nos anos de 2000 e 2001, para mais de 80, em 2002, e para um valor superior a 90, em 2003.

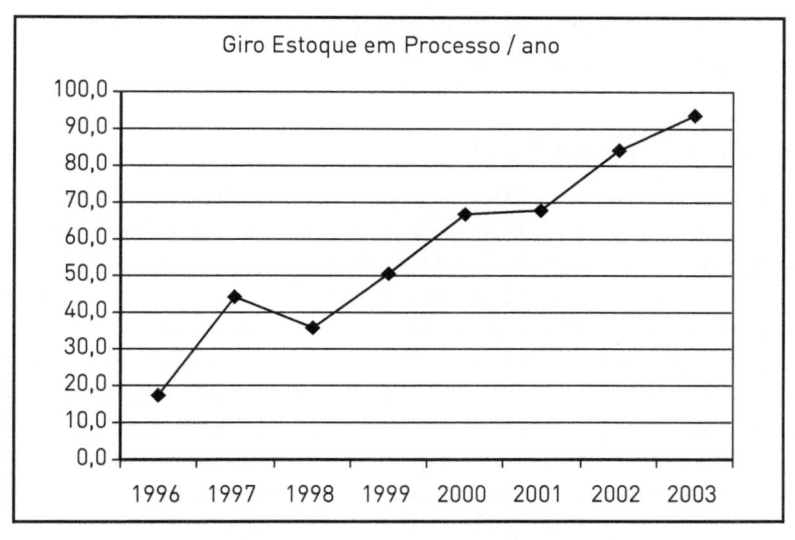

Fig. **9.4** Giro do estoque em processo – de 1996 a 2003.

Ainda, na Figura 9.5, é possível perceber que a produção anual em UEPs manteve-se quase estável entre os anos de 2001 e 2003, ficando ao redor de 350.000 UEPs/ano.

Uma análise conjunta das Figuras 9.4 e 9.5 sugere que foram acertadas as medidas tomadas visando a redução de estoques, na medida em que a demanda de produção total manteve-se estável. Nos anos de 2002 e 2003, com a produção relativamente estável, percebe-se que as ações realizadas através da

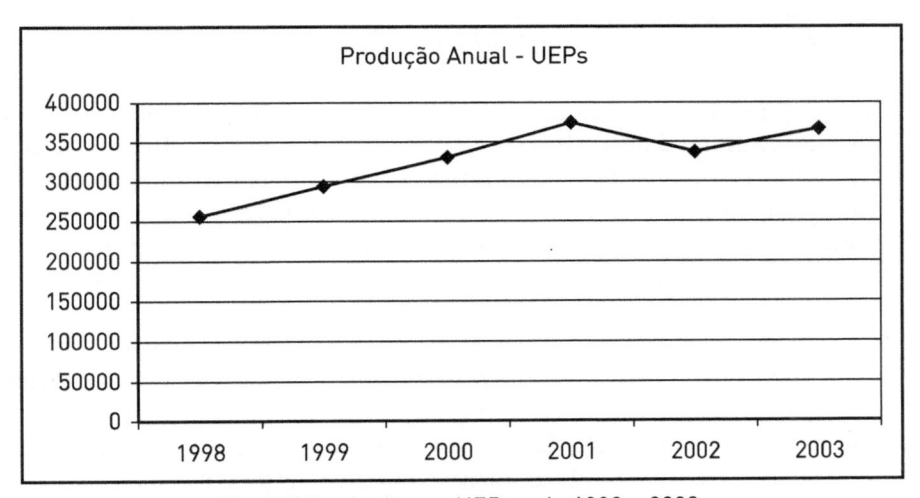

Fig. **9.5** Produção em UEPs – de 1998 a 2003.

consolidação do GPT e do início de implantação da PFP auxiliaram no aumento do giro de estoque (Figura 9.4).

c) Período de 2004 a 2005

A empresa possuía estudos e propostas de modificações do leiaute desde a época da aquisição de novas máquinas injetoras, no início dos anos 90. Porém, naquela época, a tradição de leiaute fazia com que as máquinas fossem dispostas segundo um arranjo funcional (máquinas dispostas em locais físicos específicos e comuns, em função de executarem processos de fabricação similares – por exemplo: todas as injetoras dispostas em uma única seção, todas as sopradoras em uma única seção etc.). Alguns estudos de melhoria de leiaute foram realizados antes de 2004, mas não ocorreram alterações significativas na fábrica.

Pensando a partir de uma perspectiva ampla, em 2004 partiu-se para o desenvolvimento de um projeto de macroleiaute, cujos objetivos eram:

- Possibilitar à empresa visualizar alternativas concretas de crescimento, ou seja, de incremento de capacidade sem a necessidade de realização de investimentos elevados. O aumento de capacidade ocorre através da facilidade de entender quais os gargalos que existem em cada uma das minifábricas, e focalizando o investimento nestes equipamentos.
- Estabelecer um novo conceito econômico-financeiro de empresa, a partir da noção de unidades de negócios, sustentadas nos conceitos físicos de unidades de manufatura/minifábricas e células de manufatura (no caso de células de manufatura, associando a elas o conceito de *takt-time*);
- Buscar, através da eliminação de um conjunto de perdas (por exemplo: redução dos estoques intermediários e produtos finais, redução dos tempos de atravessamento, aumento do índice de multifucionalidade dos trabalhadores e melhorias nos índices gerais de qualidade – refugos e retrabalhos), ganhos econômico-financeiro a curto prazo.

No primeiro ano do projeto – 2004 –, foram desenvolvidos os principais cenários de mudança, visando avaliar os seus pontos positivos e negativos. Posteriormente, partiu-se para um detalhamento, objetivando-se a implantação do projeto escolhido. No segundo ano do projeto – 2005 –, foi efetivada a implantação e os devidos ajustes operacionais do cenário escolhido.

No primeiro ano foram conduzidas as seguintes etapas gerais:

- Avaliar os fluxos produtivos atuais, levando em conta as seguintes variáveis: tempos de processamento, *lead time*, estoques existentes e distâncias percorridas.
- Através da utilização da tecnologia de grupo (TG), foi definido o conjunto de recursos que produziriam as alternativas de produtos prontos,e como estes recursos podem ser agrupados para melhor atender o fluxo de produção.

- Elaboração de uma análise rigorosa da capacidade instalada, para produzir cada um dos produtos prontos em suas demandas atuais, bem como analisar a demanda esperada para os próximos anos conforme as informações provenientes do planejamento estratégico da empresa.
- Visando avaliar as questões relacionadas à multifuncionalidade nas máquinas, foi realizada uma cronometragem dos tempos das operações, separando-os em tempos das máquinas e tempos manuais.
- Análise da necessidade em termos de quadro de pessoal para cada um dos cenários propostos, comparando-os ao quadro de lotação vigente.
- Avaliação das instalações físicas e das alterações necessárias para a consecução dos diferentes cenários, tais como utilidades e construção civil.
- Desenho e detalhamento dos diferentes microleiautes (em geral, células de manufatura), visando avaliar os diferentes aspectos envolvidos, em tópicos como métodos, processos e ergonomia.
- Análise dos investimentos necessários para cada uma das alterações, e elaboração de um cronograma físico-financeiro de desembolso e de cálculo do retorno de investimento.

No final deste primeiro ano, foram apresentados dez cenários de mudanças do leiaute, levando-se em consideração algumas premissas e limitações existentes, que estão explicitadas abaixo:

- Simplificar o fluxo produtivo, reduzindo a distância percorrida pelos componentes e pelo produto pronto.
- Focalização preferencial por produto ou por famílias de produtos, para possibilitar otimizações relacionadas à demanda de mercado.
- Dedicação de equipamentos para as células de alto volume de produção e faturamento.
- Mudança gradual do leiaute existente para o leiaute proposto, para que o aprendizado pudesse criar novas alternativas de soluções a partir de uma perspectiva dinâmica.

Durante o processo de planejamento, foram envolvidas diversas pessoas e processos para a avaliação de alternativas e recebimento de sugestões de todos os envolvidos. Periodicamente, eram realizadas reuniões de acompanhamento do comitê de macroleiaute, avaliando o cronograma, os prazos envolvidos e as dificuldades de cada etapa.

A alternativa escolhida para implantação foi reavaliada em detalhes e repassada para todos os envolvidos. Foram realizadas reuniões para definição dos passos necessários e dos cenários disponíveis. Duas correntes se formaram quando se discutiu o prazo de implementação: i) realizar toda a mudança num período de férias coletivas de 30 dias, e; ii) realizar a mudança de maneira gradual ao longo de um ano, nos finais de semana. A primeira alternativa tinha como grande vantagem a mudança em todos os setores ao mesmo tempo. A segunda alternativa, que foi escolhida, possibilitava aprendizado ao longo da implementação e modificações conforme este aprendizado fosse sendo realizado ao longo do tempo*.

Um ponto que merece destaque nesta etapa da construção do projeto do sistema de produção foi a realização de um estudo de proposições conceituais relacionadas ao *takt-time* e ao tempo de ciclo na indústria do ramo plástico. Esta discussão é bastante difundida na indústria metal-mecânica, e trouxe ganhos ao longo dos últimos anos, desde o seu surgimento no STP. O *takt-time* definido a partir da relação entre a demanda de mercado e o tempo disponível para produção não é constante ao longo do tempo, quando se varia a demanda de mercado e se mantém constante o tempo disponível. Assim, para o mesmo tempo disponível, quando aumenta a demanda, diminui o *takt-time*, ou quando diminui a demanda, aumenta o *takt-time*. Esta possibilidade de variar o *takt-time* pode ser utilizada para estimular melhorias no sistema produtivo, através do aumento artificial/provocado da demanda ou da redução do tempo disponível.

A implantação das células de manufatura fez com que fosse calculado o *takt-time* para diversas condições de demanda. Porém, quando foram realizados alguns testes, percebeu-se que o *takt-time* era constante e igual ao maior tempo de ciclo. As limitações da tecnologia na indústria do ramo plástico impedem variações significativas do tempo de ciclo. A possibilidade que restou foi alterar o tempo disponível. Assim, quando houver alteração de demanda, deve-se alterar o tempo disponível, porque o tempo de ciclo é constante e está intrinsecamente ligado à tecnologia empregada.

A conseqüência desta afirmação é que a quantidade de pessoas para operar uma célula de manufatura era constante ao longo do turno de trabalho em que as máquinas estavam ligadas, pois as pessoas estavam trabalhando sempre no limite do tempo de ciclo. Nesse caso, pode ocorrer uma demanda que exija apenas meio turno de produção ao longo do mês. Porém, levando em conta aspectos econômicos, os colaboradores trabalhavam durante o turno inteiro ao longo de meio mês. Esta impossibilidade de variar o *takt-time* fez com que a programação da produção estabelecesse alguns parâmetros de controle, que auxiliam no estabelecimento dos objetivos diários e horários.

A implantação das células de manufatura possibilitou a simplificação da programação da produção em células com demanda constante e alto volume. Da mesma maneira, foi reativado o projeto de programação fina da produção para as células que tinham necessidade de sincronizar a produção. Desta vez, as dificuldades apresentadas anteriormente para a implantação não estavam presentes, pois cada célula pode ser tratada como uma minifábrica independente, reduzindo-se a complexidade da matriz máquina x molde x cor do componente.

---

* Na bibliografia existem diversos casos de mudança de leiaute, principalmente no ramo metal-mecânico. Entretanto, não foram localizadas alternativas na indústria do ramo plástico.

Casos de Aplicação do Sistema Toyota de Produção/Produção Enxuta ■ **311**

Paralelamente a esta implantação, foram elaborados indicadores específicos das células de manufatura e um sistema de custeio que possibilitasse avaliar as alternativas de capacidade e demanda para cada situação. Os resultados, em termos de giros de estoque em processo/ano, atingiram patamares elevados: mais de 140 giros, após a implantação do novo macro leiaute, que ocorreu efetivamente em 2005 – Figura 9.6.

Além disso, ações continuadas em termos de gestão do posto de trabalho, visando atender aos acréscimos de demanda do mercado, fizeram com que ocorresse um significativo aumento da produção de UEPs que pularam de aproximadamente 360.000 UEPs/ano para 470.000, em 2004, e quase 480.000, em 2005 – Figura 9.7.

[9.2.4] **Considerações finais**

Considerando que diversas metodologias foram adotadas ao longo do período estudado, é importante fazer um resumo com uma visão de conjunto destas implantações e dos resultados obtidos.

A Figura 9.8 mostra que a produtividade dos colaboradores da produção aumentou significativamente no período estudado, passando de 34,7 UEPs/colaborador para 58,7 UEPs/colaborador.

A abordagem da gestão do posto de trabalho mostrou-se robusta para o equacionamento das necessidades de aumento da capacidade instalada com baixos investimentos: contratação de consultoria, treinamento intensivo e

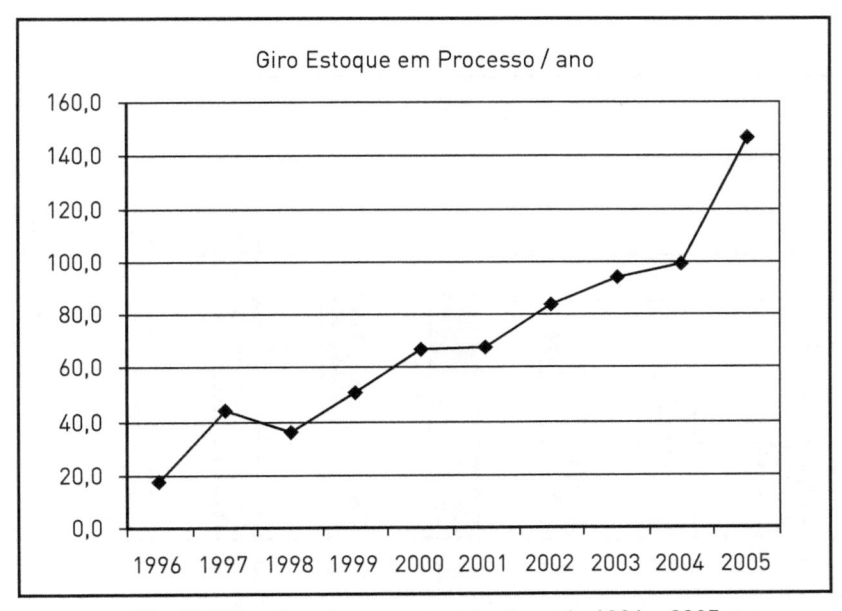

Fig. **9.6** Giro do estoque em processo – de 1996 a 2005.

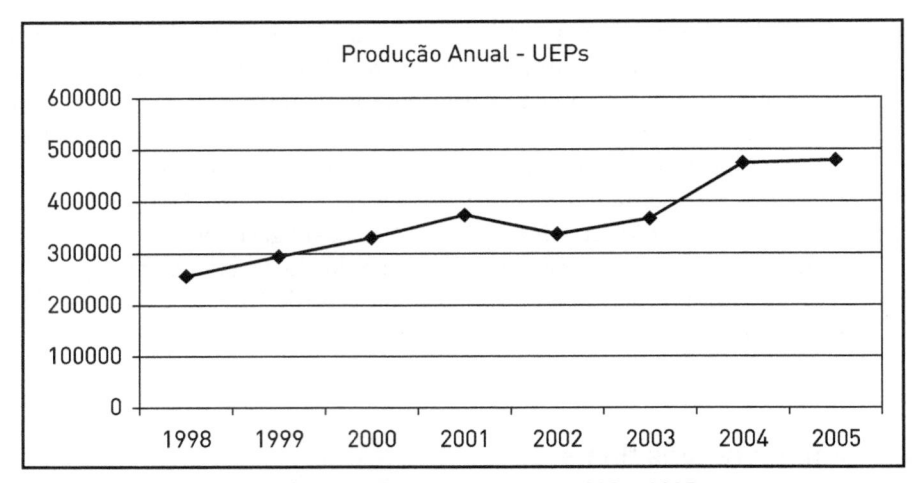

Fig. **9.7** Produção em UEPs – de1998 a 2005.

amplo dos colaboradores. É importante salientar que foram utilizados, em conjunto com o método do GPT, um rol de conhecimentos já existentes e utilizados na empresa, como, por exemplo, ferramentas de qualidade (histograma, diagrama de Pareto etc). Os resultados obtidos evidenciaram um aumento real da capacidade instalada, de maneira a atender a demanda do mercado.

Uma análise crítica da trajetória seguida pela empresa parece apontar para a necessidade de correção dos rumos em termos da tomada de decisão. Isto

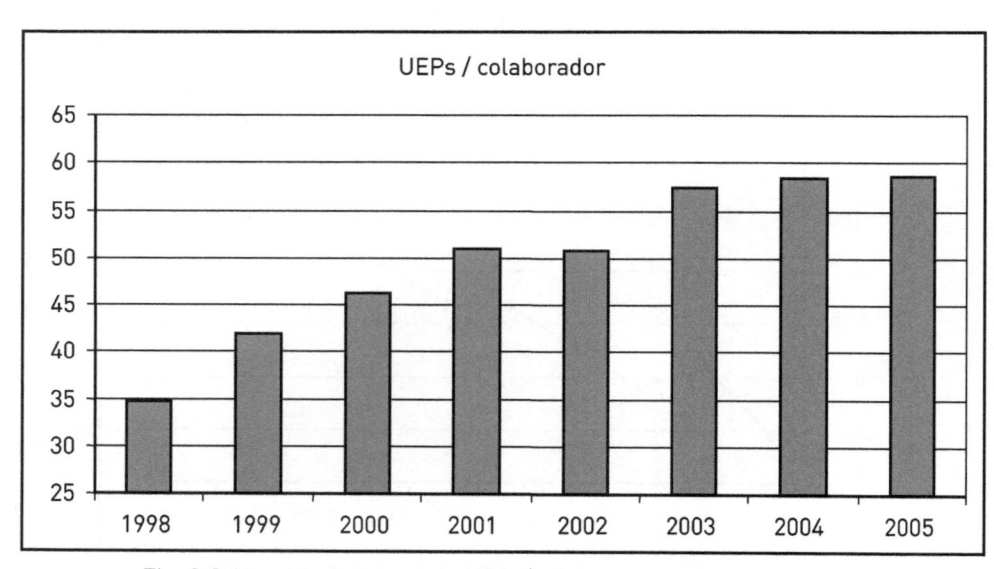

Fig. **9.8** Acompanhamento de UEPs/colaborador – de 1998 a 2005.

porque: i) a abordagem adotada permitiu incrementos processuais de capacidade consonantes com as necessidades do mercado, tendo sido os recursos humanos e financeiros concentrados nas principais restrições do sistema produtivo da empresa; ii) os incrementos de capacidade foram obtidos com recursos financeiros compatíveis com a disponibilidade da empresa à época. Ainda, os resultados obtidos deixaram claro que não havia necessidade real da aquisição de novos ativos, o que onerararia o desempenho econômico-financeiro global da empresa.

Porém, o aumento da produção em distintos segmentos do sistema produtivo tendeu a acarretar alguns problemas para a fábrica. Ao final do período considerado, foram percebidos problemas significativos associados à falta de sincronia entre a produção de peças e as linhas de montagem final. Uma observação relevante no período considerado refere-se ao incremento da quantidade de SKUs (*stock keep unit*), ocorrida em função do lançamento de novos produtos e, simultaneamente, do aumento do número de cores que estavam disponíveis para comercialização.

Neste sentido, algumas trajetórias ligadas à melhoria do sistema produtivo poderiam ser seguidas. Entre elas é possível destacar: i) melhorias nos fluxos produtivos através de mudanças no leiaute; ii) adoção de ferramentas manuais de sincronização da produção, tais como, por exemplo, o Kanban e a lógica tambor-pulmão-corda (TPC); iii) implantação de ferramentas (software) de programação fina da produção. A empresa, em função de melhorias na sua disponibilidade financeira e de uma visão de que um software de PFP poderia equacionar o problema de forma mais eficaz, adotou a terceira alternativa.

Desta forma, o processo de planejamento e programação da produção foi desenvolvido para atender a todas as linhas de produtos. Parecia possível, desde o início do processo de desenvolvimento do sistema de produção, que os gargalos de produção passassem a ser identificados através de uma ferramenta computacional de alto desempenho. No entanto, foram encontradas importantes restrições para a implantação do software adquirido, em função da incompatibilidade entre a necessidade da empresa na relação máquina × molde × cor e as tabelas de *setup* disponibilizadas pelo software. Embora os resultados obtidos em termos de giro de estoque em processo pudessem ser observados – inclusive em virtude dos novos conceitos propostos baseados na lógica tambor-pulmão-corda (TPC) –, os resultados obtidos na implantação do software podem ser considerados abaixo das expectativas projetadas até aquele momento.

Naquele momento, a demanda de mercado de algumas linhas de produtos estava crescendo, e os resultados obtidos até o momento possibilitavam o investimento em novas alternativas. Entre elas se destacam: i) desenvolvimento do macroleiaute, favorecendo o fluxo unitário de peças; ii) complementar a programação da produção através da ferramenta Kanban, e; iii) avaliar alternativas de investimento em novos produtos e processos. A alternativa escolhida pela empresa foi a primeira, em função das possibilidades futuras que este investimento traria (entre elas, a alternativa de enviar um conjunto de máquinas para outro local no Brasil, onde os produtos teriam maior rentabilidade em função da legislação tributária).

O projeto de macroleiaute foi realizado através de amplo planejamento e implantação programada ao longo de dois anos (2004-2005). Os investimentos realizados puderam ser diluídos ao longo deste período, viabilizando o retorno do investimento realizado. O fluxo unitário de peças que passou a ser utilizado favoreceu as melhorias de qualidade em processos críticos que antes eram encobertos por algum estoque existente. Alguns resultados qualitativos obtidos foram: i) aumento da integração das pessoas, dado que todos os colaboradores foram dispostos em um mesmo pavilhão, quando anteriormente estavam dispersos em dois locais diferentes; ii) redução da quantidade de níveis hierárquicos na produção e conseqüente redução de mão-de-obra indireta – Figura 9.9; iii) melhor organização do espaço físico disponível, aumentando a área disponível para colocar novos equipamentos.

O novo macroleiaute possibilitou a focalização da mão-de-obra indireta de manutenção e ferramentaria, de forma que cada minifábrica passou a contar com os seus recursos, o que facilitou a sua gestão e a sua utilização ótima.

Uma melhoria significativa que foi alcançada no desenvolvimento e na implantação do macroleiaute foi a possibilidade de realizar testes com células de montagem antes de fazer o planejamento. Com os testes realizados, reduziu-se a possibilidade de erros e ficou explicitada a potencialidade de implantação de um macroleiaute baseado em minifábricas com produtos semelhantes. Além disso, o tempo de quase um ano para realizar apenas o planejamento do macroleiaute possibilitou o detalhamento de diversos cenários e a avaliação destas alternativas sem a necessidade de realizar nenhum investimento prévio. A otimização de alternativas para projetar

Efetivo industrial indireto

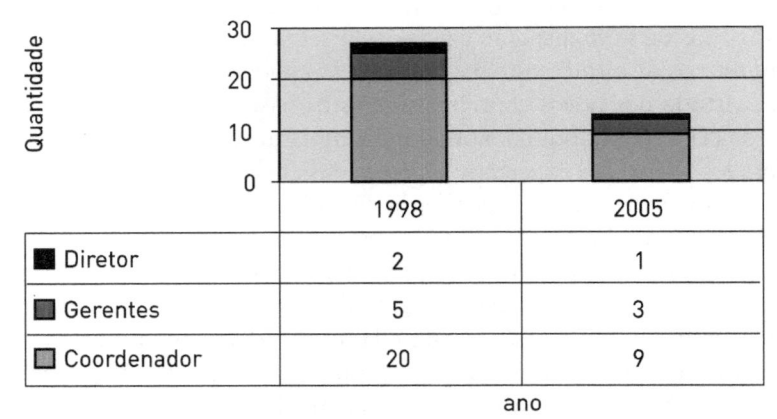

	1998	2005
■ Diretor	2	1
■ Gerentes	5	3
■ Coordenador	20	9

Fig. **9.9** Efetivo industrial indireto – de 1998 a 2005.

minifábricas que tivessem demanda constante, com ganhos de escala, permitiu aumentar a capacidade onde existia demanda de mercado com investimentos reduzidos.

A implementação do macroleiaute em etapas que ocorriam apenas nos finais de semana possibilitou o aprendizado durante cada uma das etapas, permitindo otimizar os ganhos de cada mini fábrica que era implantada, sem prejuízo para a demanda crescente de mercado. As minifábricas com volumes constantes de produção e com reduzido mix de produtos ficaram simples de programar. A partir deste ponto, o planejamento, programação e controle da produção e de materiais introduziu pequenos estoques que auto-regulavam as flutuações da produção, e apenas programava quais itens deveriam sair na montagem, sem necessidade de realizar a programação detalhada de cada uma das máquinas e processos.

Avaliando-se a seqüência das etapas realizadas, pode-se considerar que:

- Primeira etapa: GPT → melhorias que aumentaram a capacidade da produção para atender a demanda
- Segunda etapa: PFP → possibilidade de sincronia da montagem – não ocorreu conforme o planejado, em função da dificuldade tecnológica
- Terceira etapa: macroleiaute → melhorias do fluxo de peças, com introdução do fluxo unitário de peças

A segunda etapa não atingiu os resultados esperados, e assim poder-se-ia criticamente sugerir uma alteração desta seqüência, com resultados possivelmente mais eficazes. A realização da terceira etapa facilitou a programação da produção, e, desta maneira, simplificou a introdução da metodologia e do software de programação fina da produção.

Poder-se-ia planejar a terceira etapa – macroleiaute – antes da primeira etapa – GPT –, porém:

- O macroleiaute não pressupõe aumento de capacidade.
- O GPT visa melhorar a utilização dos ativos da empresa, possibilitando ganhos de capacidade.
- No momento da implantação do GPT, a empresa estudada tinha como objetivo aumentar a capacidade de produção sem a aquisição de novos ativos, o que não seria conseguido apenas com a mudança de leiaute.

(9.3) Considerações finais: casos de aplicação do STP/produção enxuta

Neste capítulo foram descritos dois casos de aplicação dos princípios e técnicas do Sistema Toyota de Produção/produção enxuta em empresas de diferentes segmentos da economia: indústria de mineração e de termoplásticos.

Os resultados alcançados nas empresas são úteis para ilustrar a potencialidade de aplicação dos principais conceitos desenvolvidos ao longo deste livro em realidades bastante diferenciadas da indústria automotiva, de onde são originalmente provenientes.

Estas aplicações empíricas reforçam a idéia de que é possível a construção de uma teoria geral em termos da Engenharia e Administração da Produção, particularmente no que tange aos tópicos relacionados à gestão dos sistemas produtivos. O essencial consiste em perceber os principais fundamentos conceituais que sustentam a construção de sistemas de produção, geralmente intitulados de sistemas de produção enxutos.

Em ambos os casos relatados, a aplicação dos conceitos oriundos do mecanismo da função produção (MFP) norteou esforços iniciais de construção desses sistemas. A aplicação rigorosa desta abordagem gerou resultados eficazes ao longo da implantação dos métodos, princípios e técnicas associadas aos sistemas de produção enxutos. Isto permitiu, ainda, criar um ambiente saudável, o que facilita, sobremaneira, o envolvimento e o comprometimento dos colaboradores com as mudanças propostas.

Ainda, os casos descritos permitem destacar o processo de construção de sistemas produtivos enquanto uma dinâmica evolucionária, cuja trajetória guarda dependência ao longo do tempo. Esta dinâmica evolucionária permite que ocorram avanços processuais e sistemáticos das competências e capacitações individuais e coletivas. Nos relatos realizados é possível observar que a implantação de técnicas, conceitos, e práticas de produção enxuta implicou o envolvimento dos colaboradores de diversos níveis organizacionais, seja através de treinamentos, seja no seu engajamento em discussões para concepção e o desenvolvimento de soluções específicas para cada situação particular.

É evidente que existem particularidades nas diversas situações analisadas, especialmente aquelas relacionadas a: i) custo relativo dos fatores de produção; ii) aspectos relativos à cultura e ao poder nas organizações; iii) aspectos amplos relacionados à gestão nas organizações. Neste sentido, é necessário gerar soluções que levem em consideração as especificidades de cada empresa, não existindo uma solução única a ser perseguida. No entanto, existem conceitos universais na construção de sistemas de produção aplicáveis em quaisquer situações. Particularmente importantes são os princípios básicos de construção dos sistemas produtivos propugnados neste livro: i) as normas de concorrência; i) o mecanismo da função produção; ii) as perdas nos sistemas produtivos.

Também, a melhoria contínua baseada nos mais eficazes conceitos, tais como os apresentados ao logo do texto, parece ser a própria razão de ser da construção de sistemas de produção competitivos. Assim, são atividades permanentes a serem desenvolvidas, podendo ser entendidas como uma base necessária e essencial para alavancar a competitividade presente e futura das empresas brasileiras.

Atualização na internet

http://www.unisinos.br
http://www.producao.ufrgs.br
http://www.ppgep.ufsc.br
http://www.gpi.ufrj.br

Dicas de leitura

CAETANO, G. J. S. *Uma metodologia de implantação de layout celular*. Porto Alegre: 1994. Dissertação (Mestrado) – Universidade Federal do Rio Grande do Sul.

CARMO, D.C.F. *Desenvolvimento do método de intervenção da aprendizagem incremental focada puxada (AIFP) para pequenas e médias empresas industriais*, São Leopoldo: 2003. Dissertação (Mestrado). Universidade do Vale do Rio dos Sinos.

DIAS, S. L. V. *Análise histórica da trajetória de alinhamento dos sistemas de produção, custo e indicadores de desempenho*. Rio de Janeiro: 2005. Tese (Doutorado) –, Universidade Federal do Rio de Janeiro.

KANNENBERG, G. *Proposta de uma sistemática para implantação de troca rápida de ferramentas*. Porto Alegre, 1994. Dissertação (Mestrado) – Universidade Federal do Rio Grande do Sul.

KLIPPEL, A. F. Rumo à modernidade: aplicando o mecanismo do pensamento científico na mineração de fluorita de Santa Catarina. *Revista Produto & Produção*. Porto Alegre:, v. 3, n. 1, p. 26-37, 1999.

KLIPPEL, A. *O Sistema Toyota de Produção: uma experiência de gestão da produtividade e da qualidade nas minas de fluorita do estado de Santa Catarina*. Porto Alegre: 1999. Dissertação (Mestrado) – Universidade Federal do Rio Grande do Sul.

KLIPPEL, M. *Estratégia de produção com linhas de produtos diferenciadas: um estudo de caso*. São Leopoldo: 2005. Dissertação (Mestrado) – Universidade do Vale do Rio dos Sinos.

PANTALEÃO, L.H. *Desenvolvimento de um modelo de diagnóstico da aderência aos princípios do Sistema Toyota de Produção (*lean production system*): um estudo de caso*. São Leopoldo: 2003. Dissertação (Mestrado) – Universidade do Vale do Rio dos Sinos.

SEIDEL, A. *No sentido da implementação de um programa de troca rápida de ferramentas (TRF): um estudo de caso de uma empresa fornecedora de componentes para montadoras da indústria automobilística nacional*. São Leopoldo: 2003. Dissertação (Mestrado) – Universidade do Vale do Rio dos Sinos.=

SCHNEIDER, W. E. J. *Análise da trajetória tecnológica e da dinâmica de implantação do pensamento enxuto em um empresa do setor plástico: um estudo de caso*. São Leopoldo: 2007. Dissertação (Mestrado) – Universidade do Vale do Rio dos Sinos.

TORRES, M. S. *Proposta de um método para a implantação de um sistema de planejamento fino da produção baseado na teoria das restrições*. Porto Alegre. Dissertação (Mestrado) – Universidade Federal do Rio Grande do Sul.

Referências

ALBINO, V.; CARELLA, G.; OKOGBAA, O. Maintenance policies in just-in-time manufacturing lines. *International Journal of Production Research*, 1992.

ALVAREZ, R. R. *Desenvolvimento de uma análise comparativa de métodos de identificação, análise e solução de problemas*. 1996. Dissertação (Mestrado). Universidade Federal do Rio Grande do Sul, Porto Alegre,1996.

ALVAREZ, R. R. *Setor automotivo no Rio de Janeiro: uma análise da inserção dos "fabricantes locais" de autopeças na cadeia automotiva*. 2004 Tese (Doutorado) – Universidade Federal do Rio de Janeiro, . Rio de Janeiro, 2004.

ANFAVEA. Dados obtidos em 2004 do site. Disponível em: <http:// www.anfavea.com.br>.

ANFAVEA. Dados obtidos em 2006 do site Disponível em: <http:// www.anfavea.com.br>.

ANTUNES JR., J. A. V. *Em direção a uma teoria geral do processo na administração da produção: uma discussão sobre a possibilidade de unificação da teoria das restrições e da teoria que sustenta a criação dos sistemas de produção com estoque zero*. Tese (Doutorado) – Universidade Federal do Rio Grande do Sul, Porto Alegre, 1998.

ANTUNES, J. A. V. Considerações sobre a concorrência intercapitalista a filosofia just-in-time e o controle sobre os trabalhadores. *Revista Análise*. Porto Alegre: v. 1, n. 3, p. 257-275, 1990.

ANTUNES, J. A. V. *Fundamentação do método das unidades de esforço de produção*. 1988. Dissertação (Mestrado). Universidade Federal de Santa Catarina, Florianópolis, 1988.

ANTUNES, J. A. V. O mecanismo da função da produção: a análise dos sistemas produtivos do ponto de vista de uma rede de processos e operações. *Revista da Produção*, Porto Alegre: v. 4, n. 1, p. 33-46, 1994.

ANTUNES, J. A. V.; KLIPPEL, M. Uma abordagem para o gerenciamento das restrições dos sistemas produtivos: a gestão sistêmica, unificada/integrada e voltada aos resultados do posto de trabalho. In: *XXI Encontro Nacional de Engenharia de Produção*. Salvador: 2001.

ANTUNES, J. A. V.; RODRIGUES, L. H. A teoria das restrições como balizadora das ações visando a troca rápida de ferramentas. *Revista Produção*, Porto Alegre, v. 3, n. 1, p. 73-86, 1993.

ANTUNES, J.A.V.; BOFF, L.H. *A reengenharia num contexto de mudanças*: formulação de arranjos entre inovações tecnológicas e organizacionais. 1994. Dissertação (Mestrado). Universidade Federal do Rio Grande do Sul, Porto Alegre, 1994.

ANTUNES, J.A.V; ALVAREZ, R. R. Fábricas focalizadas: um estudo de caso. In: *XIX ENCONTRO DA ASSOCIAÇÃO NACIONAL DE PROGRAMAS DE PÓS-GRADUAÇÃO EM ADMINISTRAÇÃO.* João Pessoa: v. I, n. 7, p. 205-223, 1995.

AROGYASWAMY, B.; SIMMONS, R. P. Thriving on interdependence: the key to JIT implementation. *Production and inventory management journal*, p. 56-60, third quarter, 1991.

BANCAL, J. *Pluralismo e autogestão*. Brasília: Novos Tempos, 1984.

BELLINGER, G. *System thinking*: an operational perspective of the universe. System University on the Net, 1996.

BERNARDO, J. *O inimigo oculto*: ensaio sobre a luta de classes: manifesto antiecológico. Porto: Afrontamento, 1979.

BERTALANFY, V. L. *Teoria geral de sistemas*. Petropólis: Vozes, 1973.

BLACK, J.T. *O projeto da fábrica com futuro*. Porto Alegre: Bookman, 1998.

CERONI, S.; ANTUNES, J. A. V. Implantação do sistema "Kanban" e o gerenciamento de seus pressupostos básicos: um estudo de caso. In: *ENCONTRO NACIONAL DE ENGENHARIA DE PRODUÇÃO*, 14., João Pessoa, 1994. p. 595-600.

CHEHEBE, J. R. *Análise do ciclo de vida de produtos*. Rio de Janeiro: Qualitymark, 1998.

COOK, D. A simulation comparison of traditional, JIT, and TOC manufacturing systems in a flow shop with bottlenecks. *Production and inventory management journal*, p. 73-78, 1994.

COOPER, R.; KAPLAN, S. Measure costs right: make the right decisions. *Harvard Business Review*, p. 96-103, 1988.

CORIAT, B. Automação programável: novas formas e conceitos de produção. In: SCHIMTZ, H. E.; QUADROS, R. (orgs.).*Automação, competitividade e trabalho*: a experiência internacional. São Paulo: HUCITEC, 1988. p. 13-61.

CORIAT, B. *Pensar pelo avesso*: o modelo japonês de trabalho e organização. Rio de Janeiro: UFRJ/Revan, 1994.

CORTEZ, E. *Estruturação de modelo que busca a redução de resíduos pela eliminação de perdas internas*: uma experiência no setor metal-mecânico. 2000. Dissertação (Mestrado) – Pontifícia Universidade Católica do Rio de Janeiro, Rio de Janeiro, 2000.

CURRAN, M.A. (ed.). *Environment life-cycle assessment*. Nova York: McGraw-Hill, 1996.

DE NEGRI, J. A.; SALERNO, M. S. (Orgs.). Inovações, padrões tecnológicos e desempenho das firmas industriais brasileiras. Brasília: IPEA, 2005.

DONAIRE, D. *Gestão ambiental na empresa*. São Paulo: Atlas, 1999.

DRUCKER, P. *Post-capitalist society*. Nova York: Harder Business, 1993.

EDWARDS, D. K; EDGELL, R.C.; RICHA, C.E. Standard operations – the key to continuous improvement in a just-in-time manufacturing system. *Production and Inventory Management Journal*, p. 7– 13, third quarter, 1993.

FERREIRA, P. R. W. *Uma Metodologia de Implantação e Condução da Padronização Industrial em uma Indústria Metal-Mecânica*. 1995. (Dissertação) Mestrado em Engenharia de Produção. Universidade Federal do Rio Grande do Sul, Porto Alegre, 1995.

FIKSEL, J. *Design for environment*: creating eco-efficient products and processes. New York: McGraw-Hill, 1996.

FLEURY, P. F.;PROENÇA, A. Competitividade industrial e gerência estratégica de operações. *Revista de Administração de Empresas*, São Paulo, v. 28, n. 2, p. 3-21, abr./jun. 1993.

FORD, H. *Hoje e amanhã*. São Paulo: Companhia Editora Nacional, 1927.

FORRESTER, J. W. *Principle of systems*. Cambridge: Productivity Press, 1990.

GHILLEN, A. *Democracia directa*: autogestión y socialismo. [S.l.]: Aconcagua, 1970.

GHINATTO, P. *Sistema Toyota de Produção:* mais do que simplesmente just-in-time. Caxias do Sul: Universidade de Caxias do Sul, 1996.

GOLDRATT, E. M. *A síndrome do palheiro:* garimpando informações num oceano de dados. São Paulo: Educator, 1996.

GOLDRATT, E. M. *Critical chain*. Nova York: North River, 1997.

GOLDRATT, E. M. *Mais que sorte... um processo de raciocínio*. São Paulo: Educator, 1994.

GOLDRATT, E. M. *Necessária, sim, mas não suficiente*. Porto Alegre: Bookman, 2000.

GOLDRATT, E. M. *What is this thing called theory of constraints and how it should be implemented?* Nova York: North River, 1990.

GOLDRATT, E. M.; COX, J. F. *A meta*. São Paulo: IMAM, 1986.

GOLDRATT, E. M.; COX, J. F. *Corrente Crítica*. São Paulo: Educator, 1998.

GOLDRATT, E. M.; FOX, R. E. *A corrida pela vantagem competitiva*. São Paulo: Educator, 1989.

GOLDSMITH, N. M. Re-engineering and the advanced technology group. *Managing Avanced Technology Transfer Evaluation Review*, v. 3, n. 1, p. 121-128, 1993.

HAMMER, M. Reengineering work: don't automate, obliterate. *Harvard Business Review*, p. 104-112, Jul-Aug, 1990.

HANSEN, R. C. *Overall equipment effectiveness: a powerful production/maintenance tool for increased profits*. Nova York: Industrial, 2001.

HARMON, R. L.; PETERSON, L. D. *Reinventando a fábrica – conceitos modernos de produtividade aplicados a indústria*. Rio de Janeiro: Campus, 1991.

HARMON, R. *Reinventando a fábrica II*: conceitos modernos de produtividade na *prática*. Rio de Janeiro: Editora Campus, 1993.

HAY, E. J. Any machine setup time can be reduced by 75%. *Industrial Engineering*, v. 19, n. 8, p. 62-66, 1987.

HIRANO, H. *JIT implementation manual*: the complete guide to just-in-time manufacturing. Portland: Productivity Press, 1989.

ICHIYO, M. Class struggle on the shopfloor: the japanese case (1945-1984). *AMPO*: Japan – Asia Quarterly Review, v. 26, n. 3, p. 38-49, 1984.

IWAYAMA, H.. *Basic concept of just-in-time system*. Curitiba: IBQP-PR, 1997.

JAPAN MANAGEMENT ASSOCIATION (JPA). Produtividade e qualidade no piso de fábrica. São Paulo: IMAM, 1989.

JURAN, J. *Juran na liderança pela qualidade*. São Paulo: Pioneira, 1990.

KANNENBERG, G. *Proposta de uma sistemática para implantação de troca rápida de ferramentas*. 1994. Dissertação (Mestrado) – Universidade Federal do Rio Grande do Sul, Porto Alegre, 1994.

KANNENBERG, G.; ANTUNES, J. A. V. Técnicas de operacionalização de uma sistemática de implantação de troca rápida de ferramentas em empresas brasileiras. In: ENCONTRO NACIONAL DE ENGENHARIA DE PRODUÇÃO, 15., São Carlos, São Paulo, 1995a.

KLIEMANN, F. J.; ANTUNES, J. A. V. Proposta de um processo de custeio para sistemas JIT de produção. *Seminário Internacional de Qualidade e Produtividade*: avaliação e custeio. Porto Alegre, set. 1993. p. 138-151.

KOLLONTAI, A. *Oposição operária*: 1920-1921. [S.l.]: Global, 1980.

KUHN, T. S. *A Estrutura das revoluções científicas*. São Paulo: Perspectiva, 1995.

LOCKAMY, A.; COX, J. F. *Reengineering performance measurement*: how to align systems, products, and profits. [S.l.]: Irwin Professional Publishing, 1994.

MACEDO, L. M. *Sistema de produção com inventário minimizado*: abordagem técnico-financeira. São Paulo: IMAM, 1992.

MACKNESS, J. R.; RODRIGUES, L. H. *A review of the theory of constraints as a thinking process*. [S.l.]: Universidade de Lancaster, 1994.

MAGGARD, B. M.; RHYNE, D. V. Total productive maintenance: a timely integration of production and maintenance. *Production and Inventory Management Journal*, p. 6-10, fourth quarter, 1992.

MALATESTA, E. *Malatesta*: textos escolhidos. Porto Alegre: L&PM, 1984.

MANDEL, E. *Control obrero, consejos obreros, autogestion*. Buenos Aires: Daniel Bilbao, 1973. v. 1.

MATTICK, P. *Integração capitalista e ruptura operária*. Porto: Edições Apartado, 1977.

MAY, D. R.; FLANNERY, B. L. *Cutting waste with employee involvement teams*. [S.l.]: Business Horizons, 1995.

MINTZBERG, H. D. *Structure in five: designing effective organizations*. Englewood Cliffs: Prentice Hall, 1993.

MONDEN, Y. *Cost reduction system*. [S.l.]: Productivity Press, 1995.

MONDEN, Y. *Sistema Toyota de Produção*. São Paulo: IMAM, 1984.

MONDEN, Y. *Toyota Production System: an integrated approach to just-in-time*. Norcross: Engineering & Management Press, 1998.

MOTTA, F. C. P. *Teoria geral da administração*. São Paulo: Biblioteca Pioneira de Administração e Negócios, 1973.

MOURA, R. *Kanban*: a simplicidade do controle de produção. São Paulo: IMAM, 1992.

MULLER-MERBACH, H. A system of system approaches. *Interfaces*, v. 24, n. 4, p. 16-25, jul./ago. 1994.

NAKAJIMA, S. *Introduction to TPM*: total productive maintenance. Cambridge: Productivity, 1988.

NASCIMENTO, C. *As lutas operárias autônomas e autogestionárias*. Rio de Janeiro: CEDAC, 1986.

NASCIMENTO, C. *Rosa Luxemburgo e Solidarnosc:* autonomia operária e autogestão socialista. São Paulo: Edições Loyola, 1988.

OHNO, T. *O Sistema Toyota de Produção* – além da produção em larga escala. Porto Alegre: Bookman, 1996.

OHNO, T. *Sistema Toyota de produção*: além da produção em larga escala. Porto Alegre: Bookman, 1997.

OHNO, T. *Toyota production system*. Cambridge/Norwalk: Productivity Press, 1988.

OHNO, T. *Toyota Production System*: beyond large-scale production. [S.l.]: Portland: Productivity, 1988.

PANNECKOCK, A.; MAGRI, L.; GERRATANA, V.; SALVADORI, M. *Conselhos operários*. Coimbra: Centelha, 1975.

PASSOS JÚNIOR, A. A. *Os circuitos da autonomação*: uma abordagem técnico-econômica. 2004. Dissertação (Mestrado) – Universidade do Vale do Rio dos Sinos, São Leopoldo, 2004.

PORTER, M. E.; LINDE, C. v. d.. Green and competitive: ending the stalemate. *Harvard Business Review*, p. 120-134, Sep-Oct, 1995.

PRITSKER, A. A. B. Background and development of the system approach. In: PRITSKER, A. A. B. *Paper, experiences, perpectives*. [S.l.]: The Scientific Press, 1990. p. 46-59.

PROUDHON, D. G. *Proudhon*: textos escolhidos. Porto Alegre: LP&M, 1983.

ROBINSON, A. G.; SCHROEDER, D. M. Detecting and eliminating invisible waste. *Production and Inventory Management Journal*, p. 37-42, fourth quarter, 1992.

SARKIS, J.; RASHEED, A. Greening the manufacturing function. *Business Horizon*, p. 17-27, Sep-Oct, 1995.

SCHUMPETER, J. A. *Capitalismo, socialismo e democracia*. Rio de Janeiro: Fundo de Cultura, 1961.

SEIDEL, A. *No sentido da implementação de um programa de troca rápida de ferramentas (TRF)*: um estudo de caso de uma empresa fornecedora de componentes para montadoras da indústria automobilística nacional. 2003. Dissertação (Mestrado) – Universidade do Vale do Rio dos Sinos, São Leopoldo, 2003.

SENGE, P. *A quinta disciplina*: arte, teoria e prática da organização da aprendizagem. [S.l]: Best Seller, 1990.

SHENHAV, Y. From chaos to systems: the engineering foundations of organization theory, 1879-1932. *Administrative Science Quarterly*, n. 40, p. 557-585, dez. 1995.

SHINGO, S. *A revolution in manufacturing*: the SMED system. Cambridge: Cambridge Productivity, 1985.

SHINGO, S. *Mistake-proofing for operators*: the ZQC system. Productivity Press, 1997.

SHINGO, S. *Sistema de produção com estoque-zero*: o sistema Shingo para melhorias contínuas. Porto Alegre: Bookman, 1996b.

SHINGO, S. *Sistema Toyota de produção do ponto de vista da engenharia de produção*. Porto Alegre: Bookman, 1996a.

SHINGO, S. *The sayings of Shigeo Shingo*: key strategies for plant improvement. Cambridge: Productivity Press, 1987.

SHINGO, S. *Zero quality control*: source inspection and the poka-yoke system. Cambridge: Productivity Press, 1986.

SHINGO, S. *Non-stock production*: the Shingo System for continuous improvement. Productivity Press, 1988.

SKINNER, W. The focused factory. *Harvard Bussiness Review*. V. 52, n. 3, p. 113-121, may-june, 1974.

SLACK, N. et al. *Administração da produção*. São Paulo: Atlas, 1997.

SORENSEN, C. E. *My forty years with ford*. Nova York: Norton, 1956.

SRIKANTH, M. L.; UMBLE, M. M. *Synchronous management*: profit-based manufacturing for the 21st century. Guilford: The Spectrum Publishing Company, 1997.

STALK JR., G.; HOUT, T. M. *Competindo contra o tempo*. Rio de Janeiro: Campus, 1993.

STEIN, R. E. *The theory of constraints: applications in quality and manufacturing*. Marcel Dekker, 1997.

TAYLOR, F. W. *Princípios gerais da administração científica*. São Paulo: Atlas, 1982.

THOMPSON, J. D. *Organizations in action*. Londres: Mac Graw Hill, 1967.
TOYOTA MOTOR COMPANY: *Toyota Production System Handbook*. [S.l.]: Nagoya, 1998.
TROTSKY, L. *A revolução de 1905*. [S.l.]: Global, 1980.
UMBLE, M.; SRIKANTH, M. L. *Synchronous manufacturing: principles for world class excellence*. Cincinnati: South-Western, 1990.
WOMACK, J. P., JONES, D.T.; ROOS, T. *A máquina que mudou o mundo*. Rio de Janeiro: Campus, 1992.
WOODCOCK, G. *Ivan Avakumovic:* el principe anarquista. Madri: Ediciones Júcar, 1978.
YAMASHINA, H. *JOT*: just-on-time, no tempo certo, quantidade certa e qualidade certa, com sincronismo total. São Paulo: IMC Internacional, 1988.
ZILBOVICIUS, M. *Modelos para a produção, produção de modelos*. São Paulo: Annablume/Fapesp, 1999.
ZILBOVICIUS, M., MARX, R.; SALERNO, M. S. A Comprehensive study of the transformation of the brazilian automotive industry: preliminary findings. In: Colóquio do GERPISA, 9. Anais... Paris, 2001.

Índice

C

Cálculo das eficiências produtivas 136-138
Competitividade no mundo pós-crises internacionais do petróleo 40

D

Dinâmica das perdas nos sistemas produtivos 202

E

Engenharia de produção, paradigmas 57-77
   conceito de sistema 58-64
      de manufatura e de produção 61-64
      empresa de manufatura 61
   evolução dos sistemas de produção 64-65
   melhorias dos sistemas produtivos baseados nas operações 67-70
   período pré-paradigmático 65-67
   sistemas de produção voltados à melhoria nos processos 70-75

F

Fabricação de produtos defeituosos, estratégias e técnicas de inspeção 213
Função processo, conseqüências 87

G

Gerenciamento de custo 37
Gestão do posto de trabalho, aplicações 187-190

I

Indicadores de desempenho, montagem 119
   associados à função operação 122-125
   associados à função processo 120-122
   proposição 119
Indicadores de eficiência nos sistemas produtivos 139-141
Indústria brasileira, inovação e desempenho 41-42

K

Kanban *Ver* Sistema Kanban

L

Linha de montagem fordista 74

M

Macroposições do período pré-paradigmático 66

Mecanismo da função produção, conceitos em engenharia da produção 129-165
   eficiência nos sistemas produtivos 129-142
      índice de multifuncionalidade, mensuração do 132-134
      índice de rendimento operacional global dos equipamentos – IROG 130-132
      mão-de-obra, mensuração de eficiência 134-142
      takt-time e tempo de ciclo (Sistema Toyota de produção) 142-161
         conceitos 146-147, 152-155, 159-161
         funcionamento de sistemas produtivos 155-159
            aspectos estratégicos 155-157
            qualidade 157
            trabalhadores, multifuncionalidade e formação de recursos humanos 158-159
         lógicas de melhorias 152-155
         prática dos fluxos 143-146
         takt-time 147-149
         tempo de ciclo 149-152
Mecanismo da função produção, potencialidades de aplicações práticas 167-226
   capacidade x demanda dos recursos produtivos 167
   capacidade x demanda em sistemas produtivos 168-169
   gestão dos postos de trabalho 176-190
   restrições nos sistemas produtivos 169-176
Modelo 5MQS 222-225

N

Normas de concorrência do mercado brasileiro de automóveis 48

P

Produção enxuta *Ver* Sistema Toyota de produção
Produção industrial
   cenário mundial 26-29
   competitividade, elementos que influenciam 54-55
   custos financeiros, impacto 53-54
   diversificação 29-31
   estratégia, dimensões da 38-42
   fatores de produção, custo relativo dos 48-53
   lógica de custos 31-34
   mercado brasileiro 42-47
   normas de concorrência, alterações 38-42
   preço, custo e lucro 34-38

R

Redução de resíduos em empresas do setor metal-mecânico 217
   sistema principal 218-220
   sistema secundário 220-221

S

Shingo, Shigeo 92-93, 64-65
   críticas sobre os conceitos de processo e operação 92-93
   revoluções industriais propostas por 64-65
Sistema Kanban 265-283
Sistema Toyota de produção 91, 142-161, 198-201, 279-282, 287-317
   mina de fluorita 287-298
      base conceitual 287-289
      STP, conceitos de 289-297
   utensílios domésticos termoplásticos 299-315
      STP, princípios e técnicas 300-311
      transformação de termoplásticos, produtos e processos 299-300
Sistemas de produção 79-101
   estrutura produtiva das firmas 89-94
   funções processos e operações, exemplo de melhorias 94-99
   mecanismo da função produção 81-83
   rede de processos e operações 80-81
   sistemas produtivos, princípios de construção 79-80

Sistemas de produção competitivos, como construir 229-284
    princípios básicos 229-235
    subsistema de defeito zero 252-256
    subsistema de quebra zero 256-265
    subsistema de sincronização e melhorias 265-283
    subsistema e pré-requisitos básicos 236-252
        leiaute industrial 245-252
        operação padrão 236-239
        troca rápida de ferramentas 239-245
Sistemas produtivos, estudo das esperas e dos estoques 85-86
Sistemas produtivos, perdas e trabalho 195-227
    conceito 195-201
        aspectos históricos dos 195-197
            Sistema Toyota de produção/produção enxuta 198-201
    sete perdas nos sistema produtivos 201-214, 280-283
        função operação e as perdas 214-216
            por espera 215-216
            por movimento 214-215
        função processo e as perdas 203-214
            no processo em si 206-208
            por estoque 212-214
            por fabricação de produtos defeituosos 209-212
            por movimentação interna de carga 205-206
            por superprodução 203-205

T

Teoria das restrições 103-126
    cinco passos para o atendimento das metas 112-115
    gargalos e CCRs 110-112
        diferença entre 113
    indicadores de desempenho 106-110
    manufatura sincronizada, princípios básicos da 115-118
    princípios gerais 104-106